한국 그리스도교 비평

: 그리스도교, 한국적이기 위하여 :

종교문화

한국 그리스도교 비평

: 그리스도교, 한국적이기 위하여 :

이찬수 지음

이화여자대학교출판부

들어가는 말

한국과 그리스도교 사이의 거리

이 책은 '한국'과 '그리스도교' 사이의 거리를 좁혀보려는 의도로 쓰여졌다. 한국 그리스도교라는 말을 곧잘 쓰지만, 이때 '한국'과 '그리스도교' 사이의 거리는 의외로 멀다. 통계상으로 볼 때 종교인들 중 가톨릭과 개신교를 포함한 그리스도인의 수가 가장 많다고 해서 그리스도교가 가장 한국적인 종교인 것은 아니다. '한국 그리스도교'에서 '한국'은 그저 공간적인 역할 이상을 하고 있지 못하며, '그리스도교'는 대다수 한국인의 골수에 박힌 한국 문화의 일부라기보다는, 여전히 서양적이고 그만큼 비한국적이며 게다가 탈사회적인 하나의 종교 현상으로만 주로 비쳐지고 있다.

이 책에서는 한국과 그리스도교가 여전히 소원한 이유를 지난 100여 년 이상 지속되어온 그리스도인의 비한국적 혹은 탈한국적 자세에서 찾으면서, 그리스도교가 한국적이기 위해서는 한국을 대하는 그리스도인의 자세가 어떻게 교정되어야 하는지 다양한 주제에 대한 연구를 통해 담아보았다. 기본적으로 '한국 그리스도교'라고 불리는 현상에 대해 비판적인 시각과 자세를 견지하면서도, 그리스도인에게 '한국'이 그저 공간적인 차원에 머물지 않고 신앙 형성의 주체로까지 인식될 수 있기를 바라는 마음도 담은 까닭에 책 제목은 '한국 그리스도교 비평: 그리스도교, 한국적이기 위하여'라고 붙였다. 이제 이 책을 만들게 된 의도와 기본 시각에 대해 좀 더 구체적으로 설명해보고자 한다.

그리스도교는 한국적인 종교인가

하나의 종교가 다른 문화권으로 전해진다는 것은 그 문화권 안에 사는 사람들의 이해 구조에 어울리게 그 종교가 변화한다는 것을 의미한다. 중국에서 유儒 · 불佛 · 선仙을 수용할 때도 마찬가지였지만, 조선 후기에 그리스도교가 들어와 전개된 것도 어찌 되었든 그리스도교가 한국인의 정서 안에서 당시 한국적 상황에 어울리게 해석되는 방식으로 변화하고 수용되었기에 가능했던 일이다. 종교란 변화해서는 안 되는 것이라고 생각할 수도 있고, 또 그렇게 변화한 것이 과연 그리스도교인지 아닌지와 관련된 신학적인 논쟁이 있을 수도 있지만, 종교의 역사는 기본적으로 그러한 변화와 수용의 역사이다.

물론 그렇다고 해서 대다수 종교의 신봉자들이 그러한 변화의 역사를 구체적으로 인식하고 있는 것은 아니다. 의식적인 차원에서는 상당수의 그리스도인들이 불변하는 그리스도교의 가르침에 따라 한국인의 정서를 변화시키고, 한국의 문화적 전통을 혁신해야 한다는 호교적이고 선교적인 관심 안에 머물면서 한국 위에 군림하려는 자세를 보여왔다. 그리스도인들 자신이 한국이라는 종교문화사적 지평을, 마치 높은 데서 내려다보는 듯한 자세로 그리스도교적 신앙과 시각을 기준으로 재단할 뿐만 아니라 극복해야 할 부정적 대상으로 평가해왔다는 말이다. 설사 부정적 극복의 대상으로까지 보지는 않았더라도, 적어도 그리스도교에 의해 변형되어야 할 대상으로 간주해온 것은 분명하다. 더욱이 그리스도교는 이미 한국에 들어왔으니 당연히 한국의 종교라는 전제와 자세를 가지고 그리스도교의 사상과 역사를 연구하고 선전하는 경향도 지배적이었다.

그러나 과연 그러한가? 그리스도교는 과연 '한국적인' 종교인가? 1부에서도 구체적으로 다루겠지만, 전반적인 흐름으로 보건대 오히려 반대의 답을 내려야 할 것 같다. 이것은 한국 역사학계의 그리스도교에 대한 평가에서도 드러난다.

예를 들면 현재까지도 그리스도교는 한국의 역사학자들이 저술한 한국 통사 안에서 그저 하나의 종교 현상 이상의 역할을 하지 못하고 있으며, 한국 역사나 문화의 주된 내용으로 연구되고 있지 못한 실정이다. 구한말 개혁 운동에 앞장 선 상당수 인사들과 일제 강점기 한국의 독립운동에 참여한 상당수의 사람들이 종교적 신분상 그리스도인이었음에도 불구하고, 여전히 한국 역사 서술에서 그리스도교에 대한 자리 매김은 제대로 이루어지지 않고 있다. 널리 읽히는 강만길의 『고쳐 쓴 한국 근대사』에서는 물론 이기백의 『한국사신론』과 같은 '고전적' 한국 역사 교과서들에서도 그리스도교에 대한 평가나 적극적인 언급은 찾아보기 힘들다. 흔히 구한말 격변기에 등장한 새로운 운동의 대표로 '동학東學'과 '그리스도교'를 거론하지만, 대부분의 한국 문화사 개론서들이 동학은 한 장章 이상을 할애하여 체계적으로 기술하는 데 비해, 그리스도교에 대해서는 이리저리 흩어서 부분적으로만 소개하고 있다는 사실을 보아도 알 수 있다.

그 이유를 두고서 한국 역사학자들이 그리스도교를 잘 모르는 탓이라고 평가할 수도 있겠으나, 한국 문화사적 시각에서 이것은 아전인수적 푸념에 지나지 않는다. 한국 학계에서 그리스도교를 학문의 주제로 잘 다루지 않게 된 데에는 해방 이후 오늘날까지 우리 사회가 지나치게 정치 지향적이었고 종교는 논외로 하는 사회였다는 데에도 그 원인이 있다고 할 수 있겠지만,[1] 달리 보면 이것은, 앞의 표현을 한 번 더 빌리자면, 한국 그리스도교가 한국인의 골수에 박힌 한국 문화의 일부로서보다는 아직은 서양적이고, 그만큼 비한국적이며, 게다가 탈사회적인 하나의 '종교' 현상으로서만 주로 비쳐지고 있다는 사실을 반증해준다. 그동안 '한국'을 극복하려고만 했던 그리스도인들의 자기중심적이고 자기 우월적인 자세를 여전히 '한국'이 받아들이지 않고 있음을 보여주는 한 사례인 것이다.

게다가 2007년 여름 아프가니스탄으로 선교하러 갔던 23명의 한국인들 중 2명이 살해되고 나머지 사람들은 42일 동안이나 억류되었다가 가까스로 풀려나는 국가적 사태를 겪었는데도, 상당수 국민들이 이들의 죽음과 피랍에 대한 안타까움보다는 이슬람 문화권을 비롯한 타 종교나 문화에 대해 자기 우월적 자세를 보이던 그리스도교(특히 개신교) 선교사들을 비난한 일, 그리고 정부 고위 공직자들의 개신교 중심의 종교 편향적 분위기 때문에 상처받아오던 불교계의 반감이 고조되면서 2008년 여름 이에 항의하는 대규모 '범불교도대회'가 열렸을 때 많은 국민이 심정적으로 불교계에 동의했던 일도 보통 한국인이 느끼는 그리스도교의 비한국성을 잘 보여준다고 할 수 있다. 그러니 한국 역사나 문화 관련 저술에 상대적으로 그리스도교에 대한 내용이 별반 등장하지 않는 것은 한국 그리스도교의 문화적 거리감을 적절히 대변해주는 사례라고 할 수 있다.

최근 역사학자들이 한국 그리스도교를 연구하는 경우가 증가하고 있는 것은 다행한 일이지만, 여전히 그리스도교만을 주제로 다루는 논문이나 단행본을 통해서일 뿐 아직 '한국 통사' 안에서 그리스도교가 중요하

1 윤경로, 『한국근대사의 기독교사적 이해』, 역민사, 1992, 7쪽.

게 언급되고 있는 실정은 아니다. 한국 통사 관련 책에서 그리스도교 자체가 다뤄질 필요까지는 굳이 없겠으나, 그리스도교에 대한 한국사적 의미마저 정리되지 못하고 있는 것은 우리 학계에서 그리스도교가 아직 한국 문화의 일부로서보다는, 한국 문화와는 별 관계없는 하나의 '종교'로서만 주로 인식되고 있음을 의미한다.

왜 비한국적이었나

이렇게 된 것은 무엇보다 그리스도인들 자신이 한국인이면서도 한국의 역사와 문화적 전통에 대한 적극적 문제의식이 결여되어 있었던 탓이며, 그리스도교 신앙이라는 것을 의식적이든 무의식적이든 한국이라는 토양과 상관없이 하늘에서 떨어진 것인 양 간주하고서 한국을 내려다보던 자세에 기인한다. 그 결과 상당수 그리스도인들에게 '한국'은 평면적 · 지리적 공간 이상의 의미를 가지지 못하고, 도리어 그리스도교라는 보편성에 의해 검증됨으로써 정당성이 확보되는 주변물 정도로 치부되고 말았다. 대부분의 그리스도교 연구, 특히 교회사 관련 저작물들에서 주체는 그리스도교였고 한국은 계몽과 변혁의 대상이었다. 연구자가 주로 한국인이었음에도 불구하고 연구자 자신이 마치 한국이라는 땅 위에 떠 있는 듯, 그 연구의 시각은 비한국적이었던 셈이다.

이러한 그리스도교 우위의 이분법적 연구 자세가 지속되어온 것은 일차적으로는 한국 내 그리스도교의 전파 과정과도 연관이 있다. 역사적인 차원에서 보면 한국에 그리스도교가 수용되고 성장한 것은, 더 이상 중국에 기댈 수 없고 일본을 경계하던 조선이 구미 문명을 등에 업은 그리스도교를 통해 민족 운동을 벌이고 그리스도교에서 정신적 은신처를 구하면서부터 어느 정도 예정된 일이기도 했다는 말이다. 특히 다른 제국주의 국가들과는 달리 남의 나라를 침범하지 않는다고 다소 과장되게 믿었던 개신교의 나라 미국에서 받은 영향으로 개신교는 거의 검증 절차 없이 조선에 상륙하고 전파되었다.[2] 중국이나 일본과는 달리, 조선이 멸망하고 유교 중심의 일원적 전통이 단절되면서 그리스도교야말로 한국을 한국되게 해주기에 충분한 듯한 '보편적' 기준으로 받아들여져 온 것이다.[3]

물론 한편에서 보면 그것은 국가적 위기 속에서 새로운 민족적 구심점을 이루려는 민족적 관심 내지는 안전한 보호 수단을 찾아 교회로 들어온 민중적 정서에 기인하는 것이지,[4] 그리스도교의 교리적 우월성이나 종교적 깊이를 충분히 확인하고서 발생한 결과라고 하기는 힘들다. 더욱이 이러한 민족적 관심이라는 말로 포장된 현상의 기초에는 다분히 민중의 현세 기복적 자세가 큰 위치를 차지하고 있다는 사실도 중요하다.[5] 개인의 기준에 입각해 행복을 더하고 불행을 빼려는 현실 중심의 민중적 정서가 구미 쪽에서 선진 문물을 취하는 자세로 나타난 것이다. 즉 나라의 멸망을 경험하면서 전통적 가치들에 더 이상 힘이 없다고 판단한 상당수 민중이 교육이나 의료 등 서구의 대중적 생활양식과 함께 들어온 그리스도교에 의존하면서 강화된 일이다. 서구 식민 지배 세력에 대한 두려움은 있었으면서도, 그리고 서구적 생활양식이 조선의 생활양식과는 전반적으로 이질적인 듯 보였으면서도, 서구 문명의 '기호'처럼 받아

2 황준헌, 『조선책략』, 조일문 역주, 건국대학교출판부, 1977, 13-15, 20-21, 24-25쪽 참조.

3 장석만, 「근대문명이라는 이름의 개신교」, 역사문제연구소 엮음, 『전통과 서구의 충돌』, 역사비평사, 2001, 197-202쪽.

4 당시 지배층 관료들은 대체로 개화를 통한 구국의 방편으로 그리스도교와 관련을 맺은 반면에, 일반 민중은 가렴주구와 관리들의 학정을 피하는 수단으로, 즉 반봉건 의식으로 치외법권을 인정받고 있었던 선교사들의 그리스도교에 입교하게 되는 경향이 컸다. 이만열, 『한국기독교수용사연구』, 두레시대, 1998, 465쪽.

5 김은기, 「한국종교문화와 개신교와의 유사성」, 기독교역사문화연구소 엮음, 『한국의 기독교』, 도서출판 겹보기, 2001, 91-107쪽 참조.

들여진 그리스도교는 교육이나 의료 분야는 물론 사상과 사회 풍속에 이르기까지 비교적 짧은 기간에 큰 영향력을 행사하게 되었다. 한국인에게 그리스도교라는 것은 대단히 생소했으면서도, 일단 그 전통 안에 들어가는 순간 든든한 후견인을 얻은 듯한 안정감을 느끼기도 했던 것이 일제강점기부터 20세기 중반까지의 한국인의 심정이었던 것이다. 이러한 역사적 상황과 심리적 환경 속에서 그리스도교는 기존 전통에 대한 자기식의 우월성을 확보해나갔고, 그러는 가운데 대부분의 한국 그리스도교 연구자들도 '한국'을 그리스도교의 '은총'을 받음으로써만 존재하는 종속적 위치로 전락시켜버린 것이다.

그리스도교, 한국적이기를 꿈꾸며

누군가는 이렇게 질문할 수도 있을 것이다. 그리스도교가 어찌 되었든 그리스도교적이면 충분하지 굳이 한국적일 필요가 있느냐고…… 하지만 이런 주장에는 정답의 절반만 들어 있다. '한국적'이라는 것에 대한 논의는 두고두고 진행되겠지만,[6] 그리스도교가 한국적이어야 한다는 말 속에는 그리스도교가 더 그리스도교다워져야 한다는 뜻이 전제되어 있으며, 그리스도교가 그리스도교적이면 충분하다는 말 역시 지역적 특수성 ― 이 글의 맥락에서는 한국 문화 ― 이 반영되고 있을 때에만 그리스도교도 성립될 수 있는 것이기 때문이다. 보편성은 특수성을 통해서만 성립된다. 가령 예수는 그리스도교적이기보다는 오히려 유대적이었다는 점에서 그렇다. 예수가 유대적이었기에 그리스도교라는, 상대적으로 더 보편성 있는 종교가 탄생할 수 있었듯이, 그리고 유럽으로 건너가 유럽

6 좀 더 구체적인 내용은 이 책 3장의 4절과 6장의 2-3절 및 각주 3, 그리고 이찬수, 『생각나야 생각하지: 사유, 주체, 관계 그리고 종교』(다산글방, 2002), 12장을 참조할 것.

화하면서 근대 그리스도교의 기초가 닦였듯이, 그리스도교가 한국적이어야 한다는 말은 그리스도교가 수구적 민족주의에 머물러야 한다는 뜻이 아니라, 한국의 문화를 긍정적으로 의식하고 그에 뿌리내리는 방식으로 그리스도교적 보편성이 확보될 수 있어야 한다는 뜻이다. 그것이 그리스도교가 더 그리스도교다워지는 길인 것이다. 이 책의 부제를 '그리스도교, 한국적이기 위하여'라고 다소 국수주의적인 듯하게 붙인 것도 사실은 한국 그리스도교가 한국에 대한 진지한 통찰을 통할 때 더 그리스도교다워질 수 있다는 해석학적 반성의 결과이다.

다행스러운 것은 이러한 상황을 반성하고 한국의 문화적 상황에 기반한 그리스도교의 보편적 정체성을 의식하는 이들이 늘어나고 있다는 사실이다. 한국에 어울리는 신학의 성립을 제대로 도모하는 학자나 목회자들이 시간이 갈수록 많아지고 있는 것이다. 물론 아직도 상대적으로 소수인데다가 이 역시 최근의 현상이기는 하지만, 그럼에도 불구하고 그리스도교를 한국적 종교로 자리 잡도록 하는 데에 이러한 창조적 소수자의 역할은 지대하다. 신학을 비그리스도인도 공감할 수 있는 언어로 성립시키려는 이들의 노력은 한국적 그리스도교가 가능하도록 해주는 기초로 작용하게 될 것이기 때문이다.

모두 3개의 장으로 이루어진 이 책의 1부에서는 이러한 상황을 염두에 두고서 지난 100여 년 동안 산출된 한국 그리스도교 관련 주요 문헌들의 내용과 성격을 구체적으로 분석한 뒤 앞으로 어떤 자세를 가지고 한국 그리스도교를 연구해야 하는지를 전망해보고자 한다. 특히 한국 그리스도교 관련 단행본의 요지와 특징을 한 권 한 권 정리하고 있는 1장을 통해 지난 100여 년간 국내외 많은 전문가들이 한국 그리스도교를 어떻게 해석해왔는지 한눈에 파악할 수 있을 것이다. 1부는 전체적으로 한국 그리스도교가 한국적이기를 바라며 쓰여졌지만, 읽다보면 대다수의 한국 그리스도교 관련 저작들이 한국 문화와 소원한 관계에 있었다는 사실을 확인할 수 있게 된다. 그럼에도 불구하고 그리스도교와 한국 문화의 적극적 관계는 그렇지 못했던 지난 역사를 비판적으로 반성하고 긍정적으로 소화하고서야 성립되는 것이라는 사실도 창조적 소수 저작들을 통해서 확인할 수 있을 것이다.

그에 따라, 물론 1장에서도 두루 다루겠지만, 특히 2장에서는 한국 그리스도교를 다룬 주요 문헌들이 지난 100여 년 동안 '한국'을 어떻게 보아왔는지, 그리고 가톨릭과 개신교가 서로를 어떻게 대해왔는지 집중적으로 분석해보고자 한다. 가톨릭과 개신교의 자료들을 한자리에 두는 이유는 자기 종파 중심적인 연구 태도 및 자세를 지양하고, 이들이 같은 종교 전통이라는 인식의 폭을 확장시키기 위해서이다. 이제까지 이들 문헌들을 한자리에 대등하게 두고 연구한 사례가 거의 없었기 때문에 2장은 더욱 의미 있는 글이라고 하겠다. 이러한 바람은 3장으로도 이어진다. 특히 3장에서는 한국의 그리스도교가 참으로 한국적이기 위한 길은 어떤 것이어야 하는지, 또한 그리스도교는 한국을 어떻게 보아야 하는지 그 기본 시각과 자세를 집중적으로 조명해보겠다.

2부에서는 민족주의, 인권, 한국 문화와 신학의 관계, 불교와 그리스도교의 관계 등 구체적인 주제들을 통해 다양한 각도에서 한국 그리스도교 내지 신학의 현주소를 짚어보고자 한다. 이 가운데 4장은 한국 그리스도교가 '민족적'이었다는 저간의 섣부른 평가를 비판적으로 반성해보기 위한 글이며, 5장은 선교도 개인의 종교와 양심의 자유를 근간으로 하는 인권을 존중하며 이루어질 때 한국적인 그리스도교가 될 수 있을 것이라는 의도를 '타권他權'이라는 창작적 개념 안에 담아 정리한 그리스도교적 인권론이다.

그리고 6장은 한국에서 종교 간 대화와 종교다원주의 신학에 불을 지핀 변선환이 '한국'이라는 현장을 어떻게 보았는지를 중심으로 한국적 신학의 성립 가능성에 대해 정리해보고, 7장에서는 동서양 종교의 양대 산맥인 불교와 그리스도교 간의 역사적인 관계를 다루고자 한다. 특히 한국의 그리스도인은 불교를 어떻게 보고 대해왔는지, 한국에 그리스도교가 도입된 이후의 역사를 정리함으로써 한국에서 종교 간 대화의 문화가 성숙되는 기초로 삼고자 한다.

마지막으로 8장에서는 종교들의 관계, 특히 불교와 그리스도교가 철학적 혹은 신학적 차원에서 어떤 식으로 만날 수 있는지, 그리스도교 신학은 불교적 세계관을 어떻게 소화할 수 있어야 하는지를 한국의 탁월한 불교-그리스도교 비교학자인 길희성의 신학을 중심으로 정리해보겠다. 일견 그리스도교와 이질적인 듯한 불교철학적 정체성을 생생히 살리면서도 그리스도교 신학 안에 어떤 식으로 소화시켜 궁극적 일치를 도모할 수 있는지를 보여주는 적절한 사례가 될 수 있을 것이다. 이런 식으로 다양한 내용들을 통해 '한국'과 '그리스도교'가 자연스럽게 연결되는 징검다리를 만들어보려는 것이다.

이 책은 필자가 지난 10여 년간 썼던 글들 중에서 한국 그리스도교와 관련된 자료들을 단행본 형식에 맞게 재구성한 것이다.[7] 본래는 별개의 논문들이었지만 동일하거나 비슷한 관심 속에서 나온 글들이기에 그 핵

7 이 책을 만들면서 내용과 제목이 일부 달라졌지만, 원문의 출전을 밝히면 다음과 같다. 1장 「한국 그리스도교 연구 100년」, 서강대학교종교연구소, 『한국종교연구』 제1집, 1999; 2장 「한국 그리스도교 연구, 얼마나 한국적인가」, 한국종교학회, 『종교연구』 제21집, 2000 가을호; 3장 「한국 그리스도교 연구, 한국적이기 위하여」, 한국종교교육학회, 『종교교육학연구』 제13권, 2001. 10; 4장 「기독교와 근대 민족주의가 만나는 논리: 한국적 상황을 중심으로」, 서강종교연구회, 『사람의 종교, 종교의 사람』, 바오출판사, 2008; 5장 「自權에서 他權으로: 그리스도교적 인권론」, 영남대학교인권교육연구센터, 『인권 이론과 실천』 제4호, 2009. 2; 6장 「변선환에게 한국은 무엇인가」, 변선환아키브·동서종교신학연구소, 『변선환 신학 새로 보기』, 대한기독교서회, 2005; 7장 「대립과 조화: 한국 불교와 그리스도교 관계사」, 한국종교교육학회, 『종교교육학연구』 제19권, 2004. 12; 8장 「불교와 그리스도교의 창조적 만남과 궁극적 일치: 길희성 신학의 중심주제」, 한국문화신학회, 『문화와 신학』 제4권, 2009. 5.

심에는 일관성이 있다. 특히 1부의 글 세 편은 '한국 종교 연구사'라는 주제 의식을 가지고 3년에 걸쳐 집중적으로 살펴본 글들이기 때문에 그것만으로도 일관성 있는 단행본이 되기에 충분하다고 생각된다. 이어지는 2부는 한국 그리스도교라고는 하나 그다지 한국적이지 않은 그리스도교의 현실을 의식하면서 이를 드러내고 교정할 수 있는 구체적인 주제들을 가지고 정리해본 글들이다.

이러한 글들을 내용이 중복되지 않도록 일부 수정하면서 재구성했더니, 한국 그리스도교가 한국적이기 위해서는 그리고 한국 그리스도교가 그리스도교적 보편성을 제대로 확보해내기 위해서는 어떤 연구 태도를 지녀야 하는지, 어떤 종교적 자세와 세계관을 가지고 살아야 하는지와 관련된 한 권의 책이 되었다. '한국 그리스도교 비평'이라는 거창한 제목으로 내놓기에는 부족한 부분이 많고 아쉬운 마음도 있지만, 지난 10여 년간 고민했던 한국 그리스도교 관련 주제들을 정리하는 마음으로 이 한 권 안에 담는다. 언제쯤 한국의 그리스도교가 한국 문화의 중추가 될 수 있을지 여전히 비관적인 마음이 크지만, 그래도 희망의 끈은 놓지 않으려 한다.

2009년 9월

이 찬 수

차례

제1부

한국 그리스도교, 그 연구의 역사

제1장 한국 그리스도교, 어떻게 연구되어왔나

1. 한국 그리스도교 연구 현황

주지하다시피 그리스도교는 조선 후기에 소개된 종교이다. 다른 전통 종교들에 비해 그 연구의 역사가 일천하며, 한국의 그리스도교 전체를 정리한 자료도 상대적으로 빈약하다. 그리스도교 신학 자체에 대한 연구는 비교적 활발히 진행되어오고 있지만, '한국의 그리스도교'를 대상으로 한 연구의 역사는 100년을 넘지 못한다. 특히 한국인에 의한 한국 그리스도교 통사적通史的 연구는 1920년대에 선을 보였다가 침체기를 거쳐 1960년대에 들어와서야 본격적으로 등장하기 시작한 정도이다. 한국 '안에서' 이루어진 그리스도교 관련 자료들은 제법 축적되어왔지만, 한국의 그리스도교 전반'에 대한' 이차적이고 종합적인 연구는 아직 미진한 실정이다.

그런 점에서 지난 100여 년간 드러난 한국 그리스도교에 관한 연구 결과들을 시기별로 세밀하게 구분하기는 쉬운 일이 아닐뿐더러, 사실상 큰 의미도 없다. 연구 태도상으로 보면 초기부터 있었던 그리스도교 중심의 호교론적 연구가 지금도 진행되고 있는가 하면, 다양한 방법론이 여전히 혼재해 있고, 연구 주제별로 보면 주로 교회사적 차원의 연구가 두드러지는 경향을 보인다. 그러는 가운데서도 천주교 측 자료냐 개신교 측 자료냐에 따라 같은 사람에 대한 평가가 상이할 정도로 그리스도교 관련 연구는 그동안 교파에 따라 별도의 장에서 진행되어왔다. 천주교권의 그리스도교 연구와 개신교권의 그리스도교 연구는 그 주제와 시각에서도 큰 차이를 보이고 있는 것이다.

특히 한국 천주교에 대한 연구는 주로 교회사적 차원에서 조선 후기의 천주교 신앙 수용과 전파 과정, 그 사이에 있었던 천주교 박해에 관한 연구가 주종을 이룬다. 가령 해방 이후 출판된 한국 천주교 관련 연구 자료들 121건(논문과 단행본 포함) 가운데 천주교 전체의 역사를 통시적으로 다룬 연구는 12건으로 10% 정도이며, 일제 강점기 이후의 시기를 다룬 자료들 역시 15건으로 10%를 조금 넘는 정도이다. 이와는 대조적으로 78%에 해당하는 94건이 주로 조선 후기 신앙 전래 경로, 초기 교회사, 인물 소개, 전례의 문제 등에 치중해 있다.[1] 특히 해방 이전 자료들은 이 가운데서도 천주교 박해, 순교의 문제를 다룬 '순교자 전기'의 성격이 강하다.[2] 우리 전통 종교 및 문화와의 비교 연구, 민족주의적 시각에 기초한 연구 등 한국적 상황을 중시한 그리스도교 연구는 빈약한 편이다.

그나마 초기의 자료는 주로 외국인 주교의 시각에서 본 한국 천주교회의 성립 과정과 순교자 현양顯揚에 관련된 자료 일색이고,[3] 일제 강점기

1 서울대학교 종교문제연구소, 『한국 종교 연구사 및 연구 방법』(한국인의 종교관 I), 1994, 22, 61쪽; 차기진, 「역사에 뿌리내리는 교회의 역사」, 한국 종교학회, 『해방후 50년 한국 종교연구사』, 도서출판 창, 1997, 50-63쪽 참조.

2 최석우, 「한국교회사는 어떻게 서술되어 왔는가」, 『사목』 제34호, 1974. 7, 5-12쪽.

에 이르러서는 일본인에 의한 천주교 연구만 일부 있었을 정도로 한국인에 의한 연구는 이 시기를 지나도록 거의 없었다. 해방 후 유홍렬柳洪烈이 천주교회사를 연구하기 시작했고, 최석우崔奭祐, 이원순李元淳 등 일부 교회사가들이 1960년대 등장하기 시작한 뒤, 1970~1980년대에 들어서야 다양한 연구들이 자리 잡기 시작한 수준이다. 1970~1980년대에 출판되었던 천주교회 통사通史인 유홍렬의 『한국천주교회사』(증보판, 1975), 최석우의 논문집인 『한국천주교회의 역사』(1982), 이원순의 『조선서학사 연구』(1986), 조광의 『조선후기 천주교사 연구』(1988) 등에서도 거의 조선 후기나 일제 강점기 전반부까지의 상황에 머물고 있을 만큼 초기 그리스도교 연구에 치우쳐 있는 형편이다. 여전히 천주교 신앙 수용과 전파 과정 및 그 사이에 있었던 천주교 박해 문제에 관심이 많다는 뜻이다.

개신교의 경우도 일제 강점기 초기까지는 주로 호교론적이고 선교론적인 시각을 지닌 외국 선교사들에 의해 한국 내 개신교 수용 과정과 선교 상황 및 한국의 실정 등이 연구되어왔다.[4] 이 가운데 주목할 만한 책

3 구베아Gouvea 주교의 서한인 이른바 '조선교회의 기원에 관한 보고서'(1797), 앵베르Imbert 주교가 현석문에 부탁하여 만들었다가(1839~1842), 페레올Ferréol 주교의 부탁으로 보완되었고, 다시 뮈텔Mütel 주교에 의해 필사본으로 출판된(1905) 『기해일기己亥日記』, 다블뤼Daveluy 주교의 편지와 비망록들, 달레Dallet 신부의 『한국천주교회사』(1874), 포레Fourer 교수의 『한국의 순교자와 선교사 *La Corée, Martyrs et Missionaires*』(1895), 드브레Devred 주교의 『한국의 천주교*Le Catholicisme en Corée*』(1924), 로네Launay 신부의 『한국79위순교복자전*Martyrs, Français et Coréens*(1838~1846), *béatifiés en 1925*』 및 뮈텔 주교의 한국 교회 관련 각종 문서들이나 피숑Pichon 신부가 1930년대 『가톨릭청년』지에 발표한 글들을 들 수 있다.

4 중요한 것들을 연도별로 추려보면 다음과 같다. William Elliot Griffis, *Corea: The Hermit Nation*, New York: Charles Scribner's Sons, 6th.ed., 1897(초판은 1882년 런던에서 출간. 한글 번역서는 W. E. 그리피스, 『은자의 나라 한국』, 신복룡 옮김, 집문당, 1999); Isabella Bird Bishop, *Korea and Her Neighbors*, London: St. James Gazette Press, 1898(한글 번역서는 이사벨라 버드 비숍, 『한국과 그 이웃나라들』, 이인화 옮김, 살림출판사, 1994); Horace N. Allen, *Things Korean*, Fleming H. Revell Company, 1908(한글 번역서는 H. N. 알렌, 『조선견문기』, 신복룡 옮김, 평민사, 1986); Horace Grant Underwood, *The Call of Korea*, Fleming H. Revell Company, 1908(한글 번역서는 H. G. 언더우드, 『한국개신교수용사』, 이광린 옮김, 일조각, 1989). 브라운Arthur Judson Brown 박사는 한국 기독교회와 관련하여 언더우드야말로 "한국 교회의 창설자이며 건설자로서 기독교 역사 속에 길이 살아 있을 것"이라고 칭송했다. A. J. Brown, "The Rev. Horace Grant Underwood, D. D., LL. D.," *The Korea Mission Field*, vol. 13, No.

은 그리피스William Elliot Griffis의 『은자隱者의 나라 한국*Corea: The Hermit Nation*』(1897)이다. 한국 그리스도교 자체를 다룬 연구서는 아니지만, 초기 개신교 선교사들이 이 글을 읽고서 한국 선교에 착수했을 만큼, 미국권 선교사들의 한국 선교 정책에 큰 영향을 끼친 책이다.

그러다가 한국인에 의한 연구가 비로소 시작된 것은 1920년대 후반에 백낙준白樂濬이 한국 그리스도교사(개신교사)를 영문으로 정리하면서부터이다. 이후 1930년대에 이르러서는 개신교를 중심으로 한 그리스도교 신학 자체에 대한 논의가 생겨나기에 이르렀으며, 이후 그것은 한국 신학 사상사적 차원에서의 그리스도교 연구로 이어졌다. 넓게 보아 천주교가 주로 순교자 현양과 관련된 연구에 치중했다면 상대적으로 개신교는 신학 자체에 대한 논의를 더 중시한 셈이 된다. 그렇다고 하더라도 주로 교회사적 차원에서 한국 그리스도교를 연구해왔다는 점은 양쪽 모두에 공통된다. 천주교든 개신교든 본격적인 한국 그리스도교 연구 통사 중에는 교회사적 차원에서의 연구가 두드러지고 있다는 의미이다.

교회사 차원의 연구는 다시 천주교권의 '순교자 현양을 위한 교회사 연구', 천주교권과 개신교권에서 두루 나타나는 '선교론적/호교론적 차원에서의 교회사 연구', 주로 개신교권에서 보이는 '민족적 차원에서의 교회사 연구'로 나뉜다. 이 가운데 순교자 현양 차원의 교회사 연구는 달

2, Feb. 1917, p. 34; James Scarth Gale, *Korea in Transition*, Cincinnati: Jennings & Graham, 1909(한글 번역서는 J. S. 게일, 『전환기의 조선』, 신복룡 외 옮김, 평민사, 1986); Malcom L. Fenwick, *The Church of Christian in Corea, George H. Doran Company*, 1911(한글 번역서는 말콤 펜윅, 『대한기독교회사』, 허긴 옮김, 침례신학대학출판부, 1989); 『한국에 뿌려진 복음의 씨앗』, 이길상 옮김, 예영커뮤니케이션, 1994; William Elliot Griffis, *A Modern Pioneer in Korea*, Fleming H. Revell Company, 1912(한글 번역서는 『아펜젤러: 한국에 온 첫 선교사』, 이만열 엮음, 연세대학교출판부, 1985); Lillias H. Underwood, *Underwood of Korea*, Fleming H. Revell Company, 1918(한글 번역서는 L. H. 언더우드, 『언더우드: 한국에 온 첫 선교사』, 이만열 옮김, 기독교문사, 1990); Horace Horton Underwood, *Modern Education in Korea*, New York: International Press, 1926; James Earnest Fisher, *Democracy and Mission Education in Korea*, Columbia University Press, 1928.

레Claude-Charles Dallet의 『한국천주교회사』(1874)와 김창문 · 정재선이 엮은 『한국가톨릭의 어제와 오늘』(1963), 유홍렬의 『한국천주교회사』(증보판, 1975) 및 『간추린 한국천주교회 역사』(1983), 이원순의 『한국천주교회사』(1970), 박도식의 『순교자들의 신앙: 간추린 한국천주교회사』(1978), 김옥희의 『순교자들의 전기: 한국천주교회약사』(1986) 등의 두드러진 입장이다.

선교론적/호교론적 차원의 교회사 연구에는 개신교권의 백낙준이 저술한 『한국개신교사』(영문판 1929, 한글판 1973), 클락Allen D. Clark의 『한국교회사*History of the Church in Korea*』(1961, rev. 1971), 보수적 선교사 신앙의 차원에서 한국 기독교의 의미를 서술하고 있는 김성준의 『한국기독교사』(1993) 등이 있고, 천주교권에서는 주재용의 『한국가톨릭사의 옹위』(1970),[5] 양한모, 『한국천주교회 200주년을 생각한다』(1982), 최석우, 『한국천주교회의 역사』(1982) 및 『한국교회사의 탐구』(1982), 유홍렬, 『간추린 한국 천주교회의 역사』(1983), 이원순, 『한국 천주교회사 연구』(1986) 등이 두드러진다. 이러한 입장의 교회사 연구는 1990년도 이후에도 꾸준히 등장하고 있다.

1960년대 이후 부각되고 있는 연구 경향은 민족적 차원에서의 교회사 연구이다. 민경배의 『한국기독교회사』(개정판, 1982), 조광의 『조선후기 천주교사 연구』(1988) 및 『한국천주교 200년』(1989), 한국기독교역사연구소의 『한국 기독교의 역사』(Ⅰ · Ⅱ · Ⅲ, 1989 · 1990 · 2009), 문규현의 『민족과 함께 쓰는 한국천주교회사』(Ⅰ · Ⅱ, 1994) 등이 대표적이다. 이러한 민족의식적 차원에서의 연구는 송길섭, 이성삼, 전택부, 오윤태, 김광수 등 1970~1980년대 개신교권 신학자와 교회사가들에 의해서 꾸준히

5 주로 특정 인물이나 자료와 관련된 기존 연구서의 오류나 문제점들을 지적하는 방식을 취하고 있으며, 일관된 한국 천주교회 역사서라고 할 수는 없다.

추진되었다. 그 밖에 민족의식을 중시하는 차원의 연구 중에는 이미 18세기에 이루어진 이기경李基慶의 『벽위편闢衛編』[6]과 같은 서학 비판적인 연구들도 있다.[7] 『벽위편』은 비록 반反천주교적 작품이기는 하지만, 조선인에 의한 조선 최초의 천주교 연구서라는 점에서 의미가 있는 책이다. 그렇지만 이러한 비판적인 연구들은 아직 서학, 즉 그리스도교에 대한 충분한 이해가 이루어지기 전인 초기 그리스도교사에 흔히 있었던 일인지라, 100여년 전 개신교까지 한국으로 수용되기 시작한 이래 그러한 연구는 거의 없어졌거나, 있더라도 한국 그리스도교 연구사적 의미는 거의 없는 작품들로 평가된다.

6 이기경은 이승훈, 정약용 등과 지기知己였다가 나중에는 천주교 배척의 선봉에 섰던 인물로서, 『벽위편』은 본래 반서학적反西學的 남인벽파南人僻派의 입장에서 서학을 비판하고 신유사옥의 타당성을 입증하기 위한 대표적인 책이자, 조선인에 의한 조선 최초의 천주교 연구서로 꼽히는 책이다. 이 책은 이기경이 정통 유학을 옹호하고 반反천주교적 입장을 펼치기 위해 18세기 말에서 19세기 중엽에 걸쳐 천주교 박해에 관한 정부와 유교 측의 문서를 수집, 편찬한 것이다. 이기경이 시작한 이 작업은 그의 집안 대대로 보수, 편찬되어 오다가, 이기경의 4대 손인 이만채가 그동안의 자료를 집대성하여 내놓은, 이른바 이만채본(現行本) 『벽위편』(上 · 下 2책, 1931, 전7권)으로 인해 세상에 알려지게 되었다. 이만채본은 이기경의 집안에 전해오던 필사본(이른바 兩水本)을 대본으로 하고 있지만, 시기상으로 100년 이상의 차이가 있고, 내용상 증감이 현저해서 두 판본이 저마다 독립적인 가치를 지니고 있다고 할 정도이다(자세한 것은 홍이섭, 『한국사의 방법』, 탐구당, 409–416쪽; 홍이섭, 「소위 '벽위편'의 형성에 대하여」, 『인문과학』 제4집, 연세대학교, 1959를 참조할 것). 다블뤼 주교가 조선의 순교 상황을 전하는 조선 측의 자료로 이용하고 있으며, 달레도 『한국천주교회사』에서 이기경의 『벽위편』을 종종 참조하고 있을 만큼 이 책은 초창기 서학 비판 논리를 체계적으로 담고 있다는 점에서 사료적 가치가 크다. 한국 천주교회사는 물론 한국 근세의 종교사 내지 사상사적 전개 과정을 이해하는 데 가장 중요한 자료 중 하나로 꼽히는 책으로서, 무엇보다 조선인에 의한 주체적 기록이라는 점에 그 의의가 있다.

7 『벽위편』과 비슷한 계열의 연구서로는 신후담愼後聃의 『서학변西學辨』(1724?), 안정복安鼎福의 『천학고天學考』 · 『천학문답天學問答』(1785), 강세정姜世靖의 『송담유록松潭遺錄』, 작자 미상의 『사학징의邪學懲義』, 윤종의尹宗儀의 『벽위신편闢衛新編』, 홍정하의 『실의증의實義證義』 등이 있다. 이 가운데 신후담의 『서학변』은 철저하게 유교적인 논리를 이용해 서학의 영혼불멸, 현세부정, 구복외화求福畏禍, 천당지옥 등의 자세와 신념은 물론 마테오 리치의 『천주실의天主實義』에서 말하는 보유론補儒論적 관점들까지 비판하는 대표적인 책이다. 전체적인 비판의 논리는 신후담과 유사하지만, 신후담에 비하면 안정복은 다소 온건하다. 그리스도교 신앙을 고취시키기 위한 호교론서들과는 정반대로, 이들 모두는 초기 그리스도교(서학) 타도의 차원에서 연구된 작품들이다. 이들이 서 있는 자리는 철저하게 유학儒學이다. 서학 비판을 통해 그에 맞설 수 있는 유교의 논리를 확립하고자 했던 저술이라는 점에서 그리스도교 연구서에 포함시키기는 곤란하지만, 민족 전통을 중시하는 가운데 초창기 서학 비판 논리를 구체적으로 보여준다는 점에서는 그리스도교 연구에서도 주의깊게 보아야 한다. 이들을 '수구적 민족의식 차원에서의 비판적 그리스도교 연구'라고 부를 수 있을 것이다.

특히 개신교의 경우 1930년대 중반 이전까지는 근본주의적 선교론의 관점에서 주로 연구되어왔으나, 그 후 한국적 상황을 중시한 신학 논문들이 등장하기에 이른다. 이것이 1960년대에 이르면 주체적 한국 신학, 한국적 그리스도교의 형성을 위한 노력으로 이어지게 된다. 윤성범의 『기독교와 한국사상』(1964), 유동식의 『한국종교와 기독교』(1965) 등이 대표적인 저서들이다. 이 책들은 한국적 상황에 어울리는 그리스도교 신학의 기초적 모색이라는 점에서 관심 깊게 보아야 할 연구서들이다. 그리고 이 책들은 1980~1990년대 등장한 본격적인 한국 신학 사상사 연구서들, 즉 유동식의 『한국신학의 광맥』(1982), 송길섭의 『한국신학사상사』(1987), 변선환의 『한국적 신학의 모색』(1997),[8] 그리고 가장 최근에 저술된 주재용의 『한국 그리스도교 신학사』(1998) 등의 사상적 토대로 작용하게 되었다.

1970년대에는 한국의 정치 현실과 라틴 아메리카 해방 신학의 영향을 받으면서 사회과학적 시각을 중시하는 민중 신학적 흐름이 본격적으로 등장하고, 이러한 움직임을 반영하여 1990년대에는 '민중사관'에 근거한 교회사에 관한 책들이 출판되기도 했다. 한국기독교장로회 역사편찬위원회에서 펴낸 『한국기독교 100년사』(1992)가 이와 관련한 가장 방대한 작품이며, 비슷한 시각에서 한국 천주교회사를 주제별로 쉽게 풀어쓴 문규현의 『민족과 함께 쓰는 한국천주교회사』도 의미 있는 자료이다.

비록 민중 신학적 한국 교회사나 그리스도교사, 신학 사상사 등의 연구로까지 이어지고 있지는 못한 형편이지만, 민중 신학은 그리스도교 안에 사회과학을 받아들일 수 있는 계기가 되었고, 1990년대에 역사학과

8 변선환의 유고집인 『한국적 신학의 모색』(한국신학연구소, 1997)은 사상사는 아니지만, 그가 1970년대 후반부터 1990년대 초반까지 쓴 한국적 맥락에 닿는 신학 논문들을 사후에 후학들이 단행본으로 묶어낸 책이다.

사회과학적 시각에서의 그리스도교 연구가 탄생할 수 있는 토대가 되기도 했다. 그러나 무엇보다 1990년대는 종교학적 시각에서의 그리스도교 연구가 시작되었다는 점에서 의미 있는 시기이다. 이러한 흐름을 토대로 이제부터는 한국 그리스도교 연구의 역사를 주요 단행본들을 중심으로 상세하게 고찰해보도록 하겠다.

2. 연구의 시각 및 범위

여기에서는 무엇보다 천주교권 자료와 개신교권 자료를 두루 다루고자 한다. 그동안은 천주교에서의 그리스도교 연구와 개신교에서의 그리스도교 연구가 거의 별도로 이루어져 왔으며, 같은 단행본에 들어 있는 경우에도 별도의 부분에서 상이한 시각을 가지고 논의되어왔다. 대표적인 예로 고려대학교 민족문화연구소에서 펴낸 『한국문화사대계韓國文化史大系』(第VI卷 宗敎 · 哲學史, 1970)에서도 천주교사는 「한국기독교사 1」이라는 제목으로 유홍렬이, 개신교사는 「한국기독교사 2」라는 제목으로 김양선金良善이 비슷한 분량으로 독자 서술했다. 1997년 가을, 한국 종교학회에서 '해방 후 50년 한국 종교연구사'라는 주제로 열었던 학술 회의의 그리스도교 분야에서도 천주교와 개신교는 분리된 별도의 장에서 다루어졌고, 한국종교사회연구소에서 펴낸 『1945년 이후 한국 종교의 성찰과 전망』(1989)이나 『한국인의 종교』(1987)에서도 마찬가지였다. 그리고 대다수는 여전히 '교회사' 수준에 머물고 있다. 천주교와 개신교를 망라한 종교학적 차원에서의 전문적인 한국 그리스도교 연구서는 거의 전무한 형편이다.

이와 함께 천주교 교회사와 개신교 교회사를 함께 다룬다고 하더라도 개신교 연구자는 천주교 교회사를 개신교 교회사의 전사前史 정도로 다루고, 천주교 연구자는 개신교 교회사에 별 의미를 부여하지 않는 경향이 크다. 이것은 천주교와 개신교의 상이한 교회관에서 오는 결과이기도 하겠지만, 무엇보다 천주교와 개신교를 두루 아우를 수 있는 연구자가 부족하다는 것이 더 큰 이유로 보인다. 하지만 한국에 전래된 초기의 그리스도교는 천주교든 개신교든 모두 '한통속의' 서양 종교로 비쳐졌고, 한국 사회에 미친 영향으로 보면 이들 간에 '질적'인 차이는 거의 없다는 점에서[9] 이들은 반드시 동시에 연구될 필요가 있다. 별개로 연구하는 것은 한국 그리스도교라는 '숲'이 아닌 개개 종파라는 '나무'만 보게 만들 것이다. 무엇보다 세계 종교사의 일부를 이루는 그리스도교사 역시 천주교와 개신교를 함께 조화시켜본다는 점에서도 이들을 연결시켜 연구해야 한다. 종교학적 시각에서 보자면 천주교나 개신교, 정교회까지 포함하여 모두 그리스도교의 다양한 분파에 지나지 않는 것이기 때문이다. 설령 교회사 연구라면 독자 서술도 가능하겠지만, 그리고 때로는 그렇게 해야 하겠지만, '그리스도교사'라는 이름으로 분리해서 서술하는 것은 타당하지 않다. 만일 세계 종교사의 그리스도교 부분이나, 세계 그리스도교사를 서술할 때 천주교만 부각시키거나 개신교만 드러낸다면 호교론적 종파주의에 지나지 않는다는 비판을 면하지 못할 것이기 때문이다.

여기에서는 이러한 시각과 문제의식을 가지고 지난 100여 년간 이루어져 온 한국 그리스도교 연구의 태도를 시대적 흐름에 따라 정리하고자 한다. 신학이나 한국 교회사 자체에 대한 연구가 아니라, 그 연구의 태도가 어떠했으며, 그동안 연구자들이 어떠한 시각에서 한국의 그리스도교

9 신광철, 『천주교와 개신교: 만남과 갈등의 역사』, 한국기독교역사연구소, 1998, 55-60쪽 참조.

를 연구해왔는지 종교학적인 차원에서 종합적이고 비판적으로 분석하고 정리하려는 것이다. 물론 천주교권 자료와 개신교권 자료를 두루 다룰 것이다. 두루 다루되, 천주교권 자료와 개신교권 자료의 시각이나 연구 경향이 상이하다는 점을 감안하여 전체적으로는 이들을 구분해 서술하고자 한다. 그러면서도 천주교 연구와 개신교 연구 모두 한국 그리스도교 연구의 일부라는 시각에서 이들을 조화시켜보고자 한다. '그리스도교'라는 말도 천주교와 개신교를 포함하는 말로 사용할 것이다.

이제까지의 한국 그리스도교에 관한 연구 결과들은 주로 한국이라는 곳에서 성립된 다양한 장르의 글들을 시대 순서에 따라 나열하는 경향이 지배적이었다. 그러다 보니 정작 연구 자료들의 내용에 대한 구체적인 검토도 제대로 할 겨를이 없었다. 이 글에서는 한국 그리스도교를 가능한 한 통시적이고 전체적으로 다룬 단행본들을 연구의 대상으로 삼아, 그 내용까지 구체적으로 평가해보고자 한다. 교회사 관련 책이든, 신학 사상사 관련 책이든 한국 그리스도교 안에서 벌어진 일들을 종합적으로 고찰한 단행본들을 구체적으로 소개하면서 일부 관련 논문들을 보조 자료로 삼았다. 그렇지만 개신교의 장로교나 감리교 등 특정 종파만을 다루거나, 천주교의 교구 내지는 수도회의 역사 등을 다룬 연구서 및 그리스도교의 교육사업, 사회사업 등 주변적인 사항들을 다루고 있는 글, 그리고 한국 교회의 특정 인물이나 박해, 순교, 조상 제사 등 특정 개념만을 다룬 글들은 제외했다. 먼저 한국 천주교 연구의 대표적인 저작들의 내용과 문제점들을 살펴보자.

3. 한국 천주교회 연구 100년사

순교자 현양을 위한 교회사 연구

샤를르 달레의 『한국천주교회사』

한국에서의 그리스도교 신앙의 수용과 초기 전파 과정을 비교적 충실히 보여주고 있는 최초의 대작은 한국 밖에서 나왔다. 바로 파리외방전교회 신부인 샤를르 달레(1829~1878)의 『한국천주교회사』(1874)[10]이다. 달레는 조선에서 전교하던 신부들의 편지와 그들이 불어로 번역하여 보낸 조선 측 기록과 보고서들 — 특히 다블뤼Marie Nicolas Antoine Daveluy 주교가 조선의 국한문 원자료를 불어로 번역한 자료들[11] — 에다가 정약용이 썼다는 『조선복음전래사朝鮮福音傳來史』 등을 일부 참조하여 이 책을

10 Claude-Charles Dallet, *Histoire de L'Église de Corée*, Paris, 1874. 한글 번역서는 샤를르 달레, 『한국천주교회사』(上 · 中 · 下), 최석우 외 옮김, 분도출판사, 1979 · 1980.

11 다블뤼 신부는 1853년 이후 조선으로 들어올 선교사들을 위해 『한한불자전』 편찬에 착수했고, 조선인 순교자 자료를 모으는 한편 『조선천주교회사』를 집필하기도 했다. 그가 정리한 순교자 및 조선 천주교회 역사 관련 자료들은 1857년 로마에 의해 기해 · 병오박해 때 순교한 82명이 가경자可敬者로 선포되는 데 중요한 근거가 되었다. 무엇보다 그의 저작은 달레의 책을 통해 전승되었다. 달레가 다블뤼 주교의 자료에 얼마나 의존했는지는 다음과 같은 그의 말에서 드러난다. "본 역사의 대부분은 다블뤼 주교가 프랑스에 보낸 자료와 기록을 가지고 편찬한 것이다"(『한국천주교회사』 下, 301쪽). "이 역사를 읽어가노라면 다블뤼 주교가 얼마나 고생을 하여 그 책임을 다하였는지를 알게 될 것이다"(『한국천주교회사』 上, 16쪽). 사실 달레의 『한국천주교회사』에서 다블뤼 주교의 편지 및 비망록 — 이른바 「조선 역사 입문을 위한 기록Notes pour l'introduction à l'hostoire de la Corée」(1860) 및 「조선 순교자의 역사에 관한 기록Notes pour l'histoire des Martyres de Corée」(1862) — 이 차지하는 분량은 서문의 경우는 2/3 가량, 본론의 경우 전반부는 거의 그대로, 후반부는 1/5 정도나 된다. 그런 점에서 최석우는 달레의 『한국천주교회사』를 두고 사실상 다블뤼와의 공저나 다름없다고까지 말한다. 최석우, 「달레著 '한국천주교회사'의 형성 과정」, 『교회사연구』 제3집, 한국교회사연구소, 1981, 115, 126-130, 146-159쪽.

12 달레는 정약용의 저술에 대해 이렇게 적고 있다. "정약용은 여러 종교 저술을 남겼고, 특히 복음이 조선에 들어온 데 대한 수기手記를 남겼는데, 이 역사에 지금까지 기록한 사실들은 대부분이 그의 수기에 의한 것이다"(『한국천주교회사』 上, 447쪽). 여기에서 말하는 '복음이 조선에 들어온 데 대한 수기'를 흔히 『조선복음전래사』라고 부른다. 하지만 정약용이 정말로 그러한 저서를 남겼는지는 아직 미지수이다. 오늘날까지도 정약용이 그런 저술을 했다는 기록은 달레의 책을 제외하면 남아 있지 않기 때문이다. 최석우가 정약용의 저서 중에서 천주교와 관계된 기록을 달레의 책과 비교

셨다.[12] 초기의 기록이 순교자 전기를 중심으로 남아 있었던 것처럼, 달레의 기록도 순교자에 관한 기록이라면 중복되는 경우에도 삭제하거나 일부러 요약하지 않고 그대로 기록한다. 그만큼 이 책은 기본적으로 한국에서의 천주교 박해와 순교 등을 중심으로 하여 순교 정신을 현양하려는 종교적이고 호교론적인 목적에서 저술된 책이다.[13]

그것도 한국에는 한 번도 머문 적이 없는 외국인 신부의 시각에서 프랑스 측 자료를 중심으로 쓰여진 저술인 까닭에 한국 교회 내부의 시각은 반영되고 있지 못하다. 서론에서 조선의 정황에 대해 개관한 후 본론에서는 주로 조선 내 프랑스 신부들의 활동 상황과 신자들의 박해 및 순교 상황 등을 담은 서한의 내용을 소개하는 방식으로 전개되고 있다. 그리고 그러한 전개 방식은 마치 조선이라는 나라를 실험자가 실험실에서 이렇게 저렇게 '요리해보는' 것처럼 느껴진다. 조선을 제3의 땅으로 보고 관찰하는 '객관적 관찰자'의 시각에 근거해 있는 것이다. 거기에 조선 측 관변 자료에서 보이는 교회와 관련한 사회와 정부의 입장 등 일차적인 자료들이 들어갈 여지는 거의 없다. 그런 점에서 '한국' 그리스도교의 전모를 밝혀주는 책은 물론 아니다. 더욱이 1871년까지의 일만 수록했다는 점에서도 그렇다. 이러한 시각은 초창기 한국 천주교회의 실상을 밝히고 있는 대부분의 책들도 마찬가지이다.

그리고 불과 2년 만에(1872~1874) 비교적 방대한 분량의 저술을 남겼다는 사실에서, 한편에서는 달레의 천재성을 볼 수도 있겠으나, 다른 한편으로는 그가 각종 자료를 고증 없이 성급하게 이용했다는 점도 느껴진다. 가령 그의 책의 골격은 다블뤼 주교가 프랑스로 보낸 자료들을 근간

검토한 결과 소위 『조선복음전래사』의 편린으로 간주할 수 있을 몇 가지 사실을 보고하고 있을 뿐이다. 최석우, 「달레가 인용한 정약용의 한국복음전래사」, 『李海南博士華甲記念論文集』(일조각, 1970)을 참조할 것.

13 샤를르 달레, 앞의 책, 上, 11-12쪽.

으로 해서 이루어졌는데, 다블뤼 주교가 확실하지 않으니 이용하지 말라고 한 자료들까지 저술에 사용한 점은 납득이 가지 않는 부분이다.[14] 조선의 역사와 제도, 언어, 풍속, 관습에 대해 다룬 서설序說은 조선의 자료가 아닌, 다블뤼 주교가 모은 자료 및 중국과 일본의 자료 일부를 참조하여 작성한 것이다. 이것은 조선을 중국의 속국 차원에서 묘사한다든지, 조선의 기원을 기자동래설箕子東來說에 따라 본다든지, 임진왜란 이래로 부산 지역은 여전히 일본인이 점령하고 있다든지 하는 등의 예를 거론할 때 분명히 드러난다.[15] 이와 함께 조선은 오랜 역사를 가지고 있으면서도 조상 숭배, 점복, 푸닥거리 등 미신적 행위가 활개치며, 유교와 불교라는 '저급한' 종교 전통들만 지니고 있다고 묘사한다.[16] 그러면서도 정작 조선의 천주교인들의 신상에 대해 논할 때는 모두 좋은 가문의 영재들이라는 식으로 묘사하고 있다. 즉 조선이라는 나라는 보잘 것 없지만 천주교인이 된 자는 한결같이 훌륭한 자들이라는, '천주교 우월적인' 시각을 보여준다.

그러나 분량으로나 체계로나 달레가 쓴 『한국천주교회사』는 초기의 책이면서도 여전히 당시 조선 천주교회의 상황을 가장 상세하게 보여주는 대표적이고 기초적인 책으로 평가된다. 무엇보다 다양하게 흩어져 있던 방대한 자료들을 일목요연하게 분류하고 체계화했다. 그렇기 때문에 『한국천주교회사』 이후에 나온 책들은 거의 대부분 이를 참고하고 있으며, 어떤 부분은 달레의 서술 내용과 거의 중복되다시피 할 정도로 대동소이하기도 하다.[17] 드브레Emile Devred의 『한국천주교의 기원과 발전』(1924)도 『한국천주교회사』의 요약이라 해도 지나치지 않으며, 앞으로

14 좀 더 구체적인 문제는 최석우, 「달레著 '한국천주교회사'의 형성 과정」, 127쪽 참조.
15 샤를르 달레, 앞의 책, 上, 39-40, 41-42쪽.
16 조선의 종교를 해설하는 서설 부분을 참조할 것. 샤를르 달레, 위의 책, 209-223쪽.
17 최석우, 「한국교회사는 어떻게 서술되어 왔는가」, 『사목』 제34호, 1974. 7, 11쪽.

비교적 자세히 살펴볼 유홍렬의 『한국천주교회사』 역시 달레의 책에 전적으로 의지해서 쓰여졌다.

달레 이후 일제 강점기까지의 한국 천주교회 연구

달레 이후에는 본격적인 한국 그리스도교 연구서는 등장하지 않다가, 일제 강점기에 야마구치山口正之나 우라가와浦川和三郎 등과 같은 일본인 신부에 의한 연구서들이 한두 권씩 보이기 시작한다. 이 가운데 우라가와는 달레의 『한국천주교회사』와 로네A. Launey의 『한국79위순교복자전韓國79位殉教福者傳』(1925)을 참조하여 1846년까지 발생한 순교자들의 전기를 기록한 800쪽 이상의 방대한 책 『조선순교사朝鮮殉教史』(1944)를 남겼다. 그 밖에 아카기赤木仁兵衛, 이시이石井壽夫, 쿠스다楠田斧三郎 등의 학자들도 사회사 · 사상사적 측면에서 조선 교회사를 연구했다.[18]

하지만 무엇보다 조선 천주교사를 근대적으로 연구한 선구자적 인물은 야마구치이다. 그는 해방 후 일본에서 『황사영백서연구黃嗣永帛書の研究』(1946)를 출판했고, 1964년 그의 사후에는 유고집 『조선서교사朝鮮西教史』(1967)가 출판되었다. 시기상으로는 해방 이후 출판물이지만 실제로는 일제 시기에 쓰여진 연구서들이다. 이 가운데 『황사영백서연구』는 다소 평면적 접근이기는 하지만, 로마 교황청 고문서관에 소장되어 있던 「황사영백서」를 처음으로 집중 분석한 책이다. 그리고 『조선서교사』에서는 「황사영백서」 및 프랑스 주교들의 서한을 소개하는 형식을 통해 16세기 조선 그리스도교의 여명기에서부터 천주교회 박해기까지의 조선 천주교회사를 정리하고 있다. 무엇보다 동 · 서양의 다양한 자료들을 참조하면서 교회사적인 시각보다는 문화사적인 시각을 견지하고 있다는

18 이들 연구에 대한 좀 더 구체적인 소개는 이원순, 「韓國天主教會史研究小史」, 『한국교회사논총』(최석우신부화갑기념), 한국교회사연구소, 1982, 665-679쪽을 참조할 것.

점이 참신하게 느껴지는 책이다.

이상 일본인에 의한 연구 결과들이 달레의 저술보다는 좀 더 객관적이고, 전체적으로는 후기의 사건들까지 기록하고 있는 근대적인 연구 성과인 것은 분명하다. 그러나 대체로 한국 천주교인의 자율적인 태도가 배제되어 있다는 점에서는 달레의 책이 그렇듯이 외국인에 의한 연구라는 한계를 벗어나지 못한다.

한국인에 의한 한국 천주교회에 대한 전반적인 연구는 일제 강점기 내내 전무하다시피 했다. 거의 예외적인 책이 1931년 조선교구 설정 100주년 기념으로 경성천주교청년연합회京城天主教青年聯合會에서 간행한 『조선천주공교회약사朝鮮天主公教會略史』이다. 이 책은 무엇보다 그동안의 교회사가 주로 외국인 신부에 의해 쓰여졌고, 한국 천주교회의 기원도 일본에 납치되어 그리스도인이 된 사람들로부터 잡으려는 움직임이 컸으나, 그러한 경향을 배제하고서 한국인의 신앙과 교회 창설을 한국인의 자율적 역사로 서술하고자 했다는 점에 그 의의가 있다. 그렇지만 그 분량이나 학문적 깊이에서는 매우 빈약해 정식 연구서라기보다는 연감 수준에 머문다. 주로 프랑스 선교사 중심의 서술을 하고 있는 데다가 여러 기록들을 소개하는 방식이나 태도 역시 자기 해명적 호교론의 자세를 견지하고 있음을 보여준다. 이 책 이후 한국 천주교회 연구는 다시 황무지 상태에 놓이게 된다.

이러한 분위기는 1930년대에도 계속되었으며, 1940년대에 들어서도 일제의 한국 그리스도교 말살 정책으로 인해 그리스도교 관련 연구가 거의 휴지기에 들어갔다. 해방 이후에도 곧 한국전쟁이 발발하는 바람에 1950년도 초반까지 그리스도교 연구는 천주교와 개신교를 막론하고 답보 상태로 접어들었다. 천주교의 경우는 해방 이후에야 유홍렬, 홍이섭, 주재용 등이 등장해 한국인에 의한 교회사 관련 문헌들이 비로소 쌓이기 시작한다. 이 가운데 지금까지도 한국 천주교회사 최대의 통사서通史書로 남아 있는 유홍렬의 작품에 주의를 기울일 필요가 있다.

유홍렬의 『한국천주교회사』

전형적인 유교 양반 가문에 속하던 집안의 분위기를 뒤로 하고 1936년 천주교로 개종한 이래, 한국 천주교 역사 연구에 뜻을 둔 유홍렬(1911~1995)은 달레의 『한국천주교회사』와 일본인 신부인 야마구치의 논문을 주로 참조하여 1949년에 『한국천주교회사』 상권上卷을 출판했다. 이 책은 1871년까지의 사실만을 기록하고 있는 달레의 『한국천주교회사』와 같이 첫 번째 천주교 박해인 신유교난이 일어났던 1801년부터 1830년까지에 이르는 교회 재건 운동 정도만 수록했다. 그 이후 1962년까지의 자료들을 곳곳에서 모아 기존 상권의 내용을 보완하고 나머지 역사를 이어 쓴 『한국천주교회사』(전2권)을 1962년에 출판했다. 이 책은 피아첸티니Arthur Piacentini 수사가 엮은 리델Felix Clair Ridel 주교의 전기(1890)와 뮈텔Gustav Charles Marie Mütel 주교의 일기 및 드브레의 『한국 가톨릭의 기원과 발전*Le Catholicisme en Coreé, Son origin et ses progres*』(1924)을 주로 참조하고 우리나라의 각종 자료와 비교하며 엮은 것이었다. 초기 프랑스 신부들의 기록과 그간에 쌓인 한국의 기록들을 견주면서 비교적 체계적으로 종합한 책으로, 1975년도에는 최종 증보판이 출판되었다. 이 책은 달레의 연구 이후 지금까지 한국인에 의한 한국 천주교회사 가운데 가장 대규모의 통사서로 간주되고 있다.[19] 워낙 척박한 토양에서 이루어놓은 종합적인 작품이라는 점에 이 책의 기본적인 의미가 있다. 그러나 그 시각에 있어서 여러 가지 문제를 드러낸다. 무엇보다 지나친 천주교 우월적 호교론이 두드러진다.

19 이원순, 위의 글, 684쪽.

가령 이 책은 천주교 신앙 전래 이후 1970년대 중반까지의 한국 그리스도 교회사를 다루고 있으면서도 개신교에 관한 언급은 거의 없거나, 있더라도 상당히 열등한 것으로 묘사한다. 한국의 전통적 종교문화에 대해 언급할 때는 더욱 그렇다. 예를 들면 종교개혁가 루터Martin Luther의 언행에 대해 말할 때,[20] 개신교의 일파인 장로교의 조선 선교를 묘사할 때,[21] 그리고 조선 말에 생겨난 민족 종교인 동학東學에 대해 언급할 때 이러한 태도가 보인다.[22] 또 '서학'을 금지하는 정부의 행위는 '악마의 책동'이라고 해석하면서, 조선 정부가 청나라의 힘을 빌려서라도 '동학난東學亂'을 해결하려고 했던 것에 대해서는 당연시하거나 정당하다는 입장을 보인다.[23]

이런 식으로 유홍렬은 천주교 전교에 유리하게 작용했던 것은 '선善'으로, 불리하게 작용했던 것은 '악惡'으로 보는, 비교적 단순한 태도로 일관한다. 대부분의 사건을 천주교 신앙과 교리에 근거한 호교론적 태도로 판단하며, 천주교 신앙 전래에 도움이 된 일이라면 거의 대부분 복된 일이라는 식으로 묘사한다.[24] 하느님께서 돌보시는 천주교인에게는 기적이 일어난다는 듯 묘사하고, 교회사의 주요 인물들을 다분히 신앙 중심적인

20 루터가 "천주교회의 수도원으로부터 나와 제 멋대로 새로운 주장을 떠들었던" 바람에 "예수회"라는 새로운 교단이 조직되어 "열렬한 정신으로 전교하기 시작하였다"는 식의, 지극히 반개신교적 · 가톨릭 옹호론적 태도를 표명하기도 한다. 유홍렬, 『한국천주교회사』 上卷, 가톨릭출판사, 1975, 16쪽.

21 가령 그는 이렇게 말한다. "장로교파는 처음부터 이씨 조선의 정권과 손을 잡고 전교하기 시작하였다는 점에 특색이 있었으니, 정권과 싸우면서 정의와 자유와 평등을 이 땅에 나타나게 하던 천주교와는 판이 다른 느낌을 주고 있었다." 천주교는 그 자체로 정의와 자유와 평등의 종교로서, 기존 조선의 정권 내지는 그 정권과 결탁한 개신교와는 차원이 다르다는 식이다. 유홍렬, 위의 책, 下卷, 265, 492쪽.

22 유홍렬은 "어리석은 나무꾼과 장사치 여자들이 이 동학에 귀를 기울였다"고 하면서, 서학西學에 비해 저급한 가르침이었다는 암시를 한다. 유홍렬, 앞의 책, 上卷, 580쪽. 동학에 몸담았다가 서학으로 개종했다는 어떤 사람(金以器)의 예를 장황하게 거론할 때는 더욱 그런 의도가 보인다. 유홍렬, 위의 책, 下卷, 341-347쪽.

23 유홍렬, 위의 책, 下卷, 310-323쪽 참조.

24 유홍렬, 위의 책, 下卷, 111-112, 150, 189, 338쪽; 위의 책, 上卷, 15, 17, 23쪽 참조.

기준에 따라, 아니 교리를 얼마나 잘 지켰느냐 하는 교리 중심적 기준에 따라 그 신앙 상태를 점검해나간다.[25]

전체적으로는 국사학자답게 연대기적 사실의 나열에 충실하다가도 종교적인 관점을 다룰 때는 지극히 초보적인 호교적 신앙관을 드러낸다. 다양한 교회사 관련 자료들을 소화하려던 노력은 가상하지만, 그 해석이 지나치게 '신앙적'이어서, 그가 제시한 역사적 사실마저 옳은 것인지 의심하게 만든다.[26] 달레의 책이 쓰여진 지 1세기가 지난 후의 출판물이지만(수정증보판의 경우), 전체적으로 1세기 전 외국인 신부의 시각과 대동소이하여 1970년대에 완성된 글이라는 느낌을 거의 받지 못한다.

이와 함께 그의 몰민족적 태도도 두드러진다. 천주교의 전래를 정당화하기 위해서라면 '조선은 소인국小人國'이라는, 자기 비하적인 태도도 빈번히 드러낸다. 조선 시대에 있었던 "천주교도의 박해"는 "하잘 것 없는 정권 다툼과 타인을 흠뜯는" "당파싸움판에", "줏대 없고 얼빠진 정치하에서" "희생된 것에 지나지 않는다"고 볼 정도로 민족적인 시각은 전혀 반영되어 있지 못하다.[27] 반대로 천주교회 전래사는 구세력을 타도하는 "무저항주의의 거룩한 투쟁사이며 몽매한 인지를 근대적으로 계발시킨 개명사開明史"라고 요약한다.[28] 조선 정부의 입장에서 보면 '천인공노할' 자료로 평가할 수 있을 「황사영백서」에 대해서도 황사영의 신앙적 열정만을 높게 사 극찬을 한다.[29]

25 유홍렬, 위의 책, 上卷, 104, 95-96, 144, 153쪽. 이상의 태도는 달레의 입장과 전혀 다르지 않다. 샤를르 달레, 앞의 책, 上, 330-331, 358-360쪽.

26 가령 정약용이 어쩔 수 없어 배교를 하기는 했지만, "다시 뉘우치고 더욱더 열심히 종교상의 의무를 다하였다"며 특별한 근거도 없이 그것이 당연한 듯한 결론을 내린다. 유홍렬, 위의 책, 上卷, 230쪽. 정약용을 어느 정도까지 천주교도로 볼 수 있겠는가를 둘러싼 학계의 평가가 첨예한 마당에 아무런 근거 없는 추측성 보도를 확언하듯 남발하는 경향도 눈에 거슬린다.

27 유홍렬, 위의 책, 上卷, 55-56, 58쪽.

28 유홍렬, 「한국 천주교 전래의 역사적 의의」, 『가톨릭청년』 1958. 9, 16쪽.

29 유홍렬, 앞의 책, 上卷, 168쪽. 황사영의 백서가 수려한 필체로 작성된 명문이고, 풍전등화風前燈火

이러한 시각은 천주교 신앙과 조선의 종교문화를 지극히 대립적인 것으로, 조선의 전통은 없어져도 좋은 것으로 보는 황사영의 시각과 거의 일치한다. 또한 1901년 제주도에서 일어난 대규모 천주교 박해〔辛丑教難〕의 원인을 많은 사람이 천주교회로 나오게 되자 "터무니없는 거짓말로 교회를 비방한 미신 신봉자 무당들"과 "제주도 사람들의 배타주의 사상"에서 찾을 때도 이러한 몰민족적 시각이 스며 있다.[30] 한국적 맥락, 한국의 종교문화적 상황과는 상관없이, 박해받던 당시의 신앙에 감정 이입된 상태에서 서술해나간 것이라고 해도 과장만은 아니다.

이 책이 한국 천주교회사 분야로는 불모지와 같은 상황에서 어렵사리 여러 차례에 걸쳐 보완한 역작인 것은 분명하지만, 저자 자신의 독창적인 그리스도교사관에 근거한 연구라기보다는 달레 신부와 리델, 뮈텔 주교의 기록을 확인하는 차원에 주로 머물러 있다는 것이 이 책의 기본적인 한계이다. 특히 달레의 『한국천주교회사』의 시각과 내용을 많은 경우 그대로 따른다. 그리고 프랑스와 한국 양측의 자료를 비교하며 엮다 보니, 다른 장章에서도 이전 장에서 말한 것과 같은 사실을 중복해서 서술하고 있는 경우도 흔하다. 그때그때 준비된 자료를 연대기적으로 정리하다가 이전 자료들과 겹치는 사례들을 철저히 가려내지 못한 데서 온 결과로 보인다.

그리고 달레의 『한국천주교회사』가 사실상 천주교인 '순교사殉教史'이듯이, 유홍렬의 책도 '순교사'에 가깝다.[31] 주로 외국인 신부의 입국, 순

와 같은 당시 조선 교회의 상황을 적절히 대변하고 있는 것은 분명하지만, 교황으로 하여금 중국을 자극하고 또 중국으로 하여금 조선에 천주교 신앙을 받아들이도록 압력을 가하게 하는 방식이나, 서양의 그리스도교 국가들에 호소하여 6, 7만의 군대를 보내 조선을 정복하도록 하는 방식에는 적어도 '조선인'의 입장에서 보자면 문제가 없을 수 없었다. 달레마저도 이러한 황사영의 요청이 지극히 비현실적이고 무모한 것이었다는 부연 설명을 달고 있는 판에(샤를르 달레, 앞의 책, 上卷, 574쪽), 도리어 유홍렬에게서는 그러한 설명이 보이지 않는다.

30 유홍렬, 위의 책, 下卷, 366-367쪽.

교, 국내 신자들의 순교 동향, 정부의 천주교 박해 등 신앙인의 눈에 비친 교회의 '희생적' 사실들을 나열하는 데 그친다. 주로 외국인 신부들의 입국 의도를 강조하고, 달레의 저술에서도 그랬던 것처럼 정하상, 김대건 등의 개인 기록을 반복, 소개하는 식으로 전개해나간다. 그러나 전체적으로는 순교사에 가까우면서도, 정작 그 모진 박해에도 불구하고 살아남을 수 있었던 근거와 원인이 무엇인지에 대한 언급은 미진하다. 그것이 한국 천주교회를 이끌어가는 핵심으로 분석되어야 마땅하지만, 이 책에서는 그저 '천주의 은총'으로 해석하는 수준에 머문다.

교회가 조선에 끼친 영향의 구체적인 분석이나 천주교회의 전래에 대한 신학적 해석이 들어갈 여지도 거의 없다. 한국 천주교회의 독자적 '창설創設'을 강조하지만, 무엇이 독자적인 창설인지, 무엇을 '한국 천주교회'라고 할 것인지에 대해서는 설명이 미흡하다. 여기에서 한국은 그저 '장소'의 개념으로만 등장할 뿐, 한국의 역사와 문화가 천주교회에 끼친 영향이나 천주교회와 맺고 있는 깊은 관계 등은 거의 보이지 않는다.

1975년도에 증보판이 나왔고, 형식상으로는 1970년대의 자료들까지 일부 소개하고 있지만, 사실상 이 책의 거의 모든 내용은 일제 강점기 이전까지만 다루고 있다는 문제점도 있다. 1970년도에 고려대학교 민족문화연구소에서 펴낸 『한국문화사대계韓國文化史大系』의 일부인 유홍렬의 「한국기독교사 1」도 그 시각이나 주제, 연구 범위 등에 있어서 거의 이와 같다.

31 애당초 '한국순교자현양회'의 부탁을 받고 쓰기 시작한 글이어서인지, 천주교 박해와 천주교인의 순교 사실을 시작으로 해서 1960년대에 있었던 '순교복자 현양 사업'을 중심으로 책을 마무리한다. 사실 저자 자신도 이들 책의 저술 목적을 '교회의 박해 시대를 주로 다루는 데' 있다고 밝히고 있다. 유홍렬, 위의 책, 下卷, 434쪽. 유홍렬의 다른 글들도 대부분 박해와 순교에 관한 것으로 「제주도에 있어서의 천주교 박해」(『이병도회갑논집』, 1956), 「대원군의 천주교 박해와 리델 신부의 조선 탈출」(『서울대논문집』 제9집, 1959), 『고종치하 서학수난의 연구』(을유문화사, 1962), 「이승훈과 그 후손들의 순교」(『사학연구』 제18집, 1964) 등이 있다.

하지만 『한국천주교회사』는 한국인에 의한 본격적인 천주교회 통사서로서는 지금까지도 거의 유일한 책이다. 바꾸어 말하면, 이 책 이래로 오늘날까지도 체계적인 한국 천주교회 통사는 등장하고 있지 못할 만큼 이 부분에 대한 연구는 아직 미진한 형편이다. 상세한 통사서는 아니지만 1950~1960년대에는 홍이섭과 주재용이, 1960년대 이후에는 최석우, 이원순 등이 천주교회사 관련 자료들을 상당수 발표했고, 개신교 목사였던 김양선도 천주교회사 관련 자료들을 많이 간행했다. 김옥희, 김구정 등도 교회사 연구에 전념한 사람들이다. 이들의 연구와 더불어 한국 천주교회 통사의 기초는 최석우에 이르러 확립된다.

호교론적 한국 천주교회 연구

유럽 유학 후 1960년대에 한국에 돌아온 최석우崔奭祐(1922~2009)는 한국 천주교회사에 관해 가장 왕성하게 연구했던 사람들 가운데 하나이다. 그는 독일 본 대학교에 제출한 박사학위 논문(「초대 감목대리구의 설립과 한국 가톨릭 교회의 기원」, 1961)을 통해 한국 초기 교회사와 관련된 여러 종류의 서양 자료들을 소개하고 있으며, 한국 교회 창설기의 상황을 자세하게 밝혀주고 있다. 무엇보다 1964년 가톨릭 대학교 부설 한국교회사연구소장으로 취임했다가 1975년 새롭게 독립한 한국교회사연구소를 주관하면서 이 분야 연구의 폭을 넓히는 데 결정적인 공을 쌓고 있다. 유홍렬의 호교론적이고 종파 중심주의적 태도는 최석우의 저서에 이르러서야 수정되기 시작한다.

그는 1960년대부터 1980년대 초반에 걸쳐 썼던 논문들을 모아 『한국천주교회의 역사』(1982)를 출판했다.[32] 한국 천주교회의 역사적 사실에 접근해가는 방식과 태도가 달레나 유홍렬에 비하면 객관적이며, 또 진지하고 정교하다. 그러나 체계적인 연구서라기보다는 논문집의 형태인 까닭에 각 장마다 서로 중복되는 내용들이 있으며, 또 각 장마다 글의 난이도에서 차이가 난다. 그리고 대부분의 내용도 여전히 19세기 조선 천주교회사의 서술에 머물고 있다는 아쉬움이 있다. 저자 자신이 서언에서 "개항 이후의 현대까지의 교회사 연구가 너무 부족한 현실"이라고 밝히고 있듯이, 이 책에서도 20세기 한국 그리스도교에 대한 연구는 극히 미진하며 특히 일제 강점기 한국 천주교회 연구는 전무하다. 다만 천주교회를 중심으로 한 북한의 종교 실태를 비판적으로 소개하고 있는 부분(7장)은 한국 그리스도교의 총체적 연구를 위한 디딤돌이 될 것으로 보인다.

전체적인 시각에 있어서 『한국천주교회의 역사』는 달레나 유홍렬의 책과 비교해 본질적인 차이는 없는 것으로 보인다. 다만 그 정도에 있어서는 큰 차이가 있다. 즉 유홍렬이 천주교 호교론적 신앙관에 근거해서 몰민족적 태도를 강하게 나타냈다면, 최석우는 다소 온건해진다. 또한 유홍렬이 구체적인 해석이 없이 타 종교 억압적, 천주교 중심적인 태도를 취했던 것과는 달리, 최석우는 유교적 배타성, 조선왕조 정교일치政教一致의 문제점 등도 직접적이기보다는 우회적으로 표현하고자 한다. 이러한 식으로 온건한 천주교 중심적이고 옹호론적 태도를 견지한다.[33]

동학난을 다룰 때나 개신교와의 관계를 다룰 때도 유홍렬처럼 배타적인 자세를 견지하지는 않는다. 그러나 여전히 천주교 중심적 판단을 하기는 마찬가지이다.[34] 가령 한글 성서 번역의 역사를 다룰 때는 이미

32 최석우, 『한국천주교회의 역사』, 한국교회사연구소, 1982.

33 최석우, 위의 책, 39-40, 97, 148쪽.

34 최석우도 동학을 범신론汎神論 차원에서 보면서 – 엄밀하게 말하면, 동학의 신론은 '범신론'이 아니라 범재신론汎在神論에 가깝다 – 정부의 동학에 대한 억압을 어느 정도는 당연하다는 듯 대한다. 최석우, 위의 책, 224, 247-249쪽. 최석우의 동학관은 「서학에서 본 동학」, 『교회사연구』 제1집(한국교회사연구소, 1977, 113-147쪽)을 볼 것.

1887년에 개신교권에서 선교사 로스John Ross가 이응찬의 도움을 받아 신약성경인 『예수셩교젼셔』를 번역, 간행했는데, 최석우는 1910년 한기근 신부가 번역한 『사사성경四史聖經』을 최초의 번역으로 거론한다.[35] 어떤 때는 협의의 교회론을, 어떤 때는 광의의 교회론을 펼치며 한국에서 벌어진 교회 관련 일들을 대부분 긍정적이고 호교론적인 차원에서 해석하고자 한다.[36] 교회에 대한 자기비판적인 목소리가 약하다. 그만큼 천주교 중심적이고 옹호론적인 역사 서술에 익숙해 있다는 증거이다.

순교자에 대한 언급에서도 비록 찬양 일변도로 나가지는 않지만, 한편에서는 "천주교인들의 불굴성과 순교자들의 영웅적 용기 자체가 하나의 웅변적 호교護教였을 것이고, 유배지에 있어서의 교우들의 궁핍한 생활과 인내도 이교인에게 감화를 주었을 것"이라며, 순교자적 정신을 높이 평가한다. 그리고 "박해의 결과는 역시 교회의 승리를 의미한다"며 박해를 이겨낸 교회를 "신앙의 견지에서" 해석하고, 교회에 대한 자긍심을 보여준다.[37] 그러면서도 다른 한편에서는 조선의 천주교회가 조선의 정치적 상황에 둔감한 채, 그동안 식민지 정책과 포교 정책을 분간하지 못했던 사실에 대해서는 어느 정도 비판적으로 거론한다.[38] 박해 자체를 주로 '신앙의 사실'로 해석한다는 점에서는 달레, 유홍렬 등의 시각과 큰 차이가 없지만, 당시 조선 정세와 정책을 잘 읽지 못한 책임이 교회에도 있음을 지적할 때는 신앙의 사실과 정치 · 사회적 사실을 구분하는, 다소 중립적인 자리에 선다.[39]

그렇지만 전체적으로 최석우의 '한국 천주교회의 역사' 연구에서도

35 최석우, 위의 책, 314쪽.
36 최석우, 위의 책, 25-26, 89, 343-344쪽 참조.
37 그 밖에 최석우, 위의 책, 146-47쪽 참조.
38 최석우, 위의 책, 162쪽 참조.
39 최석우, 위의 책, 79-81, 150-151쪽.

'한국'은 그저 '장소' 내지는 '공간'의 차원에서만 등장할 뿐, 그리스도 교회가 한국 사회와 민족, 문화, 역사적 현실과 맺는 관계 및 '한국 천주교회'의 구체성에 대한 해석은 그다지 드러나지 않는다. 천주교회 중심의 역사적 사실historie 나열에 충실하며 교회를 옹호하려는 경향이 두드러진다. 사실 자체에 의미나 방향성이 있던가. 그에 대한 해석이 있음으로써 유의미해지고 방향성도 보이는 법이다. 그런 점에서 천주교회사를 다룬다고 해도 '사실사' 나열에 머물러서는 곤란하다. 천주교회의 한국 토착사, 신앙 해석사geschichte의 측면을 중시해야 한다. 이러한 해석은 당연히 사회적 흐름을 반영한다. 그렇기 때문에 '한국'이라는 장소는 한국 천주교회를 서술할 수 있게 해주는 근본적인 토양이 된다. 이런 토양을 간과하고서 씨앗만으로 열매를 맺을 수는 없는 것이다.

민족사적 한국 천주교회 연구

이러한 현상은 조광趙珖이 1980년대 후반에 쓴 『조선후기 천주교사 연구』(1988) 및 『한국천주교 200년』(1989)에서 어느 정도 수정된다. 조광의 작품에 이르러서 한국 천주교회사는, 비록 정치사 · 사회사적인 의도가 두드러지고 있기는 하지만, 비로소 '해석'되기 시작한다. 그는 민족적인 시각과 교회 비판적인 시각을 어느 정도 겸비하고서, 달레와 유홍렬은 물론 최석우에게서도 근본적으로 교정되지 않고 있는 호교론적인 시각과 비해석적인 태도를 교정시켜준다. 조광은 '동아시아 문화사'에 근거해, 한국 천주교회의 역사가 한국 안에서 설득력을 얻을 수 있도록 반성적으로 '해석'해나가고 있는 것이다.

가령 한국 천주교회에서 지독한 박해가 이루어져 왔던 현상을 두고 제국주의적 서세동점西勢東漸이라는 대외적 현상과 성리학적 질서에 대해 반성하고 실학을 비롯한 새로운 가치를 추구하던 대내적 분위기의 충돌에서 비롯된 것으로 본다. 달레가 「황사영백서」 등의 자료에 근거해 천주교인 박해를 주로 당쟁黨爭에서 비롯된 것으로 보고 유홍렬이 달레의 입장을 그대로 답습하던 것과는 다른 태도이다. 조광은 천주교 박해가 왕을 정점으로 하는 조선 왕조의 성리학적 통치 질서에 반역하는 것으로 받아들여졌기 때문이지, 당쟁 자체 때문에 그런 것은 아니라는 점을 강조한다. 또한 교회가 '효孝'라고 하는 사회질서 전통으로서의 조상에 대한 제사를 용납하지 못한 것은 동양 문화 전통에 대한 서유럽 교회의 몰이해를 나타내는 것으로서, 교회도 큰 책임이 있다고 본다. 정약용, 이승훈, 이벽 등 초기 사대부 출신의 천주교인들이 천주교에 등을 돌리게 된 것을 단순히 '배교'의 차원에서가 아니라, 애당초 학문적 관심과 보유론적補儒論的 자세에서 출발했던 이들 양반 계층의 당시 입장에서 도리어 자연스러운 일이라는 평가를 한다.[40]

유홍렬은 교회가 사회 고위층의 교회이기를 바라는 마음으로 곳곳에서 유명인사들의 입교를 자랑스러운 마음으로 소개하지만, 조광은 사실상 천주교회는 양반의 교회가 아니라 중인 이하의 교회, 상놈들의 교회였다는 사실을 도리어 중시한다. 신자들의 교리 수준이 낮아서 가성직제도가 시행된 것이라고도 보면서, 한편으로는 교회를 위한 자발적인 노력의 반영이라는 뜻으로 해석하기도 한다. 교회가 조상에 대한 제사를 용인하지 못한 편협함은 물론 한일합방을 묵인하거나 그에 동조했던 일, 3 · 1 운동에 교단 차원에서 참여하지 못한 일, 그리고 신사참배를 인정했던 일들 모두 변명의 여지없이 반성해야 할 일이라고 본다.[41]

조광의 이러한 지적에 이르러서 한국 천주교회는 한국 민족 공동체의

40 조광, 『한국천주교 200년』, 햇빛출판사, 1989, 39-40, 42쪽.
41 조광, 위의 책, 43, 33, 63-67, 75-78, 85-86쪽.

일부이고 또 일부이어야 한다는 견해가 비로소 설득력을 갖게 된다. 천주교회의 고유성이나 신앙적 우월성도 중요하지만 한국 문화에 빚지고 있는 부분도 그 못지않게 크다는 사실을 인정하고 수용할 때 한국적 천주교회에 대한 진정한 서술이 이루어지는 것이기 때문이다.

물론 조광은 교회를 비판적으로만 보지는 않는다. 비판 안에 그리스도 교회에 대한 애정도 담아낸다. '순교'의 의미를 그저 신앙의 차원에서만 찾지 않고, 개인의 양심과 인격의 발견, 신념을 위해 죽을 수 있을 정도로 강력한 개성의 발견 차원에서 높게 해석하며 평가한다.[42] 종교적 사건을 일반적 언어로 해석함으로써 교회의 역사가 한국의 역사일 수 있다는 사실을 우회적으로 입증해주고 있는 것이다. 이렇게 한국의 천주교회에 대한 강한 비판과 애정을 동시에 보여주는 행위는 유홍렬이나 최석우에게서는 잘 드러나지 않았던 일이다. 그것은 한국 천주교를 연구하는 태도와 자세에 의미 있는 변화와 발전이라 할 수 있다. 조광의 이 책은 한국 천주교회 안에서 벌어진 온갖 사건들을 세세하게 기록해놓은 역사서라고 할 수는 없다. 한국 천주교의 역사에 대한 정치 · 사회적 시각에서의 진지한 반성과 성찰 정도라고나 할까.[43] 그럼에도 불구하고 한국 천주교 역사와 문화의 절대성과 상대성, 보편성과 특수성을 구별할 줄 아는 조광의 자세가 한국 천주교 연구사에서 갖는 의미는 적지 않다.[44] 자신이 몸담고 있는 종교를 상대화시킬 줄 아는 것은 성숙한 자세이다. 자신이 속한 전통, 연구의 대상이 지닌 부정적 측면도 있는 그대로 성찰하고 비판적으로 드러낼 수 있을 때에야 학문의 보편성도 담보되는 것이기 때문이

42 조광, 위의 책, 35, 41쪽.

43 특히 『한국천주교 200년』의 3장은 해방 이후 한국 정치·사회사에 대한 교회의 대응 정도를 서술하고 있는데, 한국 그리스도 교회를 주체로 한 서술이기보다는 정치·사회적 변화에 대한 교회의 반응이라는, 다소 정치 종속적인 접근을 한다.

44 조광, 앞의 책, 115-162, 특히 116-119쪽 참조.

다. 천주교를 중심으로 한 한국 그리스도교 연구는 1980년대에 들어 연구자 자신의 신앙적 입장을 상대화시켜보기 시작한 셈이라고 할 수 있겠다.

1960~1990년대 한국 천주교 연구의 흐름 및 과제

해방 후 1960년대까지는 유홍렬, 홍이섭이 주로 활동했고, 이후 최석우, 이원순 등이 활동을 개시한 이래 1970년대에 이르면 최동희, 김옥희, 금장태, 조광, 노길명 등의 연구자가 등장하여 한국 천주교회 관련 분야에서 현재까지 활발히 작업하고 있다. 1977년에는 최석우 신부가 주도하던 한국교회사연구소에서 정기 연구 논문집인 『교회사연구』를 창간해 한국 천주교회사 연구를 선도하고 있다. 하지만 이들은 주로 철학이나 천주교회사와 연결된 세부 주제별 연구에 몰두할 뿐, 한국 그리스도교에 대한 전체적 연구로까지는 나아가고 있지 못한 형편이다.

이와 함께 1980년대에는 앞에서 언급한 연구자들에 최기복, 하성래 등이, 1990년대에는 차기진 등의 연구자가 가세하면서 철학, 역사, 정치, 문화 등으로 연구의 폭이 확대되었다. 하지만 전체적으로 보면 아직도 초기 교회사, 박해사 등을 연구하는 경향은 크게 달라지지 않고 있다. 한국 교회사 연구 현황에 대해 언급하고 있는 이원순의 다음과 같은 지적은 여전히 한국 천주교회사 연구 전반에 해당된다.

> 한국 교회사 연구는 한국 신학을 위한 구원사 연구와 한국 사학을 위한 인간사 연구의 두 국면으로 전개되어왔다. 전자의 경우 우리나라의 교회사 연구에서 순교자 현양 의식에서의 순교사 연구는 있었으나 아직 한국 신학을 위한 구세사적 연구는 지극히 미흡하다. 아니 불모의 상태라 할 수 있다.[45]

'순교사' 연구, 그것도 순교자 현양 차원에서의 연구는 우리나라 종교사, 좁게는 천주교사를 박해자와 피박해자로 이원화해 대립적으로 살펴보게 한다. 그러나 한국 천주교회사는 과연 박해와 순교의 역사이기만 했던가? 천주교가 전래되던 시절 많은 피해자가 생겨난 것은 사실이지만, 이러한 피해를 '박해' 내지는 '순교'라고만 볼 때 그러한 사건의 원인과 배경에 있는 조선 시대의 종교문화, 특히 유교적 질서를 적대적이고 오류에 물든 것으로 볼 수밖에 없게 되는 문제를 앞으로 한국 천주교회 연구가들은 어떻게 정리해야 할지 큰 과제로 남아 있는 셈이다. '순교사' 수준, 더 나아가 교회사 수준을 넘어, 아니 교회사를 다루더라도 한국 종교문화의 일부라는 시각을 가지고 한국 종교문화적 상황에 어울리는 체계적 천주교사를 창출해야 할 과제를 지니고 있는 것이다.

이와 함께 개신교 연구에서도 마찬가지이지만, 1990년대의 한국 천주교 연구사의 두드러진 특징 중 하나는 개신교와의 관계에 대한 언급이 거의 없거나 경시하는 경향이 있다는 것이다. 물론 이것은 한국만의 경향은 아니다. 사실 세계 가톨릭 교회사 연구의 주요 흐름도 이와 다르지 않다. 김성태의 다음과 같은 비판적 지적은 이를 뒷받침해준다.

> 가톨릭 교회에서 나온 많은 교회사 저서들은 가톨릭 교회에 엄격하게 제한되어 있다. 물론 이 저서들은 교회 분규와 이단 운동의 발생에 대한 배경을 언급하고 있지만, 그 후에는 더 이상 이 운동들의 진전 과정에 관심을 두고 있지 않다. 가톨릭 교회사가들은 그들이 가톨릭 교회인이기 때문에 엄밀한 가톨릭적 의미의 단어로 교회를 이해할 수 밖에 없다고 주장하고 있다. 그러나 교회일치의 분위기가 증진되고 있는 오늘날에 있어서 가톨릭 역사

45 이원순, 앞의 글, 658쪽.

가들이 그리스도교 전체에 대해 무관심하고 교회사의 대상을 가톨릭 교회에 국한시키는 것은 역사적 결함이다. 폭넓은 안목의 교회론에 입각하여 가톨릭 교회사가들은 그들의 저서에서 비가톨릭 그리스도교 사회의 역사를 취급함으로 그 범위를 확대하도록 노력해야 한다.[46]

김성태의 지적대로 하자면, 개신교인이 더 많은 한국에서조차 천주교 중심으로 그리스도교의 역사를 전개하는 것은 자칫 '게토주의'에 빠질 우려가 있다. 애당초 '천주교회사'만을 서술하려는 의도를 가졌다 해도, 천주교회사를 중심으로 서술할 수는 있어도 개신교회사를 무시하거나 열등시해서는 안 된다는 말이다. 물론 이것은 그리스도교라는 이름하에 개신교의 실정만을 다룬 대다수의 책에도 마찬가지로 적용된다. 종파적 사실의 나열에 머물지 말고, 그러한 사실에 대한 해석과 함께 그동안 전무하다시피 했던 종교로서의 천주교 연구, 신학 사상사적 통사 연구 등 그리스도교 관련 사건과 추이에 대한 사상사적 · 종교사적 · 신학적 해석 작업으로 나아가야 하는 것이다.

4. 국학에서의 그리스도교 연구

천주교권의 자료를 주로 다루었으면서도 천주교권 한국 그리스도교 연구의 범주에 넣을 수는 없는 책이 이능화李能和(1869~1943)의 『조선기독교급외교사朝鮮基督教及外交史』(1928)이다. 이 책은 서양에 대한 간단한 소개 외에 그리스도교의 전래부터 헌종憲宗 당시의 기해교난까지를 담고

46 김성태, 「교회사에 대한 입문적 고찰」, 『한국교회사논총』(최석우신부화갑기념), 한국교회사연구소, 1982, 640쪽.

있는 상권上卷과, 조선 근세사에서 그리스도교로 인한 전반적인 영향 및 조선 외교사를 싣고 있는 하권下卷으로 이루어져 있다. 조광의 연구를 제외하고 앞에서 살펴보았던 그리스도교 연구서들이 모두 '호교론적 관점'에 있거나 그것을 크게 벗어나지 못한다면, 이 책은 1920년대에 '국학國學'의 차원에서 이루어진 그리스도교 연구서이다. 그리고 '벽위' 계열의 서학 비판서를 제외하면 앞에서 살펴본 연구서들이 모두 그리스도교 신앙인에 의해 저술된 것인데 반해, 이능화는 불교도로서 그리스도교를 비롯해 한국 종교 전반을 연구했다. 특히 이 책은 조선 민족의 시각을 견지하고서 우리나라 사람이 쓴 최초의 한국 그리스도교사 서술이라고 할 수 있다.[47]

이능화가 한국 그리스도교를 연구하던 1920년대에 참고할 수 있을 만한 자료들은 달레의 『한국천주교회사』(1874), 드브레의 『한국천주교의 기원과 발전』(1924)과 같은 불어권 자료들뿐이었다. 그러나 이 책들은 조선 측의 자료를 도외시하고 쓰여진 문헌들이라는 점에서 어느 정도의 한계가 있었다. 이능화는 이러한 한계를 극복하기 위해 천주교 측 자료들에다가 조선 측의 관변官邊 기록[48] 및 그리스도교를 한국 사회적 차원에서 이해하게 해줄 만한 학인들의 자료들을 참조해 써내려갔다. 이능화와 비슷한 시기에 미국에 유학 중이던 개신교 교회사가 백낙준이 주로 미국 선교사들의 자료를 이용해 한국 개신교사를 학위 논문으로 정리하던 것에 비하면 이능화의 『조선기독교급외교사』는 비교적 '객관적인' 시각을 견지하면서 조선 기독교사를 서술한 거의 최초의 작품이라는 점에 한국 문화사적 의의가 있다.[49]

47 물론 『조선기독교급외교사』 이전에도 이능화는 조선의 기독교에 대한 글들을 몇 편 남겼다. 그중 중요한 글은 다음과 같다. "朝鮮基督敎史"(一 · 二 · 三), 『東明』 38호(2권 21호) · 39호(2권 22호) · 40호(2권 23호), 1923. 5~6.

48 朝鮮王朝實錄, 承政院日記, 日省錄, 近世朝鮮政鑑 등을 인용하고 있다.

하지만 이 책에서는 개신교보다는 천주교를 주로 다루었다.[50] 아마도 그 이유는 당시 조선의 개신교를 다룬 문헌이 거의 없었기 때문이기도 하거니와, 무엇보다 그 시기 조선의 정치 현실로 보면 천주교가 더 큰 중요성을 지니고 있었기 때문일 것이다. 그리고 천주교 신앙의 자유를 획득해가는 과정도 외교적 문제 해결에서 비롯된다고 보았기 때문일 것이다. 이것은 그가 천주교 박해의 원인을 당쟁黨爭이라는 정치적인 차원에서 보고,[51] 조선조 유교 사회도 소수 양반을 위한 것이었지 일반 백성과는 거리가 멀었다고 보며,[52] 당시의 쇄국 정책도 강하게 비판할 만큼 정치적인 관심을 기울일 때 더욱 드러난다.[53] 그는 조선의 근대화 과정을 중시하는 가운데, 그리스도교가 조선의 근대화에 끼친 영향 및 역할을 정치, 외교, 사회, 문화라는 다양한 차원에서 검토한다. 한마디로 '사회사적 관심'을 가지고서 그리스도교를 서술해나간 셈이다.[54] 이러한 연구 방법 혹은 시각이 이능화 그리스도교 연구의 근대성, 이능화 저술의 독자성을 보여준다고 할 수 있다.[55]

49 이능화의 한국 기독교관에 대한 연구로는 홍이섭, 「李能和先生의 '朝鮮基督敎及外交史'」, 『한국사의 방법』, 탐구당, 1968; 김수태, 「이능화와 그의 사학: 특히 그의 '조신기독교급외교사'를 중심으로」, 『동아연구』 제4집, 1993; 김수태, 「이능화의 한국기독교 연구」, 『종교연구』 제9집, 1993; 신광철, 「이능화의 종교학적 관점」, 『종교연구』 제9집, 1993 등이 있다.

50 개신교는 주로 교육·의료사업을 중시한다는 점에서는 가톨릭보다 조선 민중의 개화에 끼친 영향이 더 크다는 점을 강조하기도 한다. 李能和, 『朝鮮基督敎及外交史』, 朝鮮基督敎彰文社, 1928. 이러한 사회 활동으로 인해 개신교 신자가 가톨릭 신자보다 점차 많아지게 되었다고 그는 분석한다.

51 이능화, 위의 책, 41-47쪽, 특히 11장 참조. 조선에서의 천주교 박해가 조선의 당쟁에서 비롯되었다는 이러한 입장은 「황사영백서」에서 비롯되어 달레의 『조선천주교회사』 및 이능화의 저작을 거쳐, 일본인 학자들의 조선 그리스도교 연구 태도에까지 반영된 시각이다. 그러나 사실 천주교 박해의 가장 큰 원인은 역시 이질적인 천주교가 충과 효를 중심으로 하는 전통적인 조선의 사회 질서에 감행한 도전 때문으로 보아야 할 것이다. 민심을 수습하려는 왕의 개혁 정책이 천주교 박해를 낳은 것이지, 당쟁 자체에 직접적인 원인이 있었던 것만은 아니다. 조광, 「천주교 초기 박해의 원인에 대한 재검토」, 『사목』 제34호, 1974. 7, 37-41쪽 참조.

52 이능화, 위의 책, 39-40쪽.

53 이능화, 위의 책, 65쪽.

54 구체적인 문제는 신광철, 「이능화의 종교사학과 한국기독교사 연구」, 『한국기독교와 역사』 제4호, 한국기독교역사연구소, 1995, 180-187쪽 참조.

때로는 그의 저술이 독창적인 해석이 아니라 자료의 나열에 그친다는 비판도 있으나,[56] 그는 바로 그러한 나열을 통해 한국 종교사를 서술하고자 했고, 또 한국의 종교들을 나름대로 해석하고자 했다는 점에서 한국 그리스도교 연구의 선구자라는 평가는 정당해 보인다. 이 책이 출간되고 나서 한국 그리스도교에 관한 일본 학자들의 연구도 시작되었기 때문이다.[57] 그것도 불교도로서 그리스도교에 대해 독자적으로 연구했다는 사실에서 이능화는 근대적인 의미의 '비교종교학의 개조', '한국종교학의 아버지'로까지 평가되기도 한다.[58] 이와 함께 『조선기독교급외교사』는 후대 천주교회사가나 개신교회사가 모두에 의해 동등하게 인용되고 있는 거의 유일한 책이다. 그런 점에서 천주교와 개신교의 호교론적이고 종파 중심적인 연구 태도를 완화해주고, 이들 사이에 가교 역할을 한다는 데서도 한국 그리스도교 연구사적 의미가 지대하다고 하겠다.

55 이능화의 그리스도교 연구 의의에 대해서는 홍이섭, 「李能和先生의 '朝鮮基督敎及外交史'」, 『한국사의 방법』, 447쪽; 홍이섭, 「한국기독교사연구개황」, 『신학논단』 제7집, 1962. 10, 8-9쪽; 민경배, 『한국기독교회사』(개정판), 대한기독교출판사, 1989, 21쪽과 그 밖에 신광철, 「이능화의 종교학적 관점」, 『종교연구』 제9집, 한국종교학회, 1993, 194쪽; 김수태, 「이능화의 한국기독교연구」, 『종교연구』 제9집, 한국종교연구회, 1993, 119, 126쪽을 볼 것.

56 김용섭, 「우리나라 근대 역사학의 성립」, 『한국의 역사인식』(下), 창작과비평사, 1983, 446-447쪽; 이원순, 앞의 글, 682쪽.

57 김수태, 앞의 글, 127쪽; 김수태, 「이능화와 그의 사학: 특히 "조선기독교급외교사"를 중심으로」, 『동아연구』 제4집, 서강대학교동아연구소, 1984, 113-114쪽.

58 김종서, 「한말 · 일제하 한국종교연구의 전개」, 『한국사상사대계』 제6권, 한국정신문화연구원, 1993, 289쪽.

5. 한국 개신교회 연구 100년사

선교론적/종교 변증적 차원의 연구

이능화가 조선의 그리스도교에 대해 연구하던 무렵, 한국 개신교 안에서는 신학이라는 것이 비로소 논의되기 시작했다. '한국 그리스도교'의 연구자라기보다는 주로 그리스도교 신학 자체를 다룬 사람들이기는 하지만, 길선주, 최병헌, 윤치호 등은 선교사들이 전해준 신학적 원리와 내용을 한국 교회와 사회 안에 전개하려는 노력을 기울였다. 그리고 1930년대에는 양주삼, 남궁혁, 송창근 등이 등장해 한국 안에서 신학을 한다는 것이 무엇인지 그 단초를 보여주기 시작했다. 이 가운데 최병헌崔炳憲(1858~1927)의 그리스도교 변증적 신학 연구서인 『만종일련萬宗一臠』(1922)은 본격적인 한국 그리스도교 연구라고 할 수는 없다. 물론 최병헌이 한국 신학 사상사에 끼친 영향 및 의미는 적지 않지만[59] 역시 한국 그리스도교 연구 전반과 관련하여 1920년대에 가장 두드러지는 인물은 백낙준이다.

59 최병헌은 그리스도교 신학이라는 것에 대한 학문적인 반성을 할 만한 여유가 없었던 1910~1920년대에 활동한 인물이면서도 일찍부터 민족의식과 주체의식을 지닌 몇 안되는 그리스도교 신학자였으며, 그리스도교를 어느 정도 상대화해서 볼 줄 아는 안목을 지닌 사람이었다. 전통 종교를 이단시하고 저주하던 초기 선교사 시각의 그리스도인 태도와는 반대로 그는 우리의 전통 종교의 내용을 받아들이고 포용하는 신학자이기도 했다. 그의 저술 가운데 『만종일련』(1922)은 소설 형식을 취한 일종의 종교 변증론으로서, 그리스도교 입장에서 종합적이고 본격적으로 세계의 제 종교들과 한국의 종교들을 논한 책이다. 종교의 세계관과 교조의 사상 및 역사를 다루고 그 종교들이 한국에서 어떻게 전개되었나를 개관한 뒤, 마지막으로 그리스도교의 입장에서 각 종교들을 반성하는 형식을 취한다. 결국 선교신학적 차원의 종교사학적 책인 셈이다. 최병헌은 역시 신학자, 그리스도교 변증론자이지, 본격적인 의미의 '한국 그리스도교' 연구자라고 할 수는 없지만, 1980년대 후반에 등장한 한국적 신학, 종교다원주의 신학의 단초가 이미 그에게서 보이고 있다는 점에서 그의 한국 신학 사상사적 의미는 지대하다.

백낙준의 『한국개신교사』

백낙준白樂濬(1895~1985)은 "초기 한국 교회의 선교 역사를 정리하여 한국 교회의 위상을 평가하여준 역사신학자"이며,[60] 근대적 의미의 교회사가이다. 물론 백낙준이 등장하기 전에도 한국의 개신교 선교 상황을 소개한 문헌들이 여러 편 있었다.[61] 하지만 이들은 대부분 서양 선교사들에 의한 한국 안내서에 가깝지, 한국 그리스도교에 대한 총체적인 서술이나 연구서는 되지 못했다. 한국 그리스도교 연구사와 관련해서 보자면, 이 책들은 백낙준과 같은 교회사가가 한국의 교회 상황을 정리할 수 있게 해주는 토대로 작용했다는 데에 그 의미가 있다고 하겠다.

백낙준은 이러한 저술들에 근거해 1927년 예일 대학교에서 「한국개신교사The History of Protestant Missions in Korea: 1832~1910」라는 박사학위 논문을 쓰게 된다. 그는 이를 통해 최초로 한국의 개신교사를 정리했다. 이 논문은 1929년 영문 단행본으로 출간되었다(숭실전문대학에서 간행). 이 책은 방대한 서양의 자료를 수집해 서구적 학문 방법론에 따라 한국 개신교사를 객관적으로 연구하려는 자세를 견지했다는 점에서 선구적이다. 저자는 한국이 어떤 나라인지 미주에 알리기 위한 예비적인 지침서를 만들고자 하는 차원에서 이러한 연구를 하게 되었다고 밝히고 있다.

하지만 한국 천주교사 정리에 공헌한 야마구치山口正之가 비판한 대로, 조선 측의 사료는 거의 소개되고 있지 않다는 데 이 책의 기본적인 한계가 있다.[62] 저자 자신이 미국 선교사가 되어 한국을 피선교국으로 대상화해버린 데 지나지 않는다는 느낌을 준다. 다음과 같은 백낙준의 말은 이

60 주재용, 『한국 그리스도교 신학사』, 대한기독교서회, 1998, 123-124쪽.

61 각주 6을 참조할 것.

62 홍이섭, 『한국사의 방법』, 436쪽 참조. 그러나 44년이 지나 출판된 우리말 번역서에 붙인 자서自序에서 백낙준은 그 당시에 한국 문헌을 입수한다는 것은 불가능한 상태였다며 반론하고 있다. 백낙준, 『한국개신교사』, 연세대학교출판부, 1973, vi.

러한 사태를 잘 반영해준다.

> 기독교사는 그 본질에서 선교사宣教史이다. 또한 반드시 선교사가 되어야 한다. 교회는 기독교 사상의 한 중간적 존재이다. 우리 주님이 죽으심으로부터 다시 오실 때까지만 존재하게 되어 있다(고전 11:26). 이 중간적 존재체인 교회의 철두철미한 사명은 복음 선포이다. 기독교사는 자초지금에 선교사로 일관되어왔다. 이러한 입장에서 볼 때 우리 한국 개신교사도 선교사가 되어야 한다.[63]

그가 비록 선교사宣教史라 하면서도 "외인 선교사宣教師에 의한 피선교 과정으로 해석하여서만은 아니된다"고 이어서 덧붙이고 있지만, 사실상 외인 선교사에 의한 선교 과정이 대부분을 이루고 있다. 외국인에 의한 선교만이 아니라 한국인에 의한 선교도 포함되어 있다는 식의 소극적 선교론에 머문다.[64] 선교라는 것을 주로 '한국 밖에서 한국 안으로' 이루어진 것으로 보는 까닭에, 한국 측 사료를 인용했는가 아닌가에 상관없이 "한국 교회 쪽의 고백과 증언이 전혀 고려되고 있지 못하다."[65] 서구적 시각에 의한 일방적 선교론의 차원에 머무는 경향이 있다는 것이다. 이미 총론에서 그는 자신의 연구 태도를 이렇게 밝히고 있다. "선교사 측에서 능동적으로 선교를 선행한 사실에 치중하여 이 편에서 다루는 초기 전래사를 선교사로 서술하기로 한다."[66]

그는 예일 대학교의 라투렛Kenneth S. Latourette 교수에게 영향을 받아 이

63 백낙준, 위의 책, v-vi쪽.

64 이와 관련하여 백낙준은 선교사들이 초기 한국 교회의 발전에 기여한 바 크다고 보면서도 선교사가 주도하다보니 한국인 교역자 양성이 제대로 이루어지지 못하게 되었다고 비판하기도 한다. 백낙준, 위의 책, 225-227쪽.

65 민경배, 『한국기독교회사』(개정판), 대한기독교출판사, 1982, 20쪽.

66 백낙준, 앞의 책, 2쪽.

러한 선교사관을 가지게 된 뒤, 선교사는 단순히 종교사의 일부가 아니라 인류와 문명의 발전에 기여한 역사과학의 한 분야라고 규정한다.[67] 그는 이 선교사관을 통해 역사적 사실의 나열에서 벗어나 인간의 근원적인 신앙의 세계와 보편적인 인류 문명의 연관성을 본다. 자연스럽게 개신교 전래 과정과 조선의 개화 과정, 개신교의 전파와 신新문화의 전개를 같은 맥락에서 본다. 한국 민족사의 핵심을 문화사로 보고, 개신교가 한국 문화사를 바꾸어놓았다는 시각을 견지한다. 그러나 문제는 선교사史를 아무리 정치, 경제, 역사학의 일부로 본다고 하더라도 그의 표현대로 '전수자傳受者' 보다는 '전수자傳授者'를 더 중시하는 한, 이때의 한국 문화에의 공헌이란 지극히 표피적인 데 머물 가능성이 크다. 사실상 그리스도교 '전수자傳授者'는 한국의 국권 상실에 간접적으로 공헌했다는 점을 『한국 개신교사』는 지적하지 못하고 있다. 이 책은 사실상 '한국 개신교사'라기보다는 '한국 개신교 선교사'라는 점에서, 기본적으로 호교론적 관점을 피하지 못한다.

그러나 한국 개신교 초기에 등장한 책이면서도 그 연구 방법 내지 자세는 여전히 타의 모범이 된다. 라투렛 교수가 추천문(1927)에서 밝히고 있듯이, 1920년대에 나왔으나 서양사학의 방법 응용에 능숙하고, 자료를 취하고 해석하는 데 어느 정도 객관성을 견지하고 있는 것으로 보인다.[68] 때로는 그리스도교도 '희랍화', '로마화'를 거침으로써 성장해오고 전해져왔다는 해석학적 입장도 견지할 만큼[69] 학문적 방법론에 있어서는 시

67 백낙준, 위의 책, 1쪽.

68 백낙준, 위의 책, iv: 우리나라 전통 종교인 유교, 불교, 샤머니즘에는 어딘가 문제점이 있으며, 개신교야말로 이들의 종교적 특징을 모두 충족시켜줄 수 있는 종교라는 사실을 함축적으로 드러내고 있으면서도(백낙준, 위의 책, 20-21쪽), 초기 종교 연구서들에서 흔히 드러나는 타 종교문화에 대한 몰이해는 그다지 보이지 않는다. 야마구치의 평가대로 천주교에 대한 시각도 비교적 공정해 보인다(山口正之, "朝鮮新敎史書評", 『靑丘學叢』, 第七號).

69 백낙준, 위의 책, 70-71쪽 참조.

대에 크게 뒤지지 않는다. 이 책으로 인해 한국 개신교의 역사적 접근이 제대로 시작되었다는 점에서 홍이섭은 『한국개신교사』를 "선교사 연구에 길이 남을만한 기념비적 서술"이라고 칭송하기도 한다.[70]

그 밖의 문헌들

백낙준의 박사학위 논문의 출판을 전후로 해서 『조선예수교장로회사기朝鮮예수教長老會史記』(上, 1928) 및 『조선예수교동양선교회 성결교회약사朝鮮耶蘇教東洋宣教會 聖潔教會略史』(1929), 『조선남감리교회삼십주년기념보朝鮮南監理教會三十周年記念報』(1930), 그리고 클라크Charles Allen Clark의 『한국교회와 네비우스 방법*The Korean Church and the Nevius Method*』(1930) 등이 출판되었다. 이들은 대부분 교파 중심의 역사 서술이며, 선교론적 시각을 반영하고 있다. 특히 개신교 선교 50주년이 되는 1934년에는 각 교단별로 이를 기념하여 정리한 문서들이 발간되기도 했다. 한국 개신교를 쉽게 풀어쓴 장정심의 『조선기독교50년사화』(1934), 채필근의 『조선기독교발달사』(1939) 등이 대표적 책들이다.

그리고 해방기를 지나 1950년대에는 김양선이 '고난과 구원', '대립과 화해'라는 사관을 가지고 승리자로서의 교회와 신도의 모습을 밝힌다는 취지하에 『한국기독교해방십년사』(1956)를 썼다. 이 책은 백낙준의 연구 논문 이래 가장 학문적인 자세를 견지하고 있는 연구서로서, 1950년대를 전후한 한국 개신교회의 역사를 선교론적인 시각에서 정리해주고 있다. 그렇지만 그 사관에 있어서는 백낙준의 선교사관을 크게 벗어나지 못하고 있다. 이러한 분위기는 클라크Allen D. Clark의 『한국교회사*History of the*

70 홍이섭, 앞의 책, 433쪽. 그 밖에 백낙준의 한국 개신교사관 전반에 대해서는 민경배, 「백낙준의 역사 이해」, 『기독교와 한국 역사』(용재기념학술모임총서2), 연세대학교출판부, 1997, 125–160쪽을 참조할 것.

Church in Korea』(rev. 1971), 오윤태의 『일한그리스도교교류사日韓キリスト教交流史』(1968), 이호운의 『한국교회초기사』(1970) 등으로 이어지면서 1960년대까지 한국 개신교회사를 대표하게 되었다. 그러다가 1970년대에 들어서면서부터는 한국 교회의 역사를 주체적 민족주의적 시각에서 보려는 움직임이 구체화되기 시작했다. 그 대표적인 학자가 민경배閔庚培이다.

민족사적 교회사 연구

민경배의 『한국기독교회사』

민경배는 백낙준이 저술한 책을 위시한 기존의 교회사 연구서의 시각을 '선교사적 사관'이라 규정하고, 한국의 그리스도 교회사는 이제 그것을 벗어나 '민족교회사관'의 차원에서 볼 수 있어야 한다고 말한다. "선교사를 파송한 나라의 교회와 인사들의 자료"를 일방적으로 인용하는 시각에서 벗어나 "한국 교회 쪽의 고백과 증언"을 중시하려는 입장이다. "한국 교회 쪽의 고백과 증언"의 주체는 한국 '민족'이라는 것이다. 그에 의하면, "우리 교회사에서의 '민족'은 1880년대에서 1960년대까지 그 역사 해석을 주도하는 한 주체"이다. "'민족'이란 것이 우리 교회 신앙의 구성 전개 과정에서 '접수'와 '거부'라는 측면을 통해 그 주류 형성의 핵심으로 작용"해 왔다는 것이다.[71] 이러한 시각에서 그는 한국 교회가 민족의 문제에 어떻게 대응했고 풀어나갔는가 하는 점을 역사 서술의 주된 내용으로 삼는다. 그는 자신의 입장을 이렇게 밝힌다.

71 민경배, 『교회와 민족』, 대한기독교출판사, 1981, 3쪽.

선교사史의 교회사는 선교사를 파송한 나라 교회의 연장으로서 그 성장을 통계표에서 측정하는 양量으로서 이해하는 데 그칠 수가 있다. 거기서 한국 교회는 한 대상이지 주체는 아니고, 따라서 생生이 아닌 형形으로 경화되고 만다. 주체로서의 민족교회사를 쓰고자 하는 대임을 가지고 우리는 한국 교회사를 써나갈 생각이다.[72]

그는 이러한 관점에서 소책자 『한국의 기독교회사』(현대신서 7, 1968)를 펴냈고, 그것을 근간으로 대폭 증보한 『한국기독교회사』(1972)를 출간했다. 이어서 『한국민족교회형성사론』(1974), 『교회와 민족』(1981), 『한국기독교회사』(신개정판, 1982) 등을 펴내면서 자신의 민족교회사관을 공고히 했다. 그는 "민족교회사 방법론은 교회가 민족에 대해 가지고 있는 에큐메니칼한 사명을 전제하고, 그 성립과 전개에서 민족의 교회로서 구형된 정신과 과정을 주체로 역사를 일괄하는 것이다"고 정리한다.[73] 이렇게 주체성을 강조하면서 그리스도교 신앙이라는 내적 뜨거움〔內燃〕의 외적 연장〔外延〕이 한국의 그리스도 교회사라고 본다. 이러한 그의 노력에 의해 "종래 서방의 기독교에 초점을 두어 그곳으로부터 복음의 확장의 역사로 한국 기독교사를 보았던 시각이 많이 교정되었다. 한국 기독교사를 한국 안쪽에서 보게 되었다는 것이다."[74]

물론 이러한 입장도 문제점은 있다. 무엇보다 '민족교회사관'을 전개하면서 마치 '민족'의 중심은 개신교뿐인 양 글을 전개한다는 것이다. 이것은 그가 교회 역사 해석의 시작을 1780년대가 아닌 1880년대부터라고 보았을 때, 그리고 개신교는 민족의 문제를 경시한 천주교에 대해 "반민

72 민경배, 『한국기독교회사』(개정판), 대한기독교서회, 1989, 23-24쪽.
73 민경배, 「제2세기의 한국교회사학」, 『기독교사상』, 제330호, 1986. 6, 50쪽.
74 한국기독교역사연구소, 『한국 기독교의 역사』, I권, 기독교문사, 1989, 8쪽.

족反民族이 아니고 오히려 친민족親民族이란 존재 양식을 시위하여야만 했다"고 표현할 때 분명히 드러난다.[75] 천주교는 과연 민족의 문제에 전적으로 무관심하기만 했던가? 서구 천주교회가 조선의 오랜 전통인 조상 제사를 거부한 데 대해 상당수 양반 교인들이 교회를 비판하거나 등지게 된 것을 초기 천주교인이 보여준 민족적 태도로 해석할 수 있지 않을까? 이 책에서는 천주교는 그 자체로 몰민족적沒民族的이고 개신교는 그 자체로 민족적이라는 듯한 인상을 풍긴다.[76]

그것은 또 천주교는 몰민족적이기에 박해를 받았고, 개신교는 민족적이기에 그렇지 않았다는 듯한 분위기로 이어진다. 그렇지만 초기 한국의 개신교가 박해를 심하게 받지 않았던 것은 개신교 선교국이었던 미국 등지에서 의도적으로 천주교와의 차별성을 강조하며 프랑스 등의 제국주의 국가와는 다른 차원을 보여주었기 때문이었지, '개신교 자체'가 민족을 중시하는 종교였거나, 또 '천주교 자체'가 '몰민족적' 종교였기 때문은 아니었다. 민족 문제에 대한 해석, 그에 대처하는 양식, 신앙적 정서상에는 차이가 있을 수 있겠으나, 민족의 문제 자체에 본질적인 차이는 있을 수 없다.[77] 그런 점에서 '민족교회사관'을 적용하려 했다면, 신·구교 중 어느 한 쪽을 지나치게 경원시하는 태도는 곤란하다. 민경배는 초기 천주교회는 "민족 주체의 역사에서 양해될 여지가 전혀 없었다"고 판단한다.[78] 이런 식으로 개신교에만 민족교회사관을 적용하는 바람에 민족에서 한쪽 팔을 떼어버리고 마는 꼴이 된다.

종교학적 관점에서 드러나는 문제점은 민경배의 종교관에서 온다. 그

75 민경배, 『교회와 민족』, 3, 79–81쪽 참조.
76 민경배는 이 책에서 천주교의 특징으로 몰민족성을 거론한다. 민경배, 『한국기독교회사』(개정판), 114쪽.
77 사실상 이 부분은 민경배도 신부들과 천주교회사관을 논하는 자리에서 조심스럽게 긍정하고 있기는 하다. 민경배, 「민족사로서의 한국천주교회사: 한 역사적 분석」, 『사목』 제34호, 1979, 17–25쪽, 특히 21, 25쪽을 참조할 것.
78 민경배, 『한국기독교회사』, 같은 쪽.

는 기본적으로 "근대 한국은 종교적 생활에 있어서 심한 허탈감을 경험하고 있었다"고 말한다. 유儒 · 불佛 · 선仙의 "정신적 차원이 고갈되고, 그 형식과 명분만으로 무게 없는 반복만 되풀이하던 근대는 종교적 신앙과 정신 생활의 전례 없는 진공기"라고 판단한다. 그러면서 "가장 합리적이면서도 신비적인 종교인 그리스도교밖에는 이 백성에게 호소할 종교가 따로 없었다"는 헐버트Homer B. Hulbert의 말을 자연스럽게 인용한다. "황막한 새 정세의 전개에 기댈 곳 없는 서러움을 안은 듯한 모습이 프로테스탄트가 선교되기 직전의 우리 나라 실정이었다"고 결론짓는다.[79]

이것은 무엇보다 이미 개신교보다 100년 전에 이 땅에 들어와 사람들에게 어느 정도 희망을 심어주던 천주교는 안중에 두지 않은 발상이다. 그리고 개신교의 선교를 지나치게 종교적인 차원에서만 본 결과이기도 하다. 개신교가 한국 민족의 종교적 요청에 부응했던 것은 사실이나, 개신교의 성공을 단순히 종교적인 차원에서만 보는 것은 곤란하다. 정치 · 사회적인 측면이 함께 고려되어야 한다. 여러 사람이 지적한 대로, 당시 풍전등화와 같은 위기 속에서 한국인은 자신을 보호해줄 정치적 '힘'을 찾은 것이지, 새로운 '영적 실재'[80]를 갈구했던 것만은 아니다. 즉 중국과 일본을 믿지 못하던 조선이 구미 문명에 기댄 것이지, 그리스도교라는 '영적 실재'에 대번에 종교적으로 동화되었던 것은 아니다. 한국에서의 그리스도교는 이러한 정치 · 사회적 출발점을 가지는 것이기에 그리스도교가 한국의 '종교적' 공백기를 메워주었다는 판단은 설득력이 약하다. "한국기독 '교회사'"가 아무리 "신 은총과 신앙 체험의 차원 다른 힘과 생성의 역사",[81] 그리스도교적 신앙 고백을 전제하는 그리스도교 중심의

79 민경배, 위의 책, 120-122쪽의 요약.
80 민경배, 위의 책, 121쪽.
81 민경배, 위의 책, 20쪽.

역사라고 해도, 그것 역시 '한국'이라는 장에서 발생한 것이라면 한국의 문화적 정신이 녹아들어가 있는 것일 수밖에 없다. 그래서 민경배의 민족사관으로는 외세의 간섭과 침략에 직면해 있는 정치 · 사회적 혼란기의 상황을 조명하기에는 어울리지만, 해방 이후 역사를 해석하기에는 한계가 있다는 사실이 지적되기도 했다.[82]

이러한 비판에도 불구하고, 민경배의 연구로 인해 한국 그리스도교 연구자들은 '사관'이라는 거시적인 안목을 지니게 되었고, 민족의 문제를 더욱 중시할 수 있게 되었던 것도 사실이다. 민족의 문제를 중시함으로써 그리스도교사도 한국사의 일부일 수 있고, 또 일부여야 한다는 사실을 더욱 의식하게 되었다. 이 점에 민경배 연구서의 의의가 있다고 하겠다.

민경배의 민족교회사관과 전적으로 일치하는 것은 아니지만, 한국 교회 역사를 '민족'의 관점에서 정리하려는 시도가 송길섭, 이성삼, 전택부, 오윤태, 김광수, 이만열 등 1970~1980년대 교회사가들에 의해 꾸준히 추진되었다. 그 결과 이 시기 교회사 연구의 주된 관심은 교회의 역할을 민족사 안에서 규명하는 가운데 교회사와 민족사를 연결 짓는 작업이었다.[83] 이 가운데 이만열은 『한국기독교와 민족의식』(1991)에서 한국 그리스도교와 민족의식의 상관성을 밝히는 작업을 구체적으로 벌이기도 했다. 그리고 다른 한편에서 김인수 같은 이는 선교론적 차원, 민족 의식적 차원, 민중사관 등을 비판하면서 일종의 '섭리사관'을 제기하기도 했다. 그러나 '섭리'라는 말의 모호함으로 인해 전반적으로 설득력이 약한 것으로 보인다.[84]

82 이덕주, 「신학연구의 다양성: 성공하는 토착화 신학」, 한국종교학회 엮음, 『해방후 50년 한국 종교연구사』, 도서출판 창, 1997, 97쪽; 주재용, 『한국 그리스도교 신학사』, 대한기독교서회, 1998, 332쪽.

83 이덕주, 위의 글, 97쪽.

84 김인수는 『한국기독교회의 역사』(장로회신학대학교출판부, 1997)를 통해 교회의 역사는 구속사관

한국기독교역사연구소의 『한국 기독교의 역사』

이상의 분위기와 관련하여 주목할 만한 책이 한국기독교역사연구소에서 펴낸 『한국 기독교의 역사』(I · II · III, 1989 · 1990 · 2009)이다. 여기에서도 이러한 한국 교회 역사에 대한 주체적인 의식을 가지고 한국의 그리스도교를 보려는 노력을 기울인다. 특히 이 책은 한국기독교사연구회 소속의 연구자 다수가 공동으로 기울인 노력의 결실인 만큼 각 장의 내용이 비교적 정교하게 전개되고 있다는 장점도 있지만, 각 연구자들 간에 입장 차이가 드러난다는 문제도 있다.[85] 그러나 무엇보다 가능한 한 신학, 사학, 사회학 등의 연구 성과들을 수용하고자 하는 '종합적 태도'를 보였다는 데에 이 책의 의의가 있다. 그리고 연구자들의 세심한 정성이 돋보인다.

이 책에서는 "총체적인 역사 이해를" 를 위해 "교단, 교파, 종파의 폐쇄적 분위기를 쇄신" 하고자 하고, "한국 기독교사를 민족사라는 큰 틀 안에서 조명" 하고자 하며, "자료는 실증적이고 과학적" 으로 다루고, "민족의 현실 문제나 장래에 책임성 있는" 태도로 임하고자 한다는 시각을 견지한다.[86] 하지만 본래 의도와는 달리 이러한 시각과 목표가 실제로 달성

내지는 섭리사관의 입장에서 보아야 한다고 주장한다. 교회사는 하나님의 인류 구원을 위한 섭리와 구속의 사역에 근거하고 그를 조명하는 가운데 쓰여져야 한다는 것이다. 백낙준의 선교사관, 민경배의 민족사관, 그리고 1980년대 제기되는 민중사관 등의 교회사관을 모호한 것으로 치부하고서, 그는 섭리사관의 입장에서 쓴 교회사만이 가장 보편타당한 사관이라고 주장한다. 하지만 해석학적 차원에서 보자면, 섭리라는 것도 저마다 처한 지평 위에서 섭리로 받아들여질 때에만 유의미한 것일 뿐, 누구에게나 보편타당한 섭리관이 있는 것은 아니라는 사실을 그는 직시하지 못한 듯하다.

85 한국기독교역사연구소, 『한국 기독교의 역사』(I · II · III), 기독교문사, 1989 · 1990 · 2009. 이 책 I권의 1-3장 '천주교의 한국 전래'를 다루는 부분에서는 비교적 객관적 사실 나열에 치중하다가 4장 '개신교의 수용'에 들어서는 갑자기 개신교 신앙 고백적 입장을 보인다. 7장 '3 · 1 운동과 기독교'를 다루는 부분이 지나치게 일제 치하 정치적 배경하에서의 기독교회와 기독교인들의 운동을 그린다면, 8장 '전환기 교회의 자기 모색'을 그리는 장면(특히 148~208쪽)에서는 그러한 정치색이 갑자기 없어진다.

86 한국기독교역사연구소, 위의 책, I권, 9-10쪽.

되었느냐는 다른 문제이다. 무엇보다 교파적 폐쇄성을 극복하고자 한다지만, 머리글에서 밝히고 있는 것처럼 이 책의 집필자 모두 "고백적 기독교(개신교) 신앙인들로서 한국 기독교의 역사가 이 땅과 민족을 향하신 하나님의 섭리의 역사였다고 믿는 가운데 한국 근 · 현대 민족사에 나타난 하나님의 섭리를 밝혀보려는 입장에서 집필" 한 것인 한, 다시 말해 민족의 역사를 '하나님 섭리' 속에서 보고자 하는 한, 다양한 종교 전통이 녹아 있는 우리 민족 전체의 문제를 전적으로 포괄하기는 쉽지 않은 일이다.[87] 이것은 자연스럽게 호교론적이고 자기 옹호론적 시각으로 이어지거나 개신교 중심주의 안에 갇혀버리는 일로 연결되기도 한다.

그 한 예가 천주교는 한국에 '전래傳來'되었고, 개신교는 '수용受容'되었다고 하는 표현에서 드러난다. 이 말 속에는 개신교가 주체적인데 비해 천주교는 상대적으로 비주체적이라는 듯한 뉘앙스가 들어 있다.[88] 그리고 "천주교회사와 개신교회사를 단절이 아닌 대화와 연결로 보고자 한다" 지만, 천주교회사를 여전히 개신교회사의 '전사前史' 수준에서 보려는 경향도 완전히 불식시키지 못하고 있다.[89] 이는 천주교 교회사가인 이원순이나 최석우 등이 한국 천주교회는 '창설'되었고, 한국 개신교회는

87 가령 로스가 이응찬의 도움으로 번역한 '순 한글본' 신약성서 『예수셩교젼셔』(1887)를 평가할 때는 한글이 "한문보다 훨씬 정확했기 때문"에 순 한글로 번역한 사실을 높이 평가하다가도(146쪽), 이수정이 번역한 신약성서인 『신약마가젼복음셔언히』(1885)가 국한문혼용체로 된 것에 대해서는 "한글만 사용할 경우 정확한 의미 전달이 어려울 뿐만 아니라 전도 대상인 지식층을 고려하였기 때문"이라고 다시 옹호하며 말하는 모순적인 태도를 보인다(165쪽). 이러한 현상은 이 책이 기본적으로 "개신교 역사가들의 자기 고백의 성격을 띠고 있는" 데서 비롯된다(12, 143쪽 참조). 또 느닷없이 호교론적이고 신앙 고백적인 입장들이 튀어나오고 있음도 볼 수 있다(146, 148쪽). 그 밖에 위의 책, I권, 157, 174, 182쪽 등에 보이는 '섭리사적' 접근 태도를 참조할 것.

88 위의 책 2장 제목은 "천주교의 한국 '전래'"이고 4장 제목은 "개신교의 '수용'"이다. '전래'와 '수용'이라는 낱말은 각각 수동성과 능동성을 함축한다. 물론 한편에서 한국 천주교 교회사가들이 사용하는 용어를 존중해서 조선 천주교회의 '창설創設'이라는 용어를 쓰고 있기는 하지만(73쪽), 조선 천주교회를 진정한 의미에서의 창설 차원에서 서술하려는 노력을 기울이고 있지는 않다. 무엇보다 이 책 전체가 천주교 도입기 및 개신교와 천주교 사이의 갈등을 다루는 때를 제외하고는 전체적으로 '한국 개신교의 역사'를 서술하고 있다는 데서 기본적인 한계가 있다.

89 한국기독교역사연구소, 앞의 책, I권, 12, 19쪽.

'선교'되었다고 보는 시각과 방향은 반대이지만 같은 차원이다.[90] 개신교 신앙인은 개신교를 한국 그리스도교의 중심으로 보고, 천주교 신앙인은 천주교를 한국 그리스도교의 중심으로 본다는 뜻이다. 무엇보다 이 책에서는 천주교 도입기를 제외하고는 거의 개신교사만을 다룬다는 점에서 "교단, 교파, 종파의 폐쇄적 분위기를 쇄신하겠다"는 본래의 취지와는 어울리지 않는다. "저변에 한국 천주교의 활동을 깔고 개신교의 수용과 정착, 발전의 역사를 추적해본다"고 하면서,[91] 천주교회의 활동은 말 그대로 저변에 깔려 있기만 할 뿐 거의 드러나지 않는다.[92]

또 "한국 기독교사를 민족사라는 큰 틀 안에서 조명하고", "민족의 현실 문제와 장래를 책임"지는 자세로 다루고자 한다지만, 한국 그리스도교 안에서 벌어진 일을 참으로 민족적이고 주체적으로 보고 있는지는 여전히 의심스럽다. 가령 천주교 도입기에 있었던 '가성직 제도' 혹은 '가교계 제도'에 전혀 긍정적 의미를 부여하고 있지 않으며,[93] 서구의 무력을 동원해서 조선을 위협해주기를 바라던 「황사영백서」에 대해 민족적인 차원에서의 비판도 없다.[94] "민족의 현실 문제와 장래를 책임지는" 태도로 임한다면서 전체적으로는 현상학적 보고에 머무는 경향이 크다.

한국의 종교, 문화 등의 주체를 이루는 '민중적' 시각에서의 분석도 부족해 보인다. 여전히 한국의 정치적 상황 속에서 선교사와 교회 지도자를 중심으로 전개된 교회의 흐름을 중심으로 서술하는 경향이 크다. 이 책의 연구자는 머리글에서 스스로를 민족교회사관, 민중교회사관을 전개한 제2세대의 작업을 토대로 하는 한국 그리스도교 연구의 제3세대로

90 이원순, 「초기 한국 그리스도교史의 比較史的 一考」, 그리스도교와겨레문화연구회 엮음, 『한글성서와 겨레문화』, 기독교문사, 1985, 508-517쪽 참조.

91 한국기독교역사연구소, 앞의 책, I권, 125쪽.

92 한국기독교역사연구소, 위의 책, I권, 234-241쪽.

93 한국기독교역사연구소, 위의 책, I권, 75쪽.

94 한국기독교역사연구소, 위의 책, I권, 91-93쪽.

자처하고 있지만, 기존 민족교회사관의 수준, 그것도 '위로부터의' 민족교회사관의 수준을 넘어서지 못한다. 같은 민족교회사관이라도 '아래로부터의' 민족교회사관을 보여줄 필요가 있다. 전달자의 시각이 아니라 수용자의 시각에서 논의되어야 하는 것이다. 한국인이 어떤 시각을 가지고서 그리스도교를 받아들이고 발전시켰는지에 대한 연구가 절실하다. 이 책도 주로 그리스도교 '전달자'의 시각에서 서술되었으며, 한국인이 그리스도교를 어떻게 '수용'했는지에 대한 분석은 약하다.[95]

하지만 다른 역사서들에 비해 한국 개신교의 종파주의적 성향을 지적하고[96] '하나의 개신교회'를 이루기 위한 노력들을 소개할 때,[97] 그리고 서구 의존적 신학 풍토[98] 등을 부분적이나마 비판적으로 제기할 때의 정신은 비교적 높이 평가할 만하다. 100여 년 전 한국 개신교의 대표적인 선교 정책이었던 네비어스 선교 정책이 결과적으로 한국인 교역자 양성을 저해했고, 장기적으로는 한국 교회의 발전을 저해했다는 지적에서는 민족의식도 일부 보인다.[99] 아울러 거의 모든 한국 그리스도교회가 일본 신사에 참배했던 사건에 대한 비판적 회고, 그리스도교계의 친일親日·부일적附日的 행동에 대한 반성적 조명[100] 부분에서는 개신교 신앙의 고

95 이러한 점을 의식한 연구서의 하나가 이만열의 『한국기독교수용사연구』(두레시대, 1998)이다. 이 책은 기존의 다양한 글들을 일부 수정 보완해 묶은 것이기에 한국 기독교에 대한 일목요연한 체계적 연구는 되지 못하고, 또 제목과 달리 선교사의 전파 과정을 많이 소개하고 있기는 하지만, 그래도 기존의 다른 연구서들에 비해서는 민족의식이 돋보이고 기독교를 '받아들이는' 우리 민족의 태도를 중시하는 경향이 있다. 선교사의 활동을 많이 거론하면서도 우리 민족이 기독교를 어떻게 '수용했나'라는 부분을 강조한다. 특히 1부 1장(로스의 한글 성경 번역과 한국인)과 2장(이수정의 개종과 활동)을 다루는 부분에서 성경 번역과 출판, 복음 수용의 주체가 결국 한국인이었다는 입장을 견지한다. 그러나 전적인 수용사受容史는 되지 못하고, 또 전체적으로는 수용사를 적으면서도 개신교 수용사에만 제한된다는 한계도 있다. 이 수용사의 측면은 같은 저자의 『한국기독교와 민족의식』 1부 '한국교회의 뿌리' 부분에서 비교적 잘 드러나고 있는 것으로 보인다.

96 한국기독교역사연구소, 앞의 책, I권, 193, 218쪽.

97 한국기독교역사연구소, 위의 책, I권, 208-213쪽; 위의 책, II권, 64-71쪽 참조.

98 한국기독교역사연구소, 위의 책, I권, 207쪽.

99 한국기독교역사연구소, 위의 책, I권, 223-225쪽.

백적 차원과 민족의식적 차원이 모두 보인다.

무엇보다 『한국 기독교의 역사』는 역사적 자료에 충실하고, 비교적 꼼꼼히 글을 전개해나가면서 초종파적으로 역사를 서술하고자 한다는 점에서 기존의 다른 연구서들보다 진일보한 태도를 보여준다. 이 책으로 인해 한국 그리스도교, 특히 개신교 연구가 진정한 의미의 초교파적 연구로 나아갈 수 있는 기초가 마련되었다고도 할 수 있다. 이제 "신구교 교회사가들의 공동 집필로 한국에서의 천주교회와 개신교회 모두의 역사가 함께 어우러진 '한국 그리스도교회사'"를 내야 할 과제가 한국 그리스도교 연구자들에게 남아 있는 셈이다.

6. 한국 그리스도교 연구 정착기

1980년대는 한국의 그리스도교, 특히 개신교가 그동안 걸어온 길을 종합적으로 되돌아볼 수 있게 된 때이다. 그 상징적인 연구서가 1980년대 후반 네 명의 연구자에 의해 편찬된 〈한국기독교백년사대계〉(전4권, 1987)일 것이다. 이 책은 대한기독교서회에서 "한국 개신교가 선교 이래 각 분야에 끼친 영향의 발자취를 발굴하여서 전체적으로 오늘의 한국 기독교를 새로 조명"하려는 의도에서 기획, 집필되었으며,[101] 전택부의 『한국교회발전사』, 송길섭의 『한국신학사상사』, 이만열의 『한국기독교문화운동사』, 민경배의 『한국기독교사회운동사』 등 모두 네 권으로 이루어져 있다. 이들의 입장을 간략하게 평가해보기로 한다.

100 한국기독교역사연구소, 위의 책, II권, 294-323쪽.
101 〈한국기독교백년사대계〉 '간행사', 각권 3쪽.

전택부의 『한국교회발전사』

전택부의 『한국교회발전사』(1987)는 제목 그대로 통사적 차원의 한국 개신교회 성장사이다. 그는 여기에서 천주교회와의 연결성을 강조하기 위해 초기 개신교 역사 사이사이에 천주교 역사를 끼워넣었으나, 여전히 천주교의 역사는 개신교의 '배경사'에 머물고 있다. 그리고 '발전'이라는 말을 개신교의 양석 · 질적인 성장을 포괄하는 의미로 사용하지만, 박순경이 지적한 대로 양적 성장이 반드시 질적인 성장으로 이어지거나 질적인 성장을 뜻하는 것은 아니라는 사실을 염두에 둔, '발전'에 대한 비판적 담론은 빈약하다.[102]

그리고 이 책에서는 '민족 교회'를 강조하기 위해, 한국 교회는 "처음부터 민족 교회로 형성될 필연성에 놓여 있었다"고 지적한다.[103] '처음부터', 즉 달리 표현하면 '최초의 천주교와 개신교 신자들의 헌신적 선교 활동 당시부터' 그리스도교는 우리 '민족 안에' 들어올 수밖에 없었다는 논지이다. 하지만 한국 교회 안에 헌신적 선교 활동이 있었던 것은 분명하나, 그것이 반드시 '민족적인 것'이었다고 단정하기는 힘들다. 이 책은 이러한 문제점들을 자세히 풀어주어야 할 과제를 안고 있다.

이만열의 『한국기독교문화운동사』

이만열은 "한국에 있어서의 기독교 문화의 정립이라는 과제를 두고, 기독교에 의한, 기독교와 관련된 그동안의 문화를 일단 정리해보려는 뜻에서" 『한국기독교문화운동사』(1987)를 저술했다고 밝히고 있다.[104] 1편

102 박순경, '통일을 향한 민족사적 사건으로 승화되어야'(서평), 『기독교사상』, 1987. 9, 131쪽.
103 전택부, 『한국교회발전사』, 대한기독교출판사, 1987, 152쪽.

에서는 조선 후기에 전래된 그리스도교가 전통적인 봉건 사회를 개화시키는 데 어떠한 역할을 했는지 그리스도교의 문화적 기능을 실증적으로 밝히는 데 주안점을 둔다. 그는 한글 성서 번역과 성서 반포 사업, 그리스도교의 근대 교육 사업, 근대 출판문화 운동 전개 등을 중요한 그리스도교 문화 사업으로 거론한다. 이를 위해 참고 자료도 풍부하게 인용한다.

그러나 이 책은 그리스도교 문화 운동을 주로 다루면서도 '문화'라는 것이 한 사회의 다수가 공유하는 것이어야 한다는 사실에는 진지한 관심을 기울이고 있는 것 같지 않다. 그리스도교 문화를 한국 문화 전반과의 관계 속에서 다루지 못한 점이 아쉽다. 그리고 그리스도교 문화가 반드시 한국 문화에 긍정적으로 공헌한 것만은 아닐진대, 이러한 그리스도교 문화의 역기능에 대한 분석도 결핍되어 있다는 문제점을 기본적으로 안고 있다. 그리스도교 문화와 한국 문화의 관계를 체계적으로 논했어야 그것이 진정한 '한국 그리스도교 문화운동사'가 되었을 터이다.

민경배의 『한국기독교사회운동사』

민경배의 『한국기독교사회운동사』(1987)는 사회 운동을 중심으로 한 그리스도교 연구서로는 최초의 작품으로 그리스도교의 사회 운동이 지닌 신학적 이념을 정리해주고, 사회 운동과 관련한 역사적 사실들을 충실한 자료들을 통해 이해할 수 있게 해준다. 이 책에서는 무엇보다 한국 그리스도교 사회 운동의 핵심적 동인을 '복음의 역동성'에서 찾는다. 그리스도인들이 교회가 처한 사회적 상황을 적극 인식하고 있었기 때문에, 그리스도교야말로 개화 추진 세력이 될 수 있었고, 근대화의 현실적 통로였으

104 이만열, 『한국기독교문화운동사』, 대한기독교출판사, 1987, 6쪽.

며, 반일反日 민족주의적 행동을 보여주었다는 입장을 견지한다.

그러나 이 책에서는 사회 운동을 벌이게 해준 그리스도교적 이념이나 사상의 측면을 주로 강조하다보니, 정작 구체적으로 어떤 사람들이 그러한 운동을 벌였는지에 대한 연구가 미진하다. 사회 운동의 주체가 그저 그리스도교라는 이름으로, 장로교나 감리교라는 이름으로, 때로는 YMCA 같은 그리스도교 단체의 이름으로 포장되어 있다. 운동을 이끌어간 주동 세력에 대한 세세한 연구가 절실하다. 사회 운동가 한 사람 한 사람이 정말로 순수한 그리스도교적 이념에 따라서만 움직였는지 어떤지 밝혀질 때에야 그 '사회 운동'의 종교성에도 정당성이 부여될 수 있기 때문이다.

송길섭의 『한국신학사상사』

『한국신학사상사』(1987)에서[105] 송길섭은 이른바 '포괄적 민족사관'의 입장에서 1930년대까지의 한국 신학의 사상적 전개를 다룬다. '포괄적 민족사관'은 '한국 기독교의 신앙 운동'과 '민족 운동'의 밀접한 관계에 주목하면서, 한국 그리스도교의 풍부한 '신앙 · 신학적 유산'을 검토하려는 관점이다. 민경배 등에 의해 민족사관이 강조된 이래 종종 '민족'과 '민중'을 구분하는 입장도 생겨났으나, 송길섭은 이들을 한꺼번에 보고자 한다. 그리스도교는 민족적 위기에서 받아들여졌기 때문에 초창기부터 한국 그리스도교회는 민족이라는 큰 단위 위에서 형성되기 시작했다는 입장이다. 한국 민족 전체가 일본 제국주의의 세력 앞에 정치 · 경제적으로 억압을 받던 '민중'이 된다는 시각에서 글을 전개하고 있는 셈이다.[106]

105 이 책은 〈한국기독교백년사대계〉 제2권으로 출판되었지만, 논지상 네 번째 순서로 다루었다.

송길섭은 한국 그리스도교에 대한 비판의 고삐도 당긴다. 한국 신학 안에는 '민족 구원 신앙'과 '개인 구원 신앙'이라는 두 갈래의 신앙이 있으며, 이 가운데 민족 구원 신앙에는 "현실 긍정적이고 현세 지향적 신앙 형태"가 있었지만,[107] 선교사들의 정政·교敎 분리 원칙에 따라 형성된 개인 구원 신앙은 "현실 부정적이고 내세 지향적인 보수 신앙 형태"로 흘러가버렸다고 본다. 초기 한국 그리스도교의 교권을 쥐었던 선교사들의 개인 구원 신앙은 주체적 한국 신학의 성립은 거부하고 미국 교회의 신학적 유산에 종속시키는 결과를 가져왔다고 비판한다.[108] 이와 함께 선교사 중심의 초기 한국 교회는 우리의 오랜 정신문화를 무시하고 단죄하는 '문화적 우월주의'를 범했다고 비판한다.[109] 여기에서 이 책의 그리스도교 비판 정신이 돋보인다.

그러나 이 책 역시 천주교 신학 사상과의 관련을 도외시한다. 애당초 개신교 신학 사상을 다루려는 의도에서 저술된 것이라 그렇기도 하겠지만, 교회 제도나 문화와 관련된 것이 아닌, 신학과 사상이라는 무형無形의 것에 천주교나 개신교라는 종파 간 구분을 확연히 하기는 곤란한 노릇이다. 천주교와의 관계 속에서 다루거나, 적어도 종종 언급이라도 하는 수고를 곁들였더라면 좋았을 것이다. 그리고 박형룡, 정경옥 등의 신학은 구체적으로 소개하면서도, 송창근이나 김재준 같은 이들의 신학 사상을 그만큼 다루지 않은 것은 의아스럽다. 이와 함께 '포괄적 민족주의'의 시각에서 한국의 신학 사상을 다루려고 했다면, 3·1 운동 이후 신사참배와 같은 친일적 행동을 한 한국 그리스도교 신학 사상 자체에 대한 비판은 더욱 강하게 제기되었어야 했다는 아쉬움도 남는다.

106 강원돈, '풍부한 신앙과 신학적 유산 정리'(서평), 『기독교사상』, 1987. 9, 134쪽 참조.
107 송길섭, 『한국신학사상사』, 대한기독교출판사, 1987, 148쪽.
108 송길섭, 위의 책, 74쪽.
109 송길섭, 위의 책, 208쪽.

그러나 송길섭의 『한국신학사상사』를 포함한 〈한국기독교백년사대계〉는 무엇보다 한국에서의 그리스도교 연구가 정착 단계에 들어섰음을 보여주는 상징적인 출판물이 아닐 수 없다. 이들을 하나하나 살펴보면 문제점들이 없지 않지만, 전체적인 기획으로 보면 이 저술들로 인해 한국 그리스도교는 비로소 과거를 회고하고 미래를 내다볼 수 있는 힘을 축적하고 있음을 알 수 있다. 한국 그리스도교 연구 작업이 그동안 추구해왔던 민족주의적 시각을 견지하는 가운데 세계 그리스도교를 향해 말을 할 수 있는 자격이 있음을 보여준 대작인 셈이다.

7. 신학 사상사 연구 및 비교 연구의 등장

1980년대에 주목할 또다른 그리스도교 연구의 특징은 송길섭의 『한국신학사상사』와 같은 한국 신학 사상사적 연구서들이 본격적으로 등장하기 시작한다는 점이다. 1980년대는 1960년대에 나온 윤성범의 『기독교와 한국사상』(1964), 유동식의 『한국종교와 기독교』(1965)에서 부각되기 시작한 토착화 신학 및 한국적 신학 논의가 정착되고, 그것을 신학 사상사적 차원에서 전개할 수 있게 된 시기이다.

천주교권의 한국 신학 사상 연구

그렇지만 이 신학 사상사 차원에서의 연구는 대부분 개신교 신학자들에 의한 것이었다. 1980년대에 들어 천주교권의 토착화 신학 논의가 본격화되었으나 여전히 신학 자체에 대한 논의에 머물고 있을 뿐, 그동안 한국 안에서 전개된 그리스도교 사상에 대한 종합적인 논의로까지 이어지고 있지는 못한 형편이다. 토착화 논의 가운데는 한국천주교중앙협의회 산하 한국사목연구소에서 정기 발표회 자료들을 단행본으로 묶어 펴낸 〈사목연구총서〉 중 『전례 · 영성의 토착화』(5권), 『교리교육 · 복음선교의 토착화』(6권), 『신관의 토착화』(7권), 『인간관의 토착』(8권)가 있으며, 그 밖의 단행본으로는 황종렬의 『한국 토착화 신학의 구조』(1996)가 눈에 띈다. 기타 한국 천주교회 토착화를 전반적으로 다룬 논문들로는 김승혜의 「한국교회 토착화의 오늘과 내일」(1985), 윤이흠의 「천주교회는 한국 종교가 되어야 한다」(1985), 이순성의 「초기 그리스도교회의 토착화 양상」(1982), 함세웅의 「천주교의 수용과정과 토착화의 문제」(1985), 「한국 천주교에서 한국과 가톨릭의 의미」(1994) 등을 거론할 수 있겠다.

황종렬의 『한국 토착화 신학의 구조』

이 가운데 황종렬의 『한국 토착화 신학의 구조』는 한국의 토착화 신학과 관련하여 천주교와 개신교의 자료들을 두루 다루고 있는 몇 안 되는 책들 중 하나이다. 이 책에서는 서남동과 안병무류의 '민중 신학적 토종론', 변선환의 '다원적 종교해방신학론', 200주년 기념 사목회의의 '육화토착론', '적응 · 대화론' 등을 중심으로 한국 토착화 신학의 주요 종류를 비판적으로 검토하고 있다. 황종렬은 '하느님의 다스림' 자체가 일차적 토착화이며, 인간을 포함한 삼라만상은 토착화의 결과라는 시각을 견지한다. 그리고 인간은 이러한 하느님에 의한 일차적 토착화를 드러내야 할 과제를 지니고 있으며, 이것은 한국 민족과 문화를 그리스도교 중심적 토착화의 대상이나 객체의 하나로 보는 방식을 벗어날 때에야 가능하다고 말한다. 이미 우리 민족과 문화 안에서 작용하고 있는 하느님의 숨결에 우리가 '가 닿는〔到着〕' 데서 하느님에 의한 일차적 토착화가 구체화한다는 입장이다. 이미 하느님에 의해 토착되어 있는 그곳에 이르려는 우리의 노력이 이차적 토착화를 이룬다는 것이다. 그러면서 한국의 토착화 신학은 단군신화를 중시하는 가운데 이루어져야 한다는 시각을 암묵적으로 견지하고자 한다. 이 책의 문제점도 여기에 있다.

그리스도교 중심적이고 한국 문화 객체적이었던 그동안의 흐름을 비판적으로 개관하고, 우리의 종교와 문화를 하느님에 의한 토착 활동의 결과로 보고자 한다는 점에서 이 책은 진일보한 시각을 견지한다. 천주교권의 연구자이면서도 개신교 자료까지 공히 다루고 있는 데다가, 토착화 신학 자체만을 다루는 데 머물고 있는 한국 천주교 연구의 실정에 비추어보면 분명히 의미 있는 작품이다. 그러나 정작 그리스도교와 우리 종교문화는 구체적으로 어떤 관계를 맺고 있는지, 한국의 종교문화가 하느님에 의한 일차적 토착화의 산물이라면 한국의 종교문화는 그 자체로 충분하다는 말인지 전체적으로 모호하게 들린다. 따라서 이 책은 한국 토착화 신학 전체의 구조를 분석한 책이라기보다는 민중 신학과 종교해방 신학, 200주년 기념사목회의 및 심상태의 입장을 비판적으로 반성하는 정도에 머문다는 점에서 종합적인 연구서는 되지 못한다. 한국 종교문화의 맥락에서 이러한 문제를 구체적으로 해결할 수 있는 한국 천주교 신학 사상사를 산출해내야 할 과제를 지니고 있는 셈이다.

개신교권의 한국 신학 사상 연구

아무래도 한국 그리스도교 신학 사상사적 연구는 주로 개신교권의 신학자들에게서 드러난다. 그 예로써, 앞서 보았던 송길섭 외에 유동식, 주재용의 연구를 거론할 수 있겠다. 이 가운데 대표적인 인물로는 아마도 유동식을 꼽아야 할 것이다.

유동식의 『한국신학의 광맥』

유동식은 1968년 『기독교사상』에 「한국신학의 광맥」이라는 제목으로 한국 신학자들의 사상을 소개한 바 있다. 그로부터 14년 후 과거의 글들을 묶고 다시 써 『한국신학의 광맥』(1982)이라는 단행본으로 내놓았다. 이 책은 주체적이고 토착적인 시각에서 신학자들을 인물별로 유형화하고, 1900년 이후 발간된 신학 잡지들을 중심으로 한국 신학의 발전 단계를 나누는, 비교적 독창적인 접근법을 시도한다.[110]

그렇지만 이 책의 의의는 이러한 접근 방식보다는 한국의 문화적 전통과 역사적 특수성을 중시하는 가운데 한국 신학 사상을 한국 사상사의 맥락에서 다루고자 한다는 데 있다. "한국 사상사를 일관해오고 있는 기초 이념이 한국 그리스도교 100년사를 통해 어떻게 전개되었는가"를 보고 있는 것이다. 유동식은 한국 사상사의 기초 이념을 '풍류風流'에서 찾는다. 그는 『삼국사기』에서 인용한 이 '풍류'라는 개념을 '한 멋진 삶'이란 말로 풀면서 신학 안으로 가져온다.[111] 그러면서 '한', '멋', '삶'이 한국 신학 안에서 각각 '보수적 근본주의 신학', '진보적 사회 참여 신학', '문화적 자유주의 신학'의 세 가지 양식으로 전개되어왔다고 본다.[112] 그는 기본적으로 문화적 자유주의의 틀 위에서 진보적 사회 참여 신학을 중시하는 가운데 '한국적 신학'을 모색하고자 한다. 이에 따라 때로는 보수적 근본주의 신학과 같은 것에 대해 상당히 비판적이지만, 이 세 조류

110 그는 계몽적 신학 잡지인 『신학월보』(1900~)에서 한국의 신학이 발아되었고, 1916년 감리교신학교에서 발행한 『신학세계』와 장로교신학교에서 1918년에 발행하기 시작한 『신학지남』, 그리고 1923년도에 발간된 『신생명』(조선기독교창문사)에서부터 계몽적 태도를 벗어나 신학을 '학문적으로' 볼 수 있게 되었다고 규정한다. 그리고 이 잡지들의 주필 격인 최병헌, 양주삼, 송창근 등을 초기 한국 신학자들로 꼽는다. 이를 기초로 1930년대 한국에서 신학의 초석이 놓이게 되었고, 1960년대 꽃피었다가 1970년대부터 그 결실을 맺어가기 시작했다고 본다.

111 유동식, 『한국신학의 광맥』, 전망사, 1982, 18-20쪽.

112 유동식, 위의 책, 45-59쪽.

는 결국 상호 보완하면서 한국 신학이라는 하나의 큰 전체, 광맥을 형성해나가는 것일 수밖에 없다고 말한다.[113] 이런 식으로 그는 한국의 신학적 흐름을 전체적으로 포괄하고자 한다.

그러나 이 세 가지 조류가 상호 보완되어야 한다지만, 결국 그 자신이 진보적 사회 참여의 신학을 존중하는 가운데 문화적 자유주의 신학을 추구하고 있다는 점에서 그가 이 두 신학에 보수적 근본주의 신학을 얼마나 조화시키며 볼 수 있는지는 의문시된다. 그렇다고 해도 그가 '한국 교회가 지닌 문화적 전통과 역사적 특수성을 배경으로 형성된 개성 있는 신학', 즉 '한국적 신학'의 윤곽을 중시하는 가운데[114] '한국 신학 사상사'를 '한국 사상사'라는 토양에 어울리게 만들어놓으려는 작업을 하는 것은, 과연 '풍류'가 참으로 한국 사상의 기초 이념인지의 문제는 차치하고라도 그리스도교를 한국 위에 정초시키려는 진지한 노력의 발로가 아닐 수 없다.

하지만 그가 그리스도교의 삼위일체를 염두에 두고서 '한 · 멋 · 삶'은 '삼일적三一的 구조'를 지닌다 말하고, 한국 신학을 '보수적 근본주의 신학', '진보적 사회 참여 신학', '문화적 자유주의 신학'이라는 세 조류로 구분하면서 이들을 그리스도교의 '삼위三位' 개념에 대응시키는 등 지나치게 '삼三'이라는 숫자에 집착할 때는[115] 과연 그가 한국의 문화적 전통과 역사적 특수성을 중시하고 있는 것인지 의심스러워진다. 결과적으로 한국의 문화와 역사를 그리스도교의 삼위일체적 구조 안에 새로 틀 지으려는, 다분히 그리스도교 중심적 시도일 수밖에 없다는 한계를 드러내고 만다. 그럼에도 불구하고 유동식의 이 연구는 '한국 신학 사상'을 '한국

113 유동식, 위의 책, 28-30쪽.
114 유동식, 위의 책, 3-4쪽.
115 유동식, 위의 책, 21, 29-30쪽.

사상'과의 관계 속에서 논함으로써 그리스도교 신학이 그 한국적인 정체성을 얻을 수 있는 가능성을 보여주고 있다는 점에서 '한국 신학 사상사'의 대표자격이라고 하겠다.

주재용의 『한국 그리스도교 신학사』

앞에서 보았던 송길섭의 『한국신학사상사』는 1987년도, 유동식의 『한국신학의 광맥』은 1982년도 작품이니, 1998년에 나온 주재용의 이 책은 한국 신학 사상사의 최신판이다. 주재용은 한편에서 신학을 "교회가 역사 속에서 하는 모든 선교적 활동을 학문적으로 반성하여 교회 선교의 목표와 그 성격을 규정하는 일"로 정의하면서도,[116] 다른 한편에서는 신학 역시 "일종의 신념 체계로서 한 사회의 권력 구조를 이끄는 주도적 세속 이데올로기와 대결하면서 나름의 기능과 역할을 수행한다"고 말하기도 한다. 이러한 신학관은 신학도 여러 학문들 가운데 하나이며, 시대적 상황을 반영하는 것일 수밖에 없다는, 다소 융통성 있는 자세이다. 선교라는 그리스도교의 기본적 소명을 중시하면서도 그것을 사회와의 관계 속에서 보려는 자세의 반영이다.

그는 '민중적 민족 신학'이라는 시각을 가지고 '이러한 신학의 역사적 추이'를 살펴본다. '오늘 여기', '한국인에 의한', '한국인을 위한' 신학, '신학의 한국적 상황'을 중시하고자 한다.[117] 그런 점에서 이 책 역시 그의 표현대로 "사건과 사실 나열의 역사가 아니라 해석사이고 이념사"[118]이다. 그러나 과연 민중적 민족 신학의 차원에서 충실히 해석해내고 있는지는 아직 의심스럽다. 무엇보다 아직 민족 · 민중과 신학의 관계가 정

116 주재용, 『한국 그리스도교 신학사』, 대한기독교서회, 1998, 13쪽.
117 주재용, 위의 책, 223-229, 330-355, 419-421쪽 참조.
118 주재용, 「한국기독교100년사」, 『한국기독교100년사』, 한국기독교장로회역사편찬위원회, 1992, 5쪽(머리말).

립되어 있지 못한 것으로 보인다. 신학의 보편성과 민족 · 민중이라는 특수성은 어떻게 조화하는지 그 고리를 분명히 드러내줄 때 민중적 민족 신학의 의미, 신학과 한국적 상황의 관계가 밝혀질 것이기 때문이다.

그리고 『한국 그리스도교 신학사』라는 이름하에 여느 책들처럼 개신교 신학사만을 다루고 있는 것은 여전히 불만이다. 좀 더 노력을 들여 천주교의 신학 사상사적 상황을 간혹이라도 덧붙였더라면 20세기를 마무리하는 신학 사상서로서의 가치가 더욱 높아졌을 것이다. 그렇지만 이 책은 그리스도교 신학의 주체성을 한국의 민중적 현실에서 찾으려 한다는 점에서 그리스도교사를 한국 문화사의 일부로 자리매김할 수 있는 가능성을 제공해주고 있다는 데 기본적인 의의가 있다.

심일섭의 『한국 토착화 신학 형성사 논고』

개신교권의 한국 신학 사상사 연구와 관련하여 또 살펴보아야 할 책 중의 하나가 심일섭의 『한국 토착화 신학 형성사 논고』(1995)이다. 이 책은 신학을 한국 안에 뿌리내리려는 의도하에 그 방법론을 모색하고 있으며, 그동안 전개되어온 주요 토착적 신학의 사례들을 정리하고 있다. 한국 문화의 원류를 중시하는 가운데 한국 신학 사상을 형성한 선구자들 16명의 사상을 간단히 개관한 뒤, 한국 기독교 최초의 호교론자인 정하상, 최초의 변증론자인 최병헌, 초대 교회의 개척자인 한석진에 대해 구체적으로 소개하고, 토착화 신학의 선구적 모형으로 이용도, 김교신, 유영모, 이호빈 등의 생애와 사상을 선교 신학적 차원에서[119]정리하는 방식으로 글을 전개해나간다. 전체적으로는 한국의 신학 혹은 한국적 기독교를 중시한 다양한 사람들의 생애와 사상에 대한 평면적 서술 방식을 취하고 있는 까

119 심일섭, 『한국 토착화 신학 형성사 논고』, 국학자료원, 1995, 47쪽.

닭에 토착화 신학 형성사에 담긴 역사적 굴곡은 느껴지지 않는다.

그러나 이 책의 문제점은 무엇보다 민족 전통문화를 중시한다고 하면서도 단군신화류의 '원형'만을 강조하다 보니, 그리스도교를 받아들였던 조선 시대를 민족문화의 단절기, 암흑기로 간단히 치부해버리는 모순을 범한다는 데 있다. 심일섭은 조선 시대를 "경직된 유교문화의 병폐가 극에 달한" 시기로서 "민족문화가 말살되고 민족전통이 질식되는 반역의 암흑기"라고 극단적으로 규정한다.[120] 그리스도교가 조선 시대에 들어오기는 했지만, 그렇다고 해서 조선 시대의 문화와 사상을 중시할 필요는 없으며, 따라서 그리스도교와 한국 문화의 관계를 단순히 연대기적으로 살펴보는 데는 한계가 있다는 입장이다.[121] 그러면서 단군신화에서 우리 민족의 이념적 원형을 찾고 그리스도교는 단군신화의 정신과 묘합妙合을 이루어야 한다고 강조한다.[122]

이라한 주장은 일면 타당하다. 진정한 한국 신학은 한국적인 것, 특히 그 원형과 조화할 때 성립되는 것이기 때문이다. 그러나 과연 단군신화에만 우리 민족의 원형이 담겨 있는가? 단군신화는 아직도 우리 정신사에 그만한 영향을 끼치고 있는가? 설령 그렇다고 해도 우리 민족 정신사에 결정적인 영향을 끼친 한 시대(조선)를 완전히 삭제해버리고서 과연 '한국 신학'이라는 것을 총체적으로 말할 수 있을까? 아니 삭제한다고 해서 삭제되기나 하는 것일까? 심일섭의 극단적인 입장은 그 자신이 서문에서 인용하고 있는 콜링우드Robin G. Collingwood의 '역사적 지식'론과도 상반되는 것으로 보인다. 그리고 그가 정리하고 있는 한국 신학자들의 상당수가 조선 시대의 사회와 문화에 '세례 받은' 사람들이었다는 사

120 심일섭, 위의 책, 18–19쪽.
121 심일섭, 위의 책, 22–27쪽.
122 심일섭, 위의 책, 27–28, 40–47, 61–63쪽.

실과도 모순된다. 한국 토착화 신학 전체를 자칫 단군신화에 대한 재해석 정도의 수준에 머물게 할 우려를 불식시키지 못하고 있는 것이다.

그 밖의 연구 자료들

그렇지만 어찌 되었든 이상의 연구들은 주체적인 한국 신학을 이루기 위한 시도의 일부이다. 이러한 시도에서 우리는 '종교해석학'을 본다. 종교 자체는 물론 그 연구마저도 시대와 장소를 거부할 수 없는 것임을 충분히 숙지하고서, 그러한 사실을 반영해내고자 하는 노력의 일환인 것이다. 더 나아가 그리스도교가 서구의 냄새를 줄이고 한국적 향기를 더욱 풍김으로써 한국의 종교로 자리 잡게 하고, 또 그리스도교 연구를 진정한 의미에서 한국 종교 연구의 일부가 되도록 하기 위한 노력인 셈이다. 이와 관련하여 김경재의 『해석학과 종교 신학: 복음과 한국종교와의 만남』(1994)[123]은 그리스도교도 한국의 종교문화와 '지평융합'을 이루어가는 하나의 종교일 수밖에 없음을 해석학적 방법론과 함께 적절히 지적하고 있는 책이다. 한국의 그리스도교 안에 한국의 문화, 한국적 주체성을 더 담아내려는 노력의 산물인 것이다.

이러한 주체적인 한국의 신학을 이루기 위한 두드러진 노력의 하나가 1970~1980년대를 풍미한 민중적 그리스도교 연구이다. 서남동, 안병무 등에 의한 '민중 신학'은 가장 극단적인 한국적 신학의 결과이다. 신학과 신앙의 주체를 전적으로 한국의 정치·사회적 맥락에서 보고자 했다는 점에서 민중 신학은 더 이상 서구 신학의 연장이 아니라 넓은 의미의 한국 종교 연구의 범주에 들어가게 된다. 무엇보다 "민중 신학은 한국 사회

123 김경재, 『해석학과 종교 신학: 복음과 한국종교와의 만남』, 한국신학연구소, 1994.

및 한국인 자신의 문제를 신학화할 수 있는 가능성을 한국 기독교계에 처음으로 열어주었다는, 다시 말하면 한국 기독교가 자신의 상황과 문제, 고민과 의식을 스스로의 땀과 고통을 통해 신학으로 형상화시켰다고 최초로 내세울 수 있을"[124] 신학이라는 데 한국 그리스도교 연구사적 의미가 있다. 이 민중 신학으로 인해 한국의 그리스도교 연구는 서구에서도 조명을 받게 된다. 아시아기독교협의회에서 나온 『민중신학*Minjung Theology*』(1981)와 이것의 증보판이라고 할 수 있을 『민중과 한국신학』(1982)이 그 대표적인 책이다. 이 책의 필자 중 하나인 주재용은 민중이 주체자의 위치에 있을 때 한국 그리스도교의 사명이 완수될 것이며, 개신교 초기의 역사도 새 하늘과 새 땅을 희망하는 민중에 의해 수용된 역사로 보았다.[125]

물론 이러한 민중적 입장에 문제가 없는 것은 아니다. 무엇보다 아직도 민중적 사관에 근거해 한국 그리스도교를 전체적으로 개관한 연구서가 없다. 그리고 민중 신학에서 지향하는 민중의 당파성 때문에 그에 근거한 연구가 한국 그리스도교 전반을 담아내지 못할지 모른다는 우려도 있다. 민중사관에 근거해 민중이라는 말을 주로 쓰더라도 한국 그리스도교 역사의 본류를 충실히 담아낼 수 있을 때 민중적 사관은 더욱 보편적인 설득력을 얻을 수 있게 될 것이다. 그럼에도 불구하고 민중적 그리스도교사관은 "그동안 교회사 서술에서 소외되어왔던 교회 여성과 평신도, 지방 교회와 군소 교파 교회의 역할과 의미를 새롭게 조명할 수 있는 계기를 만들어주었다는 점에서 그 의미는 적지 않을" 것이다.[126]

124 이만열, 「해방 50년, 한국교회사를 어떻게 볼 것인가」, 『한국기독교와 역사』 제4호, 한국기독교역사연구소, 1995, 15쪽.

125 주재용, 「한국민중과 개신교사」, 『민중과 한국신학』, 한국신학연구소, 1982, 236쪽; 「그리스도교 역사 이해를 위한 사관의 문제: 민중사관과 민족사관」, 『신학사상』 1983년 봄호.

126 이덕주, 「신학연구의 다양성: 성공하는 토착화 신학」, 한국종교학회 엮음, 『해방후 50년 한국 종교연구사』 도서출판 창, 1997, 98쪽.

그 밖의 자료로는 특정 이념이나 정신보다는 한국의 신학 사조를 주제별로 개관하고 있는 『한국기독교사상』(1998)[127]이 있다. 전반적인 주요 신학 사조를 근본주의, 오순절 운동, 자유주의, 경건주의, 신정통주의, 청교도주의로 구분하고, 이러한 사조를 세계 교회사적 입장과 한국 교회사적 입장에서 각각 나누어 12명의 교회사학자들이 집필한 연구논문집이다. 한국 그리스도교 사상을 세계 교회사적 맥락에서 볼 수 있도록 구성한 것은 좋으나, 각각의 사조에 대한 세계 교회사적 입장과 한국 교회사적 입장이 상당 부분 중복되며, 무엇보다 한국 그리스도교 사상사에서 어떤 사조가 더 영향력 있고 더 중요했는지, 한국 사회문화와 주고받은 영향은 어떤 것이었는지에 대한 종합적 분석이 결여되어 있다는 점에서 논문 모음집으로서의 한계가 있다.

이와 함께 13명의 신학자가 한국 사상과 문화를 신학적 주제로 삼아 작성한 영어 논문 모음집인 『한국문화신학 *Theology of Korean Culture*』(2002)도 있다.[128] 체계적인 한국 신학 사상서라고 할 수는 없지만, '한국'을 신학의 주제로 삼아 연구할 수 있는 가능성을 해외에 알렸다는 데에 적지 않은 의미가 있다.

천주교와 개신교의 비교 연구

이와 함께 한국 천주교 200주년, 한국 개신교 100주년이 되던 해인 1984년을 전후해서 교회사나 신학적 관점에서 천주교와 개신교를 비교하는 논문이 본격적으로 등장했다. 이 가운데 천주교회와 개신교회의 역

127 한국교회사학연구원 엮음, 『한국기독교사상』, 연세대학교출판부, 1998.

128 The Theology of Korean Culture Society, *Theology of Korean Culture*, Seoul: The Christian Literature Society of Korea, 2002.

사적 관계를 다룬 연구 결과들을 먼저 거론하면 최석우, 「한국 천주교와 개신교의 대화」(1982), 윤경로, 「초기 한국 개신교 측의 천주교관」(1982) · 「신구교 관계의 역사적 고찰: 개신교 선교사들의 견해를 중심으로」(1984) · 「초기 한국 신구교 관계의 사적 고찰: '해서교안'과 '문서논쟁'을 중심으로」(1985), 오경환, 「개항기 천주교와 개신교의 관계」(1983), 김승혜, 「한국 가톨릭과 개신교의 2백년 · 1백년의 시점에 서서」(1984), 이원순, 「천주교와 개신교의 신앙 도입전개의 比較史論」(1984) · 「초기 한국 그리스도교사의 비교사적 一考」(1985), 최석우, 「개화기의 한국 천주교와 개신교」(1991), 정양모, 「한국 가톨릭과 개신교의 대립과 대화」(1992) 등을 들 수 있다.

그리고 이러한 교회사적 관점의 비교 연구는 1990년대로 들어가면서 신학적 성격의 비교 연구로 이어지게 되는데, 이 가운데 1960년대에 이루어진 연구 결과물을 포함하여 대표적인 논문들로는 민경배, 「신교와 구교의 신학교육 비교연구」(1966) · 「프로테스탄트와 로마 카톨릭과의 대화」(1967) · 「신교와 구교」(1971), 김균진, 「개신교와 가톨릭의 신학적 차이」(1979), 정양모, 「하나인 믿음」(1979), 이장식, 「개신교에서 본 로마 카톨릭 교회」(1988), 이형기, 「가톨릭과 개신교, 무엇이 같고 다른가」(1989), 김균진, 「특별사제직과 만인사제직의 문제」(1994) · 「카톨릭교회와 개신교회의 교회관」(1995), 김광식, 「개신교와 천주교의 교회징표론에 대한 비교 연구」(1992), 김명용, 「오늘에 있어서의 개신교회와 로마 카톨릭 교회와의 논쟁점」(1994) 등이 있다.[129]

무엇보다 종교학적 시각을 가지고 한국 천주교와 개신교를 비교한 연구 결과로는 1990년대 말에 등장한 신광철의 『천주교와 개신교: 만남과

129 신광철, 『천주교와 개신교: 만남과 갈등의 역사』, 한국기독교역사연구소, 1998, 17-18, 28-29쪽을 재정리한 것이다.

갈등의 역사』(1998)가 돋보인다. 이 분야에 처음 등장한 단행본으로서, 이 책에서는 "한말 · 일제 강점기 한국 천주교와 개신교의 관계 및 상호 이해의 내용과 성격을 한국 종교사의 맥락에서 파악"[130]하려는 의도를 가지고, 서구 그리스도교사에 나타난 천주교와 개신교의 관계 유형을 정리한 뒤 한말, 일제 강점기에 발간된 다양한 자료들을 이용해 한국 천주교와 개신교의 상호 관계가 지니는 종교사적 의미를 비교적 성실하게 고찰하고 있다. 비록 연구의 시대가 일제 강점기까지로 제한되어 있으며, 그중에서도 개항기로부터 한말에 이르는 기간에 나타난 천주교와 개신교의 역사적 관계만 집중적으로 살펴본다는 아쉬움도 있지만, 이 분야의 연구 결과들이 대부분 소규모 논문의 형태이며 그것도 교회사나 신학상의 비교에 머물고 있는 상황을 염두에 둔다면, 종교학적 시각을 견지한 신광철의 단행본이 지닌 의미는 적지 않다 하겠다.

8. 역사학적 · 사회과학적 그리스도교 연구

이와 함께 1990년대는 역사학과 사회과학적 차원의 한국 그리스도교 연구서들이 본격적으로 등장하는 시기이다. 그 대표적인 책들로는 이원규의 『한국교회의 사회학적 이해』(1992), 노치준의 『일제하 한국기독교 민족운동 연구』(1993), 강인철의 『한국기독교회와 국가 · 시민사회 1945~1960』(1996)가 있고, 해외 연구로는 웰스Kenneth M. Wells의 『새 하나님 새 민족*New God, New Nation: Protestants and Self-Reconstruction Nationalism in Korea 1896~1937*』(1990)을 꼽을 수 있다. 그리고 역사학 분야의 연구서

130 신광철, 위의 책, 6쪽.

들 가운데는, 강재언의 『조선의 서학사』(1990), 윤경로의 『한국근대사의 기독교사적 이해』(1992), 한규무의 『일제하 한국 기독교 농촌운동 1925~1937』(1997) 등이 두드러진다.

이 가운데 노치준의 『일제하 한국기독교 민족운동 연구』에서는 서양 그리스도교가 한국에 뿌리내리게 된 요인 중 하나를 한국 그리스도교가 민족 운동에 참여한 데서 찾는다. 그는 개화와 근대화, 민족 운동 등에 선구적 역할을 담당한 한국 그리스도교는 사회에 대한 강한 책임과 사명을 역사적 전통으로 남겨놓았다고 본다. 특히 이 책에서는 구한말과 일제 강점기 초기에 활발하던 그리스도교 민족 운동이 3 · 1 운동의 실패 이후 급격히 위력이 약해진 뒤 길선주, 이용도 등이 주도했던 내세 지향적 부흥회로 도피했다고 보는 지금까지의 통설에 반대한다. 민족 운동을 정치적인 차원에서만 보면 3 · 1 운동 후에는 그리스도교의 민족주의적 활동이 많이 약해졌다는 말도 맞지만, 사실은 그리스도교 민족주의적 에너지가 경제, 사회, 문화의 영역으로 넘어간 것이기에 결코 민족 운동 자체가 약해진 것은 아니라고 본다. 김교신이나 주기철 등의 복음주의적 신앙이나 활동도 민족주의적 에너지를 갖추고 있다는 것이다. 이런 식으로 일제 치하 민족 운동의 양상은 시간이 흐르면서 달라지기는 했지만 사라진 것은 아니라고 강조한다.[131] 그러면서 한국 그리스도교의 역사를 민족주의적 시각에서 다루고자 하는 여타의 연구서들에 구체적인 사례, 실제적인 근거를 제시해주고 있다는 데 의의가 있다.

웰스의 연구에서는 동학 운동을 한국 민족주의 운동의 대표적인 예로 중시하는 가운데, 일제 강점기 한국 그리스도교(특히 개신교) 안에서 민족

131 이러한 접근은 일면 타당하다. 그러나 민족 운동이라는 것을 지나치게 일반화시킨다는 문제점도 안고 있다. 이런 식이라면 민족 운동이 없는 데는 없었을 것이라는 극단적인 비판도 나올 수 있겠기 때문이다.

주의는 어떤 형태로 전개되어왔는지에 대해 일종의 문화사적 고찰을 한다. 민경배가 한국 그리스도교 사회 운동의 원동력을 '복음의 역동성'에서 찾았던 것과 유사하게, 이 책에서도 한국 개신교 민족주의 운동의 근거는 성서에 있다고 본다.[132] 성서를 중심으로 하는 한국 개신교의 특성을 적절히 지적한 부분이다. 한국 그리스도교에 대한 전반적인 연구는 아니지만, 식민지 시기에 제국주의에 반대하는 수단이자 새로운 민족적 이상을 이루기 위한 수단으로 한국의 개신교인들이 벌인 민족주의 운동, 영적 부흥과 도덕적 혁신을 통한 민주적 그리스도인 사회 건설 운동 등을 구체적으로 정리하는 가운데 한국 개신교의 특징도 무난히 드러내주고 있는 것으로 보인다.

그리고 강인철의 『한국기독교회와 국가 · 시민사회 1945~1960』은 해방 이후 한국 그리스도교회가 국가 · 사회와 맺는 관계 및 그 정치 · 사회적 성격을 사회사적으로 접근한 연구서이다. 이 책에서는 해방-분단-군정-평화로 이어지는 정치 · 사회적 격변기에 한국 개신교회의 정치 · 사회적 성격을 결정지었던 요소를 주로 선교국(특히 미국) 교회가 자신의 정부를 매개로 하여 한국에 영향력을 행사한 데서 찾는다. 그럼으로써 법적으로는 정교가 분리되었으면서도 제1공화국 시기는 '사실상의 기독교 국가'로 비쳐지게 되었다고 본다. 이 시기에 미국 교회가 부모라면 한국 교회는 자녀라는 성격을 갖게 되었으며 그 결과 한국 안에 친미주의, 반공주의가 고착되었다는 것이다.

역사학적 그리스도교 연구서 가운데 재일在日 사학자 강재언의 『조선의 서학사』(1990)는 조선의 개화사상이라는 그의 평상시 관심사가 반영된 가운데, 한역 서양서漢譯西洋書가 처음으로 들어온 "1603년부터 개국

132 Kenneth M., Wells, *New God, New Nation: Protestants and Self-Reconstruction Nationalism in Korea 1896~1937*, Honolulu: University of Hawaii Press, 1990, pp. 7-8.

전후까지를 주 내용으로 하는, 서양의 천주교와 학술과의 체계적인 교섭 사이다."[133] 특히 "17세기 초기부터 시작되는 서교西教와 서학西學의 전래와 그에 대한 조선 지식층의 반응을 역사적으로 고찰하는 데 주된 목적을 두고서"[134] 300여 년에 걸친 서학의 역사를 서술한다. 서양 사상에 대한 무조건적인 거부로 인해 조선은 점점 더 외부 세계와 고립되기에 이르렀고, 1801년 신유박해를 시작으로 1882년 조미수호통상조약이 체결될 때까지 80여 년 동안 구미 세계의 중심인 서학을 능동적으로 수용, 연구할 수 없게 되었으며, 그 결과 조선은 일본의 무력적 협박에 대처할 수 있는 대외적인 능력도 상실하게 되었다는 내용을 주로 다루고 있다. 조선 서학의 명맥은 개별적인 학자의 서재 안에서나 이어졌을 뿐, 전체적으로 서학을 수용할 수 있는 정책의 부재로 인해 새로운 국제적 환경 속에서 자립자존하기 위한 근대화에 실패하게 되었다는 것이다.[135] 이런 시각과 내용으로 보면 이 책은 조선 서학 자체에 대한 연구서가 아니라, 조선에서 서학이 어떻게 수용되고 반발에 부딪치게 되었는지 그 과정을 다루는 조선 역사서인 셈이다. 그럼에도 불구하고 그리스도교 문물 및 사상으로서의 '서학'과 종교로서의 그리스도교를 뜻하는 '서교'를 구분해 서술함으로써, 기존의 초기 그리스도교 연구자들에게 학문과 개념상의 엄밀성을 추구하라며 경종을 울리고, 연구 태도도 좀 더 정교해질 것을 암시적으로 경계한다는 점에서 한국 그리스도교 연구 사상의 의미가 있다.[136]

133 강재언, 『조선의 서학사』, 민음사, 1990, 5쪽(머리말)

134 강재언, 위의 책, 14쪽.

135 강재언, 위의 책, 203쪽.

136 예를 들어 조선 그리스도교회사(특히 천주교회사)를 다루는 대부분의 책에서는 '서학'과 '서교'를 그다지 구분하지 않는다. 그리하여 대부분의 천주교회사에서는 정약용과 같은 이를 당연히 천주교사의 주요 인물로 등장시킨다. 그러나 이 책에서는 정약용이 서학을 좋아하는 유학자였지(南人, 信西派, 西學派), '서교'(천주교 신봉자, 南人, 信西派, 西教派)는 아니었다고 본다. 강재언, 위의 책, 221쪽.

또 한규무의 『일제하 한국 기독교 농촌운동 1925~1937』은 한국 개신교회가 벌인 농촌 운동의 문제를 그 배경과 진행 과정, 운동론과 운동의 내용, 운동을 추진한 인물과 기관 등 다양한 자료들을 소개하는 가운데 실증적이고 종합적으로 연구하고 있다. 또한 한국 기독교 민족주의 운동을 일반 국사학계의 민족 운동 선상으로까지 연결하려는 시도도 벌이고 있다. 종교를 잘 다루지 않으려는 사학계의 풍토를 감안한다면 그리스도교 운동을 여러 자료들을 이용해 실증적으로 다루었다는 점에서 의미 있는 책이다. 그리고 한국역사연구회의 회원이자 『한국 기독교의 역사』의 공저자이기도 한 윤경로는 실증적 입장에서 교회사를 교회 안의 사건에 국한시키지 않고 일반사로까지 확장시키려는 노력을 기울인 연구자라는 점에서 의미가 있다.

9. 종교학으로서의 그리스도교 연구

1990년대 한국 그리스도교 연구의 특징은 그 연구 분야의 다양성에 있다. 특히 그리스도교학을 한국 종교사학의 일부로서 보기 시작한 시기가 1990년대이다. 물론 그동안 종교학적 측면의 한국 그리스도교 연구가 전혀 없었던 것은 아니다. 한국 종교사를 구성하는 한 분과로서 다루어져 온 연구서들이 몇 편 있다. 그 가운데 역사적으로 가장 앞서는 것은, 이능화의 『조선기독교급외교사』(1928)를 제외한다면, 1963년에 출판된 김득황의 『한국종교사』이다. 이 책에서는 한국 종교사 전체 안에서 한국 개신교사를 정리했다. 비록 종교들 간의 다양한 관계까지 보는 비교종교사적 시각을 갖춘 것은 아니지만, 그리스도교를 한국의 다양한 종교들의 하나로 보고 글을 시작했다는 사실에 의미가 있는 작품이다.

이와 함께 해외에서의 연구로는 그레이슨James Huntley Grayson이 쓴 『한국종교사*Korea: A Religious History*』(1989)[137]가 있다. 현재 영국 쉐필드 대학교 한국학과 교수로 재직하고 있는 그레이슨은 인류학과 신학을 함께 다루면서 구미에 한국 종교를 적극적으로 소개하고 있는 종교학자이다. 그는 이 책에서 한국의 종교를 선사 시대 이래 성장, 발전해온 한국 문화의 일부로 다루면서 각 시기에 두드러진 종교적 흐름을 서술하는 방식을 취하고 있다. 한국 역사의 각 시기마다 다양한 종교들이 교리적이고 구조적으로 상호 영향을 미치고 있는 모습을 자연스럽게 보여준다. 이런 식으로 이 책은 아직 한국의 학자들이 해내지 못한 한국 종교사의 모범적인 서술 방식을 먼저 보여주었으며, 그리스도교 연구와 관련하여보자면 천주교든 개신교든 모두 다른 종교들과의 상호 관계 속에 있는, 한국 종교의 하나라는 시각을 갖게 해준다는 데 그 의의가 있다.

한국종교연구회에서 펴낸 『한국 종교문화사 강의』(1998)도 짚어보아야 한다. 이 책은 한국 종교 통사通史는 아니다. 전체적으로는 역사적 흐름을 따르지만, 대체로는 여러 연구자들이 쟁점이 되는 연구 주제들을 소화해 종합해놓은 형태를 띠고 있다. 특별한 방법론이나 일정한 틀이 따로 없이, 한국 종교문화사를 새롭게 써보기 위한 시험대에 가깝다. 이 가운데 그리스도교는 '근 · 현대의 종교문화' 장章에서 쟁점이 되는 주제를 중심으로 부분적으로 다룬다. 그러다 보니 한국 그리스도교가 한국 문화의 일부이고, 다양한 한국 종교들 가운데 하나라는 사실을 구조적으로 보여주기는 하지만, 주제별로 접근하다 보니 한국에서 그리스도교가 처한 독특한 위치는 잘 드러내지 못한다는 약점이 있다. 물론 이것은 한국 그리스도교는 물론 다른 종교들에 대한 서술에서도 마찬가지로 드러

137 우리말 번역서는 다음과 같다. 제임스 헌틀리 그레이슨, 『한국종교사』, 강돈구 옮김, 민족사, 1995.

나는 문제점들이다.

이 밖에 『한국종교사상사』(전4권, 연세대학교출판부)의 제2권에 실린 유동식의 「기독교사상사」(1986)도 있지만, '천주교 초기 100년의 사상적 특성'을 다루는 한 장을 제외하고는 앞에서 고찰한 『한국신학의 광맥』의 기본 입장과 다르지 않다.

그리고 문화관광부에서 제안하고 한국종교인평화회의에서 기획, 출판한 영어로 된 한국 종교 입문서인 『한국의 종교 *Religion in Korea*』(2003)는[138] 가톨릭과 개신교의 역사적 현황을 별도의 장에서 간략하게 개관하고 있는데, 다양한 종단에 속한 전문 학자들이 '종교 간 대화'의 정신으로 함께 책을 냈다는 데에 그 의의가 있다.

* * *

지금까지 살펴본 바와 같이 그동안 한국 그리스도교는 무엇보다 교회사와 신학 사상사의 차원에서 주로 연구되어왔다. 따라서 한국의 그리스도교를 연구한다는 것을 한국 교회사나 신학 사상사를 연구하는 것과 동일하게 보는 경향도 컸다. 이것은 한편에서 보면 그리스도교 연구가 교회사, 신학 사상사 등과 긴밀한 관계를 맺고 있다는 뜻이기도 하지만, 다른 한편에서 보면 한국의 그리스도교 연구는 그리스도교 신앙인에 의한 호교론적 연구를 완전히 벗어나지 못했다는 뜻이기도 하다. 그리고 그리스도교를 대상화해서 바라볼 수 있을 만큼 그리스도교가 한국 사회 안에 충분히 자리 잡지 못했다는 의미이기도 하다. 그런 점에서 1990년대에 들어 시작된 종교학적 시각에서의 한국 그리스도교에 관한 연구는 더욱 활성화되어야 할 필요가 있으며, 실제로 종교학적 그리스도교 연구 작업

138 Ministry of Culture and Tourism, *Religion in Korea*, Seoul: Korean Conference on Religion and Peace, 2003.

들이 많아지고 있는 것은 다행스러운 일이다.

이때 말하는 종교학적 그리스도교 연구란 그리스도교를 진정한 의미에서 대상화할 수 있는 능력을 전제한다. 좁게는 천주교인과 개신교인이 각각 천주교와 개신교 안에 있으면서도 천주교와 개신교라는 틀에 매이지 않으며, 넓게는 그리스도교를 보는 주체가 그리스도교적이면서도 그리스도교에서 독립될 수 있어야 한다는 것이다. 물론 그리스도인으로서 그리스도교를 보고자 한다면, 문자적 의미에서 그리스도교로부터 독립해 생각한다는 것은 불가능할 것이다. 그렇지만 그리스도교에 전적으로 종속된 채 호교론적으로 그리스도교를 보는 것과는 근본적으로 다르다. 그리스도교를 보는 주체가 그리스도교 안에 있으면서도 그리스도교를 대상화할 수 있는 능력을 갖출 때 그리스도교가 제대로 보인다. 이제까지는 이러한 연구 태도를 견지할 수 있는 능력과 여유가 없었던 것이 사실이다. 종교학적 연구로 확대되기 시작한 1990년대는 그런 점에서 한국 그리스도교 연구 사상 의미 있는 시기인 것이다.

그러나 종교학적 그리스도교 연구 역시 여전히 천주교와 개신교를 분리하여 연구하는 경향을 벗어나지 못하고 있다. 다시 말해 배타적 호교론이나 극단적인 종파 중심적 태도는 극복되었으나, 그리스도교를 다양한 종교들 중 하나로 보는 가운데 통합적이고 초종파적으로 서술한 '한국 그리스도교사'는 전무한 형편이다. 물론 그리스도교가 한국에 수용된 이래 이들은 언제나 분리, 연구되어왔고, 서로를 무시하거나 경시하기도 할 만큼 서로의 시각이나 접근 방식이 상이했던 점을 염두에 두면, 이들을 종합적으로 연구하는 일은 결코 쉬운 일만은 아닐 것이다. 한국종교문화의 일부라는 차원에서 그렇게 하기는 더욱 힘든 일일지 모른다. 그러나 한국의 문화와 정신 세계에 끼친 이들의 영향은 결코 분리된 장에서는 온전히 보이지 않는다. 같은 경전과 교리, 세계관을 가진 이들에 대한 통합적 연구는 필수불가결한 일인 것이다. 지금이 바로 천주교와 개신교 연구자들의 본격적인 공동 연구 과정을 통해, 천주교와 개신교를 포함하는 그리스도교를 한국 종교문화사 내지는 사상사 안에 정초시키려는 부단한 노력을 더욱 기울여야 할 시점이다.

제2장 한국 그리스도교, 얼마나 한국적인가

1. 그들만의 잔치

한국에 그리스도교가 소개된 이래, 다양한 학자들이 그리스도교란 무엇인지 그 정체성을 규명하고 '신학'이라는 것을 이해하려는 노력을 기울여왔고, 특별히 한국 안에서 벌어진 그리스도교 관련 사건들에 대해 비교적 활발히 연구해왔다. 이 가운데 후자의 경우를 '한국 그리스도교 연구'라 한다면, 1장의 말미에서도 보았지만, 이때 주류를 이루는 분야는 교회사, 신학 사상사 차원에서의 연구이다.[1]

그리스도교가 주로 교회사나 신학 사상 차원에서 연구되어왔다는 말은 사실상 그동안의 연구가 그리스도교 신앙인이 그리스도교 신앙인을

1 단순하게 규정한다면, 그리스도교 중에서도 한국 천주교권 연구에서는 초기 한국 교회사 관련 분야가 주를 이루어왔고, 개신교권 연구에서는; 적어도 연구의 범위에 있어서는, 교회사와 함께 신학 사상 관련 분야도 꾸준히 이루어져온 것으로 일단 평가된다.

대상으로 하는 제한적이고 종파 중심적인 범주 안에 있었다는 뜻이 된다. 한편에서 보면 그리스도교가 그리스도 신앙인에 의해 교회사, 신학 사상사 등과 긴밀한 관계를 맺고 연구되는 것은 자연스러운 일이지만, 다른 한편에서 보면, 한국의 그리스도교에 대한 연구는 '그리스도교'라는 범주를 넘어서지 못했으며, 한국인이라면 편견 없이 시도할 수 있는 한국의 학문, 즉 '한국학'의 일부로까지 자리 잡지는 못했다는 의미이다. 그리스도교적 시각에서 한국의 문화와 전통을 일방적으로 규정하는 연구 분위기는 오랫동안 강했지만, 한국 문화의 일부로서의 그리스도교 연구로까지는 이어지지 못했다는 말이다.

한국의 역사를 그리스도교적 시각에서 조명하고 판단하는 교회사 · 신학 사상 관련 연구들에 비해, 한국의 그리스도교 관련 사건들을 한국사의 일부로 받아들여 서술하는 역사책들은 거의 찾기 힘들다는 사실이 이를 반증해준다.[2] 최근 한국 그리스도교 연구에 일반 역사학자들이 참여하는 사례가 많아지고는 있지만, 여전히 그리스도교만을 주제로 다루는 논문이나 단행본을 통해서일 뿐 '한국 통사' 안에서 그리스도교가 중요하게 언급되고 있는 실정은 아직 아니다. 한국 역사책에서 그리스도교 자체를 다룰 필요까지는 굳이 없겠으나, 조선 말 근대 문명의 '기호'처럼 소개된 그리스도교에 대한 한국사적 의미마저 정리되지 못하고 있는 것은 우리 학계에서 그리스도교는 아직 한국 문화의 일부로서가 아니라, 한국 문화와는 별 관계없는 하나의 '종교'로서 주로 알려지고 있음을 의미한다.

이와 함께 한국 그리스도인에 의한 한국 그리스도교에 관한 연구이면서도 서구 그리스도교적 현실과는 어떤 차별성이 있는지, 한국에서 그리

2 이 책의 '들어가는 말' 부분을 참조할 것.

스도교를 연구하는 것과 서구에서 그리스도교를 연구하는 것은 어떻게 다른지의 문제까지 본격적으로 들어가고 있지도 못한 형편이다. '그리스도교'라는 보편적인 현상에 대한 탐구에 주력했지, '한국의 그리스도교'라는 특수성에 대한 탐구 내지는 연구자 자신이 처한 지평에 대한 반성은 이제 일어나기 시작한 실정인 것이다. 좀 더 풀어서 설명하자면, 한국의 그리스도교와 일본의 그리스도교, 유럽의 그리스도교, 미국의 그리스도교와 같은 특수한 그리스도교를 제외하고서 그리스도교 자체가 가능한지에 대해 진지하게 반성하지 못한 채, 그리스도교의 보편적 정체성 확립에만 골몰해왔다는 뜻이기도 하다. 한국이라는 구체적인 토양과 상황을 제대로 반영해내지 못했다는 것은 그동안 한국 그리스도교 연구서들에 자기비판적 의식이 부족했으며 그리스도교 호교론도 완전히 벗어나지 못했음을 뜻한다. 연구자 자신이 속한 그리스도교적 지평을 다시 냉철하게 '객관화'해서 바라보지 못했으며, 이것은 그만큼 그리스도교가 한국 사회 안에 충분히 자리 잡지 못했음을 반증해주는 사례들이다.

2. 모두의 잔치를 위하여

1장에서 지난 100여 년 동안 진행되었던 한국 그리스도교 관련 연구 결과들을 유형별로 정리하고 분석한 바 있다. 한국 천주교와 개신교의 자료들을 통합적으로 다루면서, 그리스도교에 전적으로 종속되어 호교론적으로만 그리스도교를 본다든지 '한국'을 그리스도교적 시각에서 일방적으로 대상화하기만 했던 기존 연구서들을 비판적으로 검토했다. 그때의 입장을 다음과 같이 정리해볼 수 있을 것이다.

그리스도교적 신앙 안에 매이지 않고 그리스도교를 대상화해서 볼 수 있어야 한다지만, 가령 그리스도인으로서 그리스도교를 보고자 하는 경우는 '문자적 의미'에서 그리스도교로부터 완전히 독립해 생각한다는 것은 불가능할 것이다. 그렇게 독립해서 보고자 하는 것 역시 한국적 상황과는 상관없는, 그리스도교 일반에 대한 연구에 지나지 않을 것이기 때문이다. 그러면서도 그리스도교에 전적으로 종속된 채 호교론적으로 그리스도교를 보는 것과는 근본적으로 다른 것이라는 사실도 분명하다. 그리스도교를 보는 주체가 그리스도교 안에 있으면서도 그리스도교를 대상화할 수 있는 능력을 갖출 때 그리스도교가 제대로 보인다. 그렇게 그리스도교를 대상화하게 만드는 장場이 바로 '한국'이다.

즉 한국과 그리스도교를 배타와 대립, 전복의 관계에서가 아니라 진정한 의미의 상보와 포용의 관계에서 파악하는 자세를 가져야 한다는 것이다. 다시 말하면 좁은 의미에서는, 천주교인과 개신교인이 각각 천주교와 개신교 안에 있으면서도 천주교와 개신교라는 틀에 매이지 않을 때, 좀 더 넓은 의미에서는, 그리스도교를 보는 주체가 그리스도교적이면서도 그리스도교에서 독립될 수 있을 때, '한국 그리스도교 연구'가 참으로 '한국적인' 것이 될 수 있다는 주장이다.

이 장에서는 이러한 탈종파적이고 통합적인 자세를 가지고 지난 100여 년 동안 드러난 한국 그리스도교 연구상의 쟁점들을 두 가지 측면에서 조명해보고자 한다. 첫 번째는 종파 중심적 연구 태도이다. 먼저 한국에서 천주교는 개신교를 어떻게 보아왔고, 개신교는 천주교를 어떻게 보아왔는지 살펴보고자 한다. 특히 한국 그리스도교 연구의 대다수를 차지하고 있는 교회사와 신학 사상 분야의 단행본들을 중심으로 천주교의 개신교관과 개신교의 천주교관을 정리함으로써, 천주교와 개신교의 역사,

신학 사상, 사회 문화사 등을 교차시키는 연구를 수행할 수 있게 해주는 기초적 자료를 만들어보고자 한다.

두 번째는 '그리스도교'와 '한국'의 관계에 관한 문제이다. 한국의 그리스도교는 한국의 전통적인 종교문화를 어떻게 보아왔는지, 보다 넓은 의미에서 말하자면 그리스도교가 '한국'이라는 '장場'을 어떻게 보아왔는지, 한국인의 오랜 정신문화가 그리스도교 안에 어떻게, 또 얼마나 반영되었고 녹아 있는지를 중점적으로 살펴보고자 한다. 연구의 '질'이 아닌, 연구의 '시각'과 '자세'를 중심으로 '한국'과 '그리스도교 연구자' 사이의 '거리'를 비판적 시각에서 측정해보려는 것이다. 기존의 한국 그리스도교 연구가 얼마나 한국적인 연구 자세를 견지해왔는지에 관한 이 부분이 바로 2장의 주요 주제이다.

'한국적인 연구 자세'란 무엇인가 하는 문제만 해도 다양한 시각에서 집중적으로 다루어져야 할 만큼 중요하지만, 여기에서는 일단 한국 안에 들어온 그리스도교를 연구하는 주체가 얼마나 한국 문화적인 자의식을 가지고 있으며, 자신의 연구 안에 민족적 주체성과 포용성을 반영해내는가 하는 점을 이른바 한국적인 연구 자세의 기준으로 삼고자 한다.[3] 물론 여기에서의 민족적 주체성은 국수주의적이고 감상주의적 차원의 주체성을 말하는 것이 아니다. 감상적 자세에서는 진정한 의미의 학문 연구가 이루어질 수 없기 때문이다. 앞에서 말한 한국 문화적 자의식, 민

3 탁석산은 자신의 책 『한국의 정체성』(책세상, 2000)에서 한국적 정체성을 가르는 기준을 현재성, 대중성, 주체성의 순서로 찾았다(103-114쪽). 일단은 적절한 기준이라 생각된다. 그러나 기존의 한국 그리스도교 연구서들의 문제점에 대한 이차적 담론을 전개하고자 하는 이 장에서는 '현재성', '대중성', '주체성' 가운데 개개 연구자의 '민족적 주체성'을 훨씬 중요한 한국적 정체성의 기준으로 보고자 한다. 즉 그리스도교를 보는 주체가 한국적 맥락에서 한국 그리스도교를 연구하는 자세를 말한다. 그러나 그동안 이러한 연구가 있기는 했으나 소수였다는 점에서 이제까지의 한국 그리스도교 연구의 시각은 한국적이지 않았다는 뜻이 된다. 단순하게 정리하는 데에는 언제나 위험성이 있지만, 그럼에도 불구하고 단순하게 규정해 본다면, '한국 그리스도교' 연구에서 '주체'는 '한국'이고 '그리스도교'는 연구의 '대상'이다.

족적 주체성, 포용성과 같은 표현들은 연구자 자신의 철저한 비판 의식을 전제하는 말이다. '한국'이라는 맥락 안에서 자신을 철저히 대상화하고 비판한 뒤 다시 그렇게 비판된 자신 위에서 한국의 그리스도교를 볼 때 단순한 감상적 민족주의나 국수주의, 혹은 종파주의 등에 휩쓸리지 않는 진정한 의미의 '한국 그리스도교 연구'가 이루어질 수 있는 것이기 때문이다.

그러나 결론부터 말하자면 아직까지 한국 그리스도교 연구는 종파적 호교론 안에 갇혀 있고, 민족적 감정에 호소함으로써 그리스도교의 '외래성'을 극복하려는 수준을 전적으로 벗어나지 못했다. 그것이 2장의 요지이기도 하다. '한국'이라는 맥락 안에서 스스로를 비판적으로 검증한 뒤에야 한국 그리스도교에 대한 연구다운 연구가 될 수 있는 것이다. 지나친 단순화의 위험을 무릅쓴다면, 그리스도교적 맥락에서 한국을 일방적으로 관찰하는 시각보다는 한국을 맥락으로 하여 다시 그리스도교적 독특성을 볼 수 있는 시각이 이른바 '한국 그리스도교 연구'에 더 가까운 자세일 것이다. 전자의 시각이 그리스도적 보편성 위에서 한국을 일방적으로 대상화해보는 자세라면, 후자는 한국의 사회·역사·문화적 특수성에 어울리는 그리스도교에 대한 탐구라고 할 수 있다.

그동안은 전자의 분위기가 지배적이었다. 즉 '한국'은 그리스도교의 '은혜'를 입어야 할 연약한 존재였으면서도 그리스도교가 한국 안에 들어온 한국의 종교임을 알려야 할 때에는 그리스도교의 민족적 태도를 내세워 그리스도교도 민족을 사랑하는 한국의 종교임을 드러내고자 했던 것이 그 간의 분위기였다. 이는 한국 그리스도교 연구서에 나타난 '한국'과 '그리스도교' 사이에 어느 정도의 '거리'가 있음을 말해준다. '한국'과 '그리스도교'가 여전히 대립, 갈등하고 있다는 것이다. 그런 점에서 지금까지의 한국 그리스도교 연구는 아직 한국에 관한 연구 전반을 풍요롭게 해주는 정도로까지 나아가지 못했다. 진정한 한국 그리스도교에 관한 연구는 이러한 문제의식 위에서, 즉 호교론을 벗어나 그리스도교라는 대상을 가능한 한 객관화해보는 작업이 선행된 뒤에야 그 학문적 보편성과 엄밀성을 획득하게 되는 것이다. 그리스도교가 과연 한국의 종교인지, 그리스도교를 통해서도 한국인의 종교성을 볼 수 있을 것인지도 그때 분명해질 것이다. 먼저 지난 100여 년 동안 진행되어왔던 한국 그리스도교 연구 시각과 자세의 문제점부터 진단해보고자 한다.

3. 천주교의 개신교관

가장 두드러지는 문제점은 종파 중심적, 타자 비판적 연구 태도이다. 지금까지 천주교와 개신교 사이에는 조화와 일치보다는 대립과 갈등이 지배적이었다. 이것은 그리스도교가 전해진 거의 초기부터, 특히 19세기 후반 개신교가 들어오기 시작한 직후부터 벌어진 일이다. 또한 한국에서의 천주교 박해 과정을 알고 있는 개신교 선교사들이 의도적으로 천주교와의 차별성을 부각시키면서 비롯된 일이며, 세계사적 차원에서 보면 '종교개혁' 이후에 여전히 천주교와 개신교 사이의 감정의 골이 극복되지 못한 채 유지되어왔던 기존 흐름의 연장이기도 하다. 이러한 상황을 볼 때 애당초 상호 대립적이었던 양 종파가 한국 안에서 부딪치게 되었던 것은 자명한 일일지 모른다. 천주교와 개신교의 상호 대립은 두 종파의 초기 문헌에서부터 드러난다.

천주교회 역사서의 개신교관: '천주교가 정통이다!'

먼저 『예수진교ᄉ패耶蘇眞敎四牌』(1907)[4]와 『신교지기원新敎之起源』(1923)[5] 같은 천주교권 문헌들을 살펴보자. 『예수진교ᄉ패』는 '천주교 도리의 참됨과 열교(裂敎, 개신교) 도리의 거짓됨을 분변'하기 위한 목적으로 쓴 호교론적 비교문헌이다. 천주교의 정통성과 개신교의 비정통성을 밝히고, 특별히 개신교의 분파성을 비판적으로 제시하고 있는 대표적인 책이다. 『신교지기원』은 『예수진교ᄉ패』에 비해 더 강하게 개신교를 비판하고 천주교의 정통성을 밝히고 있다. 비록 이들 문헌이 한국의 그리스도교 전반을 다룬 연구서는 아니지만, 이들의 출판 이후 한국 그리스도교 연구 자세가 더욱 종파 중심적으로 흘러갔다고 하는 점에서는 거론되어야 할 만한 책들이다.

이러한 시각은 교계 잡지들에서도 마찬가지로 드러난다. 가령 『경향잡지』(1910~), 『가톨릭청년』(1933~1971), 『가톨릭연구』(1934~1937), 『가톨릭조선』(1937~1938) 등의 잡지들은, 개신교관과 관련해서 보자면, 한결같이 개신교를 비난하고 천주교의 정통성을 옹호하는 호교론적 성향으로 일관한다. 이러한 교계 문헌의 시각은 '한국 그리스도교 전체'를 연구하는 문헌들에도 오랫동안 영향을 끼쳤다. 애당초 타 종파를 폄하하려는 의도하에 저술된 문헌이 아닌 경우에도 자기 종파 옹호론적인 시각은 전제되어 있다시피 하다. 한국 교회사 관련 연구서들도 대체로 개신교와의 관계에 대한 언급은 거의 없거나 일부 있다고 해도 주로 경시하

4 뮈텔Gustave Charles Marie Mütel 주교의 감준으로 경성부 명치정(명동) 천주당에서 발행된 천주교 호교론서이자 개신교 비판서이다. 1907년 문헌인지 그 이후의 문헌인지는 논의의 여지가 있다. 신광철, 『천주교와 개신교: 만남과 갈등의 역사』, 한국기독교역사연구소, 1998, 92쪽 참조.

5 초대 대구교구장 드망쥐F. Demange 주교의 저작으로서, 종교 개혁자 루터의 일생을 천주교회의 입장에서 비판적으로 담으면서 천주교회에 대한 한국인의 잘못된 인식을 바로 잡으려 하고 있다. 일명 『루테로實傳』이며, 경성부 명치정 천주당에서 1923년 발행했다.

는 차원에서 서술되는 경향이 크다. 예를 들어 달레의 『한국천주교회사』 이후 여전히 한국 천주교회사 최대의 통사서通史書로 평가되고 있는 유홍렬의 『한국천주교회사』(1949년 초판, 1975년 수정증보판)에서도 개신교에 관한 언급은 거의 없거나, 있더라도 상당히 열등시한다. 전체적으로 반개신교적, 가톨릭 옹호론적 시각을 전형적으로 보여준다.

유홍렬에 비하면 비교적 온건한 호교론적 연구 자세를 보여주고 있는 최석우의 『한국천주교회의 역사』(1982)에서도 개신교에 관한 언급은 거의 없다. 그리고 개신교가 선교사들에 의해 '선교된' 결과라면, 천주교는 주체적으로 '창설'되었다고 하면서 한국 천주교회에 대한 자긍심을 드러낸다. 이원순도 이런 시각에서 한국 천주교회만의 '주체성'을 암암리에 보여주고,[6] 김옥희 역시 한국에서 천주교의 수용은 조선의 내적 조건에 따라 '자율적'이고 '자발적'으로 이루어진 학문과 종교상의 일이라는 사실을 역사적 자료를 동원하며 강조한다.[7]

그러나 일본인 학자 야마구치는 한국 천주교회가 선교사에 의해 전래되지 않고 한국인 스스로에 의해 '창설'된 것은 중국에 문화적으로 종속되어 있던 조선의 상황을 볼 때 도리어 자연스러운 일이었다는 평가를 내린다.[8] 굳이 외래 선교사들의 도움을 빌리기 이전에 중국에 성립되어 있던 천주교를 조선에서 받아들인 것은 그동안의 문화 수용 양태로 보아서 당연하다는 것이다. 문화사적인 차원에서 보자면 야마구치의 분석이 더 객관적인 관찰 결과인 듯하다. 천주교회 연구서들에서 한국 천주교회의 자발적 '청설'을 강조해온 것은 천주교 중심적이고 옹호론적인 시각과도 연결된다.

6 이원순, 「초기 한국 그리스도교史의 比較史的 一考」, 그리스도교와겨레문화연구회 엮음, 『한글성서와 겨레문화』, 기독교문사, 1985, 508-517쪽 참조.

7 김옥희, 「西學의 수용과 그 意識構造」, 『韓國史論 I』, 서울대학교출판부, 1973, 173-246쪽.

8 山口正之, 「朝鮮に於ける天主教の傳來に就て」, 『青丘學叢』 6號, 1931, 172-175頁.

상대적으로 조광의 경우는 개신교에 대한 판단이 비교적 공정해 보인다. 그의 책 『한국천주교 200년』(1989)에서는 20세기를 전후한 개신교의 간접 선교 방식, 한국인 개신교 지도자 양성 노력 등을 천주교의 상황에 비추어 긍정적으로 판단한다.[9] 그것이 개신교 성장의 견인차였던 데 반해 천주교는 한국인 지도자 양성에 소홀했고, 또 조선 문화와 충돌할 가능성이 큰 직접 선교 방식을 취하는 바람에 10세기 말에서 20세기 초 사이에 성장세까지 둔화되었다는 애정어린 비판을 한다. 또 신사참배에 대해 개신교는 거부 세력이 제법 있었던 데 비해 거의 허용하는 분위기였던 일제 강점기 천주교회의 태도를 비판하면서, 이 부분에서는 암묵적으로 개신교회에 점수를 더 준다. 천주교인을 상대로 했던 강의문에서 이 정도로 개신교를 긍정적으로 평가한 것은 상대적으로 성숙한 자세라고 생각된다. 아울러 그리스도교 연구를 한국 안에서 공정히 수행할 수 있게 해주는 기본적인 자세인 것도 분명하다. 그러나 조광이나 뒤에 언급할 문규현 등의 시각을 제외하면 전반적으로 천주교회사 연구서의 개신교관은 부정적이었다.

천주교 신학 사상서의 개신교관: '원칙적으로는 포용한다'

교계 잡지나 교회사적 차원의 연구서에 비하면 그래도 신학 사상을 다루고 있는 책에서는 상대적으로 덜 종파 중심적이고, 개신교에 대해서도 호의적인 자세를 보인다. 이러한 책들은 대부분 20세기 후반의 작품들인데, 가령 이성배가 쓴 『유교와 그리스도교: 이벽의 한국적 신학원리』(1979)는 비록 한국 신학 전반을 다룬 연구서는 아니지만, 서구에서부터

9 조광, 『한국천주교 200년』, 햇빛출판사, 1989, 61-69쪽.

있었던 천주교와 개신교의 갈등을 개신교가 들어오기 이전 초기 천주교인들이 알지 못했다는 사실을 다행스럽게 받아들이면서 개신교와의 조화를 도모하는 입장을 보인다.[10] 그러나 이 책은 그러한 입장 제시에만 머문다는 한계가 있다. 이에 비하면 황종렬의 『한국 토착화 신학의 구조』(1996)는 이보다 한 걸음 더 나아가 개신교 자료까지 편견 없이 다루는 가운데 한국적 상황을 중시하는 토착화 신학을 도모하고자 한다. 비록 한국 개신교 자체에 대한 연구서는 아니지만, 그동안 개신교권 자료들은 거의 인용하지 않고 한국적 상황에 따른 신학보다는 토착화 신학 자체만을 다루는 경향이 컸던 한국 천주교 연구의 실정과 풍토에 비추어 보면 의미 있는 책이다.

하태수의 『일치를 이루시는 하느님』(1999)은 교회일치적 차원에서 "아시아 프로테스탄트 신학자들의 저서를 가톨릭의 가르침을 통해 반성"하려는 의도로 쓰여진 문헌이다. "극동 아시아 세 프로테스탄트 신학자인 카죠 키타모리, 서남동, 그리고 송천성의 저서에 나타나는 신관을 가톨릭 교의적인 도그마의 관점에서 평가하고 비판"함으로써 교회일치에 공헌하기 위한 책이라고 스스로 밝힌다.[11] 개신교 신학을 긍정적으로만 소개하고 있는 것은 아니지만, 천주교 신학자들도 이들로부터 배워야 하며, 가능하다면 공동 작업을 통해 아시아의 맥락에서 신적 체험을 정리하고 신학적으로 규명하자는 적극적인 자세를 견지한다. 그러나 그렇게 주장하는 근거와 기준을 거의 천주교 교의 안에서만 보고, '극동아시아' 종교문화에 대한 연구자의 이해가 일천하다는 점에서 전형적인 호교론서의 범주를 넘지 못한다.[12]

10 이성배, 『유교와 그리스도교: 이벽의 한국적 신학원리』, 분도출판사, 1979, 23쪽.
11 하태수, 『일치를 이루시는 하느님』, 바오로딸, 1999, 3, 13쪽.
12 하태수, 위의 책, 40-53쪽 참조.

종교학자인 김승혜의 『동아시아 종교전통과 그리스도교의 만남』(1999)도 비록 한국 그리스도교사 전반을 다루고 있는 책은 아니지만, 동아시아 문화와 그리스도교가 만나는 종교사적 사건을, 특히 한국의 경우에는 개신교권 사례까지 공정하게 포함시켜 다룬다는 점에서 의미가 있다. 이 책을 천주교권 문헌으로만 제한할 수는 없겠으나, 대부분의 자료가 중국, 일본, 한국의 종교문화와 천주교의 만남을 소재로 하고 있다는 점에서는 동아시아 천주교권 사상서 범주에 포함시켜도 큰 무리는 없어 보인다. 그러면서 종파 중심적 연구 자세에 암묵적인 경고를 보내는 탈종파적 연구서라고 하겠다.

이렇듯 20세기 후반으로 갈수록 교회사적 차원의 연구보다는 신학 사상을 다룬 연구에서 개신교를 포용하려는 경향이 커진다. 그럼에도 불구하고 한국 천주교권의 개신교관이 종파적이거나 '게토적인' 경향을 완전히 벗어난 것은 아니다. 애당초 '천주교회사'만을 서술하려는 의도를 가졌다 해도, 천주교회사를 중심으로 서술할 수는 있어도 개신교회사를 무시하거나 열등시해서는 안 된다. 적어도 개신교인이 보는 만큼은 보려는 노력을 기울일 필요가 있다. 물론 이것은 '기독교'라는 이름하에 개신교의 실정만을 다룬 대다수의 개신교권 책에도 마찬가지로 적용되는 자세이다.

4. 개신교의 천주교관

초기 문헌의 경우: '개신교는 천주교와 다르다!'

개신교 선교 초기의 문헌도 천주교에 대해 비판적이기는 마찬가지였다. 전체적으로 천주교에 대한 개신교 중심의 배타적 태도는 개신교 교파와 관계없이 두드러졌다. 개신교는 스스로를 유일신 신앙에 근거한 계시 종교이자 근대 문명을 창출한 종교로 인식하고서,[13] 천주교에 대해서도 이러한 자기중심적 잣대를 들이댔다. 먼저 그리피스의 한국 역사 입문서인 『은자의 나라 한국』(1897)[14]은 신학서가 아니면서도 천주교에 대해서는 개신교적 정체성에 근거해 비판적 입장을 견지한다. 가령 조선 천주교 최초의 세례자인 이승훈이 북경에서 세례를 받고 돌아왔을 때 성경이 아닌 논쟁서와 교리서, 기도서, 성인전만 가지고 왔다고 하면서 천주교회에서는 성경을 중시하지 않는다고 말한다. 그리고 천주교의 복음화 방법은 현지 실정을 무시하는 도덕적 취약점을 드러냈으며, 개신교가 문명의 옹호자인데 비해 '은자'나 '수도사', '독신자'적인 천주교는 문명과는 거리가 멀다고 하면서 개신교의 우월성을 강조한다.[15] 알렌H. N. Allen 역시 1886년에 쓴 자신의 일기에서 천주교회의 성인 공경, 마리아 신심, 고해성사 등을 거론하고 이를 개신교적 시각에서 비판하며 천주교회를 거부한다는 입장을 밝힌 바 있다.[16] 이것은 『예수텬쥬량교변론』(1908)[17]과 『누터기교긔략』(1908)[18]과 같은 20세기 초반에 나온 개신교

13 이진구, 「근대 한국 개신교의 타종교 이해」, 『한국기독교와 역사』 제4호, 한국기독교역사연구소, 1995, 133-139쪽 참조.

14 William Elliot Griffis, *Corea: The Hermit Nation*, New York: Charles Scribner's Sons, 1897(한글 번역서는 W. E. 그리피스, 『은자의 나라 한국』, 신복룡 역주, 집문당, 1999). 이 책은 자연과학자이자 신학자이면서 일본 역사를 중심으로 동양학을 연구하던 그리피스가 한국의 역사를 모르면 일본 연구도 불가능하다는 사실을 깨닫고서 쓴 한국 역사서이다. 초기 개신교 선교사들이 이 글을 읽고서 한국 선교에 착수했을 만큼, 미국권 선교사들의 한국 선교 정책에 큰 영향을 끼친 책이다.

15 「황사영백서」에서 드러나듯이, 초기 조선의 천주교도들은 사실상 조선을 배반한 이들이라는 시각을 보인다. 프랑스의 선교사들은 군대와 침략자들의 '첨병'으로, 프랑스 신부들은 '함포의 앞잡이', '해적질의 안내자'로, 프랑스 주교는 프랑스 군함의 '첩자이자 길잡이'로 조선에 들어왔다는 것이다. W. E. 그리피스, 위의 책, 446, 461-462, 483-484쪽.

16 H. N. 알렌, 『알렌의 일기』, 김원모 옮김, 단국대학교출판부, 1991, 506-507쪽.

17 최병헌이 역술하고 홍한식이 교열해 1909년 정동예수교회사무소에서 발행한 것으로 되어 있는 개신교 문헌이다. 개신교를 비판하고 있는 천주교 문헌 『예수진교소패』(1907)에 대한 재비판의 의도가 담겨 있다. 최병헌의 작품으로 되어 있지만, 한문 교리서로 추측되는 기존 문헌을 번역, 해설한

문헌에서도 마찬가지로 드러난다.

『예수텬쥬량교변론』은 이미 조선에 그리스도교가 들어오기 이전부터 천주교와 개신교 사이의 대립이 있었음을 전제하고서 개신교의 정당성을 강조한다. 앞에서 언급했던 『예수진교ᄉ패』에서 말한 천주교의 특징이 이 책에서는 단점으로 지적되고, 개신교의 약점이 장점으로 등장하는, 양 종파 간 상호 비판의 전형적인 방식을 따른다. 예를 들면 개신교에서는 성경의 뜻을 따르지만 천주교에서는 성경 읽기를 금한다고 하면서 이들을 대립시킨다. 또 천주교는 성상을 숭배하고, 사람을 받드는 교황제도 등을 따르다가 예수교의 본래 가르침에서 벗어났지만 개신교는 성서를 중심으로 하면서 그 본 모습을 회복했다는 식의 개신교 우월적 주장을 편다. 이밖에 『누터기교긔략』 역시 서구 문명 전반을 오로지 개신교적 시각에서만 조명한, 개신교 중심적 호교론서이다.

이와 같은 종파 중심적인 자세를 견지하기는 교계 잡지들로 마찬가지였다. 가령 『신학지남』, 『기독신보』 등 당시 개신교계 신학 잡지들 역시 천주교에 대해서만큼은 긍정보다는 부정적 태도로 일관했다. 감리교회에서 발행하는 『신학세계』(1916~1940)는 상대적으로 천주교에 대해 옹호론적이거나 중립적인 태도를 보인 것으로 평가된다.[19] 이와 같이 초기 문헌에서부터 천주교는 천주교대로, 개신교는 개신교대로 자기 우월적인 시각에서 상대를 비판하며 자신의 정체성을 다지는 자세를 보여주었다.

비록 천주교회에 대한 개신교의 이러한 차별적인 자세가 조선과의 직접적인 충돌을 피하려는 간접적 선교 방식에서 비롯된 것이었기는 하지만, 이러한 미국 선교사들의 시각은 초기 개신교인의 천주교관을 웅변적

책으로 추측하기도 한다. 신광철, 앞의 책, 113-114쪽 참조.

18 개신교 선교사인 게일J. S. Gale의 저술이며, 이창직이 교열한 뒤 광학서포에서 1908년 발행했다.

19 신광철, 앞의 책, 175쪽.

으로 보여준다. 미국 선교사들이 제기한 이러한 천주교와의 차별성은 이후 김대건 신부와 같은 이에게서도 개신교에 대한 부정적인 자세로 나타나게 되었으며, 한국에서 천주교와 개신교의 협력보다는 상호 비판으로 몰아가는 계기가 되었다. 그리고 훗날 천주교를 대하는 한국 개신교인의 자세를 결정적으로 좌우했던 것으로 보인다.

교회사 연구서의 경우: '개신교가 기준이다!'

이러한 개신교의 타 종파에 대한 자세는 1920년대부터 활약한 근대적 의미의 한국인 교회 역사학자인 백낙준(1895~1985)에게서도 본질적으로 달라지지는 않았다. 백낙준도 천주교는 비성서적 · 정치적이기에 옳지 않고 개신교는 성서적이기에 옳다는, 개신교 중심의 천주교관을 은연중 보여준다.[20]

그렇지만 천주교회가 비성서적이기 때문에 옳지 못하다는 평가는 상대적으로 성서를 더 중시하는 개신교적 원리에 따른 평가이지 결코 천주교적 원리를 존중한 평가가 아니다. 천주교에서 교계 제도를 중시하는 것은 개신교에 의해 비판되어야 할 내용이 아니다. 성경 못지않게 교회

20 이와 관련해서 그는 다음과 같이 말한다. "천주교 신자들은 성경말씀을 배우지 못한 반면에, 개신교 선교사들의 최우선적인 계획은 성서의 전파와 복음서의 번역이었다. 천주교는 정치적 사건에 많이 관계한 반면, 개신교 선교사들은 정치 문제에는 관계하지 않았다. 가톨릭 신부들은 불법적으로 숨어 입국한 반면에, 프로테스탄트 선교단체들은 한국이 정식으로 조약을 맺고 개국하기를 기다려 조심스럽게 입국하였다." 백낙준, 『한국개신교사』, 연세대학교출판부, 1973, 59쪽. 또한 다른 부분에서는 다음과 같이 말하고 있다. "한국천주교회는…… 신자들에게 성경지식을 가르쳐주지 않았다…… 우리나라 신자들도 은총과 신앙생활의 성장보다는 오히려 교계의 수립으로 종교적 행위를 삼았다." "한국의 교인들은 선교사들의 지시에 따라서 국왕에 거역하였다. 그들은 관헌을 속일 뿐만 아니라 국법을 범하기도 하였다. 황사영의 경우에 있어서 우리가 이미 본 바와 같이 천주교인들은 외국 군대의 간섭을 유도하려 하였다. 월남에서와 마찬가지로, 한국에서도 불란서 선교사들은 불란서 제국주의의 앞장을 섰고, 신부들은 함대의 길잡이 노릇을 했다. 한국 관헌들은 사실상 무리하였지마는, 애국적 견지에서 볼 때 그들이 처음 부닥쳐본 기독교를 반역과 침략의 선봉으로 본 것도 있을 수 있는 일이었다"(39-40쪽).

전통과 정통성을 중시하는 경향은 천주교의 근간이자 특징이며, 성인 신앙 역시 마찬가지이다. 성경만을 중시하는 가운데 성인 신앙이라는 것 자체가 없는 개신교적 시각에서의 천주교 논의는 서구인들의 동양에 대한 '오리엔탈리즘적' 판단과 다르지 않은 자세이다. 이러한 비판적 자세를 대하면서 당연히 천주교권에서는 개신교 선교사의 시각을 천주교에 대한 또 다른 도전으로 간주하게 되었고, 그로 인해 개신교에 대한 부정적 선입견을 더 강하게 갖게 된 것이라고 할 수 있다.

한국의 대표적 '민족 교회사가'라는 민경배도 상대적으로 부정적인 천주교관을 가지고 있었다. 이것은 개신교는 민족의 문제를 경시한 천주교에 대해 "반민족反民族이 아니고 오히려 친민족親民族이란 존재 양식을 시위하여야만 했다"고 표현할 때, 또 초기 천주교회는 "민족 주체의 역사에서 양해될 여지가 전혀 없었다"고 비판할 때 분명히 드러난다. 그리고 이것은 천주교는 몰민족적沒民族的이기에 박해를 받았고, 개신교는 민족적이기에 그렇지 않았다는 듯한 분위기로 이어진다.[21] 그렇지만 초기 한국의 개신교가 박해를 심하게 받지 않았던 것은 조선에서 천주교의 박해 과정을 익히 들어 알고 있었던 개신교 선교사들이 의도적으로 천주교와의 차별성을 강조하면서 어느 정도 '비제국주의적' 자세를 보여주었기 때문이었지, '개신교 자체'가 민족을 중시하는 종교였거나 또 '천주교 자체'가 '몰민족적' 종교였기 때문은 아니다. 그렇게 규정한다면 그것은 비약이다. 개신교가 민족적이었다기보다는 개신교의 선교 정책이 조선 민족에 정면 도전하는 방식이 아니었다는 사실을 거론할 수 있을 뿐이다.

이러한 교회사 연구서의 개신교 우월적 자세는 그 서술 방식에서도 드러난다. 가령 천주교에 대해 비교적 우호적인 시각에서 의도적으로 저술

21 민경배, 『교회와 민족』, 대한기독교출판사, 1981, 3쪽; 『한국기독교회사』(개정판), 대한기독교출판사, 1982, 114쪽.

했다는 이영헌의 『한국기독교사』(1978)나 전택부의 『한국교회발전사』(1987), 그리고 한국기독교역사연구소에서 엮은 『한국 기독교의 역사』(I · II · III, 1989 · 1990 · 2009)에서도 천주교회와의 연결성을 강조하고자 초기 개신교 역사 사이사이에 천주교 역사를 끼워넣는 '배려'를 한다. "천주교회사와 개신교회사를 단절이 아닌 대화와 연결로 보고자 한다"지만, 이 책들에서도 사실상 천주교의 역사는 여전히 개신교의 '배경사'에 머물고, 개신교회사의 '전사前史' 수준에서 보려는 경향을 불식시키지 못한다. 자기 옹호론적 시각 내지는 개신교 중심주의를 완전히 벗어나지 못하고 있는 것이다.

이는 "천주교는 한국에 '전래傳來'되었고(2장), 개신교는 '수용受容'되었다"(4장)는 『한국 기독교의 역사』에서의 표현을 보아도 알 수 있다. 이러한 표현 속에는 개신교가 주체적인데 비해 천주교는 상대적으로 비주체적이라는 듯한 뉘앙스가 들어 있다. '전래'와 '수용'이라는 낱말은 각각 수동성과 능동성을 함축한다. 이것은 천주교 교회사가인 이원순이나 최석우, 김옥희 등이 한국 천주교회는 '창설'되었고 한국 개신교회는 '선교'되었다고 보는 시각과 방향은 반대이지만 같은 차원이다. 천주교회도 중시하며 다루겠다고 시작한 연구서마저도 실제로는 그 본래 의도를 달성하지 못한 채 개신교 우월적 시각을 유지하고 있는 실정인 것이다.

신학 사상사의 경우: '경계와 포용이 혼재하다'

이러한 개신교 우월적, 천주교 폄하적 태도는 20세기를 마감하는 시점에까지 완전히 극복되지 못했던 것으로 보인다. 개신교사 100년을 돌아보며 개신교권 연합 출판사(대한기독교서회)에서 출판한 송길섭의 『한국신학사상사』(1987) 역시 천주교 신학 사상과의 관련을 도외시한다. 이 책이 애당초 개신교 신학 사상을 다루려는 의도에서 저술되었기에 그런 것이라고 한다면, 1990년대 나온 최대 분량의 그리스도교 사상사인 한숭홍의 『한국신학사상의 흐름』(1996)[22]에서는 천주교를 폄하하는 자세가 공공연하게 드러난다.

그 기본 시각은 '민족교회사관'의 연장선에 있는 것으로 보이지만,[23] 천주교에 대해서만큼은 그리 높은 점수를 주지 않는다. 가령 위정척사衛正斥邪 운동이나 동학 운동과 같은 것은 민족주의적 차원에서 존중하면서도, 천주교의 행동은 전체적으로 제국주의 세력의 첨병이라는 부정적인 시각에 머문다.[24] 개신교는 친민족적이기에 똑같이 친민족적인 동학이나 위정척사 운동에 대해서는 애정을 느끼지만, 천주교는 애당초 몰민족적이며 따라서 애정도 가지 않는다는 식이다. 이것은 개신교는 근본적으로 천주교와 다르며, 따라서 동학이 서학을 거부할 때 그것은 천주교에만 해당하는 일이지 개신교는 상관없는 일이라는 듯한 발언으로 이어진다.[25] 원칙적으로 전통 종교와 문화는 존중하려 하면서도, 천주교에 대해서만큼은 민족적 종교도 아니며 개신교와는 상관없는 종파인 듯한 선입견을 갖고 있는 것으로 보인다.

만일 그렇게만 본다면 초기 조선의 천주교인들은 모두 반민족적 매국노가 되고, 개신교인은 모두 친민족적 애국자가 되는 셈이다. 구미 선교사 중심의 몰민족적 사고방식은 비판하고 친민족적이고 주체적인 연구 자세를 지향한다고 스스로 밝히면서도,[26] 천주교에 대해서는 개신교 이

22 한숭홍, 『한국신학사상의 흐름』(전2권), 장로회신학대학출판부, 1996; 신앙잡지 『목회와 신학』(두란노서원)에 5년여에 걸쳐 연재했던 글 모음집으로서, 지난 100여 년간 영향력을 행사했던 한국 개신교 신학자의 평전적 · 사상적 연구 형식을 한 책이다.
23 한숭홍, 위의 책, 상권, 76-79쪽; 위의 책, 하권, 530쪽.
24 한숭홍, 위의 책, 상권, 56쪽, 69-71쪽.
25 한숭홍, 위의 책, 상권, 123쪽.
26 한숭홍, 위의 책, 하권, 532-551쪽 참조.

전에 처절한 박해를 받았다는 현상학적 사실 보고 외에는 그다지 긍정적인 평가를 하지 않는다. 한국 개신교인이 천주교에 대해 보이는 막연한 부정적 자세를 한국 신학 사상사를 다루는 연구서마저 극복하지 못하고 있는 셈이다. 한국 천주교회에 대한 언급이 여기에서 머물고, 때로는 매도하는 듯한 인상마저 풍기는 것은 전형적인 개신교 중심적 사고방식의 결과라고 할 수 있다.[27]

개신교권 교회사 연구서 중에서 그래도 천주교에 대한 긍정적 평가는 이장식의 연구에서 보인다. 그의 글 모음집 『한국교회백년』에서는 개신교와 천주교가 앞으로 일치의 관계로 나아가기 바란다는 자세를 견지한다.[28] 이 정도의 입장은 교회 관련 '한국 그리스도교' 연구서들에서는 보기 드문 개방적인 자세이다. 아쉬운 점이 있다면 그렇게 입장만 천명할 뿐 실제로 천주교와 개신교를 하나로 보는 시각에서 사태를 파악한 사례가 드러나지 않고 있다는 것이다.

사실 한국 개신교는 애초부터 보수 경건주의적인 외국 선교사들의 영향으로 근본주의, 열정주의, 성경 중심주의 등의 근본주의적 신앙으로 흘러갔다. 초기 한국 개신교 목사들의 기본 입장도 한결같았다.[29] 천주교를 긍정적으로 보고 천주교 교회사와 개신교 교회사를 함께 다루려는 경우에도 천주교 교회사를 개신교 교회사의 전사 정도로 다루는 데 그치고 말았다. 천주교권의 그리스도교 연구 역시 개신교 교회사에 별 의미를 부여하지 않는 경향이 컸다. 아직 '호교론'을 벗어나지 못한 셈이다. 한국 그리스도교 관련 연구가 천주교와 개신교라는 종파 중심적으로 이루어

27 한숭홍, 위의 책, 상권, 69-71쪽 참조.

28 이장식, 『한국교회백년』, 한국기독교문화진흥원, 1987, 250-251쪽.

29 민경배는 이렇게 정리한다. "한국 초대 교회 목사들은 '죄의 가공성可恐性에 대한 부동의 믿음', '예수 그리스도의 신성과 십자가의 권능에 대한 당돌한 깊이의 신앙', '성경 하나만의', '웅변적인 구변과 힘'의 군상들이 되고 말았던 것이다. 이 특징은 교파의 경계선을 관통하고 있었다." 민경배, 『대한예수교장로회100년사』, 대한예수교장로회총회교육부, 1984, 232쪽.

지는 것은 어쩌면 자연스러워 보이기까지 한다.

그러나 이것은 '한국 그리스도교의 역사'를 정리하는 데 가장 큰 방해 요소이다. 진정한 역사 서술은 교파나 파당을 넘어설 때, 그리고 천주교든 개신교든 한국 종교문화 전반에서 영향을 받으며 한국 안에서 성립되어가는 것이라는 생각을 가질 때 이루어진다. 이러한 입장은 1990년대에 들어와서 보이기 시작한다. 대표적인 연구로는 신광철의 『천주교와 개신교: 만남과 갈등의 역사』(1998)와 앞에서 간략하게 살펴본 김승혜의 『동아시아 종교전통과 그리스도교의 만남』(1999)을 들 수 있을 것이다. 이들의 연구에 대해서는 이 장의 결론 부분에서 다시 살펴보도록 하겠다.

5. 천주교 연구서들의 한국 종교문화관

지금까지 알아본 천주교의 개신교관, 개신교의 천주교관은 그리스도교 전체의 한국관과도 연결된다. 천주교와 개신교의 호교론적 · 종파 중심적 연구 태도는 이들이 한국의 전통 종교문화에 대해 평가할 때 분명하게 보인다. 여기에서는 그리스도교권 학자들의 한국 종교문화에 대한 연구 자세와 경향을 살펴보겠다.

호교론적 교회사 연구: '문제점은 조선에, 공은 천주교에!'

한국 그리스도교에 관한 연구서로서는 효시이자 그 방대한 규모에 있어서도 여전히 대표성을 인정받고 있는 달레의 『한국천주교회사』(1874)[30]에서부터 한국 종교문화에 대한 부정적인 이해가 두드러진다. 달레의 책은 기본적으로 한국에서 순교 정신을 현양하려는 종교적이고 호교론적인 목적에서 저술되었다. 자연스럽게 조선은 폄하하면서 조선 천주교 신자는 추켜세우는 자세를 보여준다. 무엇보다 그에게 조선이라는 나라는 실험자 앞에 놓인 '시약'과도 같다. 그는 그저 관찰자의 시각에서 조선의 모습을 이리저리 요리한다. 특별히 한국의 종교문화와 관련하여 보자면, 조선은 오랜 역사에 비해 조상 숭배, 점복, 푸닥거리 등 미신적 행위가 활개치고 있으며, 유교와 불교라는 '저급한' 종교적 전통들만 지니고 있다고 묘사한다.[31] 조선인에게 어떤 특별한 신앙이 있다고 보기는 힘들며, 내세에 대한 신앙이 결핍되어 있다고 비판한다. 유교든 불교든 모두 두 개의 서로 다른 무신론에 불과하다는 입장을 보인다. 그리스도교라는 특별한 신앙 체계가 없기 때문에 삼라만상에 귀신만 가득 차게 되었다는 것이다. 결국 달레에 의하면, 조선인은 온 세상에 가득 찬 귀신을 공포의 대상으로 여기며 살아가고 있는 것이다.[32]

일제 강점기와 그 이후에까지 활동한 야마구치의 『조선서교사朝鮮西教史』(1967년에 유고집으로 출판)에서 보이는 조선 그리스도교 연구는 문화사적인 접근을 취하면서 한국의 사회적 상황에 대해 별도의 가치 평가를 하지 않는 데 반해, 해방 이후 시작된 한국인의 연구에서는 다시 전형적인 호교론이 등장한다. 예를 들면 해방 이후 한국인의 연구로서는 가장 방대한 규모의 한국 천주교회 통사서인 유홍렬의 『한국천주교회사』(1949~1975)에서도 지나친 천주교 우월적 호교론과 몰민족적 태도가 두드러진다. 천주교의 전래를 정당화하기 위해서라면 '조선은 소인국小人

30 Claude-Charles Dallet, *Histoire de L'Église de Corée*(Paris, 1874). 한글 번역서는 샤를르 달레, 『한국천주교회사』(上 · 中 · 下), 최석우 외 옮김, 한국교회사연구소, 1979 · 1980.

31 샤를르 달레, 위의 책, 상권, 209-223쪽.

32 그 밖에 초기 천주교 선교사들의 한국관에 대해서는 노길명 『가톨릭과 조선후기 사회변동』, 고려대학교 민족문화연구소, 1988, 166-182쪽을 참조할 것.

國'이라는 자기비하적인 태도도 빈번히 드러나고, 조선 시대에 있었던 "천주교도의 박해"는 "하잘 것 없는 정권 다툼과 타인을 흠뜯는" "당파 싸움판에", "줏대없고 얼빠진 정치하에서" "희생된 것에 지나지 않는다"고 볼 정도로 한국적인 시각은 거의 반영되어 있지 못하다.

유홍렬은 국사학자이지만, 이 책에서는 종종 국사학자로서보다는 극단적 천주교 호교론자의 신념을 보여준다. 천주교회 전래사를 두고 구세력을 타도하는 "무저항주의의 거룩한 투쟁사이며 몽매한 인지를 근대적으로 계발시킨 개명사開明史"라고 요약한 것이 그 예이다. '조선 정부의 입장에서' 보면 '천인공노할' 자료로 평가할 수 있을 「황사영백서」에 대해서도 황사영의 신앙적 열정만을 높게 사 극찬을 하고, 조선의 전통은 없어져야 할 것으로만 보는 식이다. 문제점은 조선에, 공은 천주교에 돌리는 이러한 시각은 한국적 맥락, 한국의 종교문화적 상황과는 상관없이 박해받던 당시의 신앙에 감정 이입된 상태에서 서술해나간 결과이다. 이러한 자세는 최석우에 이르러 다소 교정된다.

유홍렬의 책에 비하면 최석우의 『한국천주교회의 역사』(1982)[33]에서는 온건한 천주교 중심적이고 옹호론적 태도를 견지한다. 최석우는 이 책에서 유교의 배타성과 정교일치政敎一致적 조선 왕조 체제에 문제점이 있었다고 하면서, 한국적 상황에 대해 비판하기는 하되 다소 조심스러워진다. 박해 자체를 주로 '신앙의 사실'로 해석한다는 점에서는 달레나 유홍렬 등의 시각과 큰 차이가 없지만, 당시 조선 정세와 정책을 잘 읽지 못한 책임이 교회에도 있음을 지적할 때는 신앙의 사실과 정치 · 사회적 사실을 구분하는, 다소 중립적인 자리에 서기도 한다. 2000년에 들어서는 그동안 천주교회가 조상에 대한 제사를 금지했던 일, 일제 강점기에 민족

33 최석우, 『한국천주교회의 역사』, 한국교회사연구소, 1982.

운동을 금지하고 신사참배를 허용했던 일 등에 대해서 민족 앞에 사죄해야 한다는 입장을 보이기도 했다.[34]

그렇지만 가령 '황사영 백서 사건'을 다룰 때, 자신이 그 '백서'의 진본을 찾아냈다는 자부심 때문인지 황사영에 대해 교회 중심적 입장에서 두둔한다. 황사영은 사실상 '공동선'의 촉진을 위해 종교의 자유를 외친 것이었고, 정교일치를 고집하던 조선 정부는 인간이야말로 국가가 아니라 신에게만 속한다는 사실을 몰랐던 것이라고 하면서, 박해의 원인을 조선 정부에서 찾는다.[35] 따라서 '백서' 사건은 초기 천주교회가 중화사상中華思想을 극복하고 민족주의를 형성시키는 데 일조했음을 보여준다고도 말한다. 일제 강점기에 있었던 안중근의 이토 히로부미 저격 사건도 천주교 평신도 운동의 일환이며, 따라서 천주교에 '민족적' 종교라는 규정을 하고자 한다.[36] 그러나 이것은 이시이石井壽夫가 비판한 대로, 가령 '백서' 사건에는 중화사상 못지않은 '서구흠모 사상〔慕西思想〕'이 나타나고 있으며,[37] 또 안중근의 거사가 교회의 명령에 따라 행한 일도 아니고 천주교 신앙에 근거해서 도모한 일이라고 밝히기도 쉽지 않은 상황에서 천주교를 대표하는 일처럼 해석하는 것은 비약이 아닐 수 없다. 최석우는 조선을 그리스도교 신앙으로 무장하게 만드는 것도 '애족愛族'의 마음에서 비롯된 것이므로, 어떤 방식으로든 조선의 회복을 도모하고자 했던 일이라면 거기에 '민족적'이라는 판단을 내리는 듯하다.

이런 점들에 비추어보면, 최석우가 사용하는 '한국', '민족' 등의 개념은 박해당하고 순교한 이들의 시각에서 재해석된 개념이다. 한국 전체에

34 『동아일보』, 2000. 6. 2, A15.

35 최석우, 앞의 책, 1982, 79-81, 150-151쪽.

36 최석우, 위의 책, 25-26, 343-344쪽; 최석우, 「한국 근대국가 형성과 기독교」, 『기독교사상』, 1981. 8, 30-41쪽.

37 石井壽夫, 「黃嗣永の帛書に就いて」(下), 『歷史學硏究』 第10卷 3號, 1940, 44쪽.

의해 공감된 해석이 아니다. 그의 연구에서 '한국'이라는 수식어는 '장소' 내지는 '공간'의 개념으로 등장하고, 여전히 그리스도인에 의한 변화의 대상일 뿐이다. 아울러 천주교회 중심의 역사적 사실historie의 나열에 충실하며 옹호하려는 경향이 크지, 천주교회의 한국 토착사, 신앙 해석사geschichte의 측면은 그다지 드러나지 않는다.

역사학적 교회사 연구: "'한국'을 자기비판의 기준으로 삼기 시작하다"

초기 한국 천주교회 내지는 교인들과 한국 역사와의 관계는 정두희의 『신앙의 역사를 찾아서』(1999)에서 일부 보인다. 이 책은 역사학적 학문성과 신앙상의 양심을 가지고 쓰고자 한 한국 천주교회 자료들에 대한 '독후감'이다. 종교적 시각에 있어서는 사료에 나타난 한국 천주교회 선구자나 순교자들의 신앙의 진지함에 초점을 맞추고 있는 '호교론서'이지만, 사료를 사용하는 자세의 엄격함으로 인해 초기 천주교회가 한국 역사 안에 처한 위치를 비교적 객관적으로 볼 수 있게 해준다.

그러나 이전 교회사 연구서들과 마찬가지로 이 책 역시 순교 정신에 초점을 두다 보니, 단순하게 말하면 초기 천주교에 대한 조선 정부와 비천주교인들의 몰이해가 상대적으로 부각되고 있다. 천주교와 한국의 관계는 언제까지 대립적으로만 해석되어야 할까? '한국 역사'를 논하고자 하는 한, 어떻든 이 관계를 제대로 볼 수 있게 해주는 더 넓은 '장' 위에 있어야 한다. 그럴 때 천주교에 대한 한국사적 의미가 진정한 의미에서 긍정되는 것이다. 신앙적 정체성은 물론 한국적 현실에도 충실할 때, 이들을 대립만이 아닌 조화 속에서도 볼 수 있게 될 것이다. 그러한 일은 조선 정부의 배타성만이 아닌, 천주교의 배타성 역시 마찬가지로 지적될 때 이루어질 것이다. 이러한 문제의식은 조광趙珖에 이르러 비교적 분명히 보이는 듯하다.

조광의 1980년대 후반 저서인 『조선후기 천주교사 연구』(1988) 및 『한국천주교 200년』(1989)에서는 민족적 주체의식이 분명하게 보인다. 조광의 연구에 이르러서 특별히 한국 천주교회사는, 비록 정치사 · 사회사적인 의도가 두드러지고 있기는 하지만, 비로소 '해석'되기 시작한다. 최석우가 어떻든 '애국'의 정신으로 행한 것이라면 '민족적'이라고 속성을 부여했던 것과는 달리 조광에게 '민족'은 좀 더 구체적이다. 그는 '민족적'이라는 개념에 주체성은 물론 '반외세성' 내지는 '제국주의적 침략에 대한 적극적 인식'까지 포함시킨다. 이러한 민족적인 시각을 기준으로 어느 정도 교회 비판적인 입장도 견지한다. 이를 토대로 달레, 유홍렬은 물론 최석우에게서도 근본적으로 교정되지 않고 있는 호교론적인 시각과 비해석적인 태도를 우회적으로 교정시켜준다. 조광은 '동아시아 문화사'에 근거해, 한국 천주교회의 역사가 한국 전체 안에서 설득력을 얻을 수 있도록 반성적으로 반제국주의적 입장에서 '해석'해나가고 있는 것이다.[38]

한국 천주교 연구에 대한 조광의 공헌이라고 한다면, 한국 천주교 문화의 절대성과 상대성, 보편성과 특수성을 구별해주고 있다는 점이다. 그리고 연구사 차원에서 보면, 한국 천주교 문화의 부정적 측면을 볼 줄 아는 안목을 지니고 있다는 사실이 중요하다. 자신이 몸담고 있는 종교를 상대화시킬 줄 아는 것은 성숙한 자세이다. 이러한 자기비판적 의식을 갖출 때 호교적 종파주의나 감상적 민족주의 등이 극복되고, 그럴 때에야 자신이 처한 자리가 제대로 보이기 시작하기 때문이다.

이런 점에서 문규현의 『민족과 함께 쓰는 한국천주교회사』(전3권,

38 조광, 앞의 책, 1989, 85-86쪽.

1994~1997)도 비록 깊이 있고 종합적인 한국 교회사에는 미치지 못하지만, 한국의 정치적 상황에 대해 교회가 책임을 다하지 못했음을 비판적으로 반성하고 있다는 점에서 진일보한 자세를 보여준다. 문규현이 지적한 대로 한국 교회의 "근거와 정당함을 온통 조선 시대 순교사에서만 찾고, 영성도 역사도 거기에만 머물고 있던"[39] 그동안의 상황에 비추어보면 일제, 6. 25전쟁, 독재 정권과의 관계 속에서 벌어진 교회의 치부 등에 대한 적나라한 폭로는 불가피한 일이다. 조광이나 문규현이 종교나 문화보다는 정치·사회적인 측면에 관심을 더 기울이고 있기는 하지만, 이들의 연구는 한국 천주교 연구가 1980~1990년대에 들어 자신을 상대화시켜보기 시작했음은 드러내 주고 있는 셈이다. 이 밖에 교회사 차원의 연구는 아니지만 사회학적 시각에서 조선 후기 천주교와 사회 변동의 관계를 다룬 노길명의 『가톨릭과 조선후기 사회변동』(1988) 역시 호교론을 벗어나 어느 정도 한국 천주교 연구의 객관성을 보여주는 의미 있는 연구서이다.

신학 사상서의 한국 종교문화관: '한국적 신학을 중시하기 시작하다'

한국적 상황에 대한 적극적 의식은 아무래도 신학 사상서 차원의 연구에서 상대적으로 잘 드러나는 듯하다. 그러나 실상 신학 사상사 차원에서의 연구는 대부분 개신교 신학자들에게서 나왔다. 1980년대 이래 천주교권의 토착화 신학에 대한 논의가 본격화되었으나, 여전히 신학 일반에 대한 논의에 머물고 있을 뿐 아직까지 한국 안에서 전개된 그리스도교 사상에 대한 종합적인 논의로까지 이어지고 있지는 못한 형편이다. 김옥

39 문규현, 『민족과 함께 쓰는 한국천주교회사 II』, 빛두레, 1994, 527쪽.

희의 『한국서학사상사연구』(1998)가 제목상으로는 예외적인 경우에 가까우나, 이 책도 진정한 의미의 한국 천주교 신학 사상서는 아니다. 박해와 순교를 비롯한 초기 천주교회의 주요 사건들을 역사적으로 정리한 논문 모음집에 지나지 않는다. 현재까지 한국 천주교 사상사와 한국 신학 담론은 아직 정리되지 못한 미개척 분야인 셈이다. 그나마 이미 출판된 단행본 가운데는 앞에서 언급했던 이성배의 『유교와 그리스도교: 이벽의 한국적 신학원리』(1979)와 황종렬의 『한국 토착화 신학의 구조』(1996), 하태수의 『일치를 이루시는 하느님』(1999) 등이 눈에 띈다.

이 가운데 이성배는 제2차 바티칸 공의회의 신학 정신에 근거하여, 200여 년 전 거의 최초의 천주교인이자 신학자라고 할 수 있는 이벽의 신학을 탐구한다. 이벽의 신학 자체는 전통적 서구 신학을 온전히 파악하지 못한 채 대중을 그리스도교적 구원으로 이끌려는 호교론적 교리서이지만, 유학적 배경 안에서 그리스도교를 이해하고자 했다는 점에서 '유학적 신학', '한국적 신학'의 일환으로 볼 수 있다고 하면서 긍정적으로 해석하고자 한다. 이와 같이 이성배는 한국적 전통을 수용하려는 한국 지향적인 자세를 견지한다. 이벽의 신학은 "유교와 그리스도교가 만나는 데 있어서 최초의 자발적이고도 적극적인 결실"이며, 이를 통해 유교는 그리스도교와 대립, 모순의 관계가 아니라 그리스도교의 초자연적 계시와 인생 이론을 현실 안에 받아들일 수 있게 해주는 한국적 토대임을 알 수 있다고도 말한다.[40] 적어도 이 부분에 드러난 '한국'은 결코 신학의 대상이기만 한 것이 아니라, 그 신학 안에 녹아 있는 신학의 기초이기도 하다.

그러나 결국 이 책의 목적이 제2차 바티칸 공의회의 신학 정신을 확인

40 이성배, 『유교와 그리스도교: 이벽의 한국적 신학원리』, 분도출판사, 1979, 153쪽.

하고, 그리스도교는 세계 문화 안에서 보편적으로 드러나면서도 그 안에서 단일성을 유지하는 '가톨릭적인' 것임을 제시하려는 데 있다는 점에서 연구의 최종 판단 기준과 근거 역시 천주교 '교의'이다. 한국을 어느 정도는 신학의 '장'으로서 보지만, 결국은 "하나의 문화가 올바르고 적극적인 발전 과정을 거쳐서 완성으로 향해 나간다면 반드시 그리스도의 진리에로 인도된다"는 그리스도교 중심적 입장에 서 있는 것이다.[41]

황종렬의 책 역시 토착화 신학과 관련하여 천주교와 개신교의 자료들을 두루 다루고 있는 몇 안 되는 책들 중의 하나이다. 그는 한국 민족과 문화를 그리스도교 중심적 토착화의 대상이나 객체의 하나로 보는 방식을 벗어날 때에야 진정한 토착화('일차적 토착화')가 가능하다고 말한다. 이미 우리 민족과 문화 안에서 작용하고 있는 하느님의 숨결에 우리가 '가 닿는[到着]' 데서 하느님에 의한 일차적 토착화가 구체화한다는, 즉 '이차적 토착화'가 이루어진다는 입장을 보인다. 그러나 정작 그리스도교와 우리 종교문화가 구체적으로 어떤 관계를 맺고 있는지, 다시 말해 한국의 종교문화가 하느님에 의한 일차적 토착화의 산물이라면 한국의 종교문화는 그 자체로 충분하다는 말인지 전체적으로 모호하게 들린다. 다만 그리스도교 중심적이고 한국 문화 객체적이었던 그동안의 흐름을 비판적으로 개관하고, 우리의 종교와 문화를 하느님에 의한 토착 활동의 결과로 보고자 한다는 점에서 이 책은 진일보한 시각을 견지한다. 이제 개신교의 상황에 대해 살펴보도록 하겠다.

41 이성배, 위의 책, 332-333쪽.

6. 개신교 연구서들의 한국 종교문화관

외국 선교사들이 본 한국의 종교문화: '조선에는 종교가 없다!'

전반적으로 초기 개신교 선교사들은 물론 한국의 개신교 신학자들에게서도 한국은 오랫동안 그리스도교 복음에 의해 변화되어야 할 대상의 수준을 넘어서지 못했다. 특히 19세기 후반 미국 출신 선교사들은 대체로 18~19세기 미국에서 일어난 1 · 2차 심령 대부흥 운동에 영향을 받아 생겨난 보수주의 · 경건주의 · 근본주의 선교 단체 소속으로 선교지의 비그리스도교적 종교문화에 대해 부정적인 선입견을 가지고 있었다. 이것은 한국 선교에서도 그대로 반영되었다.

가령 한국에 들어온 최초의 장로교 선교사인 언더우드Horace G. Underwood는 조선의 유교를 일컬어 사람이 따라야 할 '윤리 체계'는 될지언정 '종교'는 되지 못한다고 보았다. "한국에서 유교는 명목상으로는 다른 어떤 종교보다 더 강력한 지위를 차지하고 있는 신앙이다. 그러나 이 신앙은 사람의 욕구를 충분히 채워주지 못하고 있다. 왜냐하면 이것은 사람이 만든 신앙이고 당연히 갖추어야 할 종교적 본성을 아무 것도 갖추지 못하고 있기 때문이다."[42] 그에 의하면, 한국의 일반 도덕규범이나 가정생활 질서는 미개 종족에 비해 높지만, 축첩 제도, 여성 차별 등은 유교에서 나온 전근대적이고 비문명적인 것이다.[43] 최초의 감리교 선교사인 아펜젤러Henry G. Appenzeller도 유교를 두고 의무의 개념과 도덕의 기준을 제시해 주는 윤리 체계일 뿐, 더 높은 존재에 대한 인간의 의무를 말하지 않아 종교라고 볼 수 없다는 입장을 견지한다. 유교는 비문명적인 것으로서, 한

42 H. G. 언더우드, 『한국개신교수용사』, 이광린 옮김, 일조각, 1989, 64쪽.
43 H. G. 언더우드, 위의 책, 78쪽.

국이 억압적이고 보잘 것 없는 통치 체계를 갖게 된 것은 유교 때문이라는 시각을 보인다.

조상 숭배 역시 이들에게는 미신이자 우상 숭배이다. 영국의 인류학자 비숍Isabella L. Bird Bishop은 "한국에는 극도로 미신적이고 미숙한 형태이기는 하나 조상 숭배와 샤마니즘의 형식을 통해서만 보이지 않는 저승에 대한 인식이 잔존해 있다"고 서술한다.[44] 게일James S. Gale도 조상 숭배를 여러 면에서 "반시대적인 것"으로 규정한다.[45] 이것은 조상 숭배와 샤머니즘이 미신적이고 유치한 수준의 것이며, 내세관이 없으면 종교가 될 수 없다는 서구적 생각을 반영한다. 따라서 아펜젤러는 조상 숭배만 정복하면 조선 선교에서 승리할 수 있을 것이라는 강경한 입장을 유지한다. 이러한 입장들은 한국 개신교 선교의 기본 방향으로 작용했고, 조상 숭배를 하지 않겠다는 다짐이 개신교 신앙 고백의 일차적인 조건이 되는 계기이자, 죽은 이들을 기억하고 그들을 위해 기도하는 의례마저 금지하는 요인이 되었다.

불교에 대한 평가 역시 부정적이었다. 비숍은 불교 승려들을 두고 "무식하고 미신적"이라 표현하고 있으며,[46] 언더우드는 불교를 "이타적이지 않고 이기적"이라 평가한다. 불교는 개인주의적이고 인간 본위적인 것으로서, 생명도 죽음도 없는 곳을 추구하기에 쓸모없는 것인 양 비판한다. 불교는 전체적으로 인격적 신에 대한 신앙이 결여되어 있는 철학이지 종교가 아니며, 민간 신앙과 습합되어 있는 잡신 숭배 내지는 우상 숭배라는 지적이다. 이것은 유교를 두고 종교가 아니라 윤리이며, 조상 숭배는 미신이라 규정했던 것과 같은 구조이다. 이런 식으로 조선에는 종교가

44 이사벨라 버드 비숍, 『한국과 그 이웃 나라들』, 이인화 옮김, 살림출판사, 83쪽.
45 J. S. 게일, 『전환기의 조선』, 신복룡 옮김, 집문당, 1999, 69쪽.
46 이사벨라 버드 비숍, 앞의 책, 171-172쪽.

없다는 판단을 내린다. 이것은 초기 개신교 선교사들의 한결같은 입장이다. 달레가 유교와 불교를 부정적 의미에서 무신론의 두 가지 형태 혹은 미신으로 보고, 한국은 종교적 열정은 풍부하지만 종교는 존재하지 않는 나라라고 보았던 것도 같은 맥락이다.[47]

미국 선교사들이 가장 적대적으로 생각했던 종교는 무교巫敎이다. 그리피스는 한국의 종교가 기본적으로 무교의 바탕 위에서 천신, 지신, 산신 등 다양한 자연신들을 섬기는 정령 숭배를 근간으로 한다고 본다.[48] 그리고 언더우드는 무교와 샤머니즘을 동일시한 뒤, 비록 외면적으로는 샤머니즘이 한국의 무식한 최하층 민중의 종교이지만, 실제로는 유학자조차 이를 따를 정도로 샤머니즘은 한국에서 가장 영향력이 크다고 분석한다. 그에 의하면 도덕적 감동을 전혀 제공하지 못하는 이 샤마니즘은 그리스도교를 전하는 데 있어서 "한국에서 대결해야 할 가장 완고한 적"이다.[49] 장승과 같은 민간 신앙도 미신적 우상 숭배로 치부하기는 마찬가지이다.

이러한 선교사들의 시각은 나중에 한국인 개신교인들도 무당을 축출하려는 운동을 벌이고, 전통 신앙에 대해 배타적인 태도를 보이게 된 결정적인 요인이 된다.[50] 천주교가 제국주의적 세력을 등에 업고 조선을 무시했다고 비판하면서도 개신교 선교사들 역시 '제국주의적' 자세를 가지고 조선의 종교문화에 대한 극도의 비판적인 시각을 견지함으로써, 이후 한국 개신교가 타 종교문화를 부정적으로 평가하도록 하는 데 절대적인 영향을 끼치게 된 것이다. 동시대 개신교 선교사들 중 헐버트처럼 비교적 한국에 대한 우호적인 시각을 가진 이도 있었고, 신학적인 안목으

47 샤를르 달레, 앞의 책, 상권, 218-219쪽.
48 W. E. 그리피스, 앞의 책, 37장 참조.
49 H. G. 언더우드, 앞의 책, 68, 74쪽.
50 『기독신보』, 1923. 7. 25.; 『대한크리스도인회보』 II-8, 1898. 2. 23. 1면 참조.

로 한국의 전통 종교문화에 대해 포용적인 자세를 견지한 최병헌과 같은 한국인 신학자도 있었지만, 개신교 선교사들의 부정적 한국관으로 인해 전체적으로 타 종교문화는, 더 나아가 '한국'은 복음에 의해 뒤바뀌어야 할 대상의 수준을 넘어서지 못하게 된 것이다. "우리는 한국인을 보다 훌륭한 한국인으로 만드는 것만을 자랑스러워하고 나아가서 그리스도와 그의 교훈을 통하여 훌륭한 한국이 되기를 원한다"[51]고 말한 한국 감리교회 초대 선교사인 스크랜튼Mary F. Scranton 부인의 입장도 실상은 한국이 그리스도교로 개종할 때에만 가능하다는 전제를 바탕으로 한 것이다. 이러한 관점은 대부분의 한국 그리스도교 연구자들에게도 이어져 한국인조차도 '한국'이라는 맥락을 제대로 보지 못하는 수준에 머물게 되었다. 20세기 전반기에 이미 세련된 역사학을 구사하던 백낙준의 한국관에서도 기본 시각은 본질적으로 바뀌지 않은 것으로 보인다.

교회사 연구서에 나타난 한국

'신은 선교사들과 함께 들어왔다!'

백낙준의 한국관은 기본적으로 그의 선교사관宣敎史觀에서 분명히 보인다. 그는 한국의 역사 관련 글들에서 자신은 '한국의 그리스도인'으로서, '민족을 위해 봉사'하고 '민족 발전의 근거를 잡는' 자세로 연구하고자 한다고 밝히고 있다.[52] 한국인으로서의 주체의식을 가지고서야 세계인이 될 수 있다고도 말한다. 그렇지만 한국 그리스도교사를 다루는 부분에서는 '한국의 그리스도인' 중 결국 '그리스도인'이라는 신분에 무게 중심을 둔다. 가령 그는 이렇게 말한다. "하나님이 우리 인류 역사에 관

51 송길섭, 「스크랜튼 일가의 한국 선교」, 『기독교세계』, 제690호, 1985. 6, 8쪽에서 재인용.
52 『백낙준전집 6: 역사와 문화』, 연세대학교출판부, 1995, 510, 513쪽.

계하신다는 사실을 깨달아 알고 그 방향을 찾는 것이 역사가들의 할 일이라 생각한다."[53] 이와 같이 그의 역사관에는 '역사 전체를 포괄하는 어떤 큰 힘의 소재에 대한 확신'이 들어 있다.[54] 그렇지만 인류 역사에 관계하시는 하느님이 처음에는 서구에 관심을 기울였다가 다음으로는 한국에까지 관심이 이르게 되었다는, 다분히 서양 중심의 섭리사적 시각도 함께 보여준다.

그의 주저 『한국개신교사』(1929)에서도 한국 '밖'에서 한국 '안'으로 이루어져온 선교의 역사를 중시한다. 그러다 보니 야마구치가 비판한 대로 한국 측 자료나 관점은 별반 반영되어 있지 못한 것이 사실이다. 서구적 시각에 의한 일방적 선교론의 차원에서 유교와 불교, 무교와 같은 우리나라 전통 종교들에는 문제점이 있으며 이 문제점들을 보완해줄 수 있는 것은 개신교라는 입장을 가지기도 한다.[55] 그렇지만 전반적으로 초기 선교사들에게서 드러나는 전통 종교문화에 대한 배타적 몰이해로까지 연결되지 않으며, 당시 다른 교회 문헌에 비해 천주교에 대한 시각도 비교적 공정해 보인다. 그리고 1920년대에 이미 해석학적 자세까지 보여주고 있다는 점에서 홍이섭이 이 책을 '선교사 연구에 길이 남을만한 기념비적인 서술'이라고 칭송하는 것은 과장이 아닌 듯하다.[56] 그럼에도 불구하고 결국 '전수자傳受者'보다는 '전수자傳授者'를 더 중시하는 선교사관을 보이는 한, 그때 보이는 '한국'이 얼마나 한국적일 수 있는지는 여전히 의심스러운 일이다.

이러한 선교사적 시각은 이호운의 유고집 『한국교회초기사』(1970)에

53 백낙준, 「나의 삶을 되돌아보며」, 『진리와 자유의 기수들』, 연세대학교출판부, 1982, 272쪽.
54 민경배, 「백낙준의 역사 이해」, 『기독교와 한국 역사』, 연세대학교출판부, 1997, 153쪽.
55 백낙준, 앞의 책, 20-21쪽 참조.
56 홍이섭, 『한국사의 방법』, 탐구당, 1968, 433쪽.

서도 비슷하게 드러난다. 세계 정세의 변동에 따라 조선에 들어오게 된 선교사들과 그로 인해 개신교가 전래되고 성장하는 과정을 한국의 사회적 상황과 연결지어 꼼꼼히 다루되, 기본적으로 선교사관에 근거하기는 백낙준의 작품과 마찬가지이다. 그리고 김양선의 『한국기독교해방십년사』(1956)도 제목 그대로 해방 후 10년 동안에 있었던 교회의 재건, 수난, 부흥, 교파 분립의 문제를 상세한 자료를 이용해 자세하게 다루고 있다. 교회 관련 사건에 대해 판단하기보다는 서술하기만 하는 '술이부작述而不作'의 정신을 가지고 연구자의 직접 판단은 일단 유보하지만, 온건 호교론적인 자세는 암암리에 드러난다. 그렇지만 연구 주체의 문제까지 의식하는 자세는 학문의 불모지였던 1950년대 당시 상황으로서는 진일보한 연구 자세라고 할 수 있다. 여기에다가 한국 교회사 연구에 관한 한 거의 불모지에 가까웠던 시절에 북한 측 실정까지 비교적 꼼꼼하게 자료를 수집해 서술한 것은 의미가 있는 일이다.[57] 그렇지만 해방 후 역사를 다루면서 그 혼란스러웠던 한국적 정세에 대한 평가가 거의 없이 개신교회의 사건만 다룬 것은 이 책이 그만큼 정교분리적이고 개신교 중심적인 상황

57 북한 그리스도교의 역사와 실정을 중점적으로 다룬 책에는 김광수의 『북한기독교탐구사』(기독교문사, 1994)가 있다. 해방 이후 북한 교회들의 수난과 박해의 역사 및 1980년 이후 전개된 교회의 남북 교류 실상도 소개하고 있지만, 전체적으로는 북한 그리스도교 내부의 역사라기보다는 북한 교회가 정치적인 차원에서 외부 세계와 '수교'하려는 노력을 중심으로 서술하고 있는 북한 기독교사이다(제목처럼 '북한 기독교 탐구사'는 아니다). 그리고 무엇보다 이 책은 선교사 중심의 호교론적 시각에서 쓰여졌다. 가령 그는 이렇게 말한다. "갖가지 환란과 핍박 중에서도 교회가 잘 자란 것은 선교사들의 지혜 있고 헌신적인 활동의 공이 컸음을 인정해야 한다. 동시에 일찍이 자발적인 활동으로…… 순교하면서까지 받은 바 진리의 선포를 위하여 굳세게 헌신한 초대 교인들의 그 공을 결코 무시해서는 안된다"(83쪽). 한국 전체가 그리스도교 선교의 대상이라는 시각을 잘 보여주는 구절이다. 그리고 이 책은 북한 그리스도교가 억압당해온 역사를 안타까워하는 한 남한 '목사'의 전형적인 시각을 보여준다. 북한 그리스도교에 대한 안타까움과 북한 정권에 대한 반감을 담고서 해방 이후 북한 그리스도인의 반공투쟁 운동을 공감적으로 묘사하고, 6·25 전쟁 당시 순교한 이들을 애도한다. 그러나 근본적인 문제는 그리스도인의 반공 투쟁과 같은 행위가 과연 그리스도교 신앙적 정체성에 따른 것인지 민족적이고 이념적인 성향에 따른 것인지 거의 구분하지 않고 쓴다는 데 있다.

의 서술에만 익숙함을 보여준다. 이러한 개신교 중심적이고 호교론적 시각은 1990년대 종반에까지 이어졌다.[58]

'교회는 민족이 만들어왔다지만'

한국 그리스도교회사 연구가 선교사적 시각에서 이루어져 왔음을 밝혀준 대표적인 이는 민경배이다. 그는 백낙준의 입장을 '선교사적 사관'이라고 규정하면서, 이제 그것을 벗어나 한국의 그리스도교회사를 '민족교회사관'의 차원에서 볼 수 있어야 한다고 말한다. '선교사를 파송한 나라의 교회와 인사들의 자료' 중심의 시각에서 벗어나 '한국 교회 쪽의 고백과 증언'을 중시하려는 입장이다. '한국 교회 쪽의 고백과 증언'의 주체는 한국 '민족'이라는 것이다.

그는 전체적으로 그리스도교 신앙의 '내연內燃'과 한국 역사로의 '외연外延'이라는 구조를 가지고 자신의 입장을 풀어나간다. 즉 한국 그리스도교는 "신앙의 내연을 우선 가지고 나서 그것이 자동적으로 전개되어 역사 안에 외연하는 이행 논리의 신앙 구조"를 보여준다는 것이다.[59] 그런 눈으로 보다 보니, 민경배는 "한국에서 선교와 토착은 처음부터 몸에 배듯 민족사적 사건이었고, 기독교가 한국에서는 민족교회로서 형성되어질 필연성에 놓여 있었다"고 말한다.[60] 당연히 일제 시기 그리스도인의

58 Myung-Keun Choi의 *Changes in Korea Society 1884~1910 as a Result of the Introduction of Christianity*(Peter Lang Publishing, 1997) 및 김해연의 『한국문화와 기독교』(성지출판사, 2000) 등이 그 예이다. 이 가운데 특히 Myung-Keun Choi의 책에서는 개신교 선교사들을 통해 그리스도교가 전해진 이래 한국 사회가 겪은 변화와 한국 교회의 선교 전략 등을 호교론적인 관점에서 다루고 있다. 특히 전반부에서는 개신교회에서 행한 현대적 교육 사업과 의료 선교가 준 그리스도교의 충격을 묘사하며, 후반부에서는 성서 번역과 성서 반포를, 그리고 1907년도에 일어난 대부흥운동을 중심으로 서술한다. 전반적으로 선교론적 차원의 초기 한국 그리스도교 연구이다. 김해연의 책도 타 종교를 일반 은총의 차원에서 파악하기는 하되, 기본 시각에 있어서는 100여 년 전 선교사들의 한국 역사관과 다르지 않다.

59 민경배, 『일제하의 한국 기독교 민족 · 신앙운동사』, 대한기독교서회, 1991, 4쪽.

60 민경배, 『한국민족교회형성사론』, 연세대학교출판부, 1974(1992 4판), 3쪽.

반일反日 운동도 이러한 신앙 내연의 외연적 이행이다.

그러나 여기에서 민경배는 그리스도교 자체가 민족적인 종교인지, 아니면 한국인이 그리스도교라는 '형식'을 통해 자신의 민족성을 드러낸 것인지 분명히 구분하지 않는다. 전체적으로는 전자에 무게를 두고 있는 듯하다. 그리고 그러한 민족주의적 성격에서 그리스도교적 자긍심도 확인하고자 하는 듯하다. 그러나 민족교회사관을 논하고자 한다면, '한국인', '그리스도교', '민족'의 관계를 분명히 구분해야 할 것이다. 그렇게 구분하지 않은 채 그리스도인 중에 민족 운동을 한 사람들이 있다고 해서 그리스도교 내지는 교회가 그 자체로 민족적이었다고 하는 것은 비약인 셈이다. 그것은 마치, 극단적으로 말해서, "일제가 우리나라를 '위해' 철도를 부설했다는 주장과 유사한 오류를 범하는 것이다." 강돈구에 의하면, "일제가 우리나라를 위해 철도를 부설했다는 주장이 제국주의적 주장이듯이, 그리스도교가 민족적인 방향으로 흘러왔다는 주장은 분명히 호교론적인 주장에 불과하다."[61] 그런 점에서 다음과 같은 안병무의 비판적 지적은 타당하다. "사람들 중에는 3 · 1 운동과 같은 예를 들어서 기독교가 민족의식과 그 운동에 큰 공이 있었다고 찬양한다. 그러나 그 그리스도인들은 그리스도교가 길러낸 인물들이었나? 아니면 그리스도교에 전향한 한국의 자연인이었는가? 나는 주저 없이 후자의 경우라고 본다."[62] 이런 점에서 민경배의 한국 그리스도교 연구에서도 여전히 '한국'과의 대립성을 극복하지 못한 채 그리스도교 쪽으로 무게가 많이 실려 있다. 호교론적인 주장의 연장선에 있는 셈이다.

그리고 그가 신앙의 '내연'을 우선시한 결과, 그리스도교가 들어오기

61 강돈구, 『한국 근대종교와 민족주의』, 집문당, 1992, 184-185쪽에서 원저자의 논지를 해치지 않는 범위 안에서 수정 인용했음.
62 안병무, 「기독교화와 서구화」, 『기독교사상』, 1971. 12, 62쪽.

이전 조선인은 종교적 차원에서 그리스도교와 같은 종교를 갈망했었던 것처럼 말하기도 한다. 민경배는 '민족교회'를 강조하지만, 그가 보는 '민족'은 "종교적 생활에 있어서 심한 허탈감을 경험하고 있었던" 민족이다. 조선 시대는 유儒·불佛·선仙의 "정신적 차원이 고갈"된 시기이고, "그 형식과 명분만으로 무게 없는 반복만 되풀이하던 근대는 종교적 신앙과 정신 생활의 전례 없는 진공기"라고 판단한다. 그러면서 "가장 합리적이면서도 신비적인 종교인 그리스도교밖에는 이 백성에게 호소할 종교가 따로 없었으며", "황막한 새 정세의 전개에 기댈 곳 없는 서러움을 안은 듯한 모습이 프로테스탄트가 선교되기 직전의 우리나라 실정이었다"고 결론짓는다.[63]

이것은 일단 개신교보다 100년 전에 이 땅에 들어와 사람들에게 어느 정도 희망을 심어주던 천주교는 안중에 두지 않은 발상이며, 대다수 한국인(비그리스도인)의 형편을 무시하는 '민족관'이라는 의구심을 불러일으킨다. 그리고 프로테스탄트 외에 기댈 곳이 없었다는 말은 개신교의 선교를 지나치게 '종교적인' 차원에서만 본 결과이기도 하다. 개신교가 한국 민족의 종교적 요청에 부응했던 것은 사실이나, 개신교의 성공을 종교적인 차원에서만 보는 것은 곤란하다. 천주교에서도 그랬듯이, 정치·사회적인 측면이 함께 고려되어야 한다. 물론 민경배가 이러한 사실을 간과하고 있는 것은 아니지만,[64] 그보다 더 강조될 필요가 있다는 것이다. 여러 사람이 지적한 대로, 당시 풍전등화와 같은 위기 속에서 한국인은 자신을 보호해줄 정치적 '힘'을 찾은 것이지, 새로운 '영적 실재'를 갈구했던 것만은 아니기 때문이다. 청일전쟁에서 패한 중국을 믿지 못하

63 민경배, 『한국기독교회사』(개정판), 대한기독교출판사, 1982, 120-122쪽.
64 민경배도 그리스도교의 급성장은 청일전쟁 직후였다고 밝히면서, 그리스도교 성장의 사회적·역사적 차원을 지적한다. 민경배, 『한국의 기독교회사』, 대한기독교서회, 1969, 71-72쪽.

고, 승리한 일본을 경계하던 조선이 구미 문명, 특히 미국 문명에 기대어 문명을 발전시키고자 했던 것이지, 그리스도교라는 '영적 실재'에 대번에 종교적으로 동화되었던 것은 아니다. 한국에서의 그리스도교는 이러한 정치 · 사회적 출발점을 가진다.[65] 이런 점에서 보더라도 앞에서 지적한 안병무의 표현처럼, 한국에서 그리스도교는 '형식'의 차원에 머물러 왔다고 할 수 있다. 유교와 불교와 같은 한국의 오랜 종교 전통과 동일한 깊이를 지닌다고 할 수는 없는 것이다. 민경배의 민족교회사관이 한국 그리스도교 연구자들로 하여금 '민족'의 문제를 더욱 중시할 수 있게 했

65 한국인이 그리스도교를 수용하게 된 동기에는 사회적 · 역사적인 측면이 강했다. 무엇보다 조선 사람들의 서양관을 좀 더 구체적으로 만들어준 황준헌의 『조선책략朝鮮策略』에서 그리스도교에 대한 긍정적 평가는 대부분 사회적 차원과 관련되어 있다. 황준헌은 "[미국은] 예의로서 나라를 세우고 남의 인민을 탐내지 않고 굳이 남의 정사에 간여하지 않았다. [미국과] 중국과는 조약을 맺은 지 십여 년이 되었는데, 그동안 조그마한 분쟁도 없었던 나라이다…… 항상 약소한 사람들 돕고 공의를 유지하여 유럽 사람들에게 함부로 악한 일을 하지 못하게 하였다…… 미국을 우방으로 하면 도움을 얻고…… 미국의 종교는 기독교인데 천주교와 근원이 같지만 파가 다르다…… 기독교의 주된 가르침은 일체 정치에 간여하지 않으며 교인 중에는 순박하고 선량한 이들이 많다. 중국(이 서양)과 통상한 이래 선교사를 살해한 일이 자주 있지만, 기독교 사람은 하나도 없으니, 기독교인들은 근심해야 할 일이 없음이 입증된다"고 말한다(황준헌, 『조선책략』, 조일문 역주, 건국대학교출판부, 1977, 13-15, 20-21, 24-25쪽; 박정신, 『근대 한국과 기독교』, 민영사, 1997, 193쪽에서 풀어쓴 내용을 재인용했음. 근대 한국 개신교 성장의 역사적 상황에 대한 설명도 박정신의 같은 책, 9-31, 187-207쪽을 참조할 것). 이와 함께 100여 년 전 『독립신문』이나 『그리스도신문』, 『조선크리스도인회보』 등에서도 분명하게 보인다. 가령 『독립신문』에서는 "구라파 안에 제 일등 각국들은 다 성교를 하는 나라들이라"(2권 30호, 1897. 3. 13). 그리고 "서양 각국에서 구세주를 승봉하는 나라들은 하나님을 공경하고 사람을 사랑하는 고로 법률을 실시하고 정치가 문명하여 백성이 요족하고 나라가 부강하다"(3권 224호, 1898. 12. 24)고 말한다. 『그리스도신문』에서는 "오늘날에 이르러 예수를 믿고 신구약을 펴놓은 나라는 사람마다 본문을 지킬 줄을 알아서 부강함을 이루었다"(5권 21호, 1901. 5. 23)라고 말하며, 『조선크리스도인회보』에서는 "영국 같은 나라들은 공맹자를 모르건마는 천하에 제일 부강하고 분명함은 하나님을 섬김이라"(23호, 1897. 7. 7). "그런즉 교회를 위하여 인민에게 전도하는 것이 아니오, 인민을 위하여 교회를 각처에 설립하는 것이니…… 차차 우리 교회가 흥왕하여서 조선이 차차 개화에 진보가 되기를 간절히 바라노라"(18호, 1897. 6. 2)고 말한다. 춘원 이광수도 『청춘』(1917. 7)에서 "그리스도교가 조선에 준 은혜"로 "서양 사정을 알려주고, 도덕을 진흥시키고, 교육을 보급하고, 여자의 지위를 향상시키고, 조혼早婚의 폐해를 교정해주고, 한글을 보급했으며, 개인 의식의 자각을 이루어주었다"며 사회적인 차원에서 긍정적으로 평가한다(송길섭, 「한국 사회 초기 선교의 민족사적 의의」, 『신학과 세계』 제8호, 1982). 이만열이 지적하듯이, 당시 지배층 관료들은 대체로 개화를 통한 구국의 방편으로 그리스도교와 관련을 맺은 반면에, 일반 민중은 가렴주구와 관리들의 학정을 피하는 수단으로, 즉 반봉건의식으로 치외법권을 인정받고 있었던 선교사들의 그리스도교에 입교하게 되는 경향이 컸다. 이만열, 앞의 책, 465쪽.

으며, 그럼으로써 그리스도교사도 한국사의 일부일 수 있고 또 일부여야 한다는 사실을 의식하는 데 토대가 되었음에도 불구하고, '한국'의 맥락에서 보면 이상과 같은 한계를 지니는 것도 분명하다.

민족적인 시각에서 쓰여진 책 중에는 이장식의 글 모음집인 『한국교회 백년』(1987)도 있다. 비록 본격적인 한국 그리스도교 관련 논문집이나 교회사 연구서는 아니지만, 종교와 민족의 상호 유대 관계에 대한 의식은 분명히 드러난다. 이장식은 이 책에서 신학자로서의 정체성과 한국인이라는 정체성 사이에서 고민한다. 그만큼 기존의 자료들에 비하면 한국적 전통 종교와 천주교에 대한 자세가 비교적 수용적이다. 그에 의하면 유교는 그리스도교가 수용될 수 있게 해주는 토양이며 따라서 조상에 대한 제사에도 적극적으로 참여할 수 있는 길을 모색해야 한다. 그는 "조상 제사는 우상 숭배니까 거부하고 참석하지 말라고만 가르쳤지 그 제사에 참여할 수 있는 여지와 길을 적극적으로 강구하는 노력을 조장하지 않았던" 바람에 오늘의 그리스도교(개신교)가 한국의 가정과 사회로부터 소외되는 결과를 가져왔다고 하면서, 전통 문화 우호적인 자세를 견지한다.[66] 또한 "한국인으로서의 주체의식을 가지고 한국의 에토스를 포착하여 그것에 맞는 신학적 사고를 발전시켜나가야" 하며, "한국인의 종교성을 연구함으로써 그 종교성과 조화되는 신학을 수립해야 할 것"이라고 말한다.[67]

그러면서도 결국은 이장식 역시 그리스도인이라는 정체성 쪽에 무게 중심을 두고[68] 그리스도교 신학을 주체로, 한국적 지형을 객체로 놓는다. 그는 다음과 같이 말한다. "전통문화로서 이어받아야 할 가치를 찾아 이

66 이장식, 앞의 책, 18-19, 93쪽.

67 이장식, 위의 책, 245쪽.

68 그는 이렇게 말한다. "때로는 신학자나 기독교인이라는 나의 종교적 성분을 접어두고 이 나라의 한 시민으로서 신념껏 말하고 행동할 수도 있다고 생각하였다. 그러나 나는 양자 중에 어느 것을 더 소중히 살려야 할 것인가를 생각할 때 아무래도 나의 종교적 신념과 신분을 더 소중하게 생각해야겠다는 판단이 들었다." 이장식, 위의 책, 184쪽.

어받되, 기독교 신앙과 저촉되는 점은 적극적인 방향으로 변화시켜야 할 것이다."[69] 그리고 "한국 문화의 특질에다가 기독교의 보다 싱싱하고 생명력 있는 진리를 접목시켜서 한국 문화의 개조와 번영을 도모"해야 한다고도 말한다. 이런 시각을 지니다 보니, 유교를 긍정적으로 이해하려는 노력에도 불구하고 유교는 일종의 구습舊習의 범주에 들며, 따라서 '벗어나야 할出 애굽'과 같은 것으로 남는다.[70] 결국 '한국'은 그리스도교에 의해 변화되어야 할 대상이라는 자세를 놓지 않고 있는 것이다. 그에게서도 그리스도교적 주체는 한국 안에서 철저히 비판되지 못한 채 한국과 그리스도교의 갈등 상황이 지속되고 있는 것이다.

이상의 연구들이 신학적 성향이 강한 교회사가들의 입장이었다면, 역사학적 지향성을 지닌 연구서들에서는 이와는 다른 식으로 그리스도교와 한국 사이의 갈등을 보여주고 있다. 가령 한국 근대사학자인 이만열은 『한국기독교와 역사의식』(1981)과 『한국기독교와 민족의식』(1991)에서, 그리고 윤경로는 『한국근대사의 기독교사적 이해』(1992)에서 그리스도교도 이제는 한국적 민족성과 역사적 주체성을 중시할 때가 되었다고 강조한다. 그리스도교가 들어오기 이전의 한국 역사도 하느님의 섭리 안에 있었던 것으로 파악하고, 그리스도교와 한국 역사를 단절이 아닌 연결선상에서 보고자 한다. 우리의 역사를 존중하는 자세를 가지고 그리스도교적 보편성과 민족적 특수성을 가능한 한 살리고자 한다. 적어도 이러한 시각은 '한국 그리스도교' 연구에 필수적이다.

그러나 한국 역사와 민족에 의미를 부여하는 기준을 주로 그리스도교와 성서 등에서 찾는다는 점에서 이들의 연구를 어디까지 '한국 역사의 연구'로 볼 수 있을지는 아직 의문이다. 한국 역사는 다른 기준으로 판단

69 이장식, 위의 책, 10, 95쪽.
70 이장식, 위의 책, 11, 19, 246쪽.

되기 이전에 그 자체로 충분히 한국인에게 의미 있는 실재이기 때문이다. 아울러 이들은 종교인의 분포와 규모상 그리스도교가 충분히 한국의 대표적인 종교인 것처럼 자연스럽게 전제하고 서술하곤 하지만, 한국학 내지 종교학적 시각에서까지 그리스도교가 과연 진정한 의미의 '한국 종교'인지는 아직 충분히 논의되지 않았을 뿐 아니라 현재로서는 의심스럽기까지 하다.[71] 개항 이후 구미의 문명을 추종해오던 한국인의 정서에 힘입어 특별히 지난 세기 그리스도교가 거침없이 성장해오기는 했지만, 한국의 종교문화사적 시각에서 그리스도교를 한국 안에 뿌리내린 종교로 간주하기는 아직 이르다.

아울러 그리스도교인이 보여준 독립운동과 같은 민족주의적 성격을 한국 그리스도교의 자랑스러운 역사로 거론하곤 하지만, 민족주의적 성격은 그리스도교만이 아닌 여느 종교에서도 나타난다고 하는 사실도 언급되어야 한다.[72] 조선조의 몰락, 외세의 침탈, 일제 식민지 등 정치 주체의 상실기였던 한국의 '근대'는 한국인이라면 그 누구에게든 민족주의적 성격을 요구하던 시기였다. 민족주의적 성격은 그리스도교에서만 드러나는 것이 아니라, 근대 한국 사회의 일반적인 성격이었다. 근대 한국에 있어서 많은 경우 "'민족'이 목적이고 '교敎'는 수단이었던 것이다."[73] 따라서 그리스도교의 민족주의적 성격은 결코 그리스도교만의 독특성도 아니고 그리스도교의 우월성을 드러내는 표지는 더욱 아니다. 많은 그리스도교 연구자들이 이러한 사실을 적극적으로 밝히지 못한 채 민족주의적 행동을 그리스도교의 '한국적' 성격의 주요 지표로 인식해왔던 것도

71 좀 더 구체적으로는 이찬수, 『생각나야 생각하지: 사유, 주체, 관계 그리고 종교』(다산글방, 2002 개정판) 12장 '문으로 화하다: 한국 종교문화론'; 김흥수, 「기독교는 한국 종교인가」, 『종교와 문화』 제3호, 서울대학교종교문제연구소, 1997을 참조할 것.

72 강돈구, 앞의 책 참조.

73 강돈구, 위의 책, 183쪽.

사실이다. 그러나 그리스도교 연구에서 민족주의를 강조하고 있다는 말은 바꾸어놓고 보면 그리스도교에 서양적이고, 외세적이며, 따라서 비민족적 성격이 있다는 사실을 반영해주는 것인지도 모른다.

'한국의 역사에 충실하려고는 하는데'

한국 그리스도교에 관한 보다 종합적인 연구는 한국기독교역사연구소에서 펴낸 『한국 기독교의 역사』(I · II · III, 1989 · 1990 · 2009)에서 보인다. 이 책에서는 "총체적인 역사 이해"를 위해 "교단, 교파, 종파의 폐쇄적 분위기를 쇄신"하고 "한국 기독교사를 민족사라는 큰 틀 안에서 조명"하고자 하며, "자료는 실증적이고 과학적"으로 다루고, "민족의 현실 문제나 장래에 책임성 있는" 태도로 임하겠다는 자세로[74] 꼼꼼하게 글을 전개한다. 집필 의도대로만 된다면 완벽한 한국 그리스도교 연구서가 될 듯도 하다.

그러나 실제 내용상으로는 집필 의도를 따라가지 못하는 듯하다. 예를 들어 이 책에서는 개신교가 들어오기 직전 "재래 종교인 불교와 유교는 그 생명력을 잃고 있었고, 신흥 종교가 발흥하면서 사회는 변혁기로 접어들고 있었으며",[75] "조선 후기의 한국인은 사마리아 여인처럼 종교적으로 심한 갈증 속에 있었다"고 파악한다. 그리스도가 한국의 종교적 갈증을 채워줄 만한 종교였다는 사실이 함축되어 있는 것이다. "한국 기독교사를 민족사라는 큰 틀 안에서 조명"한다지만, 그리스도교는 한국 민족에 대해 이미 승리했다는 자세를 보여주기도 한다. 이 책의 저자들은 민족교회사관, 민중교회사관을 포괄하는 제3세대 한국 그리스도교 연구자라는 자의식을 가지고 있지만, 한국의 종교, 문화 등의 주체를 이루는

74 한국기독교역사연구소, 『한국 기독교의 역사 I』, 기독교문사, 1989, 9-10쪽.
75 한국기독교역사연구소, 위의 책, 143쪽.

'민중적' 시각에서의 분석은 그다지 보이지 않으며, 따라서 기존의 민족교회사관의 수준을 넘어서지 못하는 것 같다. 집필 의도와는 달리 한국 민중이 어떤 시각을 가지고서 그리스도교를 수용하고 발전시켰는지에 대한 연구가 반영되지 못하고 있는 것이다.

이러한 그리스도교 '수용'의 차원을 의식하고 있는 것은 이만열의 『한국기독교수용사연구』(1998)이다. 이만열은 이 책에서 한국 기독교가 서구 선교사의 일방적 선교의 결과가 아닌, 한국인에 의해 수용된 것이라는 사실을 강조한다.[76] 그 예로 개신교 전래 초기에 성경을 번역하고 반포하는 사업에 공이 큰 이응찬, 서상륜 등 한국인의 노력을 강조하고, 한국인인 이수정이 일본에서 그리스도교로 개종하고, 전도하고, 성경을 한글로 번역하며, 도쿄 한인교회를 탄생시키는 등 그리스도교 선교에 적극적으로 참여했다는 사실을 거론한다.[77] 반대로 이러한 주체적 수용의 태도에 어울리지 않는 미국계 선교사들의 일방적 선교관과 그것에 편승해 양대인洋大人 자세를 취했던 초기 한국 그리스도인들을 비판하고, 한국의 그리스도교를 한국 민족사적 차원에서 상대화시켜볼 수 있어야 한다고 주장하며, 4·19 혁명으로 무너진 정권이 대부분 그리스도교적 정권이었다는 사실을 부끄러워한다. 이 대목에서는 민족적 주체의식이 돋보인다.[78]

그러나 이러한 사실의 보고 외에 그리스도교의 주체적 수용의 측면은

76 이만열은 이렇게 말한다. "'수용사'라는 용어에는 한국의 기독교가 외국 선교사들의 일방적인 노력에 의해 전파되었다기보다는 한국의 선각자들에 의해 수용되었다는 관점이 중시되고 있다. 이것은 오랫동안의 자료의 추적 끝에 내린 결론이다. 한국 기독교가 일방적으로 전파 받은 것이 아니고, 한국인 선구자들에 의해 '수용된' 것이라면, 이 점은 외국의 사례와는 궤軌를 달리하는 것이라 아니할 수 없다. 여기에 한국 기독교사의 한 특성이 있다고 할 것이다." 이만열, 『한국기독교수용사연구』, 두레시대, 1998, 8쪽.

77 이만열, 위의 책, 95-141쪽.

78 이만열, 위의 책, 181-201쪽; 이만열, 『한국기독교와 역사의식』, 지식산업사, 1981, 116-117, 119쪽 참조.

책의 제목이나 연구 의도에서만큼 부각되지 못하고 있다. 예를 들어 첫 장인 '기독교의 수용 과정'을 보면, 사실 '수용' 과정을 서술했다기보다는 개신교가 한국에 '전래'된 '배경 개론' 정도에 머무는 듯하다. 한국인 선구자들에 의해 그리스도교가 수용된 것이라는 사실을 밝히려고 의도했겠으나, 실상은 선교사들의 이름이 훨씬 많이 거론되며 그들의 중요성이 더 부각된다. '기독교가 우리 사회와 민족에 끼친 영향'을 거론하는 부분에서는 오히려 한국이라는 사회가 그리스도교에 의해 변혁되는 것은 당연하며, 그러한 변혁은 대체로 옳게 이루어져 온 것으로만 보는 듯하다. 또한 한국의 문제점을 그리스도교가 해결해주었다는 뉘앙스를 가지고 글을 전개하기도 한다.[79]

그리스도교는 한국의 정신적인 공백기를 채워주었다는 식의 그리스도교의 상대적 우월감을 드러내주는 구절들도 제법 눈에 띈다.[80] 그러나 한국이 실제로 정신적인 공백기를 맞고 있었는지, 아니면 승리감에 도취한 그리스도교적 입장에서 상대적으로 한국의 정신계가 공백기로 비쳐졌는지는 중요하게 논의해야 할 문제이다. 이와 함께 대중적 신앙 잡지인 『빛과 소금』에 연재되었던 글이 많아서인지 종종 '하나님의 섭리', '은혜', '성령님의 준비'와 같은 표현들이 불쑥 등장하기도 하는 것은 도리어 한

79 이만열, 『한국기독교수용사연구』, 404-435쪽.

80 이만열은 이렇게 말한다. "한국에서는 공리공담과 무책임한 방관된 자세들이 일상생활에 만연되어 있었다." "이런 불합리한 제반 타성을 극복 개혁하는 것은 神적인 전능한 권능에 의지하지 않고서는 거의 불가능하다." "그리하여 기독교인들은 우리 전통 사회를 규제하고 있는 미신적인 불합리로부터 해방될 수 있었다." 또 다음과 같이 말한다. "한국인들은 일하는 것을 탐탁지 않게 생각하였고, 그것은 신분이나 지위가 높은 사람들이 하는 것이 아니라 낮고 천한 사람이 하는 짓이라고 생각하고 있었다", "술과 담배와 아편의 폐단은 기독교가 수용되기 이전부터 있어왔던 사회적인 병폐였던 만큼 기독교계의 이런 운동은 기존의 삶을 변화시키는 하나의 계기가 되었다", "기독교의 신앙 사상이 한국에 들어왔을 때, 부처나 잡신들에 대한 숭배를 생활 전통으로 여기고 있던 한국 사회에서 심한 갈등을 겪게 된 것을 피할 수 없었다", "기독교가 수용되고 있을 때 종교적으로 한국은 정신적인 공백기를 맞고 있었다." 위의 책, 406, 409, 420, 425쪽. 특히 마지막 부분은 저자가 다른 책에서 "한국 민중이 기독교에 입교한 동기가 순전히 종교적인 이유보다는 사회적인 요인이 저 강하게 작용하고 있었다"고 한 말과 모순되는 것으로 보인다(468-474쪽 참조).

국인의 주체적인 그리스도교 '수용' 사실을 밝히려는 의도를 반감시키게 만드는 것으로도 보인다.[81]

『한국 기독교의 역사』 공동 저자 중 한 사람인 윤경로도 한국의 개항이 타율적으로 이루어진 데 반해, 한국 그리스도교의 역사는 자율적으로 진행되었으며, 이것이 그리스도교 성공의 단초가 되었다고 지적한다.[82] 그러나 이때의 자율이 진정한 의미의 자율인지 '거역할 수 없는 자율', 즉 사실상 타율인지 분명히 구분하지 않는다. 사실 한국인에 의한 자발적 수용을 강조하려면 한국인이 왜 그리스도교를 적극적으로 수용할 수밖에 없었는지 그 정치적 · 문화적 · 사상적 상황과 당시 한국인이 그리스도교에 대해 가졌던 전이해 등을 상술해야 하는데, 이만열이나 윤경로의 글에서도 그러한 내용은 별반 보이지 않는다.

이상과 같은 교회사적 차원의 연구에 비하면 그래도 신학 사상사적 차원의 연구에서 '한국'이라는 공간은 더 중요성을 얻는다. 물론 교회사 차원의 연구는 어떻든 한국 안에서 벌어진 사건들도 다루고 있는 데 비해, 신학 사상 차원의 연구는 전반적으로 교의적 해석이나 선포에 머무는 경향이 큰 것도 사실이다. 그러면서도 한국 그리스도교 연구가 어떤 방향으로 나아가야 할지를 체계적으로 제시해줄 수 있는 분야이기도 한 것이다.

신학 사상서의 한국관: '만남의 신학을 향하여'

가령 송길섭의 『한국신학사상사』(1987)에서는 이른바 '포괄적 민족사관'의 입장을 제기한다. 이 입장은 '민족'과 '민중'을 포괄해서 보고자 한

81 이만열, 위의 책, 46-47, 104, 180쪽 참조.
82 윤경로, 『한국근대사의 기독교사적 이해』, 역민사, 1992, 456쪽.

다. 그리스도교는 민족적 위기에서 받아들여졌기 때문에 초창기부터 한국 그리스도교회는 '민족'이라는 큰 단위 위에서 형성되기 시작했으며, 동시에 한국 민족 전체가 일본 제국주의의 세력 앞에 정치 · 경제적으로 억압을 받던 '민중'이 된다는 시각에서 글을 전개한다. '민중'으로서의 '민족'이 위기 상황 속에서 그리스도교를 받아들여 생명을 회복하게 되었다는 논지이다.

그러나 이때 '그리스도교'란 무엇인가? 그리스도교라는 그 자체로서 이미 완성된 생명의 종교가 불완전한 한국 땅에 들어와 한국을 채워주었는가? 송길섭도 '한국'과 '신학 사상'의 관계를 분명히 설정하지 않는다. 그 역시 한국 신학 사상에 대해 논하지만, 과연 '한국' 없이 '신학'이 가능했는지, '한국' 없이 이미 저곳에 완성되어 있던 그리스도교라는 것이 있었는지 등에 대한 논의나 한국의 종교문화적 상황에 대한 적극적 평가는 별로 보이지 않는다. 그리스도교가 종교문화적 진공 상태 속으로 들어와 한국의 종교문화적 상황의 중심에 놓인 주체인 듯한 시각을 갖는다. 아직도 한국은 그리스도교가 얼마든지 들락날락할 수 있는 굳어진 '공간'의 차원에 머물고 마는 셈이다.

사실 필자의 이러한 비판 자체는 이들 연구서의 본래 의도와 별 관계가 없는지도 모른다. 그러나 참으로 '한국의' 신학 사상이기 위해서는 '신학', '그리스도교' 등에 대한 철저한 자기비판이 선행되어야 한다. 한국 안에서 죽고 다시 태어난 신학의 눈으로 한국 신학 사상사를 조명해볼 날을 고대해 마지않는다.

한숭홍의 『한국신학사상의 흐름』(1996)은 방대한 규모에도 불구하고 오히려 한국과 그리스도교 신학 사이의 괴리가 극복되지 못한 것으로 보인다. 물론 저술 의도까지 그렇지는 않다. 그는 '역사 주체성', '역사적 사실에 대한 민족사적 역사해석'을 중시하겠다고 말한다.[83] "거의 모든 교단 신학교 교수들의 한국 교회사나 한국 기독교사 관련 저술이나 논문들이 선교사 중심의 역사적 시각과 평가의 차원을 한치도 넘어서지 못했다"고 비판하면서 다음과 같이 제안한다. "우리는 여기에서 민족사관에 입각한 한국 기독교의 이해를 통해서 한국 신학 사상을 창조할 필요가 있다. 이것은 민족 주체의식을 통한 한국 신학 사상의 새로운 출발을 시도하려는 몸부림인 것이다. 이것만이 한국 기독교와 한국 신학의 독자적이며 창조적인 완전한 신학함일 것이다."[84]

이 글에서 드러나는 핵심어는 '민족 주체의식'과 '한국 신학 사상'이라고 할 수 있다. 그는 '한국 신학 사상'을 "기독교가 한국에 들어온 이후부터 오늘날까지 한국의 기독교 정신을 이끌어가고 있는 모든 신학 사상들을 말한다"며 폭넓게 정의하고, 좀 더 구체적으로는 "'한국화한 기독교 신학 사상', '한국화하고 있는 기독교 신학 사상', 혹은 '한국적 삶의 형태가 가미되어 형성된 한국적 기독교 신학 사상'"으로, 따라서 "'한국화한koreanisierte', '한국화하고 있는koreanisierende', 혹은 '한국적koreanische' 신학 사상의 의미로 사용"한다.[85] 이러한 규정은 모호할 정도로 광범위하면서도 동시에 한국 신학을 전체적으로 파악하려는 포괄적인 자세의 발로라고 할 수 있다.

이런 맥락에서 한숭홍은 한국 신학 사상 안에 보수파와 진보파의 사상을 모두 포함시킨다. 수구파의 민족주의와 개화파의 민족주의를 한편에서는 구분하면서 다른 한편에서는 광의의 민족주의에 모두 집어넣는다. 위정척사 운동과 같은 반그리스도교적인 운동도 '민족주의' 차원에서 한국적인 것으로 받아들이고, 점진적이든 급진적이든 개화론자들의 행동

83 한숭홍, 『한국신학사상의 흐름』 하권, 장로회신학대학교출판부, 1996, 554쪽.
84 한숭홍, 위의 책, 상권, 115, 117쪽.
85 한숭홍, 위의 책, 상권, 22, 38쪽.

도 '현대주의'라는 차원에서 받아들이며, 동학 운동은 '진보주의'의 차원에서 모두 한국적인 것으로 본다. 이들 모두가 한국 신학 사상에 '한국적인 것'을 제공해준 원류가 되며,[86] 이러한 운동과 정신이 20세기로 흘러 들어오면서 독립운동과 한국 신학의 싹으로 이어졌기 때문이라는 것이다. 적극적으로 말해서 "국가와 민족에 대한 국민들의 사랑이 결집된 국민감정"이라면[87] 모두 한국적인 것의 원류로 받아들이고 있는 셈이다. 한국의 모든 것을 수용하고서 참으로 한국 신학을 정리해볼 태세이다.

그렇지만 이러한 전제들과는 달리 한숭홍 역시 민족이 그리스도교에 대해 벌인 일보다는, 그리스도교가 한국 민족을 위해 행한 것에 무게중심을 두기는 마찬가지이다. 종교는 문화, 사회와의 상호 관계 속에서 성립되기에 문화와 사회를 중시해야 한다는 입장을 원칙적으로 수긍하면서도, 실제로는 그리스도교가 한국에 들어와서 행한 일은 대부분 한국 문화 내지는 사회와의 관계 속에서 거의 긍정적인 역할만을 한 것처럼 묘사하는 경향이 있다.[88] 원론적인 차원에서는 그리스도교가 한국 사회와 문화 안에서 변용되는 것이 당연하다는 듯 종교와 문화의 '상호 관계성'에 대해 말하지만, 전체적으로는 한국의 전통 종교와 문화가 그리스도교에 끼친 영향보다는 그리스도교가 한국 사회와 문화에 끼친 영향을 주로 거론한다. 그리스도교는 온갖 몰이해와 역경 속에서도 교육 사업을 통해 이 땅의 '무지몽매'를 깨우쳤고, '민중의 편견'과 '미신 타파'에 역점을 두고서 큰 효과를 거두었다고[89] 평가하는 부분에서는 앞서 위정척사파의 민족적 태도나 반反서학 운동의 일환인 동학 운동을 한국적인 것으로 긍정했던 것과 모순되는 듯하기도 하다. 전반적으로는 그리스도교

86 한숭홍, 위의 책, 상권, 37-60, 95쪽 참조.
87 한숭홍, 위의 책, 상권, 77쪽.
88 한숭홍, 위의 책, 상권, 28-34, 80-82, 85-86, 90-91, 108쪽.
89 한숭홍, 위의 책, 상권, 64-65, 68쪽.

를 주체적으로, 한국 문화를 종속적으로 보면서, 그리스도교가 한국 사회에 끼친 부정적인 측면은 분석하지 않는다. 한국을 그리스도교에 의해 조형되어야 할 객체의 수준에 두고 있는 것이다. 이것은 그가 스스로를 '개혁전통에 선 복음주의 신학자'의 반열에 포함시킬 때 이미 내재해 있었던 결론인지도 모르겠다.[90]

한국적 주체성과 관련하여 가장 적극적인 신학적 견해는 변선환의 연구에서 드러난다. 가령 변선환의 『한국적 신학의 모색』(1997)은 변선환의 타계 후 후학들이 유고 논문들을 모아 편집한 책으로 한국의 신학 전체를 개관하는 연구서는 아니지만, 한국적 신학 원리를 비교적 분명히 밝히고 있다. 그리스도교가 정말 한국적 종교이기 위해서는 반만년 이상 한국인의 심성 속에 자리 잡고 있는 다양한 종교 전통을 받아들여야 한다는 입장을 보여준다. 오늘날 한국인이 보아야 할 그리스도는 "문화적 종교적 제국주의자로서 군림하는 문화의 지배자가 아니라, 오히려 한국 문화를 사랑하고 섬기려는 문화의 종servant of culture으로 역사하고 계신다"[91]고 말한다. 이런 식으로 그는 유 · 불 · 선과 공존하는 그리스도교를 추구한다. "유 · 불 · 선 · 한국 종교는 어제 기독교 이데올로기의 적이었을는지 모르나, 내일을 향한 오늘의 기독교의 좋은 벗이 되었다. 유 · 불 · 선과의 대화에서 한국이 인간화되고, 토착화한 한국적 신학이 형성되는 날을 고대한다."[92]

변선환은 이러한 맥락에서 종교 간의 대화를 강조한다. 이 대화는 상대를 개종시키려는 선교적 차원에서의 대화가 아니라, 오히려 상대를 통해 그리스도교를 더 심화하려는 차원의 대화로 보인다. 여기에서 그의

90 한숭홍, 위의 책, 하권, 578쪽.
91 변선환, 『한국적 신학의 모색』, 한국신학연구소, 1997. 13, 21쪽.
92 변선환, 위의 책, 280쪽.

한국적 주체성은 두드러진다. "하나님은 오직 기독교인들의 기도만 들으시는 기독교인만의 하나님은 아니다. 종교 간의 대화는 타 종교를 통하여 서로 다른 종교를 향하여 말씀하시는 하나님에게 보다 깊은 차원으로부터의 회개를 감행하도록 우리들 모두에게 촉구한다"는 그의 말은 이를 반영해준다.[93]

더 나아가 그에 의하면, 이른바 '타 종교'는 그리스도교에게 그저 하나의 대상의 수준에 머무는 것이 아니라 도리어 그리스도교의 주체가 된다. 다른 저서에서 그는 이렇게 정리하고 있다. "타 종교는 서구 신학의 관점에서 보게 되는 신학의 수단이 아니라, 오히려 목적이며, 신학의 객체가 아니라 오히려 주체가 되므로, '타 종교와 신학'이 아니라 '타 종교의 신학'이 새로운 주체가 되게 된다."[94] "타 종교는 더 이상 그리스도교와 '다른' 종교라는 의미에서의 '타' 종교, 즉 그리스도교가 그저 대상적으로만 바라볼 수 있는 종교라는 뜻이 아니다. 이 나라에 발붙여 살고 있는 사람들의 삶에 녹아 있는 타 종교이다. 한국 사람이라면 한국의 전통 종교들인 유교나 불교 등을 더 이상 나와 상관없는 것으로, 즉 나와 '다른他' 것으로 볼 수 없다"[95]는 말이다. 이런 점에서 변선환의 신학은 적어도 그 신학적 원리의 차원에서 보자면 한국의 전통문화를 가장 적극적으로 소화해낸 신학이라고 할 수 있을 것이다.

변선환은 자신의 신학적 소명을 이렇게 정리한다. "우리들은 마치 한국 종교가 존재하지 않는 것처럼 종교적인 진공 지대에서 신학하도록 불려진 것이 아니라, 종교적, 정치적 다원주의 상황 속에 있는 한국의 역사적인 현장을 '신학의 장locus theologicus'으로 삼고 신학하도록 부름 받았

93 변선환, 위의 책, 259쪽.
94 변선환, 『종교간 대화와 아시아 신학』, 한국신학연구소, 1996, 181쪽.
95 이찬수, 「타종교의 신학: 변선환의 종교다원주의신학을 다시 본다」, 『신학사상』 93, 1996 여름호, 66쪽.

다."[96] 이렇게 해서 그는 그리스도교로부터 벗어나 그리스도교를 객관화하고, 도리어 한국의 종교들을 그리스도교의 주체로 삼을 수 있는 성숙한 사상을 보여준다.[97]

그러나 변선환의 연구가 대체로 신학적 원리 자체에 충실한 데 비해, 유동식의 연구는 상대적으로 한국의 종교 사상 자체를 더 중시한다는 점에서 '한국 그리스도교 연구사'적 의미가 더 크다. 유동식은 이미 1959년에 서양의 로고스에 해당하는 동양의 개념을 '도道'에서 찾으면서 도가 복음 이해의 지평이 된다고 보았으며,[98] 『한국종교와 기독교』(1965)에서는 무교 및 유·불·선·천도교 등 한국적 종교와 그리스도교의 관계를 긍정적으로 논하고 복음의 한국적 이해를 도모한 바 있다. 이 책에서는 결국 한국의 종교들을 그리스도교 안에 수용하는 포괄주의적 시각을 가지고 그리스도교에서 한국의 미래를 보는 호교론적 성향을 떨치지 못하지만,[99] 이러한 성향은 후기 작품으로 갈수록 완화된다.

가령 『한국신학의 광맥』(1982)에서 한국의 문화적 전통과 역사적 특수성을 중시하는 정도는 더 진지하게 느껴진다. 그는 이 책에서 '한국 신학 사상'을 '한국 사상사'의 맥락에서 다루고자 한다. 또한 불교나 유교 등을 통해 전개되던 "한국 사상사의 기초 이념이 한국 그리스도교를 통해서는 어떻게 전개되었는지"를 보고자 한다. 그렇게 하면서 그 기초 이념을 '풍류도風流道'에서 찾는다. 그에 따르면 풍류도는 유·불·선 삼교를 포섭하는 한민족 고유의 영성이다. "풍류도의 본질은 하느님과 하나가 되어 그의 뜻을 따라 뭇 사람들과 윤리적 사랑의 관계를 맺는 데 있다."[100]

96 변선환, 『한국적 신학의 모색』, 259쪽.
97 변선환 사상에 대한 구체적이고 적극적인 평가는 이 책 6장을 참조할 것.
98 유동식, 「도와 로고스: 복음의 동양적 이해를 위한 소고」, 『기독교사상』, 1959. 3.
99 유동식, 『한국종교와 기독교』, 대한기독교서회, 1965, 149–184쪽.
100 유동식 외, 『한국종교사상사 IV』, 연세대학교출판부, 1986, 191쪽.

이러한 정신이 참으로 한국 사상의 기초 이념인지의 문제는 차치하고라도, 일단 그리스도교 연구서이면서도 한국적인 것을 그리스도교 밖에서 찾고 있다는 사실은 주목해야 할 일이다.

이와 함께 그리스도교는 종교적 다원성 위에서 수용되었고, 그리스도교도 종교적 다원성을 수용하는 것이 자연스러운 일이라는 시각을 견지한다. 이런 식으로 한국 문화의 기본 영성과 그리스도교적 특수성을 모두 살리려는 자세를 지닌다. 그가 종종 한국의 문화와 역사마저 그리스도교의 삼위일체적 구조 안에 새로 틀 지으려는, 다분히 그리스도교 중심적 시도를 벌일 때는 과연 한국의 문화적 전통과 역사적 특수성을 중시하고 있는 것인지 의심스러워지지만, 그럼에도 불구하고 그의 연구는 언제나 '신학 사상'과 '한국 사상'을 유기적 관계 속에서 다룸으로써 그리스도교 신학이 한국적인 정체성을 얻을 수 있는 가능성을 보여주고자 한다.

유동식처럼 한국 문화의 원류를 찾고, 그것을 중시하는 입장은 심일섭의 『한국 토착화 신학 형성사 논고』(1995)에서도 드러난다. 유동식이 '풍류도'에서 한국 사상의 기초 이념을 보았다면, 심일섭은 '단군신화'를 중시한다. 단군신화를 신학적으로 조명하는 작업은 이미 윤성범도 시도한 바 있다.[101] 그러나 윤성범은 종종 단군신화와 그리스도교의 삼위일체론 등 동양 종교와 그리스도교를 성급하게 동일시하는 한계를 보이기도 한다. 그리스도교와 한국적 정서의 동질감을 보여주고자 노력하지만, 오히려 한국과 그리스도교 본래의 자리를 잃어버리게 만들 위험성도 내포하고 있는 것이다.

심일섭도 단군신화에서 우리 민족의 이념적 원형을 찾고 그리스도교

101 윤성범, 「환인, 환웅, 환검은 곧 '하나님'이다」, 『사상계』, 1963. 6, 258쪽.

는 단군신화의 정신과 묘합妙合을 이루어야 한다고 강조한다. 이것은 일면 타당하다. 과연 단군신화에 우리 민족의 원형이 담겨 있는지의 문제를 차치한다면, 어떻든 진정한 한국 신학은 한국적인 것과 조화할 때 성립되는 것이기 때문이다. 그러나 이 책의 문제점은 무엇보다 민족 전통문화를 중시한다고 하면서도 다시 단군신화류의 '원형'만을 강조한다는 데 있다. 그는 그리스도교를 받아들였던 조선 시대를 민족문화의 단절기, 암흑기로 간단히 치부한다. 심일섭에 의하면 조선 시대는 "경직된 유교문화의 병폐가 극에 달한" 시기로서 "민족문화가 말살되고 민족전통이 질식되는 반역의 암흑기"이다.[102] 그는 우리 민족 정신사에 결정적인 영향을 끼친 한 시대(조선)를 완전히 삭제해버리고 싶어하는 듯 보인다. 그러나 과연 '유교 국가' 한국의 추축 시대였던 조선 시대를 그 누가 삭제할 수 있는 것일까? 아니 삭제하려 한다고 해서 삭제되기나 하는 것일까? 한국의 신학을 한국적 사상의 원형과 연결지으려는 주체적인 노력에도 불구하고, 심일섭의 연구는 한국의 전체를 보려고 하지 않는다는 점에서 불완전한 한국 토착 신학 형성사가 되고 만 듯하다.

주재용의 『한국 그리스도교 신학사』(1998)에서는 이러한 입장이 다소 유연해진다. 그는 신학 역시 여러 학문들 가운데 하나이며, 시대적 상황을 반영하는 것일 수밖에 없다는 해석학적 자세를 견지한다. 특별히 그의 연구 전반에서는 '민족'이라는 추상적 개념보다는 '민중'이라는 구체적 현실을 중시하고자 한다. 이것을 다시 '민중적 민족 신학'이라는 표현을 써서 나타낸다. 넓게 이야기하면, 살아 변화하는 '여기'라는 공간과 '지금'이라는 시간 및 '한국인에 의한', '한국인을 위한' 신학, '신학의 한국적 상황'을 중시할 때, 좁혀 이야기하면, '민중의 전망에서', '고난

102 심일섭, 『한국 토착화 신학 형성사 논고』, 국학자료원, 1995, 18-19쪽.

의 역사 속에서, 고난받는 민족에 의해 싹이 튼 한국 기독교를 이해하려는 노력'으로 나타날 때 한국 신학이 될 수 있다는 입장이다.[103] 서남동, 안병무 등이 주도해온 민중 신학적 시각을 한국 신학 사상사에 적용해본 결과물이라고도 할 수 있다.

주재용은 이와 같은 식으로 '복음에 대한 한국적 이해'를 강조한다. 여기에서 한국은 단지 신학의 방계적 대상에 머물지 않고, 변선환이 말했던 바와 같이, 신학의 '장'이다. 그러나 문제가 있다면, 신학이라는 것은 그래야 한다는 원천적이고 당위적 사실을 선포하는 데 머무는 경향이 크다는 점이다. 그리스도교 교의나 제도보다는 '한국'이라는 현장을 신학의 맥락으로 철저하게 강조했던 민중 신학만큼의 적극성을 보여주고 있는 것 같지는 않다. 그는 "계급적, 민족적 모순 속에서 눌리고 빼앗기며 짓밟히던 민중이 새로운 세계에 희망과 기대를 걸고 그리스도교를 받아들여 교회로 몰려오자" 교회는 "하나님 나라"의 이상을 제시함으로써 민중의 "힘과 희망을 교회 안으로 끌어들일 수 있었다"[104]고 말한다. 이때 그 민중의 힘, 희망, 기대는 그리스도교 안에서만 완성되는 불완전한 것이고 그리스도교는 완전한 것인가? 이러한 관계가 아직은 불분명해 보인다. '민중 신학'에서처럼 한국 민중의 힘과 희망을 그 자체로 그리스도교적인 것으로 해석하고 있지는 않아 보인다. 그러다 보니 그가 논의의 소재로 삼는 신학/신학자들은 대부분 그리스도교라는 틀 안에 있었던 사상이나 사람에 국한되고, 의도했던 바는 아니었겠지만 그리스도교는 결국 문제투성이였던 조선 말의 대표적 해결사로 남고 만다.

그 밖에 '한국인의 주체적인 복음의 수용-해석-적용 과정에 주목하는' 이덕주의 '토착교회사관'이나,[105] 유동식의 신학에 영향을 받아 '한'

103 주재용, 「한국 민중과 개신교사」, 『역사와 신학적 증언』, 대한기독교서회, 1985, 266쪽.
104 주재용, 『한국 그리스도교 신학사』, 대한기독교서회, 1998, 14, 30쪽 참조.

이나 '하느님 신앙'을 민족정신의 원형으로 삼는 가운데 '우리 민족의 역사를 소중한 신학의 재료로 삼으려는' 성백걸의 '한생명 모델의 토착사관'[106] 등도 모두 한국과 그리스도교를 단순한 주객도식적 차원에서 파악하는 수준을 넘어서고자 했던 노력의 산물이다. 한국과 그리스도교의 창조적 융합과 자기 변화를 통한 새로운 지평의 형성을 추구하려 한다는 점에서 이들의 연구에서는 기존의 민족교회사관이나 민중교회사관을 포섭하려는 자세가 돋보인다.

이상의 연구들은 주체적인 한국 신학을 이루기 위한 시도의 일부이다. 이러한 시도에서 우리는 '종교해석학'을 본다. 종교 자체는 물론 그 연구마저도 시대와 장소를 거부할 수 없는 것임을 충분히 숙지하고서, 그러한 사실을 반영해내고자 하는 노력의 일환인 것이다. 더 나아가 그리스도교가 서구의 냄새를 줄이고 한국적 향기를 더욱 풍김으로써 한국의 종교로 자리 잡게 하고, 또 그리스도교 연구를 진정한 의미에서 한국 종교 연구의 일부가 되도록 하기 위한 노력인 셈이다.[107]

이와 관련하여 김경재의 『해석학과 종교 신학: 복음과 한국종교와의 만남』(1994)[108]은 그리스도교도 한국의 종교문화와 '지평융합'을 이루어 가는 하나의 종교일 수밖에 없음을 해석학적 방법론과 함께 적절히 지적하고 있는 연구서이다. 좀 더 구체적으로 풍류도, 무교, 불교, 유교의 상

105 이덕주, 『한국 토착교회 형성사 연구』, 한국기독교역사연구소, 2000, 21-25쪽.

106 성백걸, 「한국 기독교 사학의 현 단계와 새로운 과제」, 『역사 · 선교 · 신학: 박대인교수은퇴기념논문집』, 도서출판 감신, 1997, 199-202쪽; 「한의 영성과 한민족의 정체성 형성: 한 신학의 정초와 성찰」, 『한국 종교문화와 문화신학』, 한들, 1998, 188-193쪽.

107 이 책 1장의 내용 일부를 재인용해보았다.

108 김경재, 『해석학과 종교신학: 복음과 한국종교의 만남』, 한국신학연구소, 1994.

호 침투와 융합 속에 들어선 그리스도교의 모습, 이들 전통적 종교문화와의 지평융합을 통할 때에만 한국 그리스도교로서 자리 잡게 된다는 해석학적 방법론이 앞선 연구들에 비해 한결 분명하게 드러난다. 유동식, 변선환의 연구와 함께 한국의 종교문화를 그리스도교 신학의 내용으로 삼고자 하는 정신이 가장 돋보이는 연구이다. 그리스도교를 한국의 종교문화 '안'에서 보고, 그리스도교 안에 한국의 문화와 한국적 주체성을 더 담아내려 기울이는, 한국적 종교 신학의 형성을 위한 노력이 두드러지는 책이다. 이들의 연구로 인해 그리스도교 신학은 한국의 오랜 종교문화와 만날 수 있는 가능성을 보여주게 된다.

7. '한국적' 연구를 지향하며

이러한 신학 사상사 관련 연구들은 그리스도교를 한국 종교문화 안에 틀 지으려는 염원의 소산이다. 그러나 이러한 염원대로 과연 그동안의 한국 그리스도교 연구가 한국의 종교문화적 현실을 충분히 반영해내는 데까지 이르렀는지는 아직 의심스럽다. 그리스도교가 정말 한국의 종교인지 아닌지는 특정인에 의해 결정될 수 있는 사항은 아니지만, 적어도 종파 중심적 호교론을 벗어난 종교문화사적 차원에서의 연구 안에서 비교적 객관적으로 드러나게 될 것이라는 점은 분명하다. 즉 그리스도교라는 종교가 한국 종교문화의 전반적 현실 안에서 하나의 종교 현상으로 연구될 수 있을 때, 더 나아가 한국의 일반 사학자들에 의해 한국 통사 안에서 적극적으로 평가되고 그리스도교적 사건이 일반적인 한국 역사 내부의 사건으로 연구될 수 있을 때, 한국 그리스도교 역시 한국에서의 다른 사건들과 깊이 연루되어 있는 한국사의 일부라는 사실도 비교적 객관적으로 밝혀지게 될 것이다.

그러나 여태껏 한국 그리스도교에 대한 종교문화사적 연구는 '한국 종교사' 안에 단편적이고 독자적인 한 장章으로 분리, 서술되고 있는 경우를 제외하면 거의 없었다고 할 수 있다.[109] 1990년대 들어 그 단초가 보이면서도, 그 서술 방식에 있어서는 여전히 불교, 유교, 천주교, 개신교, 민족 종교 등 종파별로 나뉘어 독립적으로 연구되고 있다는 데 기본적인 한계도 있다. 한국 종교문화라는 것은 본래 이렇게 종파별로 분리될 수 없는 통합적 전체라는 점에서, 이들 종교들의 상호 교섭과 같은 측면을 포함해 한국 종교문화사 전체가 한국 문화사의 맥락 안에서 통합적으로 다루어져야 할 것이다. 그동안의 종교문화사적 맥락에서의 한국 그리스도교 연구도 사실상 부분적 조명에 머물러온 셈이다.

이와 같은 상황에서 한국종교연구회의 『한국 종교문화사 강의』(1998)는 그래도 이러한 한계를 극복해보려는 신선한 시도라고 생각된다. 이 책에서는 그리스도교를 '근 · 현대의 종교문화'의 장에서 쟁점이 되는 주제를 중심으로 다룬다. 한국 그리스도교도 한국 문화의 일부이고, 다양한 한국 종교들 가운데 하나라는 사실을 글의 구조적 배치를 통해 보여준다. 그러나 주제별로 접근하다 보니 한국에서 그리스도교가 처한 전체적이고 독특한 위치는 잘 드러내지 못한다는 약점도 있다. 그렇지만 이러한 연구가 그리스도교에 대한 종교문화사적 조명의 첫 단계인 것은 분명하다.

109 그동안 비교적 중립적인 시각의 한국 그리스도교 관련 연구는 국학 차원의 연구인 이능화의 『조선기독교급외교사』(1928)를 필두로, 김득황의 『한국종교사』(1963), 윤이흠 외, 『한국인의 종교』(1987), 한국종교사회연구소 엮음, 『1945년 이후 한국 종교의 성찰과 전망』(1989), 그레이슨James Huntley Grayson의 *Korea: A Religious History*(1989), 한국종교연구회 엮음, 『한국 종교문화사 강의』(1998) 등에 반영되어 있는 정도이다. 이런 식의 연구들은 대체로 천주교든 개신교든 그리스도교 역시 다른 종교들과의 상호 관계 속에 있는 하나의 종교라는 시각을 갖게 해준다는 데 의의가 있다. 특별히 그리스도교의 자기중심적이고 호교적인 성향에 대한 강력한 도전이 된다.

이와 더불어 한국 그리스도교에 대한 종합적인 연구는 아니지만, 종교학적 시각을 가지고 한국 천주교와 개신교의 관계를 갈등과 차별의 역사를 중심으로 정리한 신광철의 『천주교와 개신교』(1998) 및 이들 자료를 편견 없이 두루 다루면서 동아시아 문화권에서 한국 그리스도교의 위치를 종합적으로 돌아보게 해주는 김승혜의 『동아시아 종교전통과 그리스도교의 만남』(1999)은 천주교나 개신교의 종파 중심적 연구에 암묵적으로 경종을 울리고, 동시에 종교라는 것을 문화사의 맥락 안에서 파악하도록 하는 데 기여하고 있는 책이다.

그러나 이러한 일부 연구들을 제외하면, 그 시각과 내용에 있어서 한국 그리스도교 연구는 아직 부분적이고 단편적인 수준에 머물러 있는 실정이다. 전체적으로 호교론적/선교론적 시각이 여전히 중시되고, 종교적 우월감도 전제되어 있거나 강하게 드러난다. 이것은 연구자들 대부분이 그리스도 신앙인이며, 또 그리스도인을 대상으로 한 연구라는 점과 근본적으로 관계되어 있다.

무엇보다 한국 그리스도교 연구에서 간과할 수 없는 문제점은 연구자들이 그리스도교와 한국을 연결 짓는 방식에서 보인다. 지금까지는 천주교 연구든 개신교 연구든 호교론적 시각은 함축적으로 전제하고 있으면서도, 그리스도교가 한국 안에 들어와 있는 한국의 종교임을 드러내야 할 때에는 한결같이 자기 종파의 민족적 태도를 내세워 그리스도교의 한국적 정체성을 밝히려는 자세를 견지해왔다. 그리스도교는 민족이 처한 어려운 시기에 그 어려움을 극복하는 데 일조했으니 민족적이며 따라서 한국의 종교라는 논지를 펴온 것이다. 비교적 최근에 들어온 외래 종교로서의 생경함을 극복하고 한국에 어울리는 종교임을 알리는 확실한 수단으로 교회의 민족주의적 태도를 거론하는 가운데, '한국적'인 것과 '민족적'인 것을 동일시해왔다는 말이다.

그러나 한국 그리스도교 연구자가 한국 그리스도교의 민족성을 강조하고 있다는 사실은 달리 보면 한국 그리스도교는 아직 민족의 문제에 철저히 연결되어 있지 않다는 사실을 스스로 밝혀주는 셈이기도 하다. 어찌 보면 이것은 한국 그리스도교 연구자 스스로가 민족적인 감정에 호소해서 그리스도교도 한국의 종교임을 알리려는 선교론적 발상의 일환이며, 더 나아가 그리스도교는 한국 안에 뿌리내리지 못한 외래 종교임을 스스로 반증하는 것이라고 해도 과언은 아니다. 더욱이 3·1 운동에의 참여, 신사참배의 거부 등 초기 한국 그리스도 교회에서 보여주었다는 민족적 태도는 사실상 그리스도교만의 특징이라기보다는 당시 한국 사회의 전반적인 분위기이기도 했다는 점을 염두에 두어야 한다. 조선의 멸망, 일제의 침략, 한국전쟁의 발발 등으로 이어진, 말 그대로 '다사다난'했던 '근대' 한국의 현실 속에서 살았던 한국인이라면 누구든 민족적인 태도를 견지하지 않을 수 없었던 상황이었다는 의미이다.

한국인으로서 민족적인 것을 반대하는 사람이 거의 없었다는 점에서, 국권 상실기 동안에 보여준 민족적인 태도가 과연 한국의 자연인으로서 행한 일이었는지 그리스도인이라는 신분에 따라 행한 일이었는지는 분명히 구분해야 한다. 한국 그리스도교 연구에서 그리스도교적인 것과 민족적인 것을 엄밀히 구분하지 못하고, 민족적인 것과 한국적인 것을 단순하게 동일시하려는 듯한 분위기는 도리어 그리스도교의 외래성을 반증해주는 사례라는 말이다. 그리스도교를 한국의 맥락에서 철저히 비판적으로 반성하고 있지 못하며, 한국 그리스도를 연구한다면서도, 그때 '한국'이란 어떤 것인지에 관한 담론도 본격적으로 일어나고 있지 못한 형편이다.

이와 관련하여 그동안 한국 천주교회의 독자적 '창설'을 주장해온 연구자들에게 만일 한국 천주교회가 독자적으로 창설되었다면 그것은 중국에 많은 부분 종속적이었던 그 간의 한국 상황을 볼 때 당연했던 일이라며 비판했던 일본인 학자 야마구치의 주장은, 어찌 되었든 한국 그리스도교를 '객관화'시켜 볼 수 있었던 데서 오는 정당한 판단이라 생각된다. 우리의 그리스도교 연구도 이제 호교론적 감상주의를 벗어나서 자신이 처한 자리를 객관적으로 검증하고 철저한 학문의 대상으로 삼아야 할 때가 되었음을 알려주는 사례 가운데 하나라고 할 수 있다.

일부 그리스도인이 민족의 문제에 참여했다는 역사적 사실을 들어 그리스도교의 '외래성'을 극복하려고 했다면, 이제는 철저한 자기비판과 검증을 통해 한국 '안'에서 그리스도교란 무엇인지에 대한 진지한 연구가 이루어져야 할 때이다. 어떤 대상을 연구하고자 한다면 그 대상을 바라보고 있는 주체의 문제를 먼저 확립할 수 있어야 한다. 그리스도교를 연구하고자 한다면 연구 주체가 그리스도교로부터 자유로워야 한다. 그렇다고 해서 비그리스도인에 의한 그리스도교 연구가 더 중요하다는 뜻은 아니다. 그러한 의미의 '객관주의'를 말하려는 것도 아니다. 그리스도교 안에만 종속되어 있으면 도리어 그리스도교가 제대로 보이지 않는다는 뜻이다. 연구 대상을 철저하게 대상화해보는 것, 연구 주체가 연구 대상에 종속되지 않는 것, 일단은 그것을 연구의 출발점이라고 할 수 있을 것이다.

이제까지의 한국 그리스도교 연구에서는 무엇보다 연구 주체가 그리스도교로부터 자유롭지 못했다. 그랬기 때문에 연구의 또 다른 대상이었던 '한국'에 대한 평가도 일반적인 의미의 한국 관련 학계에서 환영받지 못했던 것으로 보인다. 한국 그리스도교 연구 안에 드러난 그리스도교 우월적인 한국관은 한국적 현실을 제대로 반영해내지 못하는 비한국적인 관점이었다는 의미이다. 연구의 시각을 한국 전체를 향해 개방하지 못하고서 자신 안에 닫혀 있었던 지난 100여 년 동안의 연구 상황에 비추어보면, 학문적 엄밀성이나 객관성을 충실히 반영해낸 한국 그리스도교 연구는 차세대 한국 종교 연구자들의 과제로 넘겨주어야 할 것 같다.

제3장 한국 그리스도교, 한국적이기 위하여

1. 한국이라는 주변, 서양이라는 중심

지금까지 고찰한 대로 100여 년 넘게 진행되었던 한국 그리스도교에 관한 연구는, 연구자가 한국인이었든 외국인이었든 전반적으로 한국의 종교문화적 상황을 충실히 반영해내지 못한 채 이루어졌던 것으로 평가된다. 그리스도교가 한국에 들어오고 전개된 것은 어찌 되었든 한국인의 정서 안에서 한국적으로 변용되었기에 가능한 일이지만, 이러한 사실이 연구자의 의식적인 차원에서까지 충분히 받아들여져 온 것은 아니었다. 의식적인 차원에서는 상당수 그리스도인들이 한국인의 정서를 그리스도교화시키고, 한국의 문화적 전통을 혁신해야 한다는 호교적이고 선교적인 관심 안에 머물면서 한국 위에 군림하려는 자세를 보여왔다. 물론 '군림'에도 정도의 차이는 있고, 한편에서 보면 어느 정도 완화되어온 것도 사실이지만, 이러한 자세는 기본적으로 한국 그리스도교에 관한 연구서 안에서도 지속해왔다. 연구 주체가 그리스도교로부터 자유롭지 못했기 때문에 연구의 시각 자체가 '한국'을 신학의 대상으로만 파악하는 수준을 넘어서지 못했거나, '한국'을 그리스도교적 신앙과 시각을 기준으로 재단하는 것을 당연시하기도 했다.

물론 시야를 돌리면 이것은 딱히 한국 그리스도교에만 해당하는 말이 아니었다. 한국에서 철학이라고 하면 응당 서양 철학을 일컫는 말이었고, 한국 철학은 '한국'이라는 수식어를 붙이고서 서양 철학에 의해 검증될 때에만 존재론적 타당성을 부여받는 하나의 변수였다. 서양 철학은 보편적 학문이고 한국 철학은 지역적이고 특수한 분야였다. 그만큼 서양 철학은 한국 사상을 규정하고 판단하는 절대적 기준처럼 간주되었다.[1] 음악은 으레 서양 음악이고 한국 음악은 '국악'이었다. "개화기 이후 서양 음악을 받아들였던 지식인들은 서양 음악을 우리와 관습적 차이를 갖는 '문화'로서 본 것이 아니라, 우리가 따라 배워야 할 '발전된 문명'이나 '선진기술'과 같은 의미로 받아들였다. 그 결과 전통 음악적 세계관과 음악 양식은 후진 것으로 부정" 당한 채,[2] 조선식 곡조는 "요정이나 놀이터에서 부를 것이지 신성한 교회당에서는 절대 노래할 수 없는"[3] 것으로 치부되었다.

교회 건축 역시 "우리의 고유 양식이나 건축 방법을 응용, 창조적인 면은 없어져가고 서구적 건축 양식의 무분별한 외형적 모방으로 국적 없는 건물처럼 지어져갔다…… 수십억 원의 헌금으로 동양 제일, 세계 최대로 커다랗게 지었지만, 기독교 신앙을 한국 문화와 한국인의 정서적 토양에 심어줄 수 있는 종교적 상징성과 호소력은 부족했다."[4] 문학 역시

1 이진우, 『한국 인문학의 서양 콤플렉스』, 민음사, 1999, 183-196쪽; 이승환, 「황색피부, 하얀가면: 철학의 식민화」, 역사문제연구소 엮음, 『전통과 서구의 충돌』, 역사비평사, 2001, 137-158쪽 참조.
2 이소영, 「서양음악의 수용과 전통음악의 변화」, 역사문제연구소 엮음, 위의 책, 112쪽.
3 『매일신보』, 1941. 11. 7.; 이소영, 앞의 글, 113쪽에서 재인용.
4 윤바울, 『한국적 교회 건축을 찾아서』, 한들출판사, 2000, 9쪽.

전반적으로 서구 이성주의가 동양에 대해 지니고 있었던 뿌리 깊은 편견으로 인해 그 문학적 문제들의 준거를 늘 서구 문학론에서 찾게 되었다.[5] 마찬가지로 교회사는 당연히 세계교회사, 특별히 서구교회사였고, 한국교회사는 그저 서구라는 보편에 의해 검증될 때에만 그 존재 의의를 인정받는 부분적이고 주변적인 교회사였다. 서구교회사가 보편적 역사라면, 한국교회사는 서구교회사의 '성총'을 받아 전개되어가는 여러 모습 중 하나에 지나지 않은 셈이다.

한국의 신학 역시 비록 한국이라는 장소에서 이루어지기는 했지만, 전반적으로 서양 신학의 틀에 끼워 맞추어진, 일종의 '격의格義 한국 신학'이었다.[6] 이승환이 마르티니크 출신의 알제리 정치 운동가 프란츠 파농Frantz Omar Fanon의 표현을 빌려 나타내고 있는 것처럼, 한국 그리스도교 신학은 '황색 피부에 하얀 가면'을 쓰고 있었던 꼴이다.[7] '자신의 문제를 풀어갈 언어를 가지지 못하는 사회, 자신의 사회를 보는 이론을 자생적으로 만들어가지 못하는 사회', 조한혜정의 표현대로 '식민지적' 연구 풍토를 지속해온 셈이다.[8] 이러한 경향은 한편에서 보면 일찍이 신채호가 외래 문물을 받아들이는 데 있어서 주체적이지 못했던 조선의 현실을 두고 통곡했던 내용과도 기본적으로 상통한다.

5 정재서, 『동양적인 것의 슬픔』, 살림출판사, 1996, 44-45쪽.
6 '격의 한국 신학'이라는 표현은 노장老莊 사상의 개념과 언어로 인도 불교의 사상을 나타내려고 했던 초기 중국 불교의 형태인 '격의 불교'를 차용한 말이다. 이미 철학자 김영민과 이승환이 '격의 동양 철학'이라는 표현을 사용하면서 한국의 동양 철학이 '격의적'이라는 사실을 지적한 바 있다.
7 이승환, 앞의 글, 153쪽.
8 조한혜정, 『탈식민지 시대 지식인의 글읽기와 삶읽기 1: 바로 여기 교실에서』, 또하나의문화, 1992, 22쪽. 시야를 아시아권 전체로 돌려도 크게 다르지 않은 것 같다. 가령 스리랑카의 신학자 피어리스A. Pieris가 "아시아인들이 서로 숨은 신학들을 교류하지 못하고 겨우 비아시아 언어권의 자문만 받아야 했다는 것은 통탄할 노릇"이라고 '통탄'한 것도 비슷한 연구 풍토를 반영해준다. 알로이스 피어리스, 『아시아의 해방신학』, 성염 옮김, 분도출판사, 1988, 175쪽.

우리 조선은 석가가 들어오면 조선의 석가가 되지 않고 석가의 조선이 되며…… 주의가 들어와도 조선의 주의가 되지 않고 주의의 조선이 되려 한다. 이것이 조선의 특색이냐. 특색이라면 노예의 특색이다. 나는 조선의 도덕과 조선의 주의를 위해 통곡하려 한다.[9]

이것은 일종의 사대주의事大主義적 자세에 대한 통박이다. 사대사상은 스스로를 작게 보고 큰 것을 중심으로 동경하면서 스스로를 주변화시킨다. 큰 것, 보편적인 것을 통해 자기의 정체성을 획득하려는, 요즘 식으로 하면 극단적 오리엔탈리즘과 같은 것의 결과이다. 사이드Edward W. Said가 말한 대로, 서양의 동양 지배 의도에 따라 구성된 동양 담론, 즉 "동양을 지배하고 재구성하며 위압하기 위한 서양의 스타일"[10]이 동양을 소외시키고 억압했듯이, 한국은 스스로를 서양이라는 타자의 눈으로 재단하면서 서양이라는 보편적 기준에 한국이라는 특수한 재료를 맞추려고 노력했다. 그 전형적인 예가 그리스도교의 한국관에서도 드러난다. 1장에서 본 바와 같이, 동양에 대한 인식론적 우월주의에 사로잡힌 서양식 오리엔탈리즘의 눈으로 한국 그리스도교 역사를 다루면서도 '문제점은 조선에서 찾고 공은 천주교에 돌리거나', 조선에는 '미신'만 있고 설령 철학은 있을지언정 '종교는 없다', 내지는 '신은 선교사의 등에 업혀 비로소 들어왔다'는 식의 평가를 해온 것이다.

많은 학자들이 서구 사상가들의 글을 인용해야만 자기 글의 수준이 높아지고 한글 문헌을 인용하면 격이 떨어진다고 간주하는 것도 한편에서 보면 스스로 주체가 되어본 적이 없이 서양의 글을 표절하는 것으로 학문의 내용을 삼아온, 극단적 오리엔탈리즘의 결과일지 모른다. 1960년대

9 정희수, 「기독교와 한국문화」, 『기독교와 현대사회』, 강남대학교출판부, 1998, 52쪽에서 재인용.
10 에드워드 W. 사이드, 『오리엔탈리즘』, 박홍규 옮김, 교보문고, 1998, 16쪽.

이래 토착화 신학, 민중 신학, 종교 신학 등이 발흥하면서 '한국'이라는 장을 중시하기 시작했지만, 한국 그리스도교 연구 풍토는 전반적으로 자신의 세계를 스스로의 눈으로 보지 못한 채, 두 발을 구미 세계의 허공에 딛고 이 나라를 내려다보아 온 꼴이라 해도 과언은 아니다.[11] 이런 식으로 한국 그리스도교 역사에서, 그리고 한국 그리스도교 연구에서 한국을 주변화시켜 바라보아온 것은 우리 역사가 지속되지 못하고 단절되었다거나 그리스도교가 거대한 서구 문명과 함께 밀려들어 왔다는 사실에 기인하는 것만은 아니다. 그보다는 그 단절에 대한 주체적이고 반성적인 성찰이 오랫동안 결여되어 왔다는 데에 한국 그리스도교 연구상의 결정적인 문제가 있는 것이다.

2. 대립 구조의 전복

물론 이러한 중심-주변, 보편-특수의 이분법적 도식은 굳이 사이드의 입장을 거론하지 않더라도 이제 더 이상 설득력을 갖지 못한다. 한국은 그 어떤 세력에 의해 정당성이 입증됨으로써 한국이 된 것이 아니라, 오랜 과거부터 그 자체로 한국이었다. 한국 그리스도교는 서구 그리스도교라는 보편성에 의해 대상적으로 조명됨으로써 정당성이 확보되어야 할 주변물이 아니다. 한국 없는 한국 그리스도교, 한국 그리스도교 없는 그리스도교 일반이란 애당초 불가능한 개념이기 때문이다. 한국의 역사적 · 문화적 전통이 없이 한국에서 그리스도교는 아무런 내용도 획득하지

11 동시에 그것은 서양 학문 자체의 성격에도 기인한다. 화이트헤드가 서양 철학은 '플라톤 철학의 각주'라고 예리하게 촌평한 바 있듯이, 서양의 학문적 형식은 시공을 초월한 이데아의 세계, 보편적 진리를 지향하도록 틀 지어져 있었다. 이러한 학문적 형식을 받아들인 한국 학자들도 어떻든 그리스도교라는 '보편적이고 영원한' 진리를 반영해내는 것이 신학의 목적이라고 생각했을 것이다.

못한다. 그동안의 흐름을 바꾸어 규정해본다면, 한국 그리스도교에서 '한국'은 '그리스도교'보다 더 큰 범주이며, 한국 그리스도교는 한국이라는 '장'에서만 존재론적 근거와 타당성을 얻어 성립되는 의존적 실재이다.

그렇다면 이제 더 이상 보편 대 특수라는 이분법적 도식은 불가능하다. 도리어 모든 것이 특수하다. 한국 역시 그 자체로 특수하다. 헌팅턴Ellsworth Huntington의 '문명충돌론'[12]이 서구 중심주의에 근거한 판단이라는 한계를 지닌 이론임에도 불구하고, 세계는 이제 유일한 보편 문명이란 존재하기 힘든 구조임을 보여주는 자료로는 충분히 설득력이 있다. 다양한 문명들 사이에 갈등이야 상존하겠지만, 서구의 그리스도교 중심적 보편주의가 일방적으로 득세하던 시절은 이제 지나갔다. 영향력은 지속되겠지만, 서구 그리스도교 문명 역시 하나의 특수한 문명이다. 헌팅턴은 한국을 중화문명권의 일부로 간단하게 포함시키고 말았지만, 한국 역시 철저하게 특수하다. 그리고 그만큼 주체적이다. 이 특수한 주체를 조형해줄 보편이란 사실상 없는 것이다.

가령 서구 근대 철학의 기초를 놓은 데카르트René Descartes나 칸트Immanuel Kant 역시 당시의 객관적 사물의 세계, 인간의 도덕적 실천을 입증하기 위해 '신'의 존재를 요청했다. 이것은 당시 대중적이고 지역적인 종교문화의 언어에 빗진 것이다. 바르트Karl Barth나 틸리히Paul Tillich, 라너Karl Rahner와 같은 20세기 대표적 신학자들의 사상도 서구 신학사적 맥락 안에서 생겨났다. 예를 들어 종교의 위기에 직면해 있던 19세기에 인간의 경험을 중시하는 가운데 개방된 자세로 종교론을 살려나가려는 자유주의 신학의 물결이 일어나자 도리어 그에 반대하면서 '초월적' 하느

12 새뮤얼 헌팅턴, 『문명의 충돌』, 이희재 옮김, 김영사, 1997.

님 말씀의 신학을 펼친 이가 바르트이다. 그의 초월적 말씀의 신학 안에도 자유주의 신학의 물결이 반영되어 있는 셈이다. 그러나 틸리히는 바르트와는 대조적으로 현대의 문화적 상황이 제기하는 실존적 물음에 대한 적극적인 답을 신학의 핵심으로 생각했다. 그의 신학은 자유주의 신학, 1 · 2차 세계대전, 나치와의 투쟁 속에서 신앙적 정체성을 확인하기 위한 답으로 점철된 신학이다. 라너의 신학 역시 유구한 스콜라 신학을 기초로 하면서 다원화한 현대의 과학주의적 상황에 응답하려는 신학이다. 그 어떤 신학도 자신이 처한 상황을 떠나 이루어진 신학은 없다. 그런 점에서 이들의 신학 역시 사실상 특수하다. 한국에서 그리스도교를 연구하고 신학을 하려면 이들의 사상 자체를 넘어, 그 사상을 특수하게 만들어준 맥락과 구조를 한국적 상황 안에서 읽어낼 수 있어야 한다. 결코 이들의 신학 자체를 '교과서'처럼 받아들여서는 한국의 신학이 될 수 없다.

물론 그렇다고 해서 그동안의 전세를 역전시켜 그리스도교를 한국과 상관없는 또 하나의 객체로 만들어야 한다는 뜻은 아니다. 샤오메이 천 Xiaomei Chen이 오리엔탈리즘의 대응 개념으로 제기한 옥시덴탈리즘 Occidentalism,[13] 즉 '서양에 대한 동양인들의 재현 방식' 역시 정당하기만 한 것은 아니듯이, 그리스도교를 이분법적이고 인위적으로 반한국적인 것이라 규정하려는 자세 역시 일종의 극단적 옥시덴탈리즘의 결과이다. 앞에서 그리스도교가 한국에 의존할 수밖에 없는 실재라고 했지만, 한국 역시 그리스도교에 의해 변화될 수밖에 없다. 그리스도교가 한국 안으로 들어오는 순간 한국의 것이 되고 한국을 변화시키는 또 다른 주체가 된다. 이들은 상호 의존적이고 상호 변혁적 통일체인 것이다.

"외적으로 단일화된 옥시덴탈리즘의 담론 행위도 오리엔탈리즘의 담

13 샤오메이 천, 『옥시덴탈리즘』, 정진배 외 옮김, 강, 2001.

론 행위와 역설적인 관계 속에서 존재"하는 것이듯,[14] 한국은 그리스도교와의 관계 속에서, 그리스도교 역시 한국과의 관계 속에서 존재한다는 사실을 읽어내야 한다. '한국 그리스도교'에서 '한국'과 '그리스도교'는 대립이 아닌, 서로가 서로로부터 매개적이고 창조적으로 변화할 수밖에 없는 관계이다. 애당초 대립적 도식을 넘어 있는 것이다. 한국 그리스도교 연구도 이러한 대립적 도식 자체의 전복을 목적으로 한다. 벤저민 슈워츠Benjamin I. Schwartz가 "우리는 기지既知의 혹은 미지의 변수를 다루는 것이 아니라, 두 개의 거대하고 늘 변화하며 지극히 문제적인 인간 경험을 다루고 있는 것"이라 말했듯이,[15] 한국 그리스도교를 연구하는 행위에는 한국과 그리스도교가 모두 포용되고 하나의 유기체로 소화되어야 하는 것이다.

3. 창조적 번역으로

연구자 자신이 그리스도교의 역사보다 훨씬 오래된 한국이라는 지평 위에서 살아왔다는 문제의식, 그리고 그리스도교 역시 한국이라는 지평에 의한 '융합'이 이루어질 때에만 한국 안에서 새롭게 생명력을 얻는다는 의식이 요청된다. 그리스도교 신앙까지도 한국인이기 때문에 피치 못하게 변용되고 제한될 수밖에 없다는 근본적 한계를 의식하고서, 그러한 제한적 방향성에 따라 그리스도교를 한국적 지평에 어울리게 해석해낼 때 그리스도교 연구는 무맥락적이고 추상적인 것이 아닌, 한국적이고 구체적인 몸을 입게 되는 것이다. 그저 한국말로 되어 있다고 해서, 또는 한

14 샤오메이 천, 위의 책, 12쪽.
15 샤오메이 천, 위의 책, 26쪽에서 재인용.

국 안에서 벌어지는 일을 다룬다고 해서 한국적이라고 할 수는 없다. 서양 문물과 함께 한국 안으로 '번역'되어 들어온 그리스도교가 한국에 끼친 영향은 실로 막대하지만, 그렇다고 해서 그리스도교가 한국인의 문화 안에 충분히 포섭되면서 한국화했느냐 하는 것은 다른 문제이다.

이와 관련하여 근대화 과정에서 일어난 한국의 변화가 순수하게 그리스도교로 인한 것인지 다른 요인으로 인한 것인지 구분해서 생각할 필요가 있다. 그동안은 이 점을 분명히 하지 못하고 혼동했다. 그러다 보니 그리스도인이 벌인 민족 운동이라면 별 구분없이 그리스도교 내지는 교회의 민족 운동과 쉽사리 동일시하는 경향도 있었다. 그러나 그것은 비약이며, 다분히 그리스도교의 호교론적 주장에 지나지 않는다.[16] 이와 관련하여 다음과 같은 안병무의 비판적 지적은 여전히 타당하다. "사람들 중에는 3·1 운동과 같은 예를 들어서 기독교가 민족의식과 그 운동에 큰 공이 있었다고 찬양한다. 그러나 그 그리스도인들은 그리스도교가 길러낸 인물들이었나? 아니면 그리스도교에 전향한 한국의 자연인이었는가? 나는 주저 없이 후자의 경우라고 본다."[17]

'그리스도인'이 한 행위를 단순히 '그리스도교'가 한 일로 간주하거나 그와 동일시해서는 안 된다. 그리스도인의 행위 속에 이미 한국의 오랜 전통이 들어가 작용하고 있기 때문이다. 한국 내 그리스도교의 성립과 성장은 풍전등화와 같은 위기 속에서 한국인이 자신을 보호해줄 정치적 '힘'을 찾은 결과이지, 새로운 '영적 실재'에 대번에 종교적으로 동화된 결과는 아니다. 이러한 점에서 한국 안에서 그리스도교는 한국적인 것이 스스로를 드러내는 '형식'의 차원에 가까웠고, 한국적인 것의 깊이에는 온전히 도달하지 못했던 것으로 보인다. 그리스도교 중심적으로 사고했

16 강돈구, 『한국 근대종교와 민족주의』, 집문당, 1992, 184-185쪽 참조.
17 안병무, 「기독교화와 서구화」, 『기독교사상』, 1971. 12, 62쪽.

던 그동안의 연구 자세와는 달리 그리스도교는 여전히 유교나 불교와 같은 한국의 오랜 종교 전통과 동일한 내용적 깊이를 지닌다고 말할 수는 없는 것이다.

물론 그럼에도 불구하고 그리스도교가 한국 사회를 변화시켜온 측면을 무시해서는 안 된다. 이는 그리스도교 연구의 영역에서도 마찬가지이다. 단순한 번역도 지속적으로 하다보면, 원저작을 넘어서는 지적 토양의 토대로 작용할 수 있게 되듯이,[18] 자기중심적이고 자기 우월적인 그리스도교의 연구 자세가 오히려 그리스도교에 대한 진지한 비판적 반성을 낳을 수 있는 물적 토대로도 작용하게 되는 것이다. 예를 들면 중국의 '격의 불교格義佛敎'에서 보여주듯이, 번역 과정에서 원래의 의미가 '오해'될 수도 있지만, 그러한 오해의 과정을 거치지 않고서는 원문이 전달될 도리가 달리 없는 것이 현실이다. 이런 맥락에서, 그리고 넓은 의미에서 보면 번역이라는 행위는 어쩔 수 없이 다른 언어와의 만남을 통해 내 언어의 독특성을 확인해가는 작업이고, 타자와의 대화를 통해 자기의 정체성을 확인해가는 과정이다. 그런 과정 속에서 이질적인 것도 나의 일부로 소화되는 것이다. 번역은 어찌 되었든 나의 세계관을 바꾸어놓는다. 이와 관련하여 가토 슈이치加藤周一는 근대 일본의 번역 작업의 의미를 이렇게 규정한다.

> 번역 문화가 그 나라의 문화적 자립을 위협하는 것은 아니다. 오히려 역으로 문화적 자립을 강화하는 측면을 가지고 있다. 번역은 외국의 개념과 사상의 단순한 수용이 아니라, 다행인지 불행인지 항상 자국의 전통에 의한

18 한 예로 일본의 근대화를 추동시킨 계기가 바로 서구 문화를 일본어로 번역하는 과정에서 발생했고 — 이에 대해서는 마루야마 마사오 외, 『번역과 일본의 근대』(임성모 옮김, 이산, 2000)에 잘 서술되어 있다 — 우리나라의 경우는 일본의 근대화를 매개로 서구 문화를 중역重譯하는 과정에서 태동했다고 해도 과언은 아니다.

외래 문화의 변용이기 때문이다. 외래 사상이 지식층과 대중 사이의 간격을 장기적으로 확대시키지만은 않는다…… 만약 문화적 창조나 혁신적 사상이 지식인과 대중의 깊이 있는 접촉을 통해 성립하는 것이라고 한다면, 번역 문화는 창조력을 자극하면 자극했지 억압하지는 않는 것이다.[19]

번역을 통해 외래 문화가 자국 안으로 변용되어 들어온다. 외래 문화가 자국화하면서 그만큼 자국도 변화된다. 이 변화를 다시 외국 문화 안에 번역, 소개하는 쌍방통행에서 자국의 정체성도 분명히 드러나며, 학문과 사상은 특수한 모습으로 존재할 수밖에 없다는 존재 구조상의 보편성 또한 드러난다. 마찬가지로 그리스도교가 충분히 한국 안에서 한국의 언어로 변용되고 소화될 때 그리스도교가 한국적 특수성을 입는 것이고, 그것이 다시 외국으로 번역, 소개되면서 한국 그리스도교는 세계사적 보편성도 획득하는 것이다. 물론 이때의 그리스도교적 보편성이란 위에서 말한 대로 특수하게 존재할 수밖에 없는 존재 구조상의 보편성이지, 내용적 획일성이 아니다. 그리스도교가 이렇게 상호적이고 창조적으로 번역된 위에야 그리스도교의 언어가 한국 그리스도교 연구를 한국적이게 한다는 한국 문화사적 주장도 제기될 수 있고 또 설득력도 얻게 되는 것이다.

4. 한국적이라는 것

한국 그리스도교 연구가 한국적이기 위해서는 한국적 독특성에 대한 주체적인 고찰이 필수적이다. 여기에서 한국적 독특성으로 흔히 말하는

19 마루야마 마사오 외, 위의 책, 178–179쪽.

'정情'이나 '한恨'과 같은 정서를 찾아보려는 것은 아니다. 그보다는 이러한 정이나 한과 같은 정서를 가능하게 해주는 문화적인 힘의 존재 방식이 한국 그리스도교 연구에도 반영되어야 한다는 사실을 제시해보려는 것이다. 그렇지만 그 힘을 대상적으로 분석하고 규정하기는 곤란하다. 그렇게 규정하는 주체가 이미 그 힘 안에서 생존해왔고, 거기에서 영향을 받아오고 있기 때문이다. 인간은 애당초 이 안에 사로잡혀 있다. 이것이 새로운 것을 받아들여 통합시키고 끝없이 변화하면서 스스로를 유지해가는 것이다.[20] "우리가 창의적으로 계승해야 할 전통은 결코 단순한 과거의 잔재가 아니라, 현재에 활동적인 문화적 힘이다."[21]

이 힘에 한국적인 것의 핵심이 놓여 있다. 그렇다고 해서 이 한국적인 것을 실체화시키기는 쉽지 않다. 아니 그러한 시도 자체가 오류일지 모른다. 왜냐하면 한국적인 것은 어떤 내용적 실체라기보다는 무한히 깊고 끝없이 변화하면서 스스로를 유지해가는 역동적인 실재이기 때문이다. 역동적인 것은 특정한 틀 안에 규정되지 않는다. 그래서 역동적이다. 그럼에도 불구하고 이러한 사실을 전제하고서 한국적인 것의 '형식'을 서술해보는 작업은 필요한 일이다. 한국인의 '정체성'과 '주체성'의 문제에 대한 탁석산의 연구[22]를 참조하면서 한국적 그리스도교 연구의 모습을 좀 더 구체화해보자.

탁석산은 한국적 정체성을 가르는 기준을 현재성, 대중성, 주체성의 순서로 찾는다. 원형적이거나 기원적인 것을 한국의 고유한 특징으로 찾는 행위를 비판하고, 현재에까지 지속적으로 의미 있게 드러나는 현상을 '현재성'으로 설명한다. 그리고 소수에 어울리는 현상이 아니라 다수에

20 이찬수, 『인간은 신의 암호』, 분도출판사, 1999, 179-181쪽 참조.

21 이진우, 앞의 책, 167쪽.

22 탁석산, 『한국의 정체성』, 책세상, 2000; 『한국의 주체성』, 책세상, 2000.

게 의미 있는 현상을 '대중성'으로, 어떤 현상을 대하는 태도에 주체의식이 있는 경우 '주체성'이라 부른다.[23] 2장의 각주 3에서도 보았듯이, 여기에서는 이 가운데 '주체성'을 보다 중요한 한국적 정체성의 기준으로 보고자 한다. 이 주체성이 대중성과 현재성을 얄팍한 표피적인 것이 되지 않고, 깊고 뿌리가 있는 것으로 만들어주기 때문이다. 그동안 한국 그리스도교 연구서들에서 일부 그리스도교인들의 민족주의적 실천을 예로 들면서 한국 그리스도교가 그만큼 한국 민족에 어울리는 민족적 종교라는 사실을 강조해온 것도 어찌 되었든 한국 그리스도교의 주체성을 찾아보려는 의도에서였다.

주체성이란 구체적으로 무엇인가? 탁석산에 의하면 그것은 "주인으로 사는 것"이다. 그리고 주인으로 산다는 것은 첫째, "자신에 관한 중요한 결정은 스스로 하고", 둘째, 손님과의 관계를 고려해 "서로의 규약을 준수하며", 셋째, "자신의 독립성과 자존감이 위협받을 때 이를 지킬 힘"을 가지는 것이다.[24] 한국 그리스도교 연구의 차원에서 보자면 연구의 시각과 내용에 한국인으로서의 주인의식이 있어야 한다는 말이며, 그리스도교의 눈으로 한국을 보는 데 머물지 않고 한국인의 눈으로 그리스도교를 볼 수 있어야 한다는 뜻이다.

예를 들면 한국인은 거의 무의식중에 팔레스타인을 비롯한 아랍권 국가들을 폭력적으로, 이스라엘은 평화적으로 보는 경향이 있었다. 왜 그렇게 생각하게 되었을까? 그동안 이스라엘과 팔레스타인을 둘러싼 분쟁을 이스라엘을 두둔하는 미국적 시각에서 보아왔기 때문이다. 즉 독자적인 조사를 통해 한국의 눈으로 이 사태를 보지 못한 채, 친이스라엘적인 미국의 언론에 의해 길들여져 왔기 때문이다. 팔레스타인 문제를 우리의

23 탁석산, 『한국의 정체성』, 103-114쪽.
24 탁석산, 『한국의 주체성』, 47-52쪽.

눈으로 보기 시작한 지 채 10여 년이 되지 않은 것으로 생각된다. 정말 '우리'의 시각에서 보면, 이슬람권이 생각했던 것만큼 폭력적이지도 않고, 팔레스타인이 유별난 테러 국가도 아니다. 도리어 굴러들어온 돌이 박힌 돌을 빼낸 격으로, 2000여 년을 평화롭게 살던 남의 나라에 사실상 침범하고도 도리어 주인 행세를 하는 이스라엘의 모습이 거슬린다. "적반하장도 유분수"라는 말까지 떠오른다. 마찬가지이다. 그리스도교도 한국의 눈으로, 한국적 주체성을 가지고 볼 수 있어야 하는 것이다.

그러나 이미 보았듯이 이제까지는 서양의 시각에서 해설된 그리스도교 자체에 대한 이해에 급급한 나머지, 그리스도교에 대한 판단과 결정 자체에 주인 의식은 거의 없었다. 그리스도교를 보는 주체가 대부분 한국적 맥락을 오해하거나 간과했다는 점에서, 그동안의 한국 그리스도교 연구의 시각은 단순하게 말하면 한국적이지 않았다. 한국 그리스도교 연구에서 '한국'을 주체로 삼는 과정은 그런 점에서 꼭 필요하다.

물론 이것은 오리엔탈리즘을 거부하고 옥시덴탈리즘적 자세로 가야 한다거나 서구 그리스도교에 대립하는 한국 그리스도교를 만들어야 한다는 뜻은 아니다. 그리스도교로부터 한국으로의 일방통행이 지배적이었으니, 이제는 그 반대를 한국적인 것으로 삼아야 한다는 뜻도 아니다. 앞에서 고찰한 대로 그리스도교를 한국과의 관계 속에서 쌍방적으로 보면서 한국과 그리스도교 사이의 대립 구조를 전복시키고, 그럼으로써 한국 그리스도교를 진정한 한국 그리스도교로 볼 수 있어야 한다는 의미이다. 탁석산이 주인도 남의 집에 가면 손님이 되므로, 주인과 손님 사이에는 지켜야 할 규약이 있어야 한다고 말했듯이, 진정한 주체성에는 독자성만이 아닌, 상대와의 적절한 관계성도 중요하다는 것이다. 한국이라는 주체와 그리스도교라는 객체, 그리고 그 역의 관계가 적절히 이루어짐으로써 한국과 그리스도교 모두가 제대로 살아나게 된다는 말이다.

가령 그리스도교에 비판적이었던 수구적 민족주의자들이 주인의식을 가지고 있었다는 점에서는 주체적이었지만, 당시로서 손님이었던 그리스도교에 대한 이해가 일천했거나 몰이해로 가득 차 있었다는 점에서는 온전하게 주체적이었다고 말할 수 없다는 뜻도 된다. 그리스도교에 대해 배타적 신학으로 포장된 지나친 타력 중심주의라고 비판한 '불교 옥시덴탈리즘' 역시 상대를 객체화 · 파편화하는 담론이기는 마찬가지라는 말이다.[25] '한국 그리스도교 연구' 속에는 당연히 그리스도교를 '제대로' 보는 것이 전제된다.

그리고 자기 방어 능력으로서의 주체성은 그리스도교에 의해 한국의 전통이 일방적으로 매도되거나 훼손되어서는 안 된다는 말로도 풀어볼 수 있다. 한국의 전통을 지키면서 그리스도교를 충분히 이해하는 자세가 요청된다는 것이다. 아울러 한국의 주체성을 누구도 침범할 수 없는 정신세계에서만 주로 찾는 자세도 비판적으로 지적되어야 한다. '동도서기東道西器'라는 말을 쓰며 오해하듯이, 흔히 한국적인 것을 정신적인 것에 제한하는 경향이 있었다. 동도서기에 대한 일본식 표현인 화혼양재和魂洋才에서도 마찬가지이다.

그러나 한국적인 것, 더 나아가 동양적인 것이 과연 정신, 혼의 차원에 국한되는가? 서양적인 것은 기술과 물질의 차원에 제한되는가? 이러한 접근법은 위험하다. 한국인 역시 몸과 피를 지닌 존재라면 한국적인 것의 구체성도 동시에 밝혀져야만 하고, 서양적인 것의 정신성도 동시에 볼 수 있어야 한다. 한국 그리스도교 역시 '정신'과 '육체'가 모두 드러나는 연구여야 한다. 그리스도교의 내면적 신앙세계만이 아닌, 교회 건축 양식, 의례 형식, 문학적이고 예술적인 표현 등에서도 한국적이고 구체

25 이진구, 「근대 한국 개신교와 불교의 상호인식」, 한신인문학연구소 엮음, 『종교문화연구』 제2호, 2000, 155-164쪽 참조.

적인 특수성을 비판적으로 읽어낼 수 있어야 하는 것이다. 그럴 때 그리스도교의 한국 문화사적 자리매김도 이루어질 수 있다.

5. 다중심의 탐구

사실 '한국적'이라는 말이 유행처럼 번지고 있는 현상 자체가 어쩌면 외적 도전으로 인한 문화적 충격에서 아직도 벗어나지 못하고 있다는 증거일지 모른다.[26] 그만큼 주체적 연구의 기반이 여전히 취약하다는 뜻일 수도 있다. '한국 그리스도교, 한국적이기 위하여'라는 구호와 같은 제목도 이러한 주체적 연구의 토대를 이루는 작업의 일환이다. 이러한 작업은 개항 이후 100여 년 이상 무엇이 한국적인지 모를 정도로 심하게 왜곡되거나 분열되어온 역사에 비추어보건대 피할 수 없는 과정이자 지속되어야 하는 작업임이 분명하다. 굳이 헤겔Georg W. F. Hegel의 변증법을 거론하지 않더라도 일단 구미 중심주의에 대한 도전과 저항 이후에야 그 구미 문화를 포괄하는 새로운 한국적 종합이 이루어질 것이기 때문이다.

한국적인 것의 탐구는 단절되어온 역사에 대한 일종의 '저항의 변증법'이다. '저항'만 놓고 보면 그것은 서양 그리스도교에 대한 대립적 행위로만 비칠 수도 있다. 그러나 그것은 자기 변화를 통한 새로운 창조에 개방된 저항이다. 그래서 얼마든지 서양의 것을 받아들이고 소화해내며 스스로 변화해가는 저항이다. 따라서 '한국적이기 위하여'라는 구호도 단순한 탈脫서구 혹은 반反서구의 외침이 아니다. 순수한 탈서구 혹은 반서

26 이진우, 앞의 책, 209쪽.

구란 불가능하다. 왜냐하면 이러한 '탈' 혹은 '반'의 행위, 더 나아가 한국적인 것을 탐구하는 한국학 내지는 그와 관련된 논의 자체가 서구 학문에 대한 반성 속에서 잉태된 것이기 때문이다. '무엇이 한국적인 것인가', '한국적이려면 어떻게 해야 하는가' 하는 식의 물음에 이미 서구가 들어 있고, 그에 대해 답하고자 하는 '한국 그리스도교 연구'는 이미 서구 그리스도교 연구에 빚지고 있는 것이다. 따라서 한국 그리스도교 연구를 한국적이게 하는 언어에서 서구 그리스도교 언어를 배제해서는 안 된다. 도리어 그 언어를 감싸 안아 한국 안에서 전적으로 변혁해내는 방식으로 한국적 연구가 진행되어야 한다. 일본의 중국문학자인 타케우치 요시미竹內好가 '문화적인 되감기'라는 말을 쓸 때도 이와 통하는 것으로 보인다.

> 현대의 아시아인이 생각하고 있는 것은…… 서구적인 우월한 문화 가치를 보다 대규모적으로 실현하기 위해 서양을 한 번 더 동양에 의해 되감싸 안아, 거꾸로 서양 자신을 이쪽으로부터 변혁한다는 이 문화적인 되감기, 또는 가치상의 되감기에 의해 보편성을 만들어냅니다. 동양의 힘이 서양이 만들어낸 보편적인 가치를 더욱 높이기 위해 서양을 변혁한다는 이것이 동양 대 서양의 오늘의 문제점으로 되고 있습니다…… 그 되감기를 할 때 자기 속에 독자적인 것이 있지 않으면 안됩니다. 그것은 무엇인가 하고 묻는다면 아마도 그런 것이 실체로서 존재한다고는 생각하지 않습니다. 그러나 방법으로서는, 즉 주체 형성의 과정으로서는 있을 수 있는 것이 아닌가 생각합니다.[27]

27 타케우치 요시미, 「방법으로서의 아시아」, 최원식 외 엮음, 『동아시아인의 '동양' 인식: 19~20세기』, 문학과지성사, 1997, 95쪽.

한국적인 것을 탐구한다며 동양적인 것, 더 좁혀 한국적 특수성을 획일적으로 보편화시키는 작업이나 제국주의적 확장 정책을 추구해서는 안 된다. 한국적인 특수성의 잣대로 세계를 일방적으로 재단해서는 안 된다. 그것 역시 제국주의적 발상과 다르지 않으며, 그동안의 비판 논리를 일거에 무너뜨리는 모순적 접근이 될 것이기 때문이다. 그보다는 한국적 기초 위에 서양을 받아들여 한국적 기초가 특수하면서도 그만큼 보편적인 것임을 밝혀주는 작업으로 나아가야 한다. 한국적인 것의 탐구는 구미 문명을 포함해 모든 것이 특수하다는 논리에 이바지해야 하는 것이다. 이것은 한국 문학을 연구해야 하는 목적과 자세에 대한 조동일의 시각과도 통한다.

> 한국에서 한국 문학을 연구해서 얻은 성과를 출발점으로 삼아 세계 문학을 새롭게 이해하는 작업을 시작해 제3세계의 다른 여러 중심과 밀접한 유대를 가지고 세계에 중심이 따로 없다는 원리를 입증하고자 한다.[28]

한국 그리스도교 연구도 마찬가지이다. 한국적 특수성을 밝힘으로써 지역적 특수성이 배제된 그리스도교란 없음을, 결국 모두가 특수하고 중심적인 문명임을 입증해주는 연구로 나아가야 한다. 그럴 때 이렇게 밝혀진 한국 그리스도교의 모습이 다른 특수한 문화적 상황 안에서도 공명될 수 있는 보편성으로 이어지는 것이다. 그럴 때 저마다의 특수성이 살아나고, 모두가 중심이라는 원리가 세워질 수 있는 것이다.[29] 한국 그리스도교 연구가 한국적 독특성 내지는 한국적 맥락 위에서 이루어진 뒤에

28 조동일, 『세계 문학사의 허실』, 지식산업사, 1996, 40쪽.
29 이와 관련된 논리로는 이찬수, 「즉비의 논리, 회호적 관계, 선문답: 종교간 대화와 관련하여」, 한국불교연구원, 『불교연구』 16, 1999, 171-191쪽을 참조할 것.

야 학문적 보편성도 획득할 수 있다는 말은 이런 의미에서이다.

인도의 신학자 파니카Raimundo Panikkar는 이렇게 고백한 바 있다. "나는 한 사람의 그리스도인으로서 출발했다. 나는 나 자신이 힌두인임을 발견했다. 그리고 나는 한 사람의 그리스도인임을 그만두지 않은 채 한 사람의 불자가 되어 돌아왔다."[30] 이 말은 한국 그리스도교의 연구 자세, 한국과 그리스도교의 관계에도 적용된다. 한국 그리스도교 연구자는 설령 그리스도인으로서 출발하더라도 한국인임을 발견할 수 있어야 한다. 그럴 때 그리스도인으로 남아 있으면서도 한국에 의해 변화된 그리스도인으로 살아가게 되는 것이다. 역으로도 마찬가지이다. 한국 그리스도교 연구자는 설령 한국인으로 출발하더라도 그리스도교적 깊이를 볼 수 있어야 한다. 그럴 때 그는 한국인이면서도 그리스도교 안으로 들어간 그만큼 그리스도교에 의해 변화된 한국인이 된다. 거기에서 진정한 한국 그리스도교 연구가 나오는 것이다.

30 R. 파니카, 『종교간의 대화』, 김승철 옮김, 서광사, 1992, 40쪽에서 원문을 참조해 수정 인용했다.

제2부

한국 그리스도교, 그 구체적인 현장

제4장 한국 그리스도교, 과연 민족적인가

1. 한국 그리스도교는 민족적인가

한국 그리스도교 관련 연구서들에서는 종종 '한국적'이라는 말과 '민족적'이라는 말을 동일시하는 경향이 있었다. 3·1 운동에서 보듯이 그리스도교는 민족을 위해 투신한 민족적인 종교였으며, 그런 의미에서 한국적 종교라는 식의 논리를 쉽사리 전개해오곤 한 것이다. 하지만 그렇게 동일시하기에는 '민족'의 개념이 결코 간단치 않다. 여기에서는 민족의 개념을 정리함으로써 한국의 그리스도교가 민족과 어떤 관계를 가져왔는지, 과연 민족적이기는 했는지 반성적으로 고찰해보고 그리스도교가 근대 민족주의와 만나는 논리를 모색해보고자 한다. 먼저 민족의 개념부터 정리해보자. 민족이란 무엇인가?

사전적 의미로 '민족民族'이란 '동일한 지역, 언어, 생활양식, 심리적 습관, 문화, 역사 등을 갖는 인간 집단'을 말한다.[1] 그리고 이러한 '민족의식을 제일의적第一義的으로 하여 민족생활의 확립과 발전을 정치적 · 문화적 최고 목표로 하는 주의'가 '민족주의'이다.[2]

하지만 이러한 간단해 보이는 사전적 정의와는 달리, 정작 민족이란 구체적으로 무엇이며, 민족의식을 제일의적으로 하는 민족주의라는 것이 과연 언제부터 어떤 모습으로 있었는지를 밝히기는 결코 쉽지 않은 일이다. 더욱이 민족주의의 역사도 뜻밖에 그리 길지 않다는 점에서 민족 내지 민족의식이라는 개념의 성립과 구체적 전개 상황도 다시 묻게 된다. 특히 한국에서 교회사를 민족교회사라 하고, 그리스도교가 민족과 함께 하면서 확립되고 발전해왔다는 그리스도교 내의 자체 평가를 일단 수용한다면,[3] 한국 그리스도교를 논하면서 민족이란 무엇인지, 민족주의는 어떤 식으로 존재해왔는지 묻는 것은 중요하다.

그러나 이전 장에서도 보았듯이, 한국 그리스도교를 '민족'과 관련지어 논하는 대다수 교회사 관련 서술들은 대단히 아쉽게도 민족, 민족주의에 대한 세밀한 규정 없이 한국 그리스도교가 '민족적'이라는 평가를 성급

1 이희승 감수, 『엣센스 국어사전』, 민중서림, 1996.

2 가령 기든스A. Giddens는 민족주의를 '어떤 인구 집단의 구성원들을 전체 공동체에 함께 소속해 있는 것으로 확인시켜주는 상징에의 공유된 애착 감정'으로 규정하는데, '민족주의'를 '감정sentiment'으로 해석한다는 것은 내면적 민족'의식'을 민족 형성의 관건으로 본다는 뜻이다.

3 2장과 3장에서 본 것처럼, 민경배는 "한국에서 선교와 토착은 처음부터 몸에 배듯 민족사적 사건이었고, 그리스도교가 한국에서는 민족교회로서 형성되어질 필연성에 놓여 있었다"고 말한다. 민경배, 『한국민족교회형성사론』, 연세대학교출판부, 1974(1992, 4판), 3쪽. 그에 따르면, 당연히 일제 강점기 그리스도인의 반일反日 운동도 이러한 신앙 내연의 외연적 이행이다. 하지만 여기에서 민경배는 그리스도교 자체가 민족적인 종교인지, 아니면 민족적인 한국인이 그리스도교라는 '형식'을 통해 자신의 민족성을 드러낸 것인지 분명히 구분하지 않는다. 전반적으로 그리스도교 자체가 민족적이라는 듯한 뉘앙스를 풍긴다. 이런 시각에 문제점이 없는 것은 아니지만, 일단 한국 그리스도교의 역사적 전개 과정에서 민족주의적 성격이 없지는 않음을 보여주는 하나의 사례는 될 듯하다. 그리고 교파를 초월하여 '한국 그리스도교사를 민족사라는 큰 틀 안에서 조명'하겠다는 의도하에 나름대로는 '민족의 현실 문제나 장래에 책임성 있는' 태도로 쓰여진 『한국 기독교의 역사』(I · II · III, 한국기독교역사연구소)에서도 한국 그리스도교의 역사가 민족주의적으로 전개되어왔음을 부각시키고 있다. 그러나 그리스도교가 민족주의적이고자 했다지만, 민족 구성원 간의 전통과 뿌리를 부정함으로써 민족의 형성에 혼란을 주는 일도 했음을 반성하지는 않는다.

하게 내리는 경향이 있다. 국가, 국민, 백성을 '민족'과 쉽사리 동일시하는 모습도 흔히 보여준다.

여기에서는 이러한 현실을 염두에 두고 그리스도교와 민족주의의 관계, 특히 그리스도교가 한국의 근대화 과정에 깊이 연루되어 있는 만큼, 한국에서 그리스도교와 '근대 민족주의'는 어떤 관계를 맺어왔는지 정리해보고자 한다. 한국 그리스도교가 그 자체로 민족주의적이었다는 사실을 밝히려는 것이라기보다는, 그동안 한국 그리스도교에서 다소 소홀하게 다루었던 민족 혹은 민족주의라는 용어 및 주제를 먼저 규정하고 정리한 뒤, 한국에서 그리스도교 신앙이 민족의식과 맺어온 관계의 논리를 찾아보려는 것이다. 이와 함께 한국의 그리스도교는 그 자체로 자기 완결적이기보다는, 민족과 끝없이 관계 맺으면서 변화해온 역사적 혹은 과정적 존재임을 밝히려는 이차적 의도도 들어 있다.

2. 민족이라는 말의 기원과 민족주의의 성립

민족은 특정한 시기와 장소를 공유하는 사람들이 서로 비슷한 경험을 하는 가운데 구성되고 의미화한 역사적 공동체이다. 그렇다고 해서 혈족이나 부족, 종족과는 다르다. 물론 민족을 유전 · 인종적 요소나 세습적 유산을 기본으로 하는 항구적 종족 공동체로 보는 견해도 있지만, 설령 그렇다고 하더라도 그 공동체를 민족으로 묶어주는 공동체적 '의식'은 또 별개의 문제이다. 민족의 구성에 혈연성과 같은 유전적 요소를 무시할 수는 없지만, 분명한 것은 그러한 요소들을 실제로 민족의 구성 요소로 받아들이게 해주는, 그래서 민족주의 운동을 만들어내는 의식에는 사회성 · 정치성 · 역사성 · 시대성이 반영되어 있는 것이다.

일찍이 르낭Ernest Renan은 언젠가 '유럽연맹'이 민족을 대치할 것이라 예견하면서 민족nation이란 종족, 부족 등과 다른 것이며, 인종이나 언어, 종교, 역사, 지리(국경선) 등 선천적인 요인이 아닌, 함께 살려는 이들의 선택 또는 희망에 따라 구성되고 생성되는 것이라고 본 바 있다.[4]

> 하나의 민족은 하나의 영혼이며 정신적인 원리입니다. 둘이면서도 사실 하나인 것이 바로 이 영혼, 즉 정신적인 원리를 구성하고 있습니다. 한쪽은 과거에 있는 것이며, 다른 한쪽은 현재에 있는 것입니다. 한쪽은 풍요로운 추억을 가진 유산을 공동으로 소유하려는 것이며, 다른 한쪽은 현재의 묵시적인 동의, 함께 살려는 욕구, 각자가 받은 유산을 계속해서 발전시키고자 하는 의지입니다.[5]

일본의 정치 사상가 마루야마 마사오丸山眞男도 르낭의 입장에 동의하며 이렇게 말한다.

> 근대 민족주의는…… 결코 그저 환경에 대한 정서적 의존이 아니라, 오히려 다른 면에서 '민족의 존재는 매일매일의 인민 투표이다'라는 에르네스트 르낭의 유명한 말에서 표징되는 바와 같이 고도의 자발성과 주체성을 동반한다.[6]

4 에르네스트 르낭, 『민족이란 무엇인가』, 신행선 옮김, 책세상, 2002, 64-84쪽, 특히 80-84쪽 참조. 비록 흑인, 황인 위에 셈족과 아리아인을 두었고, 특히 유럽-아리안족을 최고의 인종으로 간주하는 인종주의적 발언을 하기도 했지만, 이때 그가 말하고자 했던 것은 생물학적·혈연적 인종주의라기보다는 문화적 생성 차원의 인종주의, 그런 차원에서의 민족주의였다는 것이 중론이다.

5 에르네스트 르낭, 위의 책, 80쪽.

6 丸山眞男, 『現代政治の思想と行動』, 東京: 未來社, 1960, 161-162頁.

이때 중요한 것은 인종이나 언어가 민족 구성의 요소인가 아닌가의 문제가 아니라, 민족의 개념이 동시대를 함께 살고 있는 이들과 함께 하겠다는 의지나 희망의 '구성물'이라고 보고 있다는 점이다. 이러한 점은 이제는 민족주의 관련 분야의 고전이 되어버린 베네딕트 앤더슨Benedict Anderson의 『상상의 공동체Imagined Communities』에서 비교적 체계적으로 규명되고 있다. 그에 따르면 민족, 특히 서양에서의 민족이란 왕조 국가가 후퇴하고 자본주의가 발달하는 시기에 생겨난 특정한 문화적 조형물이다. 앤더슨은 첫째, 만인에게 공통적이라고 상상된 성서 언어script-language의 개념이 약해지고, 둘째, 수직적 왕조 국가가 후퇴하고, 셋째, 세계 내지 인간의 기원이 동일하다고 생각되던 시간관이 서서히 퇴조한 뒤, 기존의 문화적 범주와 의미들을 대신하면서 등장한 것이 '민족'이라 말한다. 특히 신의 섭리나 의지가 배제된 시간이 시계나 달력과 같은 물리적 장치로 표시되면서 이러한 객관적 장치 안에서 사람들은 동시에 공존하고 있는 다른 사람들을 상상하게 되었다. 여기에다가 인쇄술이 발달하면서 소설이나 신문과 같은 동시대적인 읽을거리들이 생겨나게 되자, 같은 시계와 달력을 걸어놓고 같은 신문이나 소설을 읽으면서 동일한 경험을 공유한다고 상상되는 어떤 공동체가 생겨나기 시작되었는데 그것이 '민족'이라는 것이다.[7]

특히 상위의 엘리트를 위한 라틴어보다는, 자본주의의 발흥과 함께 지방의 대중적 언어들로 쓰여진 인쇄물들이 급격히 보급되기 시작하면서 동일 언어로 된 인쇄물을 읽은 이들 간의 공유의식이 커지게 되었고, 이 공유의식이 그 언어만큼 오래되었다고 간주되는 민족성의 개념으로 이어졌다는 것이다. 이렇게 민족은 동일한 세계와 특정 시공간을 배경으로

7 베네딕트 앤더슨, 『상상의 공동체: 민족주의의 기원과 전파에 대한 성찰』, 윤형숙 옮김, 나남출판, 2002, 제1-2장, 특히 62, 71, 75쪽 참조.

하는 사람들의 경험을 통해 구성되고 의미화한 역사적 공동체이다. 앤더슨은 그것을 '상상의 공동체'라고 부른다.[8]

한국이나 일본 학자들의 민족에 대한 규정도 전반적으로 이와 다르지 않다. 예를 들면 신용하는 민족을 "인간이 언어, 지역, 혈연, 문화, 정치, 경제, 생활, 역사의 공동에 의하여 공고히 결합되고 그 기초 위에서 민족의식이 형성됨으로써 더욱 공고하게 결합된 역사적으로 형성된 인간 공동체"라고 비교적 상세하게 규정한다.[9] 여기에서 다시 '언어, 지역, 혈연, 문화, 정치, 경제, 생활, 역사의 공동'을 민족 형성의 객관적 요소로 보고 '민족의식'을 민족 형성의 주관적 요소로 구분하면서, 객관적 요소만으로 형성된 민족을 '즉자적 민족Nation an sich'이라 부르고, 여기에다가 주관적 요소인 '민족의식'이 더해져 생긴 민족을 '대자적 민족Nation für sich'이라고 부른다.[10] 이때 민족의식이란 막스 베버Max Weber에 따르면, "민족이 다른 집단과 직면했을 때 갖는 특수한 연대 감정specific sentiment of solidarity"이며, 신용하에 따르면, "한 민족의 성원들이 다른 민족과 구별되는 통일적 공동체로서 자기 민족의 독자성과 주체성을 집단

8 앤더슨은 그 공동체가 생겨나게 된 과정을 이렇게 요약한다. "긍정적 의미에서 새 공동체들을 상상할 수 있게 한 것은 생산체계와 생산관계의 상호 작용(자본주의), 커뮤니케이션의 기술(인쇄술), 그리고 숙명적인 인간언어의 다양성 간의 어느 정도 우연적이면서도 폭발적인 상호 작용이었다."; "인간 언어의 숙명적 다양성 위에 자본주의와 인쇄술이 수렴됨으로써 그 기본 형태에 있어 근대 민족nation을 준비하는 새로운 형태의 상상의 공동체가 형성될 가능성을 창조했다." 앤더슨, 앞의 책, 71, 75쪽.

9 신용하, 「민족의 사회학적 설명과 '상상의 공동체론' 비판」, 『한국사회학』 제40집 1호, 한국사회학회, 2006, 33쪽; 신용하, 『한국민족의 형성과 민족사회학』(신용하저작집 1), 지식산업사, 2001, 320-321쪽. 신용하가 여기에서 '역사적으로 형성된 인간 공동체'라는 사실을 강조함으로써 '상상의 공동체'라는 앤더슨의 해석을 비판하려 하지만, 앤더슨이 민족을 단순히 허구적 비실재 차원에서 설명한 것만은 아니다. 또 신용하는 앤더슨이 말하는 '상상'을 단순한 허구로 규정하면서 비판하지만 상상의 '구체적이고 현실적인' 능력은 보지 못하는 듯하다. 앤더슨의 '상상'은 허구가 아니라 관념 내지 의식이되, '현실을 반영해내는' 관념 내지 의식이다. 이런 현실을 염두에 두고 보면, 전반적으로 신용하의 정의도 르낭이나 앤더슨의 정의에서 크게 벗어나지는 않는 것으로 보인다.

10 신용하, 위의 글, 같은 쪽; 위의 책, 339쪽.

적으로 또는 개별적으로 자각하는 것"이다.[11] 신용하가 민족을 즉자적 민족과 대자적 민족으로 구분한 것은 흔히 근대의 산물로 간주되는 '민족의식'이라는 것이 형성되기 이전에도 '민족'이라 할 만한 것은 동서양 어디에나 존재해왔다고 봄으로써 민족의 외연을 근대 이전, 더 나아가 고대로까지 넓히고, 그런 식으로 민족을 서구 근대화의 산물로만 보는 자세를 교정하려는 것이다. 그리고 '제국주의적 민족주의'와 '민족해방적 민족주의'를 구분하면서, 민족주의는 "한 민족이 자기 민족의 자유와 독립과 통일과 발전을 추구하는 이데올로기"로 정의한다.[12]

일본의 사회학자 와카바야시 미키오若林幹夫도 기본적으로 이상의 민족 이론, 특히 앤더슨의 이론에 동의하면서 한 가지를 덧붙이는데, 바로 '지도'이다. 민족은, 특정하게 구획된 지도적 지형 안에 산다고 간주되는 이들에게 공통적으로 붙여진 이름이라는 것이다. 그에 의하면, 지도가 현실을 모방하는 것이 아니라 현실이 지도를 모방한다.

> 국영 측지사업測地事業은…… 국가적인 통치의 매체로서 공간을 파악하고 그러한 공간을 대상화하는 미디어로서 지도를 포착하는 시각의 정착과 제도화를 보여준다. 이와 동시에 이러한 사업을 통하여 통치의 대상이자 주체이기도 한 '국민'이 차지하는 영역이 토지 공간상의 범역範域으로서 가시화되고, 그것이 학교 교육이나 매스 커뮤니케이션 등을 통하여 국민적 도상 national icon으로서 사람들에게 공유되며, 그러한 도상의 공유를 통하여 국민적인 의식이 양성되기도 한다.[13]

11 신용하, 앞의 책, 338쪽.

12 신용하, 앞의 글, 52쪽. 이 점에서는 차기벽의 정의, 즉 "민족의 통합과 독립, 번영과 발전을 최고의 목표와 가치로 삼는 이데올로기"(차기벽, 『민족주의 원론』, 한길사, 1990, 257쪽)가 같은 언어 표현에 있어서는 좀 더 섬세하게 느껴진다.

요지인즉, 지도가 주는 공동적 공간 의식이 그 안에 사는 이들에게 이념적 동질성을 부여해주며, 그것이 민족 국가를 탄생시키는 데 일조했다는 것이다. 지도가 특정한 사회적 사실을 표상하고 있다면 사회는 그렇게 표상된 사실을 모방하고, 그 구성원은 자신이 속한 영역을 도상화해 놓은 지도를 보면서 그 영역 안에 속한 이들과 공감대를 나누게 된다. 이렇게 미디어로서의 지도가 민족 국가의 탄생에 공헌하게 되었다는 것이다. 독도를 한국의 영토로 표시한 지도를 보면서, 북방 네 개 섬을 일본 영토로 표시한 지도를 보면서, 그 지도를 공유하는 이들을 중심으로 강화되어온 의식이 일종의 민족의식인 셈이다. 이것은 통치 영역과 국경선이 뚜렷하지 않았던 150여 년 전만 해도 그리 부각되지 않던 현상이라는 점에서 민족 내지 민족의식이 근대에 와서 강화된 개념인 것은 분명해 보인다.

3. 민족-타자에 대한 대응 개념

일본의 경우

이렇듯 민족은 전반적으로 동일 문명을 공유하는 공동체에 붙여진 개념이다. 그리고 대체로 근대화의 산물로 보는 경향이 지배적이다. 오해를 피하기 위해 신용하는 근대 민족, 전근대 민족, 원민족 등으로 세분해

13 와카바야시 미키오, 『지도의 상상력』, 정선태 옮김, 산처럼, 2006, 252쪽. 여기에서 '국민'으로 번역된 'nation'은 우리의 논지를 따라 번역하면 '민족'이 된다. 그리고 와카바야시가 '국민적 표상'이라고 번역한 'national icon'은 프랑스 지리학자 장 고트만Jean Gottmann의 용어이다. 고트만은 국가적 통일감이나 공동성의 근거가 되는 집합적인 표상, 그러니까 '국기'나 '국가' 같은 것을 '내셔널 이코노그래피national iconography'라고 불렀는데, 와카바야시는 여기에다가 '지도'를 추가하고 있는 것이다.

민족의 외연을 고대로까지 소급해 넓히기도 하지만,[14] 그 역시 민족의식은 근대에 형성된 것으로 본다는 점에서 앤더슨과 같은 서양 학자들의 이론과 대립하지는 않는다. 다만 앞에서처럼 민족의식이 다른 민족과 구분되는 특수한 연대 감정 내지는 통일적 연대의식이라고 규정한다면, 동아시아의 민족주의는 서양의 민족주의 역사와는 달리 서양의 문명에 대응하면서 강화된 개념이기도 하다는 점을 염두에 둘 필요가 있다. 서양에서 민족주의도 새롭게 발흥하는 세력들에 반응하고 그와 조화하면서 성립되어온 것이지만, 동아시아에서의 민족주의, 특히 근대적 민족주의는 제국주의적 서세동점의 파도에 대응하면서 성립되었다는 공통점이 있다. 일본의 경우를 예로 들어보자. 오오고시 아이코大越愛子는 일본에서 민족주의가 강화된 근거에 대해 이렇게 말한다.

> 일본의 근대화는 '화혼양재和魂洋才'라는 슬로건을 내걸었던 것과 같이, 처음부터 압도적인 기세로 촉진된 구미화, 서양화 정책에 위기의식을 지니고 출발하였다. 이 때문에 일본의 민족주의에서는 유입된 그리스도교와 구미 사상에 대항할 수 있는 전통적 일본 사상의 발굴이 급선무였다. 이 때문에 민족주의는 국민의식이나 일상생활에 기초해서 성숙된 것이 아니라, 강제적으로 날조된 관념적인 것이 되었다.[15]

일본 민족주의가 강제적으로 날조되었다는 식의, 다소 원색적인 비판의 진위 여부를 가릴 필요까지는 없겠으나, 일본의 민족주의가 압도적인

14 신용하, 앞의 책, 343–357쪽 참조.

15 오오고시 아이코, 「참회의 가치도 없다」, 코모리 요우이치 외 엮음, 『내셔널 히스토리를 넘어서』, 이규수 옮김, 삼인, 2001, 169–170쪽. 계속해서 오오고시는 토사카 준의 지적을 예로 들면서, 일본의 민족주의가 니치렌이나 신랑과 같은 고대 종교인들의 사상적 범주를 차용하면서 우익적 국수주의(니치렌을 차용한 경우) 내지 좌익적 국수주의(신랑을 차용한 경우)로 흐르게 되었다고 비판적으로 정리한다. 오오고시 아이코, 위의 글, 170–171쪽.

기세로 다가왔던 구미화 · 서양화의 물결에 대한 일본 전통적 대응의 결과라는 사실을 기억하는 것은 중요하다. 서양화에 대한 대응의 결과이다 보니 일본 민족주의는 대체로 전통 중심적, 부정적으로 표현하면 국수주의적 경향을 보여주며, 천황을 정점으로 한 일본 문화의 우수성을 내세우는 일본 우월적 경향을 보여주는 것이다. 일본에 그리스도교가 자리 잡지 못하게 된 원인의 하나도 이런 배경 때문이라고 할 수 있다.[16]

개항 이전 한국의 경우

그렇다면 한국에서 민족주의는 어떻게 전개되어왔는가? 한국 사회에 '민족', '민족주의'라는 말은 주로 청나라 량치차오梁啓超(1873~1929)의 『음빙실문집飮氷室文集』이나 도일渡日 유학생들을 통해 도입된 뒤, 러일전쟁(1904~1905) 이후 문화계몽 운동 과정에서 사용되기 시작했다.[17] 그렇다고 해서 민족 내지 민족주의가 어느 날 하늘에서 뚝 떨어져 생겨난 것은 아니다. 민족을 민족이라 할 만한 근간, 즉 "한국 민족의 원형인 민족체는 삼국 통일부터 고려에 이르는 오랜 기간에 걸쳐 서서히 형성"[18]되었으며, 고려가 후삼국을 통일하고 발해 유민을 일부 받아들임으로써 한민족의 역사적 경계boundary[19]가 대략 결정되었다는 것이 일반적 평가이

16 그렇다고 해서 서구 사상을 수용하면서 일본을 개혁시키려는 그리스도교적 민족주의자가 없는 것도 아니다. '두 가지 아름다운 이름', 즉 '두 개의 J'(Jesus+Japan)를 위해 모든 것을 바치겠다고 공표했던 우치무라 간조內村鑑三 같은 이를 서양 문명 수용적 그리스도교 민족주의자로 들 수 있겠다.

17 장규식, 『일제하 한국 기독교 민족주의 연구』, 혜안, 2001, 69쪽.

18 임지현, 『민족주의는 반역이다』, 소나무, 2005, 66쪽. 여기에서 말하는 민족체nationality는 민족을 구성하는 객관적 요소에서 일정한 동질성을 확보한 집단이되, 민족사에 적극 참여하려는 능동적인 의지까지는 아직 결여된 동질 집단을 지칭하는 용어라는 임지현의 입장에 따른 것이다.

19 오늘날의 영토적 경계인 '국경'과는 달리, 일종의 삼투막처럼 문화적 · 사회적으로 유동적인 개념이다.

다.[20] 통일신라부터 고려 초기에 이르는 기간을 '전근대 민족' 형성기로 보고 있는 신용하의 입장을 따르더라도, 이미 전근대 민족이 형성되어 있었기에 비로소 민족 내지 민족주의라는 말도 생겨나고 쓰이게 된 셈이라고 할 수 있다.[21]

물론 그렇다고 하더라도 이는 어디까지나 오늘날의 민족이라 할 만한 기초의 방향이 정해졌다는 뜻이지, 근대적인 의미의 한국 민족이 그때 이미 확립되어 있었다는 말은 아니다. 르낭의 의견을 따라 민족이 인종이나 혈연과 같은 선천적 요인보다는 그 구성원들과 함께 하겠다는 공동체적 의지가 중요한 요소라면, 고려 시대도 공동체를 향한 민중의 적극적인 의지는 약했거나 희미했다. 봉건적 신분제로 인해 귀족과 민중에게 '우리'라고 하는 동질적 연대의식을 심어줄 수 있는 새로운 질서를 갖추지는 못했다. 민중이 적극적으로 민족의식을 발휘할 정치적 통로가 부재했던 셈이다. 그러다가 몽골과의 전쟁을 거치면서, 고려 후기 민족체적 경계가 대체로 완성되고 민족체적 결속력도 강화되어간 것으로 판단된다.

이러한 분위기는 조선 중기까지 이어진다. 비록 조선이 중앙집권적으로 잘 조직된 통일 왕정 국가라고 하더라도, 중앙 정부의 의중이 일반 민중에게까지 연결될 때는 주로 조세를 징수할 때 정도였고, 조세 납부에는 공동체나 집단을 위한 민중의 자발적 의지가 거의 없었다는 점에서 아직 근대 민족 국가라고까지 말할 수는 없다. 신용하의 표현을 따르면, '전근대 민족 국가'라고 할 수 있을 것이다. 실학 운동에서 제기된 탈중화의식脫中華意識 등에서 근대 민족주의의 맹아가 분명히 보이기도 하지

20 임지현은 이렇게 정리한다. "고려 건국의 의미는 그러므로 그것이 발해 유민을 받아들였다든지 고구려를 계승한 데 있다기보다는, 민족체 수준에서의 통합을 향한 중요한 전진이었다는 점에 있다. 삼국의 주민들이 분열되지 않고 단일한 역사적 경계 안에서 생활하고 그러한 경계가 큰 변동 없이 천 년 이상을 지속함으로써 민족체의 경계가 굳건해진 것이다." 임지현, 앞의 책, 68쪽.

21 신용하, 앞의 책, 347-353쪽 및 『한국 원민족 형성과 역사적 전통』, 나남출판, 2005 참조.

만, 어디까지나 '맹아'의 차원이었다고 하지 않을 수 없다. 그렇다면 '근대' 한국 민족주의는 구체적으로 어떤 양상 속에서 전개되어왔을까.

개항 이후 한국의 경우

앞서 일본의 경우에서 보았듯이, 한국도 조선 후기부터 20세기에 걸쳐, 특히 1876년 개항 이후 본격적으로 밀려드는 외세에 대한 대응으로 민족의식이 생겨났거나 적어도 강화되었다. 수구적이라고 할 정도로 민족적이었던 근대 사학자 신채호(1880~1936)가 역사를 '아我와 비아非我의 투쟁의 기록'으로, 한국사를 '한국 민족과 이민족의 투쟁사'라고 규정한 것도 외세의 도전을 통해 민족의식이 강화되어왔고, 그 도전이 한국을 근대 민족 국가로까지 나아가게 해주는 계기가 되었음을 보여준다. 단순하게 구분하자면, 조선 후기 불어닥친 외세를 삿된 것으로 규정하면서 기존의 유교적 봉건 체제를 유지하고자 했던 이항로나 최익현과 같은 위정척사파에게도 민족주의적 요소가 전혀 없지는 않았고, 김옥균, 박영효, 서재필, 윤치호 등 외세를 수용하면서 봉건성을 탈피하고자 했던 개화파도 어느 정도 민족주의자였다. 그렇지만 지금까지의 정의에 비추어 보건대, 위정척사파의 민족주의는 민중적이거나 전체적이기보다는 일부 지배 계급 내부의 동질성을 더 반영한다는 점에서 앞서 정의한 민족의 개념에 훨씬 미치지 못했고, 엘리트적 개화파도 그 개화 정신을 민중에게까지 연결짓지는 못했다는 점에서 덜 민족적이었다.

이에 비해 반외세는 물론 반봉건에도 주목했던 동학 운동은 상대적으로 좀 더 종합적인 민족주의 운동이었다고 할 수 있다.[22] 전근대 민족에

22 강돈구, 「근대 신종교와 민족주의 I: 동학, 증산교를 중심으로」, 강돈구 외, 『근대성의 형성과 종교지형의 변동 I』, 한국학중앙연구원 종교문화연구소, 2005, 188쪽.

서 근대 민족으로 전환되어가는 가장 결정적인 계기가 '사회 신분제의 폐지'에 있고, 또 근대 민족주의의 특징인 '민족의식'이 다른 문명과 구별되는 통일적 공동체의식 내지 연대 감정에 있다고 한다면, 인간평등 사상을 기치로 외세 및 억압적 정권에 저항해 '아래로부터' 벌어진 동학농민운동(1894)은, 비록 개화파 정권에 의해 진압되는 아픈 역사를 지니고 있지만, 한국 민족주의의 본격적인 시작을 알리는 효시가 아닐 수 없다. 이것은 우리나라 근대 민족주의의 주요 과제가 반봉건 내지 반외세에 있었고, 이에 따라 한국 민족주의는 저항적 경향을 보여주었다는 저간의 평가에 비추어보면 더욱 그렇다.[23] 이렇게 구체적으로 힘을 얻어가며 시작된 한국 민족주의는 김홍집과 같은 온건 개화파에 의해 근대 국가를 지향하는 일련의 제도 개혁(갑오개혁, 1894)이 단행되면서 좀 더 구체적인 옷을 입게 된다.

이 시기를 전후하여 얻어진 신교信敎의 자유로 인해 성장하기 시작한 그리스도교는 다른 방식으로 한국 민족주의의 형성에 공헌하게 된다. 특히 초기 그리스도교는 주자학적 세계관의 중심이 아닌, 주변에 있던 서북 지방 신흥 상인들에 의해 보급되기 시작했다는 점에서 전반적으로 수구적이라기보다는 비유교적 · 자유주의적 · 개인주의적 성향을 띠었다.[24] 게다가 '모든 것을 다 바꿀 것'을 요구하는 시대적 전환기에 서양 문명의 '기호'처럼 간주된 그리스도교는 조선 민중 사이에 급속히 퍼지기 시작했다. 이런 일들이 모두 민족의식을 가지고 진행된 것은 아니지만, 어찌되었든 초기 그리스도인들을 통한 새로운 의식의 형성이 근대 민족주의의 새로운 씨앗으로 작용하기 시작한 것은 분명하다.

특히 그리스도교 민족주의는 서양 선교사들이 시작한 교육 및 의료 선

23 강돈구, 『한국 근대종교와 민족주의』, 집문당, 1992, 37쪽.
24 장규식, 앞의 책, 41쪽.

교 사업에서 영향을 받으며 기초를 다져갔다. 서양에서의 민족주의가 국민 전체에 대한 교육과 종교적 조직망 등을 통해 강화되어왔듯이, 한국에서도 그리스도교에 의한 교육 사업 등을 통해 그 관련자들 간에 다소 평준화된 사고방식이 생겨나면서 한국 민족주의 형성의 주요 축으로 작용하게 된 것이다. 다음의 말도 이를 뒷받침한다.

> 중앙집권화된 근대적 국민 국가가 민족 통합에 기여하는 것은 기본적으로 국민 교육과 각성된 민족의식을 지닌 관료들에 의해서이다. 그러나 조선시대의 향교가 국민 교육의 역할을 담당했다고 믿기는 어려우며, 또 조선의 관리들에게 봉건적 이해관계를 벗어난 민족의식을 기대하기도 어렵다. 따라서 전근대적 중앙집권적 정체polity가 민중들에게 단일한 정체성의 메시지를 전달하고 민중을 민족의 틀 속에 수직적으로 통합하는 데 얼마나 기여할 수 있었는지는 의문이다. 그보다는 오히려 농민 공동체의 단위와 일치하는 교구와 같은 종교의 지역적 조직망이 그러한 정체성을 강화하는 데 크게 기여했다는 것을 세계사의 경험은 우리에게 알려준다.[25]

4. 그리스도교의 민족성, 호교성, 기복성

위 인용문은 민족주의의 확립에 교육과 종교가 차지한, 간과할 수 없는 위치에 대해 말해주고 있다. 지구가 '지구화'를 통해 하나의 지구마을이 되어가는 과정에 종교의 역할이 적지 않지만,[26] 종교는 민족주의 형성

25 임지현, 앞의 책, 79-80쪽. '국민교육의 보급과 민중의 문화적 발전'을 통해 근대 민족이 형성된다고 말한 신용하의 입장도 이를 반영해준다. 신용하, 『한국민족의 형성과 민족사회학』, 355쪽.

26 특히 그리스도교, 이슬람과 같은 세계적 종교들은 "공통된 믿음과 행위의 문화 간 연결망"으로 작용하면서 "의심할 여지없이, 전근대 시기 아니 모든 시기를 통틀어 문화적 지구화의 가장 막강하

에도 지대한 영향을 끼친다. 근대 한국의 경우 특히 그리스도교가 교육이나 의료와 같은 대중적 계몽사업, 사회사업을 지역 조직을 통해 벌임으로써 한국인에게 새로운 차원의 수평적 공유의식을 갖게 한 것이 그 증거이다. 민족 국가의 주요 특징이 왕조 국가의 쇠락, 신분제의 철폐에 따른 수평적 사회로의 분화에 있다고 할 때, 원칙적으로 그리스도교의 평등주의는 한국 사회의 수평화에 어느 정도 공헌했다고 하지 않을 수 없다. 실제로 대한제국 말기 국권회복 운동의 한 흐름으로서 생겨난 최초의 문화계몽 단체인 '국민교육회國民敎育會'(1904)가 어느 정도 민족 운동으로서의 자의식을 지닌 그리스도교 세력에 의해 주도되었다는 점에서도[27] 초기 그리스도교의 민족주의적 성격을 부인할 수는 없어 보인다.

그렇다고 해서 한국의 그리스도교가 그 자체로 민족주의적 완결성을 띠고 있다는 뜻은 아니다. '외세'가 한국의 새로운 내부 세력이 되기를 바라는 이들, 즉 그리스도교를 통해 한국 '민족'을 이루려는 일부 '한국인들'의 희망이 민족주의적 성격을 지니고 있었다고 해석하는 것이 일단 옳다. 그리고 그렇게 본다면, 그리스도교와 민족주의의 관계를 논할 때 그리스도교의 민족주의적 성격이라는 것이 과연 앞서 본 사전적 의미에서 순수하게 '민족'의 성립을 위한 것이었는지, 아니면 민족을 수단으로 한 호교적 행위였는지도 구분할 수 있어야 한다. 물론 그리스도교 민족주의에는 이들 양쪽 요소가 다 들어 있다. 적어도 그리스도교가 지역적 조직을 통해 한국인에게 새로운 세계를 보여주었고, 한국인을 대상으로 하는 일반 교육에 힘을 쏟았으며, 각종 한글 출판물들로 인해 한국인으

고도 중요한 형태를 이루고 있다." 데이비드 헬드 외, 『전지구적 변환』, 조효제 옮김, 창작과비평사, 2002, 528쪽. 물론 종교는 지구화를 앞당길 뿐만 아니라 지역적 독특성을 부각시켜주는 근거가 되기도 한다는 사실 또한 중요하다. 지구가 획일화되지 않게 해주는 것 역시 각 민족의 문화적 형식으로 드러나고 있는 종교이다.

27 장규식, 앞의 책, 같은 쪽.

로 하여금 동시대를 살아가는 공동체적 동질감, 이른바 민족의식을 갖도록 하는 데 공헌한 것은 분명하다. 하지만 그럼에도 불구하고 어디까지나 교리적 · 내세적 선교를 위한 수단 내지 방편으로서의 측면도 그 못지않게 크다는 사실 역시 간과해서는 안 된다. 3 · 1 운동 이후 한국 그리스도교가 사회 참여적 그리스도교 일부를 제외하고는 대부분 개인적 · 영적 · 복음적 · 타계적 그리스도교로 흘러갔다는 점에서 보면 더욱이나 그리스도교가 언제나 '민족주의적'이었던 것은 아니다. 이와 관련하여 강돈구는 "일제가 우리나라를 위해 철도를 부설했다는 주장이 제국주의적 주장이듯이, 그리스도교가 민족적인 방향으로 흘러왔다는 주장은 분명히 호교론적인 주장에 불과하다"[28]며 일축하기도 한다. 결과적으로 그리스도교가 한국 근대 민족주의의 형성에 공헌하게 되었다고 해서 그 과정과 목적도 반드시 민족주의적이었다고 말할 수는 없는 것이다.

그리고 한국의 경우는 '국가'의 멸망을 경험하다보니 기존 전통에서는 민족적 구심점을 찾지 못한 채 압도적으로 밀려오는 외세를 수용할 수밖에 없었고, 그 와중에 그리스도교를 민족적 정체성을 유지시켜줄 수단으로 삼는 이들이 많아졌다. 이런 이들을 중심으로, 특히 국가의 총체적 부재 상황 속에서 국가state가 아닌 민족nation을 확립하는 방식으로 국가적 정체성을 이어가려는 노력이 생겨난 것이다. 그런 노력에 어찌 되었든 그리스도교가 한 몫 하면서, 조선의 유교 일원적 세계관은 '민족'이라는 비교적 새로운 개념으로 대체되어갔다. 왕을 상상하고 유교적 세계관을 상상하던 구성원들이 왕조가 붕괴되고 유교 일원적 세계가 와해되어가면서 그 빈 공간에 '민족'을 넣게 된 것이다.

그렇다면 그리스도교 안에 '민족 신학'이 등장하고, 또 민족을 위해 종

28 강돈구, 『한국 근대종교와 민족주의』, 184-185쪽. 원저자의 논지를 해치지 않는 범위 안에서 수정 인용했다.

교들이 하나가 되었던 3 · 1 운동의 경우는 민족이 신앙보다 상위 개념에 놓였던 사례가 아닐 수 없다. 국가의 부재, 외세에 의한 억압을 경험하면서 민족이야말로 국가의 부재를 메워주고 외세에 저항하게 해주는 강력한 힘이며, 그로 인해 성립된 민족주의는 도덕적 명령, 사회적 규범 내지 이념과도 같았던 것이다. 부실한 국가를 지탱해주는 힘이 민족의 이념적 표상인 민족주의였다면, 어떤 사람은 당시 그리스도교에서 민족의식 강화를 통한 민족 국가의 형성에 공헌할 수 있는 측면이 있다고 보았고, 어떤 사람은 중화주의中華主義를 벗어나 주체적인 민족이 될 수 있게 해줄 뿐 아니라, 최고의 억압 세력이었던 일본을 극복하게 해줄 힘이 있는 대안적 문명으로 보았던 것이다.[29]

분명히 한국 내 그리스도교 전파는 당시 발흥하던 제국주의적 세력과 연결되어 있다. 하지만 일본이라는 또 다른 제국주의 세력의 지배를 받았던 탓에 한국에서 그리스도교는 다른 나라에서와는 달리 제국주의적이기보다는 근대적인 문명으로 간주되었고,[30] 그 그리스도교의 근대성은 일본 제국주의에 저항하는 해방 세력이자 민족주의자들에게는 한국 민족을 봉건성과 식민 지배에서 구출해줄 민족주의적인 것으로 간주되기도 했다. 비록 그리스도교가 한일합방 이전에는 자체적으로, 이후에는 일본 정책에 따라 정교분리를 표방하면서 공동체적 민족의식의 형성보다는 개인적 · 타계적 · 탈사회적 모습을 보여주기도 했으나, 그럼에도 불구하고 다른 한편에서는 적극적으로 수용해야 할 근대적인 어떤 것으

29 이에 비해 국가 전체의 멸망까지는 겪지 않은 일본의 경우는 굳이 그리스도교가 아니더라도 전통종교 사상에서 얼마든지 민족주의적 정체성을 확인하고 찾을 수 있었던 데다가, 구미의 압력에 못이겨 1873년(메이지 6년) 그리스도교 금령을 폐지한 뒤에도 그리스도교는 천황 숭배 전통과 전통적 부국강병책에 어울리지 못했던 탓에 제대로 자리 잡지 못했다. 나가오 다케시, 『일본사상이야기 40』, 박규태 옮김, 예문서원, 2002, 244쪽.

30 김종서가 요약하고 있는 도날드 클라크Donald N. Clark의 견해를 참조했다. 김종서, 『서양인의 한국종교 연구』, 서울대학교출판부, 2006, 58-59쪽.

로, 일종의 '민족 해방적 민족주의' 형성에 긴요한 것으로 간주되었다는 점에서 그리스도교가 한국 사회의 수평적 분화에 기여한 것은 분명해 보인다. 만일 그리스도교가 일제의 후원하에 한국 문명을 억압하는 세력의 연결선상에 있었다면, 해방 후 친일 청산 분위기와 함께 그리스도교는 극복과 타도의 대상이 되었을 것이다.

물론 앞에서도 잠깐 살펴보았지만 한국에서 그리스도교가 수용되고 전개된 데에는 이보다 복합적인 측면이 있었고 여전히 있다. 지금까지 보았던 민족주의적 시각에서의 그리스도교 수용이 대체로 상대적으로 소수였던 개화파 지도자들에 의한 것이었다면, 대중적 차원에서는 기복적·외세 의존적 시각이 더 많이 반영되어 있기도 하다. 대다수 그리스도인들은 "그리스도교 신앙을 현실과 구별되는 영역에 위치시키고, 개인적인 속죄구령贖罪救靈에 몰두하면서 세속 권력에 관심을 보이지 않거나 순응하는 자세를 보였다."[31] 이 책의 앞 부분에서 언급했던 표현을 다시 한 번 인용해보자.

역사적인 차원에서 보면, 한국에 그리스도교가 수용되고 성장한 것은 더 이상 중국에 기댈 수 없고 일본을 경계하던 조선이 구미 문명을 등에 업은 그리스도교를 통해 민족 운동을 벌이고, 거기에서 은신처를 구하면서부터 어느 정도 예정된 일이기도 했다…… 물론 한편에서 보면 그것은 국가적 위기 속에서 새로운 민족적 구심점을 이루려는 민족적 관심 내지는 안전한 보호 수단을 찾아 교회로 들어온 민중적 정서에 기인하는 것이지, 그리스도교의 교리적 우월성이나 종교적 깊이를 충분히 확인하고서 발생한 결과라고 하기는 힘들다.

31 장규식, 앞의 책, 16쪽.

한국 그리스도교는 국가적 위기 속에서 민족적 구심점을 찾겠다는 지도자들의 민족적 관심과 앞선 구미 문명을 선점하고 그 우월감에 편승하려는 민중적 정서가 조화를 이루면서 비교적 빠른 시기에 소개되었다. 물론 당시 그리스도교는 일단의 민족주의자들이 거부하고자 했던 외세이기도 했지만, 그럼에도 불구하고 낙후된 봉건 질서를 극복하고 또 다른 외세, 즉 일본을 넘기 위한 수단의 차원에서, 그리고 일반 민중에 의해 기복적인 차원에서 수용되기 시작했던 것이다. 물론 일본을 통해 한국이 근대화될 수 있다고 믿은 친일적 계몽주의 그리스도인도 있었지만, 당시 한국인들에게 그리스도교는 어느 정도 억압으로부터의 해방의 역할을 담당해온 것이 사실이다. 민중의 기복적 욕구로 인해 수용된 그 외세라고 하는 타자가 다시 내면화되면서 다른 각도에서 한국의 민족의식을 강화시키는 기제로 작용하게 된 것이다. 프랑스 혁명에서 볼 수 있듯이 서구에서 "민족 국가의 동질성이나 근대 민족주의의 유대감은 혁명이 있은 연후에나 비로소 가능했다"[32]는 말을 받아들인다면, 어쩌면 한국의 혁명은 밀물처럼 밀려오는 서양 문명을 아래로부터 수용해낸 과정에 있다고 할 수 있다.

5. 민족주의가 종교와 관계 맺는 근거

그리스도교가 수용되면서 벌어지는 일 중의 하나는 그렇게 수용된 그리스도교 안에서 기존의 사회문화적 가치, 즉 '전통'이 뒤로 물러난다는 것이다. 전통은 그리스도교라는 새로운 가치를 기억하고자 하는 그만큼

32 임지현, 앞의 책, 82쪽.

잊혀진다. 잊혀질 뿐만 아니라 종종 억압당하기도 한다. 이때 억압은 잊고 싶지만 잊을 수 없을 만큼 강력하게 내재되어 있는 경험을 적극적으로 부정하는 행위이다. 하지만 역설적이게도 그렇게 부정되고 잊히는 그 곳에서, 적극적으로 표현하면, 오히려 새로운 문화가 창조되기도 하는 것이다.

외세와 전통, 수용과 부정이 단순히 이분법적으로 대립하기만 하는 것은 아니다. 가만히 보면 외세와 전통 사이에는 이들을 서로 연결시켜주는 '보이지 않는 매개'가 있다. 이 글의 주제와 연관해서 표현하면 바로 숨어 있는 '민족의식'이다. 설령 그것을 민족의식이라고까지 표현하지는 않는다 해도, 어찌 되었든 자신을 포함한 동시대인들에게 긴요하다고 간주되던 그 사회적 심리로 인해 외세와 전통 간 수용과 부정의 변증법이 시작된다. 그 '동시대인들에게 긴요하다고 간주되는 것'이 한국 민족의식의 형성에 공헌하게 되는 것이다. 한국 민족사에서 그리스도교의 역사는 전통에 대한 망각의 역사이기도 하지만,[33] 기존 문화의 자기부정을 통한 새로운 산물의 창조사이기도 하다. 이렇게 부정된 전통 속으로 밀려들어간 외세로 인해 새로운 민족의식이 형성되면서 외세는 더 이상 외세가 아닌, 형성적 민족의식의 핵심으로 작용하게 되는 것이다. 니체 Friedrich W. Nietzsche가 망각은 주체적 기억 능력의 결여가 아니라, 도리어 '선악의 피안'과 같은 무구의 세계를 회복할 수 있는 가장 적극적인 삶의 활동이라고 규정한 것도 어쩌면 새로운 문화 창조나 민족의식의 구성 과정에 비추어보건대 이해될 만한 표현이다. 3장에서 언급했던 타케우치 요시미의 말을 다시 한 번 인용해본다.

33 에르네스트 르낭, 앞의 책, 61쪽 참조.

서구적인 우월한 문화 가치를 보다 대규모적으로 실현하기 위해 서양을 한 번 더 동양에 의해 되감싸 안아, 거꾸로 서양 자신을 이쪽으로부터 변혁한다는 이 문화적인 되감기, 또는 가치상의 되감기에 의해 보편성을 만들어냅니다. 동양의 힘이 서양이 만들어낸 보편적인 가치를 더욱 높이기 위해 서양을 변혁한다는 이것이 동양 대 서양의 오늘의 문제점으로 되고 있습니다.[34]

서양의 것을 동양적으로 실현해내고 서양을 변혁해내는 것이 한국의 '문화적인 되감기'라면, 민족주의적 그리스도교는 그 되감기의 한 사례일 것이다. 이때 그리스도교를 되감싸 안는 그 힘은 무엇이던가? 그것은 그리스도교 이전부터 이미 있었고 경험해온 '내재적 힘', 혹은 신용하의 표현대로 하면 '원민족' 및 '전근대 민족'적 힘이다. 타케우치가 "그 되감기를 할 때 자기 속에 독자적인 것이 있지 않으면 안된다"[35]고 말했을 때, 그 한국적 독자성은 이미 어떤 형식으로든, 즉 척사위정적 민족주의든, 동학 운동에서의 민족주의든, 그 밖에 개화파를 중심으로 한 탈종교적 민족주의든, 외세를 경험하면서 문화적 · 정치적 동질감을 적극적으로 경험해온 한국의 민족의식이었다고 할 수 있다. 그런 점에서 민족의식은 단순한 수구적 움츠림이 아니라 외세의 창조적 수용의 계기이자 과정이며 결과이기도 하다.

이렇게 민족에는 역사성이 있다. 늘 끝없이 움직이고 변화한다. 임지현에 따르면, 민족주의도 "사회적 총관계의 변화에 따라 끊임없이 방향과 내용을 수정하면서 살아 움직이는 역사적 변화에 열려 있는 운동"이

34 타케우치 요시미, 「방법으로서의 아시아」, 최원식 외 엮음, 『동아시아인의 '동양' 인식: 19~20세기』, 문학과지성사, 1997, 95쪽.

35 타케우치 요시미, 위의 글, 같은 쪽.

다.[36] 변화에 열려 있다는 점에서 민족주의는 긍정적으로 말하면 역사적 공동체이며, 부정적으로 말하면 자기 완결적 논리 구조를 갖지 못한다. 자기 완결적이지 못하기에 자기 완결적이기 위하여 다른 이념들을 필요로 한다. 그래서 민족주의는 늘 여타의 사회적 이념과 결합되어 나타난다.

> 민족주의는 그것이 추구하는 공통의 목표를 가지고 있지만, 그것을 실현할 구체적인 프로그램을 가지고 있지 못하다. 말하자면 어떠한 노선과 어떠한 기본 설계에 따라 그것이 달성되어야만 하는가를 민족주의 자체는 말해주지 못한다. 이와 같은 의미에서 그것은 그 밖의 본격적인 이데올로기들과 비교될 때에 하나의 불완전한 이데올로기이거나 이데올로기에 준하는 것이라고밖에는 말할 수 없다. 그리고 바로 그러한 이유 때문에 민족주의는 그 실천과정에 있어서 반드시 그 밖의 이데올로기와의 결합의 형태를 취하게 된다.[37]

다른 이념과의 결합을 통해 민족주의가 완결성을 추구해나간다는 의미이다. 가령 마르크스주의는 '유사 종교'라고 불릴 정도로 종교적 성격을 지니고 있는 데 비해 민족주의에는 종교라고까지 할 만한 특징은 별반 드러나지 않는다. "민족주의는 다른 세계관들에 비해 소위 교리적 측면의 정합성coherence이 상대적으로 약하다"[38]는 말이다. 한국 민족주의가 자기 완결성을 획득해나가는 과정에 그리스도교가 적절한 수단으로 이용될 수 있었던 것도 그런 맥락이다. 그와 함께 민족주의 형성에 적절

36 임지현, 앞의 책, 25쪽.

37 길현모, 「민족주의 사학의 문제」, 『한국사 시민강좌』 제1집, 일조각, 1987, 155쪽; 강돈구, 앞의 책, 26쪽에서 재인용.

38 강돈구, 위의 책, 27쪽.

한 수단이었던 그리스도교가 민족주의의 일부 세력이 된 이후에는 민족주의 성립 내지 확립의 핵심으로 나서게도 되는 것이다.

어찌 민족주의뿐이겠는가? 따지고 보면 신앙이나 신학도 마찬가지이다. 신앙이나 신학도 그 자체로 완결성을 지니지 않는다. 틸리히의 '궁극적 관심'으로서의 신앙론을 따른다 해도, 국난의 시대에 어떤 형식으로든 민족에 대한 관심 없이 신앙이 이루어질 리 만무하며, 사회적 · 문화적 · 정치적 관심 없이 신학이 성립될 리 만무하다. 신앙과 신학 역시 구체적 삶의 현장을 떠나 이루어질 수 없다. 이러한 사실을 염두에 두고 이제부터 신앙과 민족의식, 그리스도교와 민족주의의 상호 관계 및 민족주의의 일부가 되어간 그리스도교가 다시 민족주의를 강화시키는 근거로 작용하게 되는 논리를 좀 더 자세하게 살펴보자.

6. 신앙과 민족의 상호 매개성

전술한 대로 민족은 압도적 기세로 다가온 서양 문명에 대한 대응 개념이면서 동시에 서양 문명을 수용하는 주체가 되기도 한다. 그리고 민족의식 또는 민족주의가 항일의 근거로 작용하고 형성되기도 한다. 특히 대한제국 말기의 그리스도인 민족운동가들은 기술이나 제도의 서구화에 앞서 종교와 도덕의 쇄신을 통해야 민족이 다시 설 수 있을 것으로 기대했다. 경제력이나 군사력과 같은 유형의 수단이 아닌, 신교력信敎力, 역사의식, 독립정신의 고취와 같은 무형의 수단을 통해 '무형無形의 자강론自强論'이 성취될 수 있다고 본 것이다.[39] 동학/천도교, 대동교, 대종교 모

39 장규식, 앞의 책, 86-95쪽 참조.

두 이러한 정신에서 추진된 운동들이라고 할 수 있다. 그리스도교와 관련지어 말하자면, 최병헌이 유교적 형식을 유지하면서 그 안에 그리스도교적 내용을 넣으려고 했듯이, 서구 문명을 일구어낸 그리스도교는 한국에서도 무형의 자강론을 이루어줄 힘이 된다고 간주되었고, 동시에 그렇게 수용된 그리스도교가 다시 민족의식을 강화시키는 기제로 작용한 것이다. 이렇듯 민족은 그리스도교 확립의 매개자이면서 때로는 한국 그리스도교의 내용이기도 하다.

여기에서 알 수 있는 것은 그리스도교 신앙의 집단성이다. 신앙은 결코 개인적 체험으로 그치는 것이 아니다. 얼핏 신앙은 개인 안에서 벌어지는 사건인 듯하지만, 그 개인의 사건은 이미 – 시대적 전환기일 경우는 더욱이나 – 민족 '안'에서 벌어진 민족의 일이다. 개인적 체험으로 번역된 집단적 체험인 것이다. 그렇다면 개인적 체험으로만 규정하고 개인적 문제에만 안주하는 신앙은 이미 신앙의 본질을 놓친 것이 된다. 개인의 위로만을 목적으로 하는 신학은 이미 신학의 본질을 상당 부분 벗어난 것이다. 사회적 물음 앞에 충실할 수밖에 없는 것이 신앙과 신학의 운명이고 팔자이다.

신학도 집단 안으로 받아들여질 수 있는 언어로 번역될 때 신학이 된다. '신학'이라는 이름으로 그리스도인과 비그리스도인을 이분법적으로 구분할 수 있겠으나, 신학의 이름으로 그렇게 하는 순간 그 신학은 자신의 존재론적인 성립 근거로부터 벗어나게 된다. 실상 신학 안에는 비그리스도교적인 내용이 이미 들어와 있기 때문이다. 신학이 있고 민족이 형성된 것이 아라, 민족이 먼저 있은 뒤 그 민족에 부합한다는 확신 속에서 신학이 민족 안에 자리 잡게 된 것이기 때문이다. 그런 점에서 한국에서 민족은 신학의 선행 개념이며, 종파를 떠나 이 시대를 공유하고 아파하던 한국인들에게 공통되는 개념이다. 그 '민족'에 힘입어 신학적 언어가 살을 입게 되었다면, 신학과 민족의 관계에 있어서 신학은 민족에 빚지고 있으며, 신학의 주인은 사실상 민족이다. 신학은 이른바 '비그리스도교적' 개념에 빚지는 방식으로 자기 정체성을 유지해가고 있는 것이다.

물론 민족과 민족의식이 신앙을 일깨우고 성립시켜주지만, 민족의식이나 민족주의가 곧 신앙이나 신학은 아니다. 민족의식이 신앙의 내용 속으로 들어오지만, 이들을 단순 동일시할 수는 없는 것이다. 그렇다면 이들은 서로 어떤 관계를 맺고 있는가.

민족에 의해 일깨워진 신앙의 한국적 정체성은 민족이 신앙 앞에서 스스로를 부정해 신앙 속으로 녹아들어갈 때 확립된다. 민족주의가 타 문명에 배타적인 수구주의로만 남는다면 그것은 온전한 민족주의가 아닐 뿐더러 그 수구적 민족주의에는 그리스도교가 발붙일 자리도 없을 것이다. 이것은 그리스도교가 민족적 관심 안에서 그러한 민족의식을 자신 안에 받아들일 때 현장감 있는 그리스도교로 자리 매김을 해나갈 수 있게 된다는 뜻이다. 민족과 상관없이 그리스도교가 성립될 수는 없다. 이러한 신학과 민족주의, 신앙과 민족의식의 관계는 가령 한 음정이 다른 음정과 연결되면서 음악이 되는 이치와 비슷하다. 예를 들면 이렇다.[40]

당연한 말이지만 음정 하나하나만으로는 음악이 되지 않는다. 앞 음정이 부정되어 뒤 음정 속으로 들어가고, 뒤 음정 역시 그 자체로 남아 있지 않고 스스로를 부정해 다음 음정 속으로 들어가면서 음악으로 살아나는 것이다. 이때 앞 음정이 뒤 음정으로 동화되는 그 접점을 '매개'라 한다면, 음악은 매개를 통해 음정들이 통합되면서 이루어진다. '매개'라는 표현을 쓰기는 했지만, 그것은 개체와 보편의 중간에 놓여 부유하는 제3의

40 이어지는 부분은 불교와 대화하는 일본의 신학자 야기 세이이치八木誠一가 요약한 타나베 하지메田邊元의 입장을 원용한 것이다. 야기 세이이치 외, 『불교와 그리스도교를 잇다』, 이찬수 옮김, 분도출판사, 1996, 201-207쪽 참조.

것이 아니다. 그것은 바로 음정 하나하나와 같은 것이면서 음정의 자기부정을 통해 이루어지는 통합적 음악과도 같은 것이다.

이 글의 주제와 관련해서 보자면 이 매개는 사회적 구성원들의 공감적 경험, 즉 민족의식과 같다. 다시 말해 신학이 신학으로, 그리스도교가 그리스도교로 살아가는 데 있어서는 사회적 구성원들의 공감적 경험으로서의 민족의식이 매개로서 요청된다는 것이다. 그 공감적 경험이 매개가 되어 한국에서 그리스도교라는 것이 한국적 지평을 얻을 수 있게 된다. 사회적 구성원의 공감대가 되는 민족의식이 신앙 안으로 들어가면서 이 땅과 호흡하는 살아 있는 신앙이 되는 것이다.

또 '민족'의 정의에서 보았듯이 민족의식이 신앙 안으로 들어오려면 언어, 지역, 혈연, 문화, 역사 등의 공유의식이 전제되어야 한다. 그러한 공유의식이 개인의 신앙을 살아 있게 해줄 뿐만 아니라 개개인의 신앙을 서로 연결해주어서 한국의 그리스도교가 되게 해주는 것이다. 여기에다가 교리나 성경, 의례 등이 상호 매개가 되면서 그리스도교적 정체성이 부여되는 것이다. 그리고 이렇게 형성된 그리스도교적 정체성은 다시 민족의식을 통해 한국적 정체성으로 자리 잡을 가능성을 획득하게 된다. 당연히 민족의식과 신앙은 이분법적으로 대립되는 별개의 실재들이 아니라, 서로가 서로 안으로 들어가 서로를 살려주는, 또 다른 상호 매개가 되는 것이다.

그리고 이러한 매개가 음악이라는 전체, 그리스도교라는 전체를 성립시켜주듯이, 매개는 개체와 개체 사이에서만 적용되는 것이 아니라 개체와 전체 사이에서도 적용된다. 음악이 된다는 것은 그 음정들을 그렇게 연결하도록 하는 요청에 개개 음정이 자기부정적으로 답을 하는 것이며, 음악이라는 장場이 각 음정을 그러한 음정이 되도록 요청하는 것이기도 하지만, 그렇다고 해서 그 음정 이전에 음악이 있는 것이 아니다. 음악이라는 전체가 스스로를 부정해 각 음정 안으로 들어가되, 그 음정이 잘 연결되도록 하는 매개를 통해서 들어갈 때 훌륭한 연주가 생겨나는 것이다. 이런 점에서 보면, 음악이라는 전체는 늘 개별 음정 안으로 자기부정되어 있음으로써만 성립된다. 이런 식으로 매개란 개체의 자기부정적 측면과도 같고, 전체의 자기부정적 측면과도 같다. 개체가 전체에 대해 자기를 부정하는 것과 전체가 개체 안으로 자기를 부정해 들어가는 것은 동일하다. 사회 질서나 법률, 공동체적 관심사, 혹은 성경이나 교리, 의례와 같은 것들이 개체의 세계를 전체의 세계로 통합시키는 '매개'가 될 뿐만 아니라[41] 그런 것들을 통해 한국이라는 전체 그리고 우주적 보편성과 호흡하는 한국적 그리스도교가 성립되어가는 것이다. 한국에서 그리스도교와 민족주의의 만남은 이런 논리 위에서 이루어져온 것이다.

7. '적的'의 논리

이렇게 한국 그리스도교는 민족적 관심 속에서 민족 안으로 들어오면서 시대성을 입고 구체성을 띠어왔다. 적어도 그런 점에서는 민족적이다. 물론 정치적이기도 하고 윤리적이기도 하며 예술적이기도 하고 때로

41 일본의 불교철학자 타나베 하지메가 개체로서의 개인[個]과 보편으로서의 국가[類] 사이에 '사회[種]'라는 매개를 설정하면서, 이 '사회'를 매개로 극단적 개인주의와 집단적 전체주의를 조화시키고 혼란스러운 전쟁기에 진정한 일본의 사회철학을 이루고자 했을 때 그도 이와 비슷한 논리 위에 있었다. 일본인 하나하나와 민족 전체가 상호 부정적으로 서로를 매개하는, 다시 말해 개인적 주체主體와 민족의 기체基體가 상즉적으로 서로를 매개함으로써 일본이라는 국가 전체의 구조를 공고히 하려는 의도하에 진행된 철학적 작업이었다. 그는 이러한 국가를 '보살국가'라고 불렀는데, 신학적으로 변환하자면 '하느님 나라'일 것이다. 이런 식으로 민족에 종교적 의의가 부여되면서 민족은 신학의 내용이 되는 것이다. 타나베의 사상에 대해서는 이찬수, 「길희성과 타나베 하지메가 불교와 그리스도교를 포섭하는 논리의 비교 연구」, 『한국학연구』 제28집, 고려대학교 한국학연구소, 2008 상반기 참조.

는 과학적이기도 하다. 그리스도교는, 또한 신학은 민족이나 문화, 정치, 윤리, 예술, 과학 그 자체는 아니지만, 문화적, 정치적, 예술적, 그리고 과학적이다. 우리말에서 접미사인 그 '적的'이야말로 그리스도교 내지 신학과 민족의 상통성 속에서 자기 정체성이 유지되어가는 과정을 잘 보여준다. '적'이라는 창문은 그리스도교 안에서 민족을 보게 만들고 그렇게 보이게 함으로써 그리스도교와 민족을 연결시켜준다. 그 '적' 속에는 그 '적'을 매개로 하는 상호적 실재들의 자기부정이 들어 있다. 그리스도교는 상이한 민족과 만나 그 민족들에게 자기부정적 변화를 일으키면서 그리스도교의 정체성을 이어간다. 민족 역시 마찬가지이다. 한국 민족이 자신을 부정해서 그리스도교 안으로 들어갈 때 그리스도교는 살을 입게 되고, 추상적 교리 체계인 신학이 자기를 개방하고 끝없이 변화해 굳어진 도그마 안에 제한되지 않을 때 그 시대를 살아가는 이들로부터 공감과 활력을 얻게 되는 것이다. 그렇게 '적'은 그리스도교와 민족 사이에서는 물론, 더 나아가 세계의 '구성 원리'가 된다. 사람과 사람, 사람과 사물 간의 상호 소통은 이 '적'이라는 창문을 통해 이루어진다. 그렇다면 '적'은 앞에서 본 '매개'의 다른 이름이다. 이러한 '적' 혹은 '매개'를 통해 민족'적'인 것은 신학'적'인 것이 되고, 신학'적'인 것은 민족'적'인 것이 된다. 서로를 떠날 수 없다는 점에서 '적'은 자기부정을 통해 자기를 살아가게 해주는 논리를 잘 보여줄 뿐만 아니라, 자기를 살아가게 해준다는 점에서 그것은 '즉卽'이기도 하다.

민족은 사회적 실재이다. 민족의식은 일종의 시대적 힘이다. 민족이 타자에 대응하면서 형성된 공동체라는 점에서 민족과 어울려야 하는 그리스도교 역시 원칙적으로 지역적이고 역사적으로 구체화되는 방식으로 지구적 보편성을 띠는 것일 수밖에 없다. 지역적 내용으로 지구적 살을 입는 것이다. 민족과 그리스도교의 관계를 논한다고 한다면, 한국 그리스도교는 민족적이며, 동시에 민족은 어느 정도 그리스도교적이다. 민족이 그리스도교 교리나 외적 제도에 갇힌다는 뜻이 아니라, 한국 근대 민족의 형성에 서양 문명과 함께 이미 그리스도교가 들어와 있다는 뜻이다. 민족을 강화하고 민족의 깊이를 밝히고 민족에게 이미 있었으나 민족 안에 부상하지 못하고 있던 새로운 세계관을 열어주면서 그리스도교는 민족적인 것이 되어가는 것이다.

이런 맥락에서, 근대 한국에서 활동하는 신학도는 기본적으로 민족주의자일 수밖에 없다. 이미 민족 안에서 출발했기 때문이다. 민족과 호흡하며 어찌 되었든 민족이라는 공동체를 염두에 두어왔기 때문이다. 그렇다고 해서 자기 집단 중심주의에 머물고 마는, 수구적 민족주의자가 될 수는 없을 것이다. 민족주의라는 말이 반외세주의의 의미로 사용되어오기도 했지만, 이 글에서 말하는 민족 내지 민족의식은 세계로부터 고립된 특정 혈족이 아닌, 세계와 호흡하는 사회적 운동이자 힘이기도 하다. 그것은 지역적 실재이기도 하면서 동시에 진정한 지구화를 가능하게 해주는 근거도 되는 것이다.

* * *

근대 한국에서 그리스도교는 분명히 외세였다. 한국인 상당수에게 그리스도교는 여전히 외세로서의 측면이 강하다. 그럼에도 불구하고, 앞에서의 표현을 빌리자면, 유교 일원적 세계가 급격히 쇠퇴하는 문명의 전환기에 일부에서 그리스도교를 받아들여 '무형의 자강론'을 이루자는 공감적 이해가 일어났고, 이 공감적 이해가 민족 공동체를 유지, 강화시켜나가게 해주는 선이해로 작용하면서 민족주의적 신앙으로 이어졌던 것도 사실이다. 신용하의 표현에 따르면 '원민족' 내지 '전근대 민족' 안에 있던 이들이 그리스도교를 위시한 서양 문명을 수용하면서 다시 그것을 수단으로 삼아 근대적 민족의 형성을 도모하게 된 것이다. 민족 '안'에, 그리스도교 '밖'에 있던 이가 민족은 물론 그리스도교 안으로까지 들어가게 된 셈이다.

물론 민족 안에 있다고 해서 완전한 민족주의자라는 뜻은 아니며, 그리스도교 밖에 있었다고 해서 전적으로 비그리스도인이었다는 뜻도 아니다. 한국 민족은 그리스도교적인 것을 수용하면서 자기 완결성을 도모해 왔을 뿐만 아니라, 진작부터 그리스도교적인 것과 만날 수 있는 창문을 가지고 있었다. 역으로 그리스도교는 이미 마련되어 있던 원민족 내지 전근대 민족의식에 힘입어 근대 한국 그리스도교가 되어간 것이다.

이렇게 근대 민족적 공동체의식과 그리스도교는 서로를 떠받쳐주는 근거가 된다. 물론 민족의 이상이 그리스도교 안에 갇혀버리는 것은 아니다. 그리스도인에게 민족은 힘의 원천이며 그 원천과 어울릴 때 그리스도교적 정체성도 유지되어간다는 점에서 그리스도교적 추구의 목표이자 대상이기도 하다. 그런 점에서 한국 그리스도인은 피치 못하게 민족 안에서 형성되어가는 그리스도인Christian in the making이고, 한국 민족주의자는 그리스도교에 영향을 받으며 형성되어가는 민족주의자Nationalist in the making일 수밖에 없다. 그리스도인은 민족에게서 끊임없이 배우며 끊임없이 변화되어간다. 앞에서의 정의대로, 민족이 '동일한 지역, 언어, 생활양식, 심리적 습관, 문화, 역사 등을 갖는 인간 집단'이라면, 그리스도인이 민족을 무시하거나 떠나서는 그리스도인이 될 수 없기 때문이다.

물론 이러한 민족은 미래에 대해, 세계에 대해 개방적이고 또 개방적이어야 한다. 그렇게 해서 한국 그리스도인은 세계와 호흡하기도 하고, 또 세계와 호흡해왔던 그리스도교적 보편성으로 인해 한국 민족이 세계와 호흡하는 힘을 얻기도 한다. 세계와 호흡한다는 말은 민족이 항구적이라거나 불변적 실체일 수 없다는 것을 의미한다. 끝없는 개방성을 전제로 한다는 뜻이기도 하다. 그렇기 때문에 가령 민족주의의 이름으로 이주 노동자들에 대한 무언의 억압이 가해진다면, 그것은 당연히 여기에서 말하려는 민족주의가 아니다. 민족은 혈연이나 지연에 제한되는 것이 아닐 뿐만 아니라, 민족주의 역시 역사 내 종속적이고 자기 완결적이지 못한 까닭에 민족의 이름으로 타자를 억압하는 행위야말로 근대적 민족의식이 될 수 없는 것이다. 그리스도교가 유대인이라는 혈족의 틀을 넘어 세계적 보편성을 확보해왔듯이, 민족의식 역시 혈족이나 자민족 중심주의를 넘어서야 한다.

여기에서 자세히 다루지는 못했으나, 궁극적으로 그것은 자기 해체의 가능성까지 포함하는 것이어야 한다. 물론 세계가 순수한 개인들의 단순 집합으로 해체되지 않는 한, 공동체 내지 사회성은 어떤 형식으로든 존재할 것이다. 그렇기 때문에 공동체 내지 사회성의 다른 이름이라고도 할 수 있는 민족 역시 형태와 정도상의 차이에도 불구하고 지속될 것이다. 그리고 이러한 민족과 관계를 맺으며 그리스도교와 같은 종교 현상도 유지되어갈 것이다. 이번 장에서 한국 그리스도교가 민족과 관계 맺는 과정을 통해 그리스도교의 자기 완결적 사고방식을 우회적으로 비판하면서 민족이 그리스도교 신앙에 선행하는 개념임을 드러내 보고자 했던 것도 그러한 이유에서이다. 신앙과 민족은 서로에게서 그리고 서로 안에서 끝없이 배움과 깨달음을 추구하는 상관적 실재인 것이다.

제5장 한국 그리스도교, 인권을 신장하는가

1. 세계인권선언 60주년과 한국

1948년 12월 10일은 유엔인권위원회의 주도로 '세계인권선언'이 있었던 날이니, 2008년 12월 10일로 만 60년이 지났다. 세계인권선언의 선포는 유엔의 업적 가운데 제법 큰 의미를 지니는 것으로 평가된다. 이를 기점으로 세계 도처에서 인간의 존엄성 및 천부적 권리에 대한 요청과 실천에 대한 생각을 좀 더 현실적이고 구체적으로 하게 되었기 때문이다.

이때 인간의 권리라는 것은 인간의 존엄성을 전제하는 말이다. 존엄성이 훼손되지 않도록 할 수 있는 권리, 그 존엄성에 부합하는 삶을 살 수 있도록 요구할 수 있는 권리가 인간에게 생래적으로 주어져 있다는 것이다. 그러한 권리를 인간은 언제 어디서부터 알고 요구하게 되었을까. 여러 가지 추론이 가능하지만, 그러한 의식과 요구가 기본적으로 종교와 뗄 수 없는 관계에 있다는 사실만큼은 분명하다. 실제로 인간이 생래적으로 존엄하다는 것은 대부분의 세계적 종교 전통들에서 한결같이 하는 말이다. 그리고 근대적 의미의 세계인권선언문 역시 다양한 종교 전통들의 인간론을 참조하면서, 대체로 그리스도교적 세계관과 문화를 배경으로 작성되었다는 점에서도 그렇다. 이러한 때에 인권과 다양한 종교적 인간론을 연결해서 생각해보는 것은 의미 있는 일이 아닐 수 없다. 이를 통해 한국의 그리스도교적 현실이 이러한 인권 개념과 얼마만큼의 거리를 두고 있는지도 드러나게 될 것이다. 먼저 인권의 개념사부터 정리해보자.

2. 인권 개념 형성사와 저항적 사회성

인권은 풀어쓰면 인간의 권리이다. 인간이라면 누려야 할 기본적인 권리가 인간에게 천부적으로 갖추어져 있다는 것이다. 물론 그 기본적인 권리가 구체적으로 무엇을 말하는지 상세히 규정하기는 쉽지 않은 일이다. 전 역사를 관통하는 합의된 인권 규정이 있는 것도 아니다. 서양의 상황을 들어 간단히 설명한다면, 인권은 중세의 수직적 신 중심 사회의 틀을 깨고 수평적 인간 중심 사회로 접어들면서 사용되기 시작한, 비교적 근대적인 용어이다. 더 거슬러 올라가면 수천 년 서양 사상사 내지 문화사를 반영하는, 즉 역사적 상황과 연결되거나 그에 종속된 개념이기도 하다.

인권 개념의 사상적 기초는 고대 그리스의 작가 소포클레스Sophocles의 희곡 『안티고네』(기원전 441년)에서도 그 흔적을 찾을 수 있다. 안티고네가 죽음을 무릅쓰고 왕의 명령을 거부할 수 있었던 것은 하늘이 내린 법, 이른바 자연법의 측면을 보여준다는 것이 일반적 해석이다. 이때 하늘이 내린 법은 '권리'라기보다는 종교적 '의무'에 가까운 것이었지만, 이 자연법적 개념은 종종 근대 인권 개념의 사상적 기초로 거론되곤 한다. 인간의 이성을 우주적 질서의 반영으로 간주하며 중시하던 스토아학파에서도 이러한 개념이 보이다가, 중세의 토마스 아퀴나스Thomas Aquinas 등을 거치면서는 '자연권', 즉 '본성적 권리'의 개념으로 변화했다. 거기에서 근대적 '시민권' 개념의 싹이 텄으며, 17세기에는 '모든 인간은 정부나 법률이 아닌 인간 본성에서 비롯되는 일정한 권리를 지니며 정부는 이 권리를 존중할 때 비로소 정통성을 갖는다'는, 시민권 개념이 포함된 전형적인 자연권 이론도 등장했다.[1] 이것이 영국(권리장전, 1689), 미국(미국독립선언, 1776), 프랑스(인간과시민의권리선언, 1789) 등지에서의 각종 혁명을 거치면서 오늘날 '인간 권리' 개념의 구체적 기초로 작용했고, 이러한 흐름 안에서 '세계인권선언'과 같은 구체적이고 보편적인 근대의 인권 규정도 등장하게 된 것이다. 그 이전까지는 주로 개인의 작품 속에 등장했던 인권 관련 개념들이 세계 48개국 이상의 국가가 합의해 산출한 이례적인 사건인 세계인권선언의 탄생으로 이어진 것이다.

물론 이런 식의 요약도 그리 간단하게 긍정될 수 있기만 한 것은 아니다. 무엇보다 보편적 자연권이 어떻게 개인적 '요구'와 '권리'의 차원으로까지 전개될 수 있었는지, 자연법 내지 자연권이 정말 근대적 인권 개념의 근거가 되는 것인지 상세하게 밝히는 것은 쉽지 않은 일이다. 그런 맥락에서 인권 개념은 자연법 사상에서 나왔다기보다는 특정 사회의 문화나 제도 속에서 나온 것이라고 보는 이들도 있다. 세계인권선언도 사실상 '인권'을 설명한 것이라기보다는 '시민권'을 설명하고 규정한 것이며, 그 시민권을 제한하는 주체가 사회인 만큼, 자연법을 인권의 선이해

1 John Locke, *Two Treaties of Government*, Cambridge University Press: Michael Freeman, *Human Rights: An Interdisciplinary Approach*, Oxford: Blackwell Publishing Ltd., 한글 번역은 마이클 프리먼, 『인권: 이론과 실천』, 김철효 옮김, 아르케, 2005, 22-23쪽에서 재인용, 39-41쪽 참조.

로 직접 내세울 수는 없다는 것이다.[2]

물론 모든 인간적 가치가 그렇듯 어떠한 권리든, 권리는 사회성을 반영하기 마련이다. 인권도 개인의 책임이나 공동체적 가치를 부정하지 않으며, 기본적으로 개인의 자율을 존중하면서 사회적 연대를 확인시키는 가운데 성립된 개념인 만큼[3] 인권이 사회성과 역사성을 띠는 것은 당연하고 자연스럽다.

그럼에도 불구하고 인권은 단순히 '시민권'이나 '국민적 권리' 등과 동일시되지 않는다. 인권을, 누구에게나 갖추어져 있으되 누구에게도 양도할 수 없고, 또 자의든 타의든 포기하거나 강탈할 수도 없는 권리라고 규정할 때는 더욱 그렇다. 인권은 사회성을 띠고 시민권적 개념을 포함하면서도, 다양한 종교들에서 선포하는 것과 같은 시원적 의미의 인간 존엄성을 배제하지 않는다. 근대적 인권론의 기준이 되어버린 세계인권선언이 다양한 문화적 · 철학적 배경을 지닌 사람들의 합의에 의해 채택되고 선포된 데서 알 수 있듯이, 그리고 동서양의 다양한 종교 전통을 중시하고 거기에서 배우면서 작성된 글이라는 데서 알 수 있듯이, 근대적 인권론의 확립에는 인간의 보편적 사고 및 인간의 원천적인 존엄성을 선포하는 종교적 인간론이 일정 부분 반영되어 있다. 그리고 인간과 세계의 선험적 존엄성을 발전시킨 중세의 자연법 내지 자연권적 발상과도 연결되어 있다. 인권이라는 개념은 동양보다는 주로 서양에 근거를 두고 전개되어왔고, 세계의 전 역사와 지역을 관통하는 인권 개념이 동일하게 규정되어 있는 것은 아니지만, 인간의 타고난 존엄성에 대한 인식 자체는 보편적으로 발견된다. 그런 점에서 인간이라는 이유만으로도 누려야 할 권리에 대한 인식이 세계적으로 확장되어가고 있는 추세도 어느 정도

2 마이클 프리먼, 위의 책, 108–109쪽.

3 마이클 프리먼, 위의 책, 109쪽.

필연적이라 할 수 있다.

인권에는 역사성과 사회성이 있다. 미셸린 이샤이Micheline Ishay의 말처럼 인권은 "역사의 과정이 축적되어 스스로 생명력을 지니게 된 독자적인 종 자체sui generis"이다.[4] 또한 마이클 프리먼Michael Freeman의 표현대로, "인권은 단지 인간이기 때문에 갖는 권리만은 아니다. 도덕적으로 정당하고 인간에게 근본적인 이익을 보장하기 위해, 특히 정치 권력의 남용에 저항하기 위해 고안된 특별한 중요성을 지닌다." "인권이라는 개념이 필요한 것은……(나치즘과 같은 반인권적) 사건들…… 에 맞서 싸우기 위한 근거를 갖기 위해서"[5]라는 것이다. 조효제도 "인권은 근대 서구 사회의 흥기와 밀접한 연관을 지니면서 진화했고 국민 국가, 자본주의, 제국주의의 인간 억압에 대한 자구책으로서 발생한 특수한 형태의 저항 담론이다"[6]라고 말하고 있다. 인간적 본성의 천부성을 억압하는 권력에 저항하면서 인간의 권리 개념이 구체화되어왔다는 것이다.

이렇게 인권이 저항 담론일 수밖에 없는 것은 인권의 낱말 뜻에서도 드러난다. 인권人權, 즉 인간의 권리權利에 담긴 한자상 의미는 인간의 권한과 이익이지만, 영어 right에는 '권리'는 물론 '옳음'이라는 뜻도 들어 있다. 권리는 '옳은 것'이다. 따라서 추구되고 구체화되어야 한다. 당연히 구체화를 거스르는 세력에 대해서는 저항적으로 나타나게 된다. 저항 속에서 그 선험적 '옳음'은 구체적 권리로 변해가는 것이다.

4 Micheline Ishay, *The History of Human Rights: From Ancient Times to the Globalization Era*, Berkeley University of California Press, 2004. 한글 번역은 미셸린 이샤이, 『세계인권사상사』, 조효제 옮김, 도서출판 길, 2005, 34쪽 참조.

5 마이클 프리먼, 앞의 책, 93, 17쪽.

6 미셸린 이샤이, 앞의 책, 9-10쪽(역자 서문).

3. 인권과 종교적 인간론

물론 인권이 저항적 사회성만을 지녔거나, 천부적 존엄성과 관련한 철학적 기초만을 지닌 것은 아니다. 유엔인권위원회에서 동서양의 다양한 종교 전통들을 중시하고 거기서 배우면서 세계인권선언문을 작성했듯이, 현대적인 의미의 인권의 정신은 세계 대종교 전통의 보편적 사랑과 자비의 정신과 본질적으로 다르지 않다. 그리고 인류의 사상사적 기초를 제공해온 것은 주로 세계의 대종교 전통이었다. 종교는 인간과 세계에 대한 근원적 성찰이자 그 성찰에 대한 해답 체계라는 점에서, 거기에는 인간성의 깊이에 해당하는 인류의 통찰이 담겨 있다. 근대적 의미의 인권의 내용, 즉 평등권, 재산권, 행복추구권, 생명권, 종교와 양심의 자유, 거주 이전의 자유, 학문과 예술의 자유, 표현의 자유, 사회권 등[7]을 일일이 종교적 인간론에서 이끌어내거나 그와 연결짓는 것은 쉽지 않은 일이고 그래야 할 필요가 있는 것도 아니지만, 그럼에도 불구하고 종교적 인간론이 근대 인권 담론의 사상적 기초와 연결되어 있는 것은 분명하다. 근대 인권의 정신과 고대 종교들의 인간 본성에 대한 선포가 근본에 있어서 다르지 않다는 것이다.

예를 들어 '세계인권선언' 전문에서는 이렇게 선포하고 있다. "모든 인류 구성원의 천부의 존엄성과 동등하고 양도할 수 없는 권리를 인정하는 것이 세계의 자유, 정의 및 평화의 기초이다." 그리하여 제1조는 다음과 같이 시작한다. "모든 인간은 태어날 때부터 자유로우며 그 존엄과 권리에 있어서 동등하다."

모든 인간은 존엄과 권리에 있어서 동등하다는 이러한 사상은 실제로

7 차병직, 『인권』, 살림출판사, 2006, 45-82쪽.

세계의 대종교 전통들의 인간론과 다르지 않다. 특히 각 종교에는 인간이 어떤 존재여야 하는지, 동서고금을 막론하고 거의 무의식중에 비의도적으로 합의되고 있는 내용이 있는데, 바로 인간은 그 자체로 가치 있는 존재라는 인식이다. 다양한 종교들의 경전에 근대적 의미의 '인권'이라는 낱말은 등장하지 않지만, 그럼에도 근대적 인권의 기초가 되는 인간 존엄성에 대한 선포는 보편적으로 확인된다.

그리스도교의 성서에서는 이렇게 말한다. "유다인이나 그리스인이나 종이나 자유인이나 남자나 여자나 아무런 차별이 없습니다"(갈라 3, 28). "너희는 남에게서 바라는 대로 남에게 해주어라"(마태 7, 12). 민족이나 종족, 종교, 신분, 성별에서 차별을 두지 않고, 신앙 안에서 무차별적 평등성을 실현하려는 자세는 초기 그리스도교 신앙의 출발점이다.

이슬람의 『꾸란』을 보면 다음과 같은 말이 나온다. "우리는 하나님과 우리에게 계시된 것, 아브라함과 이스마일과 이삭과 야곱과 기타 부족에게 계시된 것, 모세와 예수에게 보낸 것들 모두와 주님의 선지자들을 모두 믿습니다. 우리는 이들 사이에 아무런 차별도 두지 않으며, 우리는 그분께 복종하는 무슬림입니다"(3:84; 2:136 참조). 왜 차별을 두지 않는가? 유대-그리스도교에서 섬기는 예언자들 역시 '하나님', 즉 알라가 보내셨다고 믿기 때문이다. 여기에 이슬람 유일신 신앙의 근본 의미가 있다. 그것은 전 세계 모든 곳에 신이 계시지 않은 데는 없다는 범재신론적 사고방식이며, 이것이 근대적 인권정신의 반대인 '차별'을 금지하는 요구로 나타나는 것은 자연스럽다.

"일체중생에 불성이 있다一切衆生悉有佛性"(『열반경』)는 대승불교적 표현 역시 일체 생명에서 불성을 보되 차별을 전혀 두어서는 안 된다는 요청이 들어 있다. 불성의 보편성에서 배제되는 생명은 없다. 동학혁명의 정신이라고 할 수 있는 시천주侍天主 및 그것을 심화시킨 인내천人乃天 사상을 보자. 사람이 하늘을 모시고 있으며(수운 최제우), 사람이 하늘과 같다(의암 손병희)는 원천적인 선포 역시 모든 사람에게 적용되는 객관적 사실이다. 외국인보다는 한국인이 동학의 선포에 더 큰 위로를 받을 수는 있겠지만, '사람이 하늘'이라고 할 때 사람은 원칙적으로 전 세계 모든 이들을 말한다. 그렇기에 "사람을 하늘처럼 섬겨야 한다事人如天"는 해월 최시형의 윤리적 가르침이 보편성을 띠게 되는 것이다. "인간의 내적 자아가 우주적 자아와 동일하다梵我一如"고 보는 인도 사상 내지 힌두교의 근본정신은 더 말할 나위가 없다.

유교의 핵심사상이라고 할 수 있는 인仁의 개념은 좀 더 구체적이다. 공자는 '인'을 이렇게 정의한다. "무릇 인이란 자기가 서고자 하면 남도 세워주고 자기가 도달하고자 하면 남도 도달하게 하는 것이다夫仁者己欲立而立人 己欲達而達人"(『논어』 옹야). 인仁은 '남과 나를 평등하게 보는 경지'라는 것이다. 비록 "사람을 사랑하고 백성을 부릴 수 있어야 한다愛人使民"(『논어』 옹야)고 하면서, '인'과 '민'을 구분 또는 차별하는 등 공자 자신에게도 수직적 신분 사회의 틀이 반영되고 있지만, 그 피치 못할 사회적 · 상황적 한계를 논외로 한다면, 공자가 규정한 '인'은 근대적 의미의 인권 개념의 기초에 해당하는 것이 아닐 수 없다. 인간의 천부적 '권리'까지는 아니더라도 인간이라면 타고난 본성에 어울리게 대해져야 한다는 도덕규범 내지 윤리적 기초는 충분히 갖추어져 있는 것이다.

이렇게 그리스도교, 동학, 불교, 이슬람, 유교 등 종교마다 세부적인 표현은 다르지만, 이들은 한결같이 인간을 인간되게 해주면서 인간이라는 이유만으로 존중되어야 할 근본 원리에 대해 선포한다. 세계의 대표적인 종교 전통들에서는 한결같이 인간 성품의 본래적 고귀함에 대해 가르치면서, 그 성품의 회복을 요구하고 있는 것이다. 인권을 이처럼 인간의 본성론적 보편주의 차원과 연결 짓는 것에 논의의 여지가 전혀 없지는 않지만, 종교와 관련한 인권 담론에서 인간 본성의 천부적이고 보편적인 존엄성에 대한 선포를 완전히 배제할 수는 없는 노릇이다. 그러려면 다른 차원의 논의 구조가 필요하다. 이 글에서도 인간의 선험적 존엄성에 대한 비평적 접근이나 분석보다는, 세계인권선언문에 기본적으로 담겨 있듯이, 근대적 인권론의 기초에 인간 본성의 천부적 존엄함이 놓여 있다는 기존의 해석을 중시하고자 한다. 특히 그 천부적 존엄함을 그리스도교 전통에서 찾으면서 한국적 맥락을 반영하는 그리스도교적 인권론의 실상과 방향에 대해 정리해보고자 한다.

4. 성서적 인간론과 인권

구약성서

전술한 바와 같이, 인권은 세계 종교 전통들의 용어는 아니다. 그리스도교의 용어도 물론 아니다. 성서에 인권이라는 말이 나오는 것도 아니다. 그저 근대적 의미의 인권 사상의 기초에 해당하는 개념과 용례를 확인해볼 수 있을 뿐이다. 그렇지만 그 기초라는 것이 관점에 따라서는 근대적 의미의 인권 개념보다 어찌 보면 더 근본적이고 파격적인 주장이 될 수도 있어 보인다. 이 말은 무엇을 의미하는 것인가?

그리스도교는 히브리성서의 전승(창세 1,27 ; 2,7)을 이어 인간이 하느님의 형상(이마고 데이)대로, 신의 생기를 받아 창조된 존재라고 본다. 하느님이 사람을 "하느님 다음가는 자리에 앉히시고 존귀와 영광의 관을 씌워주셨다"(시 8, 4-5)는 찬양문도 나온다. 인간이 하느님에 의해 존귀하게 받아들여지고 있는 존재라는 것이다. 이런 맥락에서 "동족에게 앙심을 품어 원수를 갚지 마라. 네 이웃을 네 몸처럼 사랑하라"(레위 19, 18), "네 원수가 주리거든 먹을 것을 주고 목말라하거든 물을 주어라"(잠언 25, 21) 등의 요청도 등장한다.

이것은 고대 유대 민족의 윤리적 요청이지만, 그 대상은 자민족에만 제한되지 않는다. 가령 구약성서에서는 "너의 땅에 함께 사는 외국인을 괴롭히지 마라. 너에게 몸붙여 사는 외국인을 네 나라 사람처럼 대접하고 네 몸처럼 아껴라. 너희도 이집트 나라에 몸붙이고 살지 않았느냐"(레위 19, 33-34)거나, "너의 동족들 사이에 소송하는 일이 있거든 잘 듣고 난 다음에 본국인들끼리의 사이뿐 아니라, 본국인에게 몸붙여 사는 외국인과의 사이도 공정하게 재판해주어야 한다. 재판할 때에 한 쪽만 편들면 안 된다. 세력이 있는 자이든 없는 자이든 똑같이 들어주어야 한다"(신명 1, 16-17)고도 요구한다. 개인 간의 차별은 물론 민족 간의 차별도 두지 말라는 것이다. 외국인에 대한 태도도 자기 민족과 동일한 기준으로 대해야 한다는 것이다. 여기에서 민족을 넘어서는 보편적 윤리의 기초가 제시되고 있음을 볼 수 있다.

그렇다고 해서 당시 사회가 그러한 요청을 고스란히 실현하는 사회였다는 뜻은 아니다. 실제로 성서의 세계를 역사 비평적 시각에서 접근해 들어가면, 그 안에서 근대적인 의미의 인권이 구현되고 있는 모습을 읽기는 힘들다. 성서의 세계 역시 신분이나 성에 따른 차별이 그대로 노출되고 있으며, 성서 역시 그러한 사회를 배경으로 성립된 문헌이기 때문이다. 게다가 성서에는 인간을 연약한 죄인으로 규정하고 인간의 죄상을 폭로하는 구절도 부지기수이다. 어찌 보면 인간의 원천적 고귀함보다는 연약한 죄인으로서의 모습을 더 부각시키고 있는 듯하다. 그럼에도 불구하고 각종 윤리적 요청은 물론 그러한 폭로의 목적 역시 근본적으로는 인간의 원천적 가치를 회복하도록 요청하기 위해서라는 점에서, 인간의 존귀함은 어떤 부조리와 부작용에도 선행하는 인간의 근본 가치가 되는 것이다.

신약성서

물론 이 가치가 인간에게 속해 있는 어떤 고유한 자격이라든지, 인간이 인간에게 요구할 수 있는 어떤 '권리'라고까지 할 수는 없다. 그렇지만 인간이 인간을 어떻게 대해야 할지 그 기본 자세를 규정해준다. 행위의 기준을 나보다는 너에게 둠으로써, 인간적 존엄성을 회복시켜야 한다는 요청으로 이어지는 것이다. 이것은 신약성서에서 좀 더 구체적으로 드러난다.

가령 예수는 "'네 마음을 다하고 목숨을 다하고 뜻을 다하여 주님이신 너의 하느님을 사랑하여라.' 이것이 가장 크고 첫째가는 계명이고, '네 이웃을 네 몸같이 사랑하여라'고 한 둘째 계명도 이에 못지 않게 중요하다. 이 두 계명이 모든 율법과 예언서의 골자이다"(마태 22, 37-40, 마르 12, 28-31, 루가 10, 25-28)라고 말한다. 하느님과 이웃을 사랑해야 하는 근거는 무엇인가. 성서신학적으로 말하자면 세상이, 인간이 하느님과의 근원적인 연결성 속에 있기 때문이다. 가령 요한복음에서는 세상이 '말씀'(로고스), 즉 만물의 창조와 생성 이전부터 선재해 있는 만물의 존재 원리에 따라 창조되었다고 한다. 세상이 근원적으로 이 말씀과 연결되어 있다는 것이다. "만물은 그분으로 말미암아 생겨났고 생겨난 것치고 그분 없이 생겨난 것은 하나도 없다"(요한 1, 3; 1고린 8, 6; 로마 11, 36 참조). 만물은 근원적으로 말씀으로 말미암은 피조물이며, 하느님으로부터 비롯되었다는 것이다. 그런 점에서 하느님이 세상을 '외아들을 내어주시기까지 사랑하시는'(요한 3, 16a) 것은 자연스러운 성서적 논리가 된다.

이때 하느님의 사랑을 받는 세상은 특정 지역이나 계급이 아니다. 그것은 사실상 전 세계이다. "하느님은 사랑이시라"(1요한 4, 8)는 성서 구절은 더 하다. 하느님은 사랑 자체이시니 그에게는 차별이 없을 뿐만 아니라, 하느님의 사랑에서 배제되는 곳과 때는 없다는 것이다. 성서에서는 다시 이렇게 말하고 있다. "하느님께서는 모든 사람이 다 구원을 받게 되고 진리를 알게 되기를 바라십니다"(1디모 2, 4). 모든 사람의 '구원'이라는 그리스도교 언어가 구사되고 있지만, 그 속에 담긴 메시지는 모든 사람에 대한 신의 긍정적인 섭리이다. 인간에 대한 궁극적인 긍정의 메시지가 들어 있는 것이다.

이렇게 현상적으로는 아무리 어두운 듯해도 근원적으로는 빛을 담지하고 있다는 것이 성서의 세계관이다. 그 빛은 꺼져본 적이 없다. "어둠이 빛을 이겨본 적이 없다"(요한 1, 5b). 비록 현상적으로는 어둠이 빛을 거부하고 있는 듯하지만, 결국 이 어둠이라는 것 역시 '실존론적' 차원에서 보면 하느님과의 원천적 연결성을 이기지 못한다. 이렇게 성서는 어둠이 결코 이길 수 없을 빛의 세계에 대한 긍정에서부터 시작하고 있다. "하느님께서 세상을 창조하신 때부터 창조물을 통하여 당신의 영원하신 능력과 신성과 같은 보이지 않는 특성을 나타내 보이셔서 인간이 보고 깨달을 수 있게 하셨다"(로마 1, 20).

이러한 성서 구절들에는 일종의 초기 그리스도교 신학이 담겨 있다. 이와 관련하여 초기 그리스도교 최대의 전도자인 바울로의 사상은 좀 더 구체적이다. "유다인이나 그리스인이나 종이나 자유인이나 남자나 여자나 아무런 차별이 없습니다. 그리스도 예수 안에서 여러분은 모두 한 몸을 이루었기 때문입니다"(갈라 3, 28). 비록 교회 현장에서 '그리스도 예수 안에서'라는 단서를 그리스도교라는 제도 종교 중심적 사고방식의 근거로 삼는 경우도 있지만, 바울로가 본래 말하려는 것은 신실한 그리스도인이라면 종족, 신분, 성에 일체의 차별을 두어서는 안 된다는 뜻이다.[8] 근대적인 의미의 인권 실천의 논리 및 세부 범주에서 정도의 차이는 있지만 기본자세에서는 크게 다르지 않은 것으로 보인다.

예수

종족, 신분, 성에 차별을 두어서는 안 된다는 이러한 요청은 추상적 인류에 대한 막연한 자세를 뜻하지 않는다. 우리의 주제인 인권과 관련지어보자면, 특히 예수는 소외된 한 사람 한 사람에 대한 구체적 관심이 각별했다는 점에서 근대적 의미의 인권 실천자라고 할 수 있다. "네 이웃을 네 몸같이 사랑하라"는 것이 예수 정신의 핵심이기도 하거니와, 예수의 다음과 같은 설교는 그 정신을 좀 더 구체적으로 표현하고 있다.

> 어떤 사람에게 양 백 마리가 있었는데 그중의 한 마리가 길을 잃었다고 하자. 그 사람은 아흔아홉 마리를 산에 그대로 둔 채 그 길 잃은 양을 찾아 나서지 않겠느냐? 나는 분명히 말한다. 그 양을 찾게 되면 그는 길을 잃지 않은 아흔아홉 마리 양보다 오히려 그 한 마리 양 때문에 더 기뻐할 것이다. 이와 같이 하늘에 계신 너희의 아버지께서는 이 보잘 것 없는 사람들 가운데 하나라도 망하는 것을 원하지 않으신다(마태 18, 12-13).

예수의 인간에 대한 관심은 원칙적으로 개인, 특히 소외된 이들에 대한 관심이다. 예수는 인간의 추상적 본성에 관심을 기울이던 철학자가

8 이러한 사상의 기원은 히브리성서에서도 이미 반영되어 있다. 가령 "복을 받아라, 내 백성 이집트야, 내가 손수 만든 아시리아야, 나의 소유 이스라엘아"(이사야 19, 25)는 구절은 자민족 중심주의를 벗어난, 당시의 국제적인 감각을 잘 나타내준다.

아니다. '하느님의 다스림'이 '인간의 다스림'으로 역전되어버린 불행한 현실에서 소외된 빈자에 대한 관심이 지대했다. 예수는 세상의 진정한 통치자는 하느님이라고 선포하고, 사회로부터 소외되어 죄인으로 낙인 찍힌 이들을 우선적으로 하느님과의 관계 안에 품으려는 해방적 실천자였다. 이론적 '본성'보다는 실천적 '구원'에 관심을 둠으로써 그 본성의 가치를 구현하고자 했다. 그가 자신의 공적인 생활을 시작하면서 조상 때부터 읽어오던 성서의 구절을 이용해 공개적으로 드러낸 자신의 입장도 다음과 같은 것이었다.

> 주님의 성령이 나에게 내리셨다. 주께서 나에게 기름을 부으시어 가난한 이들에게 복음을 전하게 하셨다. 주께서 나를 보내시어 묶인 자들에게는 해방을 알려주고, 눈먼 사람들은 보게 하고, 억눌린 사람들에게는 자유를 주며, 주님의 은총의 해를 선포하게 하셨다(루가 4, 18).

예수의 시대가 수평적 평등 사회도 아니었던 데다가, 그가 오늘날과 똑같은 의미의 인권 개념을 가지고 있었던 것은 아니지만, 모순된 사회는 물론 소외된 개인에 대한 관심을 통해 신의 인간에 대한 사랑의 보편성을 확립하고자 했다는 점에서 예수의 인간관은 근대적 세계인권선언의 인간관과 다르지 않다. 특히 "여기 있는 형제 중에 가장 보잘 것 없는 사람 하나에게 해준 것이 바로 나에게 해준 것"(마태 25, 40)이라고 하면서, 소외된 개인과 자신을 사실상 동일시했던 예수는 근대의 다양한 인권 규정을 구체화시킨 적절한 사례가 된다.

5. 하느님의 형상론과 인권 담론

그리스도교 신앙과 사상의 기초라 할 수 있는 이러한 부분들은 후에 인간론 차원에서 적극적으로 신학화되었다. 예를 들어 테르툴리아누스 Tertullianus는 하느님의 형상대로 창조되었다는 성서의 기사를 따라 인간을 하느님과 유사한 존재로 보았고, 인간은 신성화한 역사와 우주 안에 참여하면서 하느님과 일치의 방향으로 나아가게 된다는 식의 인간론을 전개했다. 이것은 중세 그리스도교 사상의 기준이 되다시피 한 아퀴나스에게서도 드러난다. 물론 이들이 살던 사회는 수직적 신분 사회였고, 개인의 자율성에 기반한 수평적 평등권과 같은 권리가 실제로 구현되었던 적은 없었다. 그렇지만 적어도 이들 이론이 근대 신학적 인간론에 담긴 인간의 존엄성을 위한 사상적 기초로 작용했던 것은 분명하다. 이러한 과정을 거치면서 20세기의 가장 영향력 있는 신학자인 칼 라너에게서는 인간의 원천적/선험적 존엄성이 신학의 중심 주제로 부각된다. 그에 의하면, 하느님이 조건 없이 스스로를 인간 안에 내어주신 까닭에 인간 본성은 원천적으로 신적 본성 안에 감싸여 있고, 그만큼 성화되어 있다.[9] 20세기의 신학자 가운데 라너만큼 인간적 가치를 철저하게 신적 가치와 만나도록 도모한 이도 없을 것이다.

이러한 시각은 인간이 본래 하느님의 형상대로 창조되었다고 하는 그리스도교 창조론의 연장이다. 하느님의 형상론은, 긍정하든 부정하든,

9 가령 라너는 이렇게 말한다. "신이 비신非神이 되고자 할 때, 인간이 다르게는 될 수 없는 바로 그러한 자로서 성립한다." Karl Rahner, *Schriften zur Theologie* IV, Einsiedeln: Benziger, 1967, s.150. 신이 자신을 비우면서 구체화할 때, 인간이 된다는 것이다. 인간은 그런 점에서 하느님의 자기 표명 사건이다. 인간은 단순한 인간적 본성을 넘어 이미 충분히 신적으로 고양되어 있다. 인간은 누구든지 하느님과의 원천적인 관계 속에 있는, 즉 하느님이 함께 하시는(임마누엘) 귀한 존재라는 말이다.

하느님에 의해 인간의 구체적인 경험 이전에 이미 그렇게 이루어져 있는 '원사실primordial fact'이 되는 것이다. 1973년 한국기독교교회협의회 인권위원회가 발족되면서 선언한 내용도 이러한 사상에 기반하고 있다.

> 인권은 하나님이 주신 지상의 가치이다. 인간을 그의 형상대로 지으신(창 1, 27) 하나님은 인간을 모든 속박으로부터 해방시키며 인권의 침해가 없는 사회를 이루어 나아가고 계시다. 그의 역사하심을 따라 교회는 인권의 확립을 지상의 과제로 믿고(눅 4, 18) 교회는 시대적 사명이 개인의 생존의 근거이며 사회발전의 기초인 인권 확립에 있음을 확신한다.[10]

이것은 하느님의 형상대로 창조된 인간이야말로 남녀노소 빈부귀천을 막론하고 천부적으로 존엄하다는 선포에 기반한다. 여기에서 인간 본성의 원천적 존엄성은 그 어떤 것에 의해서도 배제될 수 없고 빼앗길 수 없는 근원적인 사태가 된다. 이러한 사실에 기초를 두고 전개되는 그리스도교적 인간론은 "모든 인류 구성원의 천부의 존엄성과 동등하고 양도할 수 없는 권리를 인정하는 것이 세계의 자유, 정의 및 평화의 기초"라는 세계인권선언(전문)의 정신과 근본적으로 다르지 않다.

물론 그렇다고 해서 이 그리스도교적 인간 존엄성이 근대적인 의미의 인간 '권리'와 대번에 동일시되는 것은 아니다. 인권이 인간의 '권리'인 한, 그것은 '요청'으로 나타나게 되고 필연적으로 다양한 권리들 사이의 충돌을 피할 수 없게 된다. 따라서 충돌을 미연에 방지하고 인간의 기본적인 권리가 보호받기 위해서는 때로 "민주사회의 도덕, 공공질서 및 일반적 복리에 대한 정당한 필요"에 따라 개인의 권리가 제한될 수도 있는

10 1973. 11. 24. 한국기독교교회협의회 인권문제협의회의 인권선언문의 일부. 한국기독교교회협의회 엮음, 『한국교회 인권운동 30년사』, 한국기독교교회협의회, 2005, 59–60쪽에서 인용.

것이다(세계인권선언 제29조). — 물론 제한하는 경우에도 자유와 권리의 본질적인 내용을 침해할 수는 없다는 것이 헌법의 규정이기도 하다(대한민국헌법 제37조 ②) — 따라서 개개 인간이 하느님의 사랑을 받고 있다고 해서 모든 인간에게 사랑받을 '권리'까지 대번에 성립되는 것은 아니다. "사랑을 받을 필요도 있고, 사랑을 받는 것은 좋은 것이지만, 우리가 인권으로서 사랑받을 권리를 갖고 있지는 않다. 왜냐하면 아무도 우리를 사랑해야 할 의무를 갖고 있지 않기 때문이다."[11]

이런 식으로 그리스도교적 인간 존엄성이나 인간 사랑의 정신이 근대적 의미의 인간 권리 개념과 대번에 동일시되지는 않는다. 그리스도교적 인간 존엄성은 나의 권리를 주장하기 위한 것이라기보다는 너의 권리를 확장하기 위한 것이라는 점에서 기존 인간의 기본권과 다소 다른 차원에 놓인다. 두 가지 권리들이 충돌할 때, 정말 그리스도교적 인간론에 따른다면, 사회적 제한을 받기 이전에 스스로 자기 권리를 제한해서 남의 권리를 드러낼 수 있어야 한다. 근대적 의미의 인권은 개인에 의해, 제도에 의해 제한되기도 하고 때로는 상충되기도 하지만, 종교적 인권은 남의 권리를 위해 자신의 권리를 자발적으로 제한할 줄 아는 능력에 있다. 이것이 뒤에서 살펴보게 될 타권他權으로서의 인권이다. 근본적인 차원에서 보면 종교 안에는 권리들 간의 충돌이 일어날 수 없고 일어나서도 안 된다는 말이다. 왜냐하면 스스로 자기의 권리를 먼저 제한하고 너의 권리를 내세움으로써 권리들 간의 충돌이 아닌, 조화와 신장으로 나타날 수 있도록 하는 것이 진정한 의미에서의 그리스도교적 인권이기 때문이다. 이것은 자유에 관한 종교적 이해의 두 차원과 연결 지을 때 좀 더 분명해진다.

11 마이클 프리먼, 앞의 책, 95쪽.

6. 적극적 자유와 타권

세계인권선언 제2조에서는 이렇게 규정하고 있다. "모든 사람은 인종, 피부색, 성, 언어, 종교, 정치적 또는 기타의 견해, 민족적 또는 사회적 출신, 재산, 출생 또는 기타의 신분 등에 따른 어떠한 종류의 차별이 없이, 이 선언에 규정된 모든 권리와 자유를 향유할 자격이 있다." 그리고 제18조는 다음과 같이 밝히고 있다. "모든 사람은 사상, 양심 및 종교의 자유에 대한 권리를 가진다. 이러한 권리는 종교 또는 신념을 변경할 자유와, 단독으로 또는 다른 사람과 공동으로, 그리고 공적으로 또는 사적으로 선교, 행사, 예배 및 의식에 의하여 자신의 종교나 신념을 표명하는 자유를 포함한다."

이와 비슷하게 대한민국헌법 제10조는 "모든 국민은 인간으로서의 존엄과 가치를 가진다"고 선포한다. 그리고 제19조에서는 "모든 국민은 양심의 자유를 가진다"고 규정하고 있고, 제20조는 "모든 국민은 종교의 자유를 가진다. 국교는 인정되지 아니하며, 정치와 종교는 분리된다"며 명문화하고 있다.

이러한 인권 규정들에 들어 있는 것은 종교 내지 이념 및 양심의 자유이다. 한마디로 종교의 자유가 있다는 것이다. 자유란 무엇인가. 자유는 크게 두 가지 차원으로 구분해 설명할 필요가 있다. 첫째가 어떤 속박이라는 의존성으로부터 벗어난 상태, 즉 "~으로부터의 자유freedom from"라면, 둘째는 그 속박으로부터 벗어났음에도 불구하고 이웃과의 관계 안에 스스로를 구속시킬 줄 아는 "~으로의 자유freedom to"이다. 전자가 소극적 자유라면, 후자는 적극적 자유이다. 이들은 별개의 어떤 것이 아니라 연속적 혹은 단계적이다. 인간이 어떤 것으로부터 자유로운 한, 도리어 그 어떤 것과 관계를 맺고 그 관계 안에 자신을 구속시킬 수 있는 것이다. 그렇게 보면 후자가 진정한 의미의 자유, 종교적 자유의 모습에 가깝다고 할 수 있다. 하이데거Martin Heidegger는 자유를 이렇게 해설한다.

> 적극적 자유는 무엇으로부터의 떠남Weg-von이 아니라 향함Hin-zu를 말한다. 적극적 자유는 무엇을 위해 자유로움, 무엇을 위해 열려 있음sich offenhalten, 따라서 무엇을 위해 자기를 열어놓음, 무엇을 통해 자기 자신이 규정되도록 함, 스스로 무엇에 헌신함이다.[12]

종교가 인간을 인간되게 해주는 근거, 즉 인간성을 회복하고 증진시키는 방식과 관계되어 있고, 또 종교적 교육이 미숙한 인간에서 성숙한 인간으로 나아가게 하는 과정이라면, 참으로 자기를 떠나 이웃과의 긍정적 관계에 자신을 내어줄 줄 아는 적극적 자유야말로 종교적 자유라고 할 수 있다. 종교적 자유는 소극적 자유를 전제하면서도, 더 나아가 이웃과의 관계를 적절히 맺고 세계를 풍요롭게 하도록 하기 위해 스스로의 자유를 제한할 줄 아는, 적극적 자유의 차원에 있다. 인간의 기본권으로서의 '종교의 자유'가 정말 종교적인 자유가 되려면 적극적 자유의 차원으로까지 나아갈 수 있어야 한다. 종교적 자유는 그저 개인의 소유나 주장으로서의 권리 차원에서 더 나아가, 이웃의 자유를 신장시키기 위해 개인의 자유를 자발적으로 제한할 줄 아는 자유이기 때문이다. 그런 점에서 종교적 자유는 좁은 의미의 자유의 개념을 근원적인 차원에서 뒤집는, 전복적 · 파격적인 자유라고 할 수 있다.

마찬가지로 그리스도교의 인권은 자기 자신을 위한 인권이 아니다. 도리어 남을 위한 인권이다. 나의 권리 찾기가 아니다. 남의 권리 찾아주기

12 Martin Heidegger, *Vom Wesen der menschlichen Freiheit*, 1932; 정은해, 『자유교육의 철학』, 원미사, 2000, 110-111쪽에서 재인용.

이다. 인권이 사람의 권리라면, 그것은 나의 권리(自權)이기도 하지만, 동시에 남의 권리(他權)이기도 하다. 그리스도교적 권리에서 중요한 것은 남의 권리이다. 그리스도교적 인권은 남의 권리를 찾아주는 데서 시작되고, 나의 권리는 결과적으로 주어지는 것이다. 남의 권리는 적극적 요청이며 나의 권리는 그로 인해 주어지는 결과적 선물이다. 그리스도교 신앙이 '죽음으로써 산' 예수에게서 비롯되는 것이라면, 그리스도교의 인권은 어쩔 수 없이 의도적으로 '타권'을 존중하면서 비의도적으로 '자권'이 긍정되는 방식이다.

일상 어법상 타권, 즉 남의 권리 찾아주기는 권리라기보다는 의무에 가깝다. 그러나 종교적 차원에서의 의무는 강제적인 것이 아니라, 적극적 자유에 의한 것이라는 점에서 자발적인 것이 된다. 자발성이 스스로 피어나는 성질이라면, 그것은 내 안에 갖추어진 능력의 표현이다. 내 안의 능력을 발휘하는 것이기에 그 능력은 권리로 전환한다. 남의 권리 찾아주기는 의무가 아니라 나의 적극적 권리가 되는 것이다. 그런 점에서 "묶인 자들에게는 해방을 알려주고, 눈먼 사람들은 보게 하고, 억눌린 사람들에게는 자유를 주는"(루가 4, 19) 것이 예수의 삶이었다면, 예수의 삶은 이웃의 타고난 권리를 회복시켜주는 일, 즉 타권을 위한 삶이었다. 타권은 "밀알 하나가 땅에 떨어져 죽지 않으면 한 알 그대로 남아 있고 죽으면 많은 열매를 맺는"(요한 12, 24) 식의 인권인 것이다.

그 '많은 열매'를 우리의 주제어로 바꾸면 이웃의 인권이다. 내가 스스로를 제한함으로써 이웃의 자유와 권리가 신장되는 일이 바로 인권 실천이 맺는 '많은 열매'이다. 자기중심적 '자권'이 권리의 소극적 측면이라면, 이웃을 위한 '타권'은 권리의 적극적 측면이 된다. 이 적극적 측면으로 인해 진정한 권리, 그리스도교적 권리가 성립된다. 그리스도교적으로 보면, 바로 이 적극적 권리가 인간의 기본적 권리 자체를 가능하게 하는 것이다. 그리스도교적 인권은 남을 향한 적극적 권리, 이웃을 향한 윤리적 실천일 수밖에 없다. 이웃의 자유를 신장시키기기 위한 적극적 자유를 행사해야 하는 것이다. 자기 긍정을 우선하는 자권이 아니라, 자기부정을 통한 이웃 긍정을 우선하는 타권이다. 적극적이고 자발적인 자유를 행사할 때, 의무는 그대로 권리가 되는 것이다. 이것이 진정한 '종교적 권리'이다. 여기에서 진정한 의미의 자기 긍정은 우선적 목적이 아니라, 결과적으로 주어지는 것이다. 예수 정신이 바로 그런 것이며, 무아적無我的 깨달음을 통한 진아眞我의 확립과도 같다는 점에서 보살의 자비 정신과도 상통한다.

그럼에도 불구하고 그리스도교의 이름으로 그 반대의 길을 가는 경우를 자주 볼 수 있다. 타인의 자유를 무시하면서도 이를 정당하게 생각하거나 자신의 이기적 권리 찾기에만 급급해하는 모습도 종종 본다. 종교의 자유가 자신에게만 있는 양 권리 주장만 앞세운다. "모든 인간은 태어날 때부터 자유로우며 그 존엄과 권리에 있어서 동등하다"(세계인권선언 제1조; 대한민국헌법 제10조)는 조항을 "모든 사람은 사상, 양심 및 종교의 자유에 대한 권리를 가진다"(세계인권선언 제18조; 대한민국헌법 제20조)는 조항을 들어 부정하는 식이다. 종교의 자유라는 이름으로 인간 권리의 동등성을 부정하고, '종교 또는 신념을 변경할 자유'를 종교적 신념의 이름으로 금지하기도 한다. 인권으로서의 종교의 자유를 이기적 내지 자기 집단 중심적 차원에서 주장만 할 뿐, 인격의 자유를 통한 공동체에 대한 의무(세계인권선언 제29조 1항)는 간과한다. "사람이 안식일을 위해 있는 것이 아니라 안식일이 사람을 위해 있는 것"(마르 2, 27)이라는 예수의 언행과 정신을 반대로 뒤집어놓는다. 이웃의 양심과 신념을 자신의 권력과 교리에 맞추려는 것이다. 실제로 이것은 주로 제도화된 종교가 범하는 오류인데, 특히 이명박 정부의 출범을 전후해 '종교 편향' 사태를 불러일으키며 타 종교에 대한 배타성을 노골적으로 드러내는 개신교 주류 세력의 경우 이러한 사례가 두드러진다. 인권의 반대 개념이라고 할 수 있는 차별과 침해가 '자권'이라는 이름으로 횡행하는 것이다.

7. 한국 그리스도교 인권 현실과 종교 교육

당연한 말이지만, 인권으로서의 종교의 자유는 자발적 선교의 자유는 물론 강제로 선교되지 않을 자유까지 포함한다. 종교의 자유는 개개 인간의 존엄성에 기반하며, 인간의 존엄성은 인간의 자기결정권을 수반한다. 따라서 자기결정권을 무시한 강제적 선교는 인간의 존엄에 기반한 종교의 자유권을 박탈하는 셈이다.

그럼에도 불구하고 한국 개신교 종교 교육의 현장은 선교되지 않을 자유를 원천적으로 박탈하는 경우가 빈번하다. 획일적 주입식 교육은 물론 강제적인 예배 참여를 통해 학생을 일방적인 선교의 대상으로 삼는다. 학생만이 아니라 비개신교인 교수에게도 교권을 무기로 개신교적 신념을 동일하게 적용한다. 게다가 종교 업무와 별 관련이 없는 직종에도 특정 종교인만을 선별해서 직원으로 채용하기도 한다. 물론 이것은 인권 침해의 요소가 다분할 뿐만 아니라, 종교의 자유, 양심의 자유를 천명하고 있는 헌법 정신에 위배된다. 최근에는 한국기독교총연합회 이단사이비대책위원회 부위원장 목사가 선교라는 미명하에 특정인을 정신병원에 강제로 가두고 개종 교육을 시켜서 실형을 선고받은 일이 있었다.[13] 한국 개신교를 대표한다고 자처하는 이 방대한 조직의 기본적 성향 및 한국

13 「세상법이 무시하는 한국교회, 하늘의 법이 용서 못해」, 올댓뉴스(http://www.allthatnews.co.kr) 2008. 12. 1.

개신교의 자기중심주의를 잘 보여준다고 할 수 있다. 이런 식으로 '종교의 자유', 구체적으로 '종교 또는 신념을 변경할 자유'로서의 인권이 잘 지켜지지 않는 곳이 종교계, 특히 한국 개신교계이기도 하다.

자신의 종교의 자유를 지킨다고 남의 종교의 자유를 억압하는 것은 범주적 오류를 범하는 것이다. 일방통행식 선교나 교육이 이루어지는 대부분은 자유나 종교 관련 신념의 형성에 대한 의도적 오해와 무지로부터 비롯된다고 할 수 있다. 그것은 구체적 경험 너머의 초월과 보편의 세계마저 일상 언어로 구성된 '개념concepts' 안에 다 담긴다고 착각하는 데서 비롯된다. 당연히 저 너머의 세계는 '이념ideas'의 차원, 즉 현실적 개념들을 근거 짓고 규제하는 원리적 측면으로서 경험 세계와 구분된다. 비트겐슈타인Ludwig J. J. Wittgenstein도 일상 언어는 실제로 관찰할 수 있는 사실에 대해서만 유의미한 명제가 될 수 있으며, 세계의 근원과 같은 것은 언어의 한계 '밖'에 존재한다고 보았다. 이른바 초월과 절대의 세계는 일상 언어로 규제되고 강요될 수 없다는 것이다. 그런데 이들을 혼동하다 보니, 공교육에서조차 '창학 정신', 특히 그리스도교 정신을 구현한다는 명목하에 '이념적' 혹은 초월적 차원의 특정 신앙을 강요하는 일이 비일비재하게 이루어지는 것이다.

물론 교리적 실천을 주입하는 형태의 종교 교육이 전혀 불가능한 것은 아니다. 그렇지만 어디까지나 그것은 동일한 신념을 따르거나 따르기를 원하는 사람들 안에서 가능한 일이다. 그것도 개인의 자유 또는 자발성을 전제로 가능한 일이다. 하지만 애당초 다양한 신념이나 이념이 뒤섞여 있는 집단, 예를 들어 공공 교육기관의 경우에는 그런 일이 벌어져서는 안 된다. 특히 '종교의 자유'를 보장하고 있는 최상위 헌법 원리에 비추어보면, 종교 교육은 인간 개인의 자유를 전제하는 가운데 이웃의 자유, 이웃과의 관계, 세계의 풍요를 위해 스스로의 자유를 제한할 수 있는 능력을 키워주는 데 목표를 두어야 한다. 비록 특정 종교적 목적에 따라 설립된 사립학교라 해도 그것이 공적 재원으로 유지되고 공공의 사회 목표를 지향하는 한, 그러한 공적 교육기관에서의 종교 교육은 피치 못하게 '인간학'의 차원에 있어야 한다. 이념이나 양심 등 인간의 내밀한 부분에 대한 자유가 확보되어야 한다는 뜻이다. 내밀한 세계에 대한 개개 인간의 자기결정권을 보장하는 방식으로 인권의 기본적인 권리를 신장시키며, 앞에서의 표현처럼 이웃의 권리를 위해 자신의 권리를 제한하는, 그런 의미의 '타권' 교육을 지향해야 하는 것이다.

프랑스혁명 이후 프랑스의 공교육 정책을 주도하던 콩도르세Marquis de Condorcet가 "독립된 양심에 의해 선택되기 전에는 어떤 권위도 종교에 대한 특정 견해를 다른 견해보다 선호할 권리를 갖지 않는다"며 당시 공교육에서의 종교 교육을 반대한 적이 있는데,[14] 물론 그것은 종교 자체를 반대해서가 아니었다. 당시까지의 종교 교육이 자유와 평등을 근간으로 하는 대혁명 정신과는 달리, 정직한 인간의 이성에 근거한 '세계 시민 교육'의 취지에 역행해온 측면이 컸기 때문이다.

물론 종교 교육도 교육인 이상, 그 교육을 통해 인간의 종교적 깊이를 읽어낼 수 있도록 돕는 것은 정당하고 당연하다. 이를 위해 여러 가지 방편 및 수단이 동원될 수도 있을 것이다. 그럼에도 불구하고 '교권'을 무기로 한 사실상의 '강제적' 수단이 되어서는 안 된다. 당연히 종교적 다양성을 인정하고 전제하는 가운데 절대적 세계를 찾고자 하는 인간의 모습을 다양한 각도에서 제시할 수 있어야 한다.[15] 인간에게는 물질 너머 혹

14 마르퀴 드 콩도르세, 『인간 정신의 진보에 관한 역사적 개요』, 장세룡 옮김, 책세상, 2002, 45쪽 및 같은 책 역자 해설 128-129쪽 참조.

15 현 사회는 종교적 다양성을 존중해야 하는 다원적 사회일 수밖에 없다. 그것은 주로 종교다원주의라는 용어를 통해 전달되고 있다. 종교다원주의는 다양한 종교 현상들에 대한 긍정적 이해 속에서 자신의 정체성을 새롭게 유지하려는 — 무너뜨리는 것이 아닌 — 입장이자, 현 시대의 기초 담론이

은 물질 이전의 세계를 추구하고, 이타적 실천 속에서도 기쁨을 찾을 수 있는 능력이 있음을 알려주는, 그러한 의미의 종교 교육이어야 하는 것이다. 그것이 종교의 자유를 인권으로 보장하고 있는 헌법의 정신을 살리면서 저마다의 실천적 선교 현장도 보호하는 공평한 자리가 될 것이다.

8. 한국의 다종교 상황과 인권

칸트 이래 주지의 사실이 되었지만, 현상 세계 안의 존재인 인간은 초월의 세계를 '알 수 없다.' 다만 우리의 이념ideas을 통해 '생각하고 요청할 수 있을 뿐'이다. 이러한 사고방식이 대세가 되어가면서 초월적 세계에 대한 표현이 다양할 수밖에 없다는 것이 오늘날 지성계의 기본이 되지 않았던가. 비트겐슈타인 역시 인간의 언어는 하나의 관점에서 부분적으로만 실재를 표현할 수밖에 없는 까닭에, 진술된 진리는 언제나 제한적이고 비절대적이라는 사실을 인상적으로 보여주었다. 여기다가 가다머Hans-Georg Gadamer, 리쾨르Paul Ricoeur 같은 철학자들이 발전시킨 해석학적 통찰에 따르면 인간의 지식이라는 것은 늘 해석된 지식으로, 우리는 어떤 사물을 파악할 때 자기 나름의 인식의 틀을 통해서 해석하기 때문에 인식하는 사람과 인식된 것은 불가분의 관계에 놓여 있다는 사실을 구체적으로 보여주었다. 완전한 절대주의, 순수한 객관주의라는 것은 더 이상 받아들여지지 않는 세상이 된 것이다. 진리라는 것은 '대화적'이고 '관계적'인 것일 수밖에 없다는 사실이 대다수 사람들에게 설득력을 주는 세상으로 급격하게 전환하고 있고 이미 그렇게 전환해 있는 것이다.

다. 종교적 다원주의는 18세기 이후 진행되어온 계몽주의, 역사주의, 과학주의를 통해 급격하게 세속화해온 사회 분위기 속에서 종교의 언어를 진지하게 살려내려는 일련의 표현인 것이다.

절대주의가 사라지면서 필연적으로 등장한 입장은 타자에 대한 긍정, 개성의 존중, 자유의 인정이다. 이 글의 주제어로 표현하자면 타권, 즉 이웃의 인권 보장과 신장이다. 보편적 인권의 구체화를 위한 실질적인 적용으로 나타나야 한다고 요청하는 시대인 것이다. 나의 입장을 전하고자 할 때 남의 입장을 존중해야만 하는 것은 당연한 일이다. 선교도 일방통행식 선교가 아니라 내가 말하고자 할 때 남의 의견도 들을 자세를 전제하는 양방통행식이어야 한다. 한마디로 '상호 선교'인 것이다. 즉 상대방의 자유를 인정하지 않으면 마찬가지로 나의 자유를 주장할 수 없는 까닭에, 나의 개성을 존중받으려면 남의 개성도 존중할 수 있어야 하는 것이다.

종교의 자유도, 상대방의 권리도 존중할 때에야 비로소 종교적 정체성에 충실하게 되는 것이다. 공정한 재판을 받을 권리(세계인권선언 제10조)를 위해 모든 국가에 동일한 재판 절차가 요구되는 것은 아니듯이, 종교의 자유가 종교 제도의 획일화를 요구하는 것은 아니다. 배타적 획일화가 아닌, 자기 양보적 · 상호 의존적 차원의 다양화 속에서 진정한 종교적 인권은 이루어진다. 종교라는 것 자체가 특정 제도나 교리의 차원 안에 갇히는 것이 아니라, 참으로 자신을 비워 이웃을 담아내는, 이웃 존중, 생명 회복의 행위의 차원에 있는 것이기 때문이다.

그러한 종교성은 선험적 선포의 영역 안에 머물지 않는다. 당연히 사회적 소통을 포함한다. 인권을 인간성의 선험적 보편성에서보다는 의사가 소통되는 공동체 내 구성원 간의 합의에서 찾아야 한다고 보는 하버마스Jürgen Habermas의 입장도 환영할 일이다. 공정한 형식 속에서 자발적인 대화와 공동의 합의에 근거한 보편성을 확보해야 하는 것이다.[16] 이런

16 양천수, 「인권의 보편성에 대한 철학적 논증 가능성」, 영남대학교인권교육연구센터, 『인권 이론과 실천』 제1호, 2007. 4, 33-35쪽 참조.

입장에 충실할 때 인간이 참으로 인간의 자리에 서게 되고, 종교적 진리가 종교적 진리로 선포될 수 있다.

인권에 대한 감수성을 키우는 작업이야말로 종교적이고 교육적이다. 특히 근대적 인권 이념의 상당 부분을 전통적인 그리스도교 인간론에 빚지고 있지만, 사실상 인권의 실천은 그리스도교 밖에서 더욱 성장해오고 있다. 하느님은 인간을 사랑한다면서 그 사랑을 자기 집단 안에서만 찾으려고 하는 식의, 이론과 실천의 괴리를 그리스도교는 극복할 수 있을까. 한국 대형 개신교회 연합조직인 한국기독교총연합회에게서는 극복은커녕 괴리를 심화시키지 않기만을 바랄 뿐이다. 아쉬운 점은 각종 사회적 차별 및 억압과 관련해 지난 30여 년 동안 의미 있는 활동을 해왔던 한국기독교교회협의회KNCC 인권위원회도 다종교 사회에서의 종교 차별을 아직 인권의 문제로까지 연결 짓지 못하고 있다는 것이다. 그리스도인은 종교의 자유를 인권의 차원에서 볼 수 있는 안목을 키워야 한다. 인권의 영역을 사회 · 정치적 차원 안에만 가두지 않고 그 너머로 확장해야 한다. 뿐만 아니라 인권에 대한 이론적 이념의 선포에 그치지 말고, 구체적인 삶의 모습으로 인간적 존엄성을 드러내는 삶의 실천으로 이어져야 한다. 종교상의 이유로 차별받지 않을 권리는 물론, 종파에 개의치 않고 이웃의 권리를 있는 그대로 존중할 줄 아는 성숙한 종교적 자세가 요청된다. 지난한 일이겠지만, 그리스도교 인간론에 담긴 필연적인 요청, 즉 자기만의 '자권'에서 이웃을 향한 '타권'으로의 전환, 한국에서 그러한 의미의 그리스도교적 인권이 가시화되는 날을 기대해본다.

제6장 한국 그리스도교, 다원주의 신학자의 눈에 비친

"우리들은 유불선 세 종교가 평화적으로 공존하는 함삼위일函三爲一, 함다위일函多爲一의 지혜를 가지고 살아왔다. 그런데 오늘날 우리 한국인들은 정말로 종교적 다원주의 시대를 살아갈 수 있는 정신적인 준비를 마련하고 있는가? 우리는 문화적 고아로 전락한 무국적 인간으로 전락한 것은 아닐까? 우리는 백년이라는 짧은 세월 동안에 우리의 얼, 관용의 정신을 잃고 서양사람보다도 더 서양적인 것에 맹종하는 얼빠진 민족으로 전락한 것은 아닐까?"

『변선환전집』 7, 305쪽

1. 한국에서 신학을 한다는 것, 변선환의 근본 물음

이 장에서는 이른바 한국적 신학을 이루기 위해 힘썼던 신학자 변선환邊鮮煥(1927~1995)의 사유 틀을 하나의 사례로 삼아 한국적 신학이라는 것은 과연 가능한지, 가능하다면 한국 신학은 어떤 원리와 자세에 따라 이루어져야 하는 것인지를 구체적으로 살펴보고자 한다. 신학적 내용 자체를 다루려는 것이라기보다는 한국에서 신학이 성립되어가는 과정에 대한 해석학적 고찰을 하려는 것이다. 더 나아가 변선환은 '한국'을 어떻게 생각했는지, 무엇을 한국적 신학이라고 생각했는지 정리하면서 그리스도교 신학을 과연 한국 사상의 일부로까지 자리 매김할 수 있는지 긍정적인 차원에서 그 가능성을 타진해보려는 의도도 들어 있다.

흔히 변선환은 '종교다원주의'를 주장하다가 감리교회 안에서 파문당하면서 감리교 신학대학 학장직과 감리교 목사직을 모두 박탈당한 뒤 개인 연구와 강연을 계속하다가 타계한 인물로 알려져 있다. 하지만 그 사건은 한국, 특히 한국 그리스도교계에 도리어 종교다원주의 논쟁을 가열시키면서 한국의 전통적 종교문화에 대한 이해를 심화시키는 계기가 되기도 했다. 그의 사후 『변선환전집』(전7권, 1996~1999)이 출판되었고,[1] 그의 선구자적 신학 사상은 제자들을 중심으로 꾸준히 연구되어오고 있다.[2]

이러한 변선환의 입장을 흔히 종교다원주의 신학으로 규정하지만, 그가 종교다원주의적 주장을 하게 된 배경에는 기본적으로 한국의 종교문화에 대한 그의 애정이 있었다고 할 수 있다. 한국의 전통적 종교문화를 회피하고서는 그리스도교도 설명될 수 없다는 그의 확신이 다양한 종교들을 포섭하는 종교다원주의 신학으로 나타난 것이다. 이러한 관심사에 따라 그의 학문적 여정도 '그리스도교'와 '한국'의 관계를 적극적으로 신학화하는 데 초점이 놓여 있었다. "한국에서 신학을 한다는 것은 무엇인가?" 그의 대다수 글에서 드러나는 문제의식을 집약한 이 물음도 그와

1 구체적인 제목은 참고문헌에 밝혀놓았다. 여기서는 간략하게 『변선환전집』으로만 표시하겠다.
2 대표적인 책이 변선환아키브 엮음, 『변선환 종교 신학』(한국신학연구소, 1996)이다.

같다고 할 수 있다.

동아시아의 작은 나라 한국에서 태어나 한국적 정서에 영향을 받으며 살아오면서도 그리스도인이 되었던 변선환에게 '한국'은 무엇이었을까? 비록 변선환을 전형적인 한국 학자라고까지 말할 수는 없겠으나, 그가 이른바 한국적 신학을 이루려 애썼다는 데에는 이론의 여지가 없다.

물론 그가 '한국' 자체를 연구의 대상으로 삼았던 것은 아니었으며, 따라서 그에게서 가령 한국적 정체성의 문제까지 추론해내는 것은 쉽지 않은 일이다. 많은 이들이 어느 정도 본질주의적 시각에서 정情이나 한恨 또는 흔, 붉 사상 등 한국인에게만 해당되는 독특한 기질 같은 것을 찾아 한국적 정체성을 규명하려고 했으나,[3] 여기에서는 이런 식의 접근보다는 그러한 정서나 사상 내지 세계관을 가능하게 해주는 '문화적인 힘의 존

3 한국을 설명하기 위해 흔히 하는 작업은 한국적 독특성 내지는 고유성을 가려보는 일일 것이다. 실상 한국적 독특성을 찾는 작업은 지난 100여 년 동안 꾸준히 진행되었다. 가령 최남선은 하늘의 밝음을 숭배하는 단군의 '붉(光明)' 사상에서 한민족의 원형적 독특성을 파악하려 했고, 이광수는 민족적 기질 자체를 열악한 것으로 판단하여 '민족개조론'(1922)을 외치기도 했다. 그런가 하면 1970~1980년대 유행했던 일단의 '흔(韓, 干)' 사상가들은 한국의 과거사, 특히 고대사를 원대한 시각에서 긍정적으로 분석함으로써 일반 대중에게 뿌리에 대한 자존감을 갖도록 하는 데 적지 않은 영향을 끼치기도 했다. 또한 문학에서는 김동리와 서정주가 김소월의 시를 분석하면서 한국인의 심성을 '정情'과 '한恨'으로 특징화한 후로 이른바 정한론情恨論이 1970~1980년대에 한국 문화 전반을 설명하는 주요 틀이 되어왔다. 한국학자 최준식은 가장 한국적인 것을 조선 후기 확립된 예술에서 찾으면서, 그 독특성을 무속적 정서에 기반한 '자유분방함'으로 규정하기도 했다(최준식, 『한국미, 그 자유분방함의 미학』, 효형출판, 2000, 80-266쪽 참조). 이때 자유분방함은, 소극적으로 표현하면 제도적 틀에 덜 얽매이는 무질서적 차원을 뜻하지만, 적극적으로 말하면 새로운 것을 창조해내는 능력이기도 하다. 자유롭고자 하는 정신, 더 자세히 말하면 '분방'하려는 자세가 새로운 것을 소화하고 창조하면서 한국적인 것의 근간을 이루어오고 있다는 것이다. 한국적인 것을 규정하려는 이상의 설명 체계들은 긍정적이든 부정적이든, 또 그것이 세계관에 초점을 둔 설명이든 한국인의 기본적 심성에 초점을 둔 분석이든, 대체로 한국적 특징을 과거부터 현재까지 지속되고 있는 불변의 어떤 기질 같은 것을 중심으로 규정하려는 본질주의적 경향을 보여준다. 분명히 이러한 접근들은 한국에 대한 유용한 설명 틀이기도 하다. 하지만 역시 분명한 것은 전체적인 설명 체계는 될 수 없다는 것이다. 여기서도 정情이나 한恨, 흔 혹은 붉, 또는 자유분방과 같은 개념 등을 새삼스럽게 규정하거나 신학적 연구 대상으로 삼으려는 것은 아니다. 어떤 특정 정서나 천성적 기질을 통해 한국적인 것을 설명하려 하기보다는, 그 정이나 한, 또는 흔, 붉과 같은 정서나 사상 내지 세계관을 가능하게 해주는 '문화적인 힘의 존재 방식'을 중시하면서 그것이 한국 그리스도교를 논할 때도 반영되어야 한다는 사실에 초점을 두고 있다. 그 밖에 이 책의 2장 '한국 그리스도교, 얼마나 한국적인가' 각주 6도 참조할 것.

재 방식'이 한국 그리스도교를 논할 때도 반영되어야 한다는 사실을 제시해보고자 한다. 이것이 한국과 그리스도교를 가능한 한 전체적으로 연결지으면서 한국적 신학의 기초를 놓는 방식의 하나가 될 수 있기 때문이며, 또한 변선환이 지속해온 신학적 방법론의 핵심이기도 하기 때문이다. 신학 자체를 다루려는 것이라기보다는 한국에서 신학이 성립되어가는 과정에 대한 일종의 해석학적 고찰을 하려는 것이다. 한국 신학이라는 것이 과연 가능한지, 가능하다면 한국 신학은 어떤 원리와 자세에 따라 이루어져야 하는 것인지를 살펴보면서 '한국에서 신학을 한다는 것'이 무엇인지에 대한 하나의 해답 체계로 삼으려는 것이다.

더 나아가 변선환의 신학적 방법론을 통해 과연 그리스도교 신학을 한국 사상의 일부로까지 자리 매김할 수 있는지 긍정적인 차원에서 그 가능성을 타진해보려는 이차적 의도도 이 글에는 들어 있다.

2. 종교적 다양성과 콘텍스트로서의 한국

한국에는 한국 문화가 있다. 그리고 그 문화에는 힘이 있다. 이때의 '힘'이란 늘 새로운 이해를 발생시키면서 한국인을 끝없이 변화시켜주는 한국인의 전반적 인식의 틀 또는 형식을 의미한다. 한국인은 태어나면서부터 이러한 형식 안에서 의사소통하면서 생활을 영위해나간다. 단순히 구분하자면, 이 힘은 한국인 한 사람 한 사람의 개성에 선행하면서 그 개성의 형성에 영향을 미치는 근원적인 실재이다. 그러면서 끝없이 변화하는 역동적 실재이다. 한국인은 애당초 이 힘에 영향을 받으며 살고 있다. 당연히 그 힘을 '대상적으로' 분석하고 규정하기는 곤란하다. 그렇게 규정하는 주체가 이미 그 힘 안에서 생존해왔고, 거기에서 영향을 받아오고 있기 때문이다. 변선환도 이러한 문제의식을 가지고 있었다.

> 자기가 자기 얼굴을 보지 못하듯이 한국인이 한국인을 안다는 것은 더욱 어렵다. 한국 사람이, 자신의 문화와 역사에 구속되고 있다는 해석학적 지평 때문이다.[4]

한국인은 애당초 한국이라는 지평 안에 사로잡혀 있다. 한국을 대상적으로 해석해내는 그 자리에 이미 한국이 주체로 들어와 있는 셈이다. 그러기에 한국인이다. 법적인 국적이 한국으로 명시되어 있다고 해서 반드시 한국인이라고 할 수는 없다. 그보다는 한국의 문화적 힘에 영향을 받으면서 사는 이를 한국인이라고 할 수 있다. 다소 광범위하기는 하지만, 이것이 이 장章의 입장이기도 하다. 그렇다면 한국의 문화적 존재 방식은 구체적으로 무엇을 말하는가?

변선환도 늘 의식하고 있던 문제였지만, 한국은 무엇보다 종교적 다양성 속에 있는 나라이다. 특히 조선 왕조 오백 년을 지내면서 한국인의 사회 질서는 유교에 의해 틀 지어져 왔다. 최봉영은 시원적 이理와 기氣가 운동하고 분화하면서 다양하고 구체적인 사물의 세계로 생성되어나간다는 성리학적 세계관을 설명하면서, 천하 만물이 하나의 질서 체계에 따라 다스려져야 한다는 이런 식의 성리학적 통치 원리가 한국 안에 구체적으로 형성되었다고 보았다. 그래서 하나의 지도자[一君]와 백성[萬民]이라는 사회적 질서 체계가 잡혔고, 이에 따라 한국인은 '집안'이라는 대원리 속에서 항상 부분자로만 존재한다는 '집단주의' 문화가 형성되었다는 것이다.[5] 어찌 되었든 이것은 한국인의 사고방식 속에 유교적 세계관이

4 『변선환전집』 1, 401쪽.
5 최봉영, 『조선시대 유교문화』, 사계절, 1997, 154-210쪽 참조. 한국인의 유교적 집단주의 문화에

뿌리 깊게 자리 잡혀 있다는 뜻이다. '장유유서'라는 수직적 윤리나 전 세계에서 존대어가 가장 발달되어 있다는 한국어에도 유교적 집단주의 문화가 잘 반영되어 있다.

뿐만 아니라 단군 이래 여전히 한국인의 정서를 가장 잘 대변해주는 종교 형태가 있다면 그것은 무교巫敎이다. 이 점에 대해서는 여러 학자들이 이구동성으로 제기한 바 있다. 또 무교와 거의 구분되지 않을 정도로 인간의 기복적 종교성을 잘 반영해주고 있는 도교 역시 한국적 종교성의 근간에 있는 종교 형태이다. 그리고 전반적으로 현실 중심적 경향을 보여주는 한국인이 현세 너머의 세계에 대한 상상을 진지하게 할 수 있었던 것은 단연 불교의 영향이다. 이렇듯 한국인은 유·불·선, 무교 등 태어나면서부터 다양한 종교문화의 영향을 받으며 살고 있다.[6] 이것은 한국 신학도 이러한 종교적 지평과의 적극적 대화 속에서 이루어질 수밖에 없음을 보여준다. 이러한 사실을 의식한 변선환도 유·불·선, 무교 및 한국의 민중 종교와 그리스도교가 만날 수 있는 가능성들을 구체적으로 타진하기도 했다.[7]

> 샤마니즘을 기층신앙으로 하여서 유불선儒佛仙이라는 고등종교 속에서 문화의 꽃을 피워가면서 살아온 한국인의 종교적 심성에 복음이 뿌리를 내리기 위해서는 전통 종교와 문화에 대한 철저한 연구가 전제되어야 한다.[8]

대해서는 최준식, 『한국인에게 문화는 있는가』(사계절, 1997)에도 현실감 있게 대중적인 언어로 잘 정리되어 있다.

6 최준식, 『한국인에게 문화는 있는가』와 『한국의 종교, 문화로 읽는다』(사계절, 1998)에 이러한 문제를 잘 정리해놓았다. 좀 더 간략하게는 이찬수, 『생각나야 생각하지: 사유, 주체, 관계 그리고 종교』(다산글방, 2002), 236-259쪽을 참조할 것.

7 『변선환전집』 3, 41-50쪽 참조.

8 『변선환전집』 3, 40쪽.

변선환도 의식하고 있었지만, 이상의 사실들은 한국 연구자들에게 한국은 중요한 연구의 주제이면서 동시에 한국의 다양한 종교적 중첩성과 관련한 연구는 이미 그러한 다양성에 영향을 받으며 살고 있는 연구자 자신에 대한 연구이기도 하다는 것을 말해준다. 자기 자신의 삶을 풀어나가는 방식으로 한국이 연구의 대상이 되는 것이다. 한국은 단순히 특정 연구자에게 명백하게 대상화되고 체계화될 수 있는 하나의 텍스트에 머무는 것이 아니다. 도리어 그 텍스트에 의미를 부여해주고 텍스트를 가능하게 해주는 콘텍스트이다. 문화적인 힘의 존재 방식은 이 콘텍스트의 형식을 빌려 작용한다. 신학도 응당 이 콘텍스트로서의 힘과의 관계성을 의식하면서 이루어져야 한다. 피치 못할 신학의 한국 문화 종속성, 이것은 이른바 한국 신학의 운명이자 그만큼 신학을 한국 안에서 새롭게 피어날 수 있게 해줄 가능성이기도 하다. 그런 자세를 견지하고서만이 한국 신학이 이루어질 수 있다. 그럴 때에만 한국이라는 대지에 뿌리박은 신학, 즉 토착화 신학이 되는 것이다. 한국 신학 내지는 토착화 신학은 한 시대의 유행으로 끝내야 할 일회적인 것이 아니다. 그것은 신학의 본래적 성격에 속한 것이다.

이와 같이 한국을 실체적인 차원에서 규정하기는 불가능하다. 한국은 실체화되지 않는다. 아니 그런 식으로 실체화하려는 시도 자체가 자가당착일지 모른다. 한국적인 것은 무한히 깊고 끝없이 변화하면서 스스로를 유지해가는 역동적인 실재이기 때문이다. 역동적인 것은 특정한 틀 안에 규정되지 않는다. 그런 점에서 지난 100여 년 이상 한국을 극복의 대상으로 삼았던 신학적 방법론은 주객이 전도된, 사실상 오류에 가깝다. 극복하려는 시도 자체가 이미 한국이라는 역동적이고 문화적인 힘의 작용이었다는 사실을 모른 채 이루어진 일이기 때문이다. 이미 한국 안에 포섭되어 있었으면서 한국을 포섭하고자만 하는 자세는 젖을 먹여 애지중지

키워준 어머니의 은혜를 잊고 저 혼자 큰 줄 아는 무지한 자식과도 같다. 부모를 능멸하는 패륜아와도 같다. 변선환의 한국 신학은 기본적으로 이러한 콘텍스트로서의 한국을 중시하는 데서 이루어졌다.

3. 한국 신학, 그 비정통의 길

시야를 넓히면 한국 신학을 가능하게 해주는 문화적 지평으로서의 한국은 그대로 아시아라는 지평에도 해당된다. 변선환은 아시아에서 신학을 하는 사람들은 모두 — 더 나아가면 아프리카, 남아메리카 등 이른바 제3세계권에 속한 신학자들도 — 비슷한 형편에 처해 있다고 보았다. 신학의 양상에 있어서 서구를 제외한 세계 각국은 어느 정도의 공감대를 가지고 있다는 것이다. 그래서 그는 의도적으로 서구 신학 앞에서 비슷한 상황에 처한 제3세계, 특히 아시아의 신학적 상황에 관심을 기울인다. 변선환에 의하면 "아시아 신학자들은 아시아적 상황 속에서 살아 있는 신학을 형성해야 한다는 과제"를 지니고 있다. 이러한 공통분모 위에 있는 아시아 각국의 그리스도인들은 아시아적 신학을 이루어야 할 필요가 있다고 그는 주장한다. 설령 아시아 신학이 서구 신학에 대해서 '비정통적인' 신학으로 간주된다 해도 당당하게 그 '비정통적인' 아시아적 해석학을 이루는 모험을 감행해야 한다는 것이다.[9] 그는 아시아 신학의 성립을 지향하는 다양한 예언적 외침들을 이렇게 정리한다.

> 이 같은 동양 신학의 움직임은 성서 속에 나타난 하나님의 말씀을 유폐하고 있는 서구의 역사적, 문화적인 틀인 "튜튼적 포로Tewtonic captivity"에서

9 『변선환전집』 1, 102쪽.

> 부터의 탈출을 주장하는 송천성의 소리나, 일본 바르트주의나 일본 불트만주의로 자족하며 서구의 구제품 옷을 입은 일본 교회를 향한 오오기 히데오의 외침, '일본 신학을 독일 신학에서 구출하라'는 거센 구호나, 한국 신학이 '사상적인 식민지적 예속'에서 벗어나고 '신학적인 바벨론 포로'에서 해방될 것을 고대하였던 윤성범의 주장 속에서 잘 읽을 수 있다.[10]

아시아의 그리스도인은 아시아적 신학을 해야 한다는 광범위한 요청은 한국의 그리스도인은 한국적 신학을 해야 한다는 요청과 같은 맥락에 있다. 아시아 신학과 한국 신학을 말하는 변선환의 신학적 심성과 형식은 거의 같다. 신학 역시 상황에 의존하며, 맥락이 달라지면 다른 메시지가 발생된다는 해석학적 원리에 따르는 학문을 염두에 두고서 나온 말인 것이다.

> 종교적, 문화적 해석학을 통해서 형성되는 토착화 신학은 아시아의 종교 부흥과 아시아의 혁명의 소용돌이 속에서 결코 정치적, 사회적 해석학을 통해서 형성되는 상황화 신학과 분리되지 않는다.[11]

한국 신학자가 한국적 해석학에 따른 신학을 해야 하는 이유도 바로 여기에 있다. 그런 점에서 한국 신학은 해석학적 신학이고, 토착화 신학이며, 상황화 신학일 수밖에 없다. 서구 신학도 마찬가지이다. 한국 신학을 이렇게 볼 때 서구 신학도 하나의 '특수한 지역적 신학'으로 남게 될 것이다. 그리고 하느님을 판단하고 선포하는 절대적 기준이라도 되는 양 제국주의적으로 팽창해온 '그리스도교 서구 시대'도 종언을 고하게 되리

10 『변선환전집』 1, 102쪽.
11 『변선환전집』 1, 111쪽.

라는 것이 변선환의 의중이기도 했다.[12]

4. 신학의 장, 한국

다시 앞에서 던졌던 질문으로 돌아가보자. 변선환에게 한국은 무엇인가? 한국에서 신학을 한다는 것은 무엇을 의미하는가? 한국 신학의 과제가 '선교'에서 '대화'로 나아가야 한다며, 기존 토착화 신학의 방법론을 비판적으로 계승하고자 했던 그의 말을 살펴보자.

> 한국 신학계에서 한국 종교를 신학적인 주제로 삼으면서 토착화 논쟁을 일으켰던 것은 바로 30년 전의 일이다. 윤성범 님은『그리스도교와 한국 종교』(1965), 유동식 님은『한국 종교와 그리스도교』(1965)를 내놓았다. WCC의 타 종교에 대한 선교 정책에서 배우면서 두 신학자는 한국 종교를 '선교'의 문제로 다루었다. 어떻게 하면 복음이라는 씨가 한국 종교라는 이질적인 풍토에 떨어져서 뿌리를 내릴 수 있을까라는 토착화의 선교가 두 분의 신학적 관심사였다. 그 경우 한국 종교는 선교의 대상이었을 뿐 그리스도교와 똑같은 입장에 서는 주체는 아니었다. 타 종교가 선교의 대상이 아니라 대화의 주체로 등장하게 된 것은 20년 후 80년대에 들어서면서였다. 80년대 이후에 발전된 종교 신학은 종교다원주의 시대의 도래를 바라보면서 그리스도교와 타 종교의 만남을 신앙과 신앙, 주체와 주체와의 만남이라고 보게 되었다. 씨와 토양, 누룩과 반죽이라는 비유로 상징되었던 '주체와 객체' 도식(토착화 신학)이 낡은 패러다임이 된 것이다. 종교 신학은 '선교'가 아니라

12 『변선환전집』 3, 277쪽.

'대화'를 지향하여 나아가면서 하나님의 구원의 역사가 그리스도교 교회의 벽 속에만 폐쇄되어 있지 않다고 본다. 하나님은 오직 그리스도인들의 기도만 들으시는 그리스도인만의 하나님은 아니다. 종교 간의 대화는 타 종교를 통하여 서로 다른 종교를 향하여 말씀하시는 하나님에게 보다 깊은 차원으로부터의 회개를 감행하도록 우리들 모두에게 촉구한다.[13]

변선환은 1980년대 이후 발전한 종교 신학에서 타 종교를 대화의 객체가 아닌 주체로 보기 시작했다고 말한다. 물론 1980년대 이후 이러한 대화 신학을 주도하던 이는 적어도 한국에 있어서는 그렇게 말하는 변선환 자신이다. 한국의 다양한 종교들은 신학적 평가의 대상 수준에 머무는 것이 아니라, 그러한 신학을 하도록 근원에서부터 규정하는 신학의 주체라는 것이다. 그에 의하면, 이른바 '타 종교'를 문화의 핵심으로 하는 한국의 역사적 현실이야말로 그리스도교 신학의 장이다. 하느님은 교회의 벽 속에 폐쇄된 분이 아니다. 그리스도인의 기도만 들으시는 분이기는커녕 다양한 종교들을 통해 말씀하시는 분이기 때문이다. 그렇기 때문에 다양한 종교들과 어우러지면서 문화의 근간을 이루어온 한국이야말로 하느님의 음성을 더욱 잘 들을 수 있는 장소가 된다는 것이다.

우리들은 마치 한국 종교가 존재하지 않는 것처럼 종교적인 진공 지대에서 신학하도록 불려진 것이 아니라, 종교적, 정치적 다원주의 상황 속에 있는 한국의 역사적인 현장을 '신학의 장locus theologicus'으로 삼고 신학하도록 부름 받았다.[14]

13 『변선환전집』 3, 258-259쪽.
14 『변선환전집』 3, 259쪽.

변선환이 아프리카의 신학자인 부텔레지Manas Buthelezi의 다음과 같은 말을 인용할 때도 다양한 방식으로 말씀하시는 하느님의 모습을 염두에 두었다.

> 깊이 생각해보면 아프리카에서 선교사들이 하나님의 말씀을 선포한 것이 아프리카의 상황에 하나님을 임재케 하는 데 도움이 되지 못했다고 말할 수 있다. 왜냐하면 하나님은 이미 거기에 오셔서 창조주로서 생명을 보호하시며 양육하시고 계셨기 때문이다. 설교가 해낸 일이란 이미 거기에 계시는 하나님의 메시지를 전하는 것뿐이었다.[15]

이른바 '타 종교'가 살아 움직이는 현상은 신적 현존과 계시의 증거이다. 따라서 '타 종교'의 장소인 한국에서 벌어지는 그리스도교적 현상 역시 타 종교라는 주체에 의해 발생되는 객체적 현상이 되는 것이다. 그런 점에서 토착화 신학이라 말할 때도 그리스도교 '밖'에 주어진 다양한 종교적 현상들이 주는 도전에 대한 신학적 응답이 아니다. 이미 한국인은 '안'으로부터 다양한 종교들을 경험하고 있었기에 토착화 신학은 한국 그리스도인 '안'으로부터의 도전에 대한 신학적 응답이다. 이러한 내적 도전에 대한 응답을 통해 한국에서 그리스도교는 한국화하고, 그런 식으로 '한국 그리스도교'로 살아가게 되는 것이다. 그리고 이러한 그리스도교적 현상을 수용하면서 한국도 한국으로 유지되어가는 것이다.

변선환에 의하면 이런 식으로 하느님은 교회를 통해서도 세계를 향해 말씀하시지만, 동시에 세계를 통해서도 교회를 향해 말씀하신다. 그가 불교와의 대화를 추구하면서 불교와 그리스도교는 '상호 불가결의 보

15 『변선환전집』 1, 63-64쪽.

충'이라는 야스퍼스Karl Theodor Jaspers의 말을 인용할 때에도 그리스도교는 불교를 사유의 근간으로 하는 '한국'의 도전을 통해 더 그리스도교적으로 변혁되어야 한다는 요청에 충실하고자 한 것이다. 그렇기 때문에 변선환에게는 종교 간의 대화도 결국은 자신을 변혁하기 위한 신학적 행위의 정수가 된다.

> 대화의 입장은 상대방의 오류와 한계를 간과한 것은 아니지만, 우선 상대방의 삶과 사유 속에 있는 적극적인 요소와 고귀한 가치를 찾아서 자기를 더 풍성하게 하기 위하여 배우려는 열려진 태도를 가지게 된다.[16]

이전의 토착화 신학이 신학 자체의 변혁으로까지는 나아가지 못했던 데 비해 변선환의 신학은 신학 내지는 한국 그리스도교 자체의 변혁까지 말하고 있다는 점에서 기존 토착화 신학과는 어느 정도 차별성을 지닌다. 이것은 무엇보다 "종교적, 정치적 다원주의 상황 속에 있는 한국의 역사적인 현장을 '신학의 장locus theologicus'으로 삼고 신학하도록 부름 받았다"는 신학적 소명에 충실한 결과이다. 이렇듯 변선환에게 한국 혹은 한국의 역사적인 현장은 신학을 가능하게 하는 '장'이다. 그리스도교에 생명을 불어넣어 한국 그리스도교가 되게 해주는 모태인 것이다.

신학을 주체로 보면 한국은 선교의 대상이지만, 한국을 주체로 보면 신학은 한국 안에서 생명을 얻고 한국에 의해 변화되어야 하는, 한국의 자식과도 같다. 변선환은 한국과 신학이 서로에게 생명의 근원이 된다는 상호 관계성을 잘 읽고 있었다. 복음이라는 불변의 씨앗이 한국이라는 토양에서 서구와는 다른 열매를 맺는다는 차원에서 더 나아가 씨앗 자체

16 『변선환전집』 1, 292-293쪽.

의 변화까지 보았던 것이다. 한국에서 생명을 얻은 그리스도교는 서구의 그리스도교와 다른 것으로 바뀌고 말기 때문이다.

5. 신학의 대상, 한국

물론 한국은 그리스도교에 의해, 더 엄밀히 말하면 복음에 의해 변화되어야 할 선교의 대상이기도 하다. 그리고 복음을 향해 변화되어야 할 과정적 존재이기도 하다. "동양 종교와 인권투쟁의 현장은 모두 복음에로의 준비"[17]라는 그의 말은 이러한 입장을 잘 보여준다. 물론 그렇다고 해서 '동양 종교'와 한국에서 벌어지고 있는 '인권투쟁의 현장'을 복음에 도달하지 못한 미완성의 어떤 상태에 있는 것 정도로 축소 해석해서는 안 된다. 그보다는 오히려 '복음'이라는 말을 확대해서 볼 때 변선환의 한국 신학이 제대로 보인다. 이른바 '복음'을 단순히 바이블의 문자 차원에서보다는 겉 문자에 갇히지 않는 속뜻의 차원에서 찾아야 한다는 것이다. 당연히 제도 종교로서의 그리스도교도 복음 자체가 아니라 복음에로의 준비이다. '복음'은 동양 종교의 지향점, 인권투쟁의 지향점이자, 그리스도교의 지향점이기도 한 것이다.[18]

한국이 신학의 대상이 된다고 할 때의 '대상'도 신학의 한국 문화 종속성을 전제로 하고서 해석되어야 한다. 한국에 대한 그리스도교의 태도도 일방통행식 선교의 차원이 아닌, 그리스도교 역시 한국에 의해 변화되어야 할 대상이 되기도 하다는, 양방통행식 상호 변혁의 차원에서 이루어져야 한다. 한국을 일방적으로 대상화하던 그 신학적 주체의 해체를 겪

17 『변선환전집』 1, 111쪽.
18 『변선환전집』 1, 295쪽 참조.

은 이후의 선교이며 그러한 의미의 대상인 것이다.

한국과 그리스도교의 관계를 제대로 본다면, 이렇게 양방통행적인 자세를 견지할 수밖에 없다. 물론 '제대로' 본다는 말에는 언제나 누구에 의한 판단인지에 따라 달라지는 '정치적 함의'가 들어 있다. 누군들 제대로 보려고 하지 않겠는가? 여러 해 동안 상반된 입장을 가지고 진행되어 왔던 김재준과 박형룡의 토론, 윤성범과 박아론의 논쟁 등도 모두 나름대로는 제대로 된 신학의 표현이었을 것이다. 그런 점에서 '제대로'라는 말은 필연적으로 상대적이다. 그렇지만 변선환의 신학적 구조에 따르면, 그리스도교를 '제대로' 본다는 것은 한국을 제대로 본다는 것과 연결되고, 한국을 제대로 본다는 것은 현재에도 변화하며 활동하면서 그리스도교에 영향을 주는 모태로서의 문화적 힘의 차원에서 읽을 줄 아는 것을 전제로 한다. 그렇다면 토착화와 상황화에 더 충실한 김재준과 윤성범이 그리스도교를 좀 더 제대로 본 이들에 해당된다. 이들의 신학적 흐름을 이으면서 보다 제대로 한국적 신학을 이루어보고자 했던 이가 변선환이라고 할 수 있다.

변선환의 신학은 일방통행식 선교관에 불타 있는 한국 그리스도교적 현실을 안타까운 마음으로 비판하는 가운데, 그리스도교 역시 한국에 의해 변화되어야 할 객체적 존재라는 사실을 전달하는 데 늘 무게중심을 두고 있었다. 그리스도교적 정신이 한국 민주주의를 발전시키고 경제를 성장시키는 등 긍정적인 역할을 한 데 대해서도 너무 잘 알고 있었지만,[19] 그의 신학적 무게중심은 늘 신학, 신앙이라는 것 역시 한국에 의해 변화되는 것임을 잘 알지 못하던 한국의 신학적 현실에 대한 안타까움과 답답함을 동반하는 가운데 있었다. '타 종교'야말로 "서구 신학의 관점

19 『변선환전집』 3, 26-36쪽 참조.

에서 보게 되는 신학의 수단이 아니라 오히려 목적이며, 신학의 객체가 아니라 오히려 주체"[20]가 된다는 그의 결정적인 언급은 한국이 신학 내지 그리스도교를 가능하게 하고 변화시키는 주체이므로, 신학을 선교사들이 가져다준 그대로 볼 것이 아니라 한국적 현실 안에서 새롭게 볼 수 있어야 한다는 의미를 담고 있다. 「한국 문화 '속의' 그리스도교」, 「신학의 '과제'로서의 한국 종교」, 「유·불·선·무와 '공존'하는 길로」[21] 등 그가 남긴 여러 편의 논문 제목에서부터 변선환의 신학적 정체성이 적절히 드러나고 있다고 하겠다.

6. 한국이라는 감탕밭

신학을 한국 안에서 새롭게 본다는 것은 무엇을 의미하는가? 한국 그리스도인이 지향점으로 삼아야 할 것은 무엇인가? 일단 소극적으로 표현하면, 서구 문화의 옷을 입은 그리스도교와 복음을 구분하는 것이다. 그리고 다시 적극적으로 표현하면, 그렇게 구분된 복음에 아시아적·한국적 문화의 옷을 입히는 것이다. 그것이 한국 그리스도인의 지향점이라는 것이다.

물론 복음 그 자체라는 것은 없다. 서구에서의 복음이 있고, 한국에서의 복음이 있을 뿐이다. 응당 한국에서의 복음은 한국 문화적 힘의 정수와 관련된 어떤 것이다. 어찌 되었든 복음은 지역 문화의 옷을 입고서만이 자신의 모습을 드러내는, 성육신의 원리에 충실한 것이다. 그만큼 그 양상은 늘 변화할 수밖에 없다. 변선환은 어디든 복음을 변화시키는 '감

20 『변선환전집』 1, 181쪽.
21 『변선환전집』 3권에 수록된 논문들임.

탕밭'이 있다고 말한다. 그것이 곧 복음의 역사이다. "일본인은 그리스도교를 믿을 수 있을까" 하며 반성적으로 묻는 일본인 작가 엔도 슈사쿠遠藤周作의 말을 빌려 변선환은 "한국 사람도 그리스도교를 믿을 수 있는가"라고 질문한다. 물론 믿을 수 있다는 것이 그의 대답이기도 하다. 그러나 문제는 그 믿음의 내용이다. 한국인이 믿어야 할 그 핵심은 무엇이던가?

> 엔도 슈사쿠遠藤周作는 『일본인은 그리스도교를 믿을 수 있을까』(1977)에서 죄라고 하여도 수치감으로 바뀌지고 신Deus이라고 하여도 大日(如來)이라고 이해한 일본에 그리스도교가 토착화될 수 있을까라고 심각한 의문을 제기하고 있다. 소설 〈침묵〉(1966)에서도 이 가톨릭 작가는 계속하여서 일본을 복음이라는 벼나무를 이식하자마자 곧 뿌리를 썩게 하는 '감탕밭'(누마지, 泥地)이라고 한다. 그러나 그것은 정말 사실일까. 이식되자마자 뿌리가 곧 썩어져버리는 복음은 복음 자체가 아니고 서양 문화의 옷을 입은 제2의 교회, 서구의 그리스도교가 아니겠는가? 그리스도의 복음과의 만남에서 이질적인 대결을 경험하지 못한 교회가 도대체 역사적으로 어디 존재하였단 말이냐? 그리스도교가 희랍, 로마, 게르만 문화권에 들어갔을 때도 거기에도 감탕밭이 있었다. 세계 도처에 감탕밭이 있었던 것이다. 수답문화(水路文化, 아시아) 속에 있는 아시아라는 감탕밭은 사막문화(중동)나 목축문화(서양)와는 달리 수렁판의 밑이 깊고 습도가 보다 짙다는 정도의 차이가 있을 뿐이다.[22]

한국에 의해 변화되어야 하고 변화될 수밖에 없는 그리스도교적 측면이 있다면, 그것은 '복음 자체가 아니고 서양 문화의 옷을 입은 제2의 교

22 『변선환전집』 3, 48-49쪽.

회, 서구의 그리스도교'이다. 복음이 서구로 전해질 때에도 서구 문화적 감탕밭 속에서 다른 그리스도교로 탄생했다. 당연히 서구의 그리스도교는 한국의 그리스도교와 같을 수 없다. 그러나 변선환이 위의 글을 쓰던 당시 — 21세기에 들어선 현재도 크게 달라지지 않았지만 — 한국 그리스도인은 여전히 서양 문화의 옷을 입은 제2의 교회와 복음 자체를 혼동하고 있었다. 변선환은 그것을 늘 비판했던 것이다.

> 한국 교회는 그리스도교의 한국화가 갖고 있는 이와 같은 난점들을 깊이 생각하면서 서양의 옷을 벗어버린 복음과 한국 종교의 얼의 열려진 대화를 통하여서 한국적인 선교신학을 형성시켜야 할 것이다.[23]

"그리스도인이나 비그리스도인이 다 함께 선교의 주체가 되고 상호 객체가 되는 열려진 대화의 길을 밝혀나가야"[24] 한다는 더 적극적인 표현도 같은 자세를 반영한다.

7. 종교해방 신학, '복음'의 내용

그렇다면 한국 종교의 얼과 만나 서양의 옷을 벗어버렸으면서도 썩지 않고 남는 '복음'이란 무엇을 말하는가? 변선환은 한국의 타 종교를 주체로 삼는 신학을 '타 종교의 신학'이라 말하며 그 지향성을 다음과 같이 밝힌 바 있는데, 여기에서 그가 생각하는 복음의 정수를 엿볼 수 있다.

23 『변선환전집』 3, 49쪽.
24 『변선환전집』 1, 185쪽.

> 타 종교의 신학은…… 새 휴머니티의 회복을 위한 아시아인들의 민중 해방 운동을 촉발시키는 '구원의 신비', 해방의 신비를 밝히는 구원론에 근거되어야 한다.[25]

신학의 핵심은 구원, 달리 말해 민중의 해방에 있다는 것이다. 이 '해방'은 다시 두 가지 측면으로 나뉜다. 이른바 정치 · 사회적인 측면과 종교적인 측면이다. 전자와 관련하여 변선환은 해방적 민중 신학의 요지를 수용한다. 동시에 후자와 관련해서는 종교성의 구현을 강조한다. 물질적 빈곤으로부터의 해방도 긴요하나, 그에 못지않게 종교는 영성적 깊이 안으로 들어가 왜곡된 인생의 의미를 제대로 밝혀주는 데까지 이를 때 그 전일성이 드러난다는 것이다. 다음은 이를 함축적으로 드러내주고 있다.

> 민중 해방은 역사적 현실, 현장 안의 신의 임재와 함께 인간 영혼 속의 신의 임재, 영혼 속의 신의 탄생(M. Eckhart)이라는 살아 있는 신 체험, 곧 아시아의 폭넓은 해방의 영성(종교성)과 만나야 할 것이다.[26]

달리 말하면, 인간적 삶의 외연으로서의 정치 · 사회적 개혁을 통한 고난의 극복은 물론 "한국의 종교성과 겸손히 만나며 휴머니티의 전체적 동일성의 회복을 위한 투쟁과 관련되었던 타 종교의 구원론과 만나서 대화하며 비그리스도교의 구원론에서 출발하는 한국적 신학을 성숙시켜나가야 한다"는 것이다.[27] '비그리스도교의 구원론'과 거기에서 출발한 이른바 '한국적 신학'의 핵심은, 물질로부터 소외되고 정신의 깊이로 들어

25 『변선환전집』 1, 208쪽.
26 『변선환전집』 1, 383쪽.
27 『변선환전집』 1, 180쪽.

가지 못한 채 부유하는 왜곡된 인생의 의미를 전적으로 회복시키는 데서 찾아진다는 것이다. 그것이 구원이며, 이러한 구원의 실상을 체계화시키며 현실에 적용하려는 그리스도교적 학문을 변선환은 니터Paul F. Knitter의 용어를 차용해 '종교해방 신학'이라고 부른다. 현상적으로는 그리스도교가 한국의 전통 문화를 수용하는 듯하지만, 근원의 차원에서는 전통 문화에 의해 수용되는 것일 수밖에 없는 그리스도교의 실상을 신학의 주요 원리로 인정하는 가운데 인간의 물질적 환경과 직결된 정치적 억압으로부터의 해방까지 동시에 추구하려는 학문인 것이다. 이런 자세로 '휴머니티의 전체적 동일성 회복'을 지향해 나가려는 것이 변선환 신학의 핵심이다.

한마디로 한국적 신학은 민중 신학과 종교 신학이 하나로 만날 때 성립된다. 민중 신학이 정치적 토착화 신학이라면 종교 신학은 종교적 토착화 신학이다.[28] 둘 다 토착화 신학이라는 공통분모를 지닌다. 결국 한국 신학은 이들이 창조적으로 만난 토착화 신학이어야 한다는 말이다. 물론 종교해방 신학은 단순한 이론적 확립으로 완성되는 것이 아니다. 애초부터 하느님의 은총 속에 있던 인간성을 물질적이면서 영적인 차원 모두에서 전적으로 회복시킬 때 완성되는 것이다. 변선환은 여기에서 한국 신학의 정수를 보며, 그것이 구체화될 날을 고대한다.

> 한국의 종교성이라는 요단강과 한국의 고난과 쪼들린 가난이라는 골고다에서 십자가를 지고 죽을 각오만 가진다면 한국 교회에는 놀라운 일이 일어나고야 말 것이다.[29]

28 『변선환전집』 3, 94쪽.
29 『변선환전집』 1, 209쪽.

그에 의하면 "본래 한국 사람의 마음은 종교와 철학, 종교와 정치, 성과 속을 이원론적으로 구별하고 틈을 내는 잔기술을 몰랐다."[30] 그렇다면 한국 신학은 응당 종교와 종교가, 종교와 정치가 만나 '휴머니티의 전체적 동일성 회복'을 추구하는 신학이어야 한다. 바로 거기에 한국이라는 '감탕밭' 속에서도 살아남을 뿐 아니라 확대되어야 하는 복음의 핵심이 있기 때문이다.[31] 자신의 목사직과 교수직을 박탈하기 위한 감리교 교리수호대책위원회의 기소장에 대한 해명의 글에서 변선환 자신이 결론적으로 밝히고 있듯이, 그래서 그의 신학은 해방적 정치 신학과 영성적 종교 신학이 만난 '종교해방 신학'이다.[32]

8. 휴머니티의 전체성 회복

변선환은 어느 정도 인간 자체에 대한 믿음을 지니고 있던 것으로 보인다. 하느님 형상으로서의 인간 그 본래적인 모습의 전일적 회복이 그가 생각하는 구원이기도 하다. 불교와 그리스도교, 또는 서구 그리스도교와 한국의 종교문화와의 대화를 추구하면서 그는 종종 동양과 서양의 인간

30 『변선환전집』 3, 96쪽.

31 그러한 신학을 온몸으로 구체화한 사람이 있다면 누굴까? 변선환이 집중적으로 거론하는 한 사람이 있다면 이용도이다. 변선환은 정치·사회적 차원에서의 투신, 종교성의 깊이, 소외된 이들을 자신처럼 여기는 자비의 마음에서 한국 신학의 구체화를 본다. "이용도는 한국적 이상으로 나타난 그리스도의 제자이다. 검은 두루마기를 입고 흰 고무신을 신고 다녔던 이용도에 의하여 그리스도교 신앙은 미국의 구제품 종교로서가 아니라 한국 사람의 심성에 의하여 재구성되고 재생된 한국의 그리스도교가 되었다. 그에게서 그리스도교와 한국적 영성(또는 종교성)은 하나가 되어 한국이라는 나무에 꽃이 피기 시작한 것처럼 보인다." 『변선환전집』 3, 303-304쪽. 변선환은 이용도를 엑카르트와 비교하면서, 비록 이용도가 낭만적·감상주의적 경향으로 인해 "불립문자 신비주의에까지는 돌파하여 나가지 못했고", "열광적 신비주의로 무의 형이상학적 전통을 가지고 있는 한국인의 고귀한 종교심을 다 채울 수는 없었지만," 그럼에도 불구하고 "이용도는 두고두고 깊이 생각하여야 할 한국 선교의 기념비적인 이정표"라고 단언한다. 『변선환전집』 3, 355-357쪽.

32 『변선환전집』 4, 318쪽.

적 동일성을 전제하는 표현들을 남겨놓았다.

> '우리는 동서 사이에 거리가 있다는 이유 때문에 같은 인간이라는 생각을 잃을 필요는 없다. 거기에서 문제가 되고 있는 것은 같은 인간 존재이다'(야스퍼스)…… 문화적, 종교적인 역사적 제약 때문에 서로 이해의 한계를 드러내고 있는 같은 근원적 진리, 초월자 앞에 선 휴머니티의 다양한 표현, 그것이 동과 서의 종교적 차이라고 본다.[33]

동서양 종교들 간에 차이가 있다면 그것은 초월자 앞에 선 휴머니티의 다양한 표현들에서 오는 차이이다. 그 인간적 본래성에서는 동양과 서양이 만난다. 한국의 종교문화를 대하는 그리스도인의 자세도 그와 같아야 한다는 것이 변선환의 입장이다. "한국 문화 한가운데 서서 한국의 인간화를 위하여 한국의 다른 종교와 손잡고 일하기 시작하는 포괄적인 인간화의 선교를 지향한다."[34]

물론 여기서 말하는 '포괄적인 인간화의 선교', 혹은 앞에서 말한 '휴머니티의 전체성 회복'과 같은 표현의 의미는 흔히 말하는 인본주의에 그치는 것이 아니다. '포괄적', '전체성'이라는 말에서 알 수 있듯이, 그것은 애당초 초월자와의 관계성 속에 처한 인간의 본래적 실존의 전적인 회복을 의미한다. 가난이 주는 물질적 고통으로부터의 해방이며, 인간성의 깊이에서 드러나는 신적인 깊이의 구체화이다. 신학자 변선환은 피치 못하게 그리스도교적 표현을 많이 사용하기는 하지만, 그 표현들에 담긴 내용에 있어서는 다른 종교적 가르침과 대립적이라고 보지 않는다. 이미 우리 역사 안에 면면히 이어져오고 있는 전통적인 종교 언어가 말하려는

33 「변선환전집」 3, 17쪽.
34 「변선환전집」 3, 21쪽.

것도 그것이라고 변선환은 확신한다. 그는 한국의 전통 종교들과 관련한 자신의 입장을 이렇게 정리한다.

> 유·불·선 한국 종교는 어제 그리스도교 이데올로기의 적이었을는지 모르나, 내일을 향한 오늘의 그리스도교의 좋은 벗이 되었다. 유·불·선과의 대화에서 한국이 인간화되고 토착화한 한국적 신학이 형성되는 날을 고대한다.[35]

한국의 전통 종교인 유교, 불교, 도교와의 대화를 통해 한국적 신학이 형성된다는 그의 신념을 잘 보여주는 문장이다. 주지하다시피 그는 특별히 불교와의 대화와 만남을 추구하면서 이러한 동행 혹은 만남의 작업을 구체화했다. 그는 "아시아의 그리스도교가 아시아화되어야 한다는 지상과제 앞에서 동양의 신비 종교가 열어준 끝없는 정적 속에서 명상에 침잠하고 있는 불교도 형제들과의 열려진 대화가 가장 절실한 문제가 된다고 본다"고 말한다.[36]

불교로부터 배우면서 그리스도교가 아시아화, 한국화할 수 있다는 것이다. 물론 여기에는 불교도 그리스도교로부터 배우며 더욱 불교적일 수 있기를 바라는 마음이 들어 있다. 그에게 불교와 그리스도교는 양자택일적인 것이 아니다. 흔히 불교는 존재론적, 일원적, 명상적이라고 하고 그리스도교는 인격적, 이원적, 사회 참여적이라는 구분을 하지만 변선환에게 이것은 대립적인 것도, 양자택일적인 것도 아니다. 도리어 상호 보충적이다.

> 불교냐 그리스도교냐는 물음, '이것이냐 저것이냐'는 서구적인 너무나도

35 『변선환전집』 3, 280쪽.
36 『변선환전집』 2, 118, 103쪽 참조.

서구적인 사고에서 나온 것이다. 진리를 찾아가는 겸손한 길손은 '이것이냐 저것이냐'가 아니라, '이것도 저것도'의 논리를 배우며 상호 보완의 길을 택하여야 할 것이다.[37]

그 배움의 목적은 '보편적 근원'이라 할 만한 곳 — 하느님이라 부르든 공空이라 부르든, 인격적 실재로 보든 비인격적 실재로 보든 — 에서 상호 변혁하는 가운데 서로 만나는 것이다. 그는 종교사학자 스미스Wilfred Cantwell Smith의 통찰을 수용하면서 이렇게 제안한다.

> 모든 세계 종교는 세계 종교사라는 넓고 큰 맥락 속에서 재해석되어야 하며, 초월자 체험이라는 보편적 근원原點에서 만나서, 사이 없이 대화하고 협력하며, '하나의 세계'를 지향하여야 한다고 한다. 그리스도교도 불교도 넓은 종교사의 맥락에서 단절되어서 근시안적인 자기역사의 단락短絡에서 스스로의 종교 전통을 고정시키고 경직화시킬 것이 아니라, 미래를 향하여 열려 있는 오늘의 시점에서 서로 배우며 '상호 변혁'(John Cobb, Jr.)의 모험을 감행하여 나아갈 때, 세계의 어두운 밤은 지나가고 다원주의 세계의 새 아침을 고하는 여명이 밝아올 것이다.[38]

9. 한국을 믿는다

사실 신학에서 한국을 다루면서 한국적 신학을 정립하려 한다는 사실 자체가 한국 신학은 여전히 한국적이지 않다는 현실의 반증일 것이다.

37 『변선환전집』 2, 106–107쪽.
38 『변선환전집』 3, 49–50쪽.

변선환은 그 한국적이지 못한 현실을 누구보다 강하게 절감한 선구적 신학자라고 할 수 있다. '타' 종교를 주체로 하고, '한국'을 신학의 장소와 내용으로 삼으며, '휴머니티의 전체성 회복'이라는 객관적이고 보편적인 언어를 신학의 주제로 삼은 그의 개방적 자세에서 한국적 신학을 이루려는 진정성과 진지함이 강하게 드러난다. 한국적 신학이라는 '특수한' 신학을 중시함으로써 서구 신학도 '특수한' 신학이라는 사실을 우회적으로 밝히고, 에큐메니칼한 보편 신학이 있다면 그것은 필연적으로 이러한 특수한 신학들에 의해 매개될 수밖에 없다는 입장을 그는 내내 견지했다. 변선환의 다음 언급은 이러한 의도를 적절히 반영해준다.

> 서구 신학은 끝까지 특수적, 지역적인 것이지 에큐메니칼하고 세계적 보편성을 가지는 것은 아니다. 서구 신학이 에큐메니칼한 것이 되기 위해서는 이질적 타자로서의 비서구적인 것, 아시아적인 것에 의하여 매개되어야 한다. 이 점에서 한국 그리스도교는 참으로 한국이라는 지역적 특수성에 성실하게 될 때, 그리고 그리스도교의 토착화에 성공하게 될 때, 한국 교회가 질적으로 성숙해질 뿐만 아니라 신학적으로도 세계 교회 운동에 크게 공헌하게 될 것이다.[39]

서구 신학이 에큐메니칼한 보편성을 가지려면 반드시 비서구적인 것에 의해 매개되어야 한다. 비서구적인 것에 매개되지 않은 서구 신학은 여전히 특수한 '지역' 신학이다. 그것이 한국적 특수성에 성실할 때 그 특수성이 유지되면서도 그런 방식으로 보편 신학이 되는 것이다. 즉 철저하게 한국의 문화와 사상에 어울리게 구체화될 때 신학의 보편성이 확

39 『변선환전집』 3, 278쪽.

립된다. 설령 신학의 보편성 자체는 그리스도교만의 고유 영역으로 남겨 놓는다 해도, 한국의 문화와 사상에 어울리게 구체화한 한국 신학은 그래서 한국 사상의 한 영역으로 자리 잡을 수 있게 되는 것이다. 한국의 맥락에서 보면, 한국은 서구 신학을 서구 신학 되게 해주는 '빛'이며〔Ex Oriente Lux〕, 한국이라는 매개에 충실하지 못한 서구 신학은 변선환의 논문 「서구의 황혼과 그리스도교 신학」에서처럼 '황혼'에 접어들어 빛을 잃게 되고 마는 것이다.[40]

3장의 마지막 부분에서도 정리했듯이, 변선환의 신학 형성에 적잖은 영향을 준 인도의 신학자 파니카Raimundo Panikkar는 이렇게 고백한 바 있다. "나는 한 사람의 그리스도인으로서 출발했다. 나는 나 자신이 힌두인임을 발견했다. 그리고 나는 한 사람의 그리스도인임을 그만두지 않은 채 한 사람의 불자가 되어 돌아왔다."[41] 이 말은 학문적이든 신앙적이든 한국 그리스도교를 대할 때의 자세는 물론, 한국과 그리스도교의 관계에도 적용된다. 한국 신학자는 설령 그리스도인으로서 출발하더라도 한국인임을 발견할 수 있어야 한다. 그럴 때 그리스도인으로 남아 있으면서도 한국에 의해 변화된 그리스도인으로 살아가게 되는 것이다.

역으로도 마찬가지이다. 한국 신학 연구자는 설령 한국인으로 출발하더라도 그리스도교적 깊이를 볼 수 있어야 한다. 그럴 때 그는 한국인이면서도 그리스도교로 들어간 그만큼 그리스도교에 의해 변화된 한국인

40 『변선환전집』 7, 22쪽. 이때 변선환이 사용하는 '매개'라는 말을 오해해서는 안 된다. 이때의 '매개'는 한국 신학 내지는 아시아 신학이 서구 신학의 보편성을 확인시켜주는 단순한 수단이라는 뜻이 아니다. 그보다는 서구 신학이 한국 안에서 충분히 부정될 때, 그래서 한국에 어울리는 신학으로 구체화될 때 비로소 서구 신학도 서구 신학일 수 있다는, 신학 자체의 정체성을 전제한 말이다. 무아無我와 진아眞我의 상즉성相卽性, 색즉시공色卽是空/공즉시색空卽是色과 같은, 자기부정을 통한 긍정이라는 불교적 논리를 변선환은 이미 신학 안에 성실히 적용하고 있었다. "연꽃과 십자가, 렘마와 로고스, 우주론과 종말론"(『변선환전집』 2, 132-161쪽)을 비롯해 그가 쓴 불교와 그리스도교 대화 관련 논문들에 이러한 그의 불교적 논리에 대한 해박한 지식과 이해가 적절히 반영되어 있다.

41 R. 파니카, 『종교간의 대화』, 김승철 옮김, 서광사, 1992, 40쪽에서 원문을 참조해 수정 인용했다.

이 된다. 거기에서 진정한 한국 그리스도교 연구가 나오는 것이다. 따라서 한국은 신학의 주체 혹은 장인 것이다. 이러한 사실에 대한 확신이야말로 한국 신학의 출발점이자 도착점이다. 조국을 사랑한 러시아의 문호 도스토예프스키Fyodor M. Dostoyevsky의 말을 약간 바꾼, 변선환의 다음과 같은 말이 변선환 한국 신학의 결론이리라. "오오 한국이여, 우리는 너를 믿지 않으면 안 된다."[42]

42 『변선환전집』 5, 353쪽.

제7장 한국 그리스도교, 불교와 어떤 관계를 맺어왔나

이 장에서는 지적으로 성숙하고 실천적으로 풍요로운 종교문화가 정립되기를 바라는 마음으로 한국적 맥락에서 동서양의 대표적 종교 전통인 불교와 그리스도교의 대화의 역사를 정리해보고자 한다.

'대화(對話, dialogue)'의 한자 뜻이 '마주 보고 하는 이야기'이고 영어의 의미가 '둘이서 하는 말'이라면, 유감스럽게도 지금까지 한국에서 불교와 그리스도교의 '대화'는 거의 없었다고 해도 과언이 아니다. 두 종교 간의 대화와 관련한 기존의 출판물들은 상대가 말할 때 내가 듣는 상호 소통 관계가 아닌, 주로 그리스도인의 일방통행식, 아전인수식 선언이 주종을 이루었기 때문이다. 현재까지도 편견 없는 상호 연구들은 극히 제한된 수준에 머물고 있다. 더욱이 2000년대에 들어 그리스도교(특히 개신교)의 성장세가 한풀 꺽이면서 보수적인 개신교계의 공격적인 선교가 강화되자 불교계에서는 개신교에 대한 경계 태세를 강화하며 내부적 대응 방안을 모색하고 있는 상황이다. 외형적으로는 불교와 그리스도교의 관계가 오히려 경직되어가는 듯하다. 다행스러운 것은 그 와중에도 불교를 연구하고 대화를 시도하는 그리스도인이 더러 있다는 사실이다. 그렇지만 불자로서 그리스도교의 신학 내용을 다룬 예는 아직도 전무하다시피 한 상황이다.

사정이 이렇다 보니 한국 내 불교와 그리스도교의 대화의 역사는 사실상 한국에서 그리스도인이 불교를 어떻게 보아왔는가의 문제로 제한된다. 이 글 역시 '한국'이라는 구체적 지평 안에서 벌어진 그리스도인의 불교에 대한 이해의 역사, 그 '대강大綱'을 특히 문헌적 연구 결과들을 중시하며 살펴보려 한다. 주로 학자들의 저술을 중심으로 고찰해보겠으나, 수행자적 자세로 산 일부 그리스도인의 불교관도 포함시키고자 한다. 이들의 저술과 활동을 한국 그리스도교 전체의 입장으로 삼을 수는 없겠지만, 저간의 흐름과 분위기를 반영해주는 적절한 재료는 될 수 있으리라 보기 때문이다.

물론 불자는 그리스도교를 어떻게 보아왔으며, 또 보고 있는지 그 역사적 측면도 마찬가지의 무게를 두고 병행해서 살펴야 할 주제이지만, 전술한 대로 문헌화한 예가 거의 없을 뿐더러 불자들 내면에 경계와 우려, 그리고 혐오의 감정 차원에서 숨어 있는 경우가 대부분인 까닭에 체계적으로 추적하기가 쉽지 않다. 이에 대해서는 현대 한국 불교권 학자들의 그리스도교에 대한 입장만을 간략하게 추려 소개하고자 한다.

1. 한국적 지평의 종교적 차원

한국 그리스도인이 한국 불교를 어떻게 보아왔고, 또 보고 있는지 알아보려면, 먼저 '한국'이라는 구체적 지평의 의미를 고찰할 필요가 있다.

불교와 그리스도교에게 '한국'은 무엇인가? 한국은 불교와 그리스도교를 불교와 그리스도교로 살아가게 해주는 장소이다. 그곳에 있음으로써 불교적, 그리스도교적 피와 살을 얻는다. 인도에는 인도 불교, 중국에는 중국 불교가 있듯이, 당연히 한국에는 한국 불교, 일본에는 일본 불교가 있다. 이들에게 독특성을 부여해주는 장소가 인도이고, 중국이고, 한국이며, 일본이다. 불교 자체란 없다. 저마다 독특한 지역의 불교가 있을 뿐이다. 그리스도교도 마찬가지이다. 유럽 또는 미국 그리스도교, 한국 그리스도교가 있을 뿐이다. 불교든 그리스도교든 특정 지역 안에서, 우리의 주제에 맞게 표현하면 '한국적 지평 안'에서만 피와 살을 가지고 살아갈 수밖에 없다.[1] 이것은 무슨 의미인가?

한국은 세계에 유례가 없을 만큼 다양한 종교들이 공존하는 종교 백화점과 같다. 한국은 늘 종교 다원 사회였다. 고려가 대체로 불교 일원적 사회였고 조선이 유교 일원적 사회였던 것은 분명하지만, 그렇다고 종교적으로 다양하지 않았던 적은 없었다. 정치 · 사회적으로 불교가 주도하던 다원 사회, 유교적 이념에 따라 돌아가던 유교 중심의 다원 사회가 있었을 뿐이다. 즉 주도 세력은 있었을지언정 종교적 현상 자체가 다양하지

1 한국에서 피와 살을 얻은 불교는 지난 1,500여 년 동안 한국을 위한 가르침, 말하자면 호국 불교로 자처해왔다. 적어도 고려 시대까지는 한국과 불교가 하나였다고 해도 과언이 아닐 정도로 불교는 국가와 밀착해왔다. 조선조 이래 정치적 차원에서 받은 억압의 반작용으로 불교는 호국 성향을 견지했다. 일제 치하에서 생존하다 독립한 이후에는 '불교의 한국적 측면'을 강조하는 연구 논문들이 주류를 이루었다. 그리하여 근대 한국 불교를 논하는 자료들은 '호국', 오늘날 언어로 '애국' 내지는 '민족주의'적 시각을 견지하는 것이 태반이었다. 길희성, 「한국 불교 정체성의 탐구」, 『한국종교연구』 제2집, 서강대학교종교연구소, 2000, 163-167쪽 참조. 크게 보면 그리스도교도 다르지 않았다. 한국에 그리스도교가 전개된 이래 '신앙'이라는 이름으로 한국 독립을 위해 기도하기도 했고, 한국의 회복을 신학 안에 담기도 했다. 일제 강점기 이후 우리 학문은 정신적 독립을 위해서라도 민족주의적 시각을 견지하지 않을 수 없었던 것이다. 사실 한국에서 불교와 그리스도교가 만난다면 이러한 '민족주의'가 주요한 접점이 될 것이다. 1장에서 본 바와 같이, 한국의 대표적 개신교 회사가인 민경배의 입장을 '민족교회사관'으로 정리하는 것도 보기의 하나이다. 1960년대 이후 토착화 신학이 생겨나고 1970년대 후반 민중 신학, 민중 불교 등이 등장했으며, 민주주의의 구현과 분단의 극복을 위해 실천 차원에서 그리스도교와 불교가 공동의 일을 도모하게 된 정신적 배경도 '한국'이라는 자리를 떠나서는 '종교'도 불가능하다는 암묵적 타협이 기초에 있었던 셈이다.

않았던 적은 없다. 가령 조선 중기 이래 한국인 대다수는 유교 신자가 되었지만, 불교의 영향으로 전생, 내세 등 '저 너머'의 세계에 대한 관심도 유지되어왔다. 불교적 세계 해석 체계에 영향을 받아 생겨난 유교적 세계 해석 체계, 즉 성리학이 조선 시대 이래 한국 사상의 큰 획을 그어왔지만, 그 와중에도 서산대사, 사명대사, 만해 등 불교의 뛰어난 사상가들이 꾸준히 배출되었다. 근세에 들어서는 동학, 원불교, 증산교 등 가능성 있는 민족 종교들이 출현해 오늘날까지 교세를 넓혀가고 있고, 가톨릭과 개신교를 포함한 이른바 그리스도교에 의해 종교 지형이 바뀌면서부터 한국은 동양 종교와 서양 종교가 비등하게 자리 잡고 움직이는, 그야말로 종교적 다양성의 전형적인 장이 되었다.

이런 맥락에서 보자면, 한국은 일단 다양성을 용납하는 장임에 틀림없다. 비록 조선 후기 위정척사 운동과 같은 유학자들의 서구 문물 거부와 탄압이나 천주교 박해, 그리스도교도 특히 개신교도들의 타 종교 비판과 냉대 등 종교 제도들 사이에 갈등이 없던 것도 아니고, 현재에도 여전히 존재하고 있지만, 분명히 한국의 종교 역사 전체는 갈등보다는 수용과 타협, 공존의 역사였다. 신라의 최치원은 화랑 난랑비문에 "나라에 현묘한 도가 있으니 풍류라 한다. 그 교의 기원은 선사仙史에 자세히 실려 있거니와 이는 실로 삼교三敎를 포함한 것이요 민중과 접하여서 그들을 교화했다"(『삼국사기』 권4, 진흥왕 37년)고 적었다. 고대로부터 한국은 유·불·선을 포섭하는 정신 위에서 살아왔음을 보여주는 한 사례이다.[2] 오늘날의 용어로 바꾸면, 다양한 가르침을 받아들이고 함께 사는 정신에 한국적 정서의 핵심이 있다는 말이다. 그리스도교가 크든 작든 종교간 갈등의 한복판에 있는 듯해도, 그리스도교 역시 피치 못하게 한국 사

2 유동식, 『한국무교의 역사와 구조』, 연세대학교출판부, 1975, 84-85쪽.

회 안에서 늘 그러했던 수용적 정서에 영향을 받으며 한국적 피와 살을 얻어가고 있는 것이다.

진리 독점적 성향이 강한 그리스도교가 소개되고 전개되었다고 해서 한국적 정서 자체가 완전히 달라진 것은 아니다. 자세히 보면 외형적으로 드러나는 그리스도교의 배타적 성향조차도 다양성을 포용하는 한국적 정서의 깊이 안에서 이루어지고 표현되고 있는 것으로 보인다. 다양성을 용납하는 자세가 한국의 지속적 역사의 근간이며, 바로 이것이 한국을 한국 되게 해주는 것이다.

이처럼 한국인의 심층적 구조 안에는 한국을 한국 되게 해주는 통일성이 있으며, 그 심층적 통일성이 있기에 다양하고 때로는 이질적인 듯한 우리 사회가 그래도 돌아가고 있는 것으로 보아야 한다. 다양한 종교 현상들 저변에는 다양한 문화적 형식을 수렴하면서 한 언어를 사용하며 살게 하는 통일적이고 심층적인 근거가 작용하고 있다는 말이다. 이 근거가 의식적 차원의 갈등에도 불구하고 무의식적 차원에서 종교들을 서로 만나게 해주는 한국적 정신의 '깊이'인 것이다.

문화를 중시하는 역사신학자인 린드벡George A. Lindbeck은 종교를 '삶과 사고 전체를 형성해주는 일종의 문화-언어적 틀이나 매개'[3]로 정의했는데, 그 문화-언어적 틀이 바로 한국적인 것의 '깊이'에 해당한다. 불자와 그리스도인이 세계관의 표면적 차이로 인해 갈등하고 대립하는 듯하면서도 공존하며 살아가는 이유는 이들이 불교인이기 이전에, 또 그리스도인이기 이전에 한국인이기 때문이다. 한국인은 자신의 '삶과 사고 전체를 형성해주는 일종의 문화-언어적 틀'을 '한국' 안에서 얻는다. 그것이 '불교,' '그리스도교'라는 이름에 선행하는 한국적 정신의 깊이이

3 George A. Lindbeck, *The Nature of Doctrine: Religion and Theology in a Postliberal Age*, Philadelphia: The Westminster Press, 1984, p.33.

다. 우리가 불교라고 부르는 현상은 한국인이 공유하는 정신적 깊이의 불교 문화적 측면이고 그리스도교라는 현상은 그 깊이의 그리스도교적 측면이 된다. 한국인은 '한국 종교'라는 거대한 틀 안에서 유교 문화, 불교 문화, 그리스도교 문화 등을 일구어간다고 해도 틀린 말은 아닌 듯하다.[4]

이 깊이는 불교, 그리스도교, 유교라는 다양한 이름들로 불려온 배타적 인간 집단 안에 갇히지 않는다. 불교, 그리스도교, 유교의 교리 체계는 서로 이질적인 듯하지만, 실상은 그것을 낳고 또 받아들이는 한국적 정신 위에서 이루어진다. 다양한 종교들의 이름으로 불린다 해도, 모두 그 다양성을 수용하고 다시 산출해내는 한국적 '깊이'의 표현 방식인 것이다.

2. 그리스도교의 정치 · 사회적 출발점

물론 한국적 깊이가 종교적 다양성을 수용하고 또 산출한다고 하지만, 이는 무의식 또는 습관의 차원에서 벌어지는 일이며, 한국 역사 전체를 거시적으로 본 결과론적 판단이다. 미시적인 눈으로 보면 한국 종교사 안에 대립과 갈등이 없었던 적은 없다. 하지만 그것은 표면적이고 의식적인 차원에서 벌어진 일이었다. 특히 정교분리적 상황에 익숙한 그리스도교 선교사들을 통해 유교 일원적 · 정교일치적 조선 사회에 새로운 도전적인 종교관이 생겨나면서 갈등 상황은 더 커졌다. 현실의 삶을 떼어놓고 종교를 종교로만 보다 보니, 종교들 간에 대립과 갈등이 생겨날 여

4 이찬수, 『생각나야 생각하지: 사유, 주체, 관계 그리고 종교』(다산글방, 2002), 제12장 '문'으로 '화'하다: 한국 종교문화론 부분을 참조할 것.

지가 커졌다. 이러한 경향은 불자보다는 정치와 종교를 분리시켜 사유하는 데 익숙한 그리스도인에게 더 강하게 드러났다. 종교의 본질을 탈사회적 교리의 차원이나 초현실적 피안 세계에서 찾곤 하던 그리스도인이 다른 종교적 현상들에 대해 대립적 자세를 취하게 되었던 것이다. 더 나아가 그리스도교적 피와 살의 원천인 한국적 기초는 잊은 채 '한국'마저도 극복의 대상으로 생각하는 배타적 자세가 득세하기 시작했다. 추상화한 교리가 현실을 집어삼키고, 다른 언어는 문법적 오류에 빠져 있다는 식으로 오해하기 시작한 것이다.

물론 그리스도교의 이 '오만한' 자세는 한국의 정치 · 문화적 상황과 연관되어 있다. 역사의 차원에서 보면, 한국에 그리스도교가 들어와 성장하게 된 주요 원인은 청일전쟁(1894)에 승리한 일본을 경계하면서도 패한 중국에는 더 이상 기대지 못했던 조선이 서양 문명을 등에 업은 그리스도교를 통해 정치 · 사회적 불안감과 후진성을 극복하고, 더 큰 '힘'에 편승하려는 힘 지향적power-oriented 자세와 연결되어 있기도 하다. 풍전등화와 같은 위기 속에서 한국인은 자신을 보호해줄 정치적 '힘'을 찾은 것이지, 새로운 '영적 실재'를 갈구했던 것만은 아니라는 의미이다.

특히 개신교의 경우는 제국주의 국가의 종교로 인식되었던 천주교가 조선에 도전하여 많은 희생자를 냈던 것과 달리, 남의 나라를 침범하지 않는다고 다소 과장되게 믿었던 개신교의 나라 미국의 영향으로 거의 검증절차 없이 상륙하고 전파되었다. 거대한 땅덩어리의 중국이나 메이지 시대(1868~1912) 이전까지는 이념적으로 통일 국가의 차원에 이르지 못했던 일본과는 달리, 유교적 세계관에 익숙했던 '통일 국가' 조선의 전통이 서구 문명과의 접촉으로 급격히 단절되면서 그리스도교, 특히 개신교야말로 한국을 한국 되게 해주기 충분한 '보편적' 기준처럼 받아들여져 온 것이다. 이것이 이승만 친미 정권을 거치면서 더욱 '미국 문명의 기호'처럼 부상하고 대중화하게 되었으며, 그 뒤에는 앞선 흐름에 편승했다는 그리스도인의 자기 우월적 안도감이 상대적으로 위축된 불교를 노골적으로 비판하는 거센 힘으로 나타난다. 물론 이러한 개신교의 자세는 초기 가톨릭에서도 비슷한 양상으로 전개된 바 있다. 한국에서의 그리스도교는 이러한 정치 · 사회적 출발점을 지니는 것이다. 이제 역사의 차원에서 주요 문헌들을 중심으로 그리스도교와 불교 간 갈등과 만남의 사례를 구체적으로 짚어나가 보자.

3. 외국 선교사의 불교관

1장과 2장에서 비교적 상세하게 다루었듯이, 가톨릭이나 개신교를 막론하고 선교 초기에는 불교를 위시한 한국의 기존 종교문화 전통에 대해 대단히 부정적이었다. 조선 말기 그리스도교 상황을 전반적으로 다룬 한국 교회사 연구 대작인 샤를르 달레의 『한국천주교회사』(1874)에서도 한국 종교문화에 대한 부정적 이해가 구체적으로 드러난다. 조선의 종교문화를 직접 체험할 기회가 없었던 달레는 다블뤼 신부의 기록을 토대로 여러 문헌을 참조해 쓴 이 책에서,[5] 조선은 오랜 전통과 역사를 가지고 있으나 조상 숭배, 점복, 푸닥거리 등 미신 행위가 활개치고 있으며, 유교와 불교라는 저급한 종교 전통만 있다고 묘사한다. 그는 조선인에게 어떤 특별한 신앙이 있다고 보기 힘들며, 내세 신앙도 결핍되었다고 본다. 조선의 대표적 종교인 듯 보이는 유교와 불교는 사실상 두 개의 서로

5 다블뤼 신부가 초기와는 달리 후기에 들어 조선에 공감적 이해를 일부나마 표명했던 데 반해서, 달레는 조선을 폄하하는 경향을 좀 더 드러낸다. 다블뤼 신부의 조선에 대한 평가 및 달레의 저술과의 관계에 대해서는 조현범, 『문명과 야만: 타자의 시선으로 본 19세기 조선』(책세상, 2002)을 참조할 것.

다른 무신론으로서, 조선 천지에 하느님 없이 귀신만 가득 차게 되었다는 것이 달레의 한국 종교문화에 대한 극명한 표현들이다. 그러면서도 조선의 천주교 신자에 대해서만큼은 한껏 추켜세우는 편파적 호교론의 입장을 강하게 보여준다.

이 입장은 비슷한 시기에 한국에 개신교를 전해준 미국 선교사들의 자세와도 대동소이하다. 기본적으로 그들에게 한국의 종교문화는 극복해야 할 대상이었다. 가령 한국 최초의 장로교 선교사인 언더우드는 한국의 교육, 의료 등 문화적 영향을 적지 않게 끼쳤지만, 기존의 종교문화 전통에 대해서는 부정적인 편이었다. 한국은 그리스도교(개신교)에 의해 개혁해야 할 극복의 땅이라는 것이 그의 기본 입장이었다. 1892년 캐나다 토론토에서 열렸던 세계개혁교회연맹회의에서 그는 조선에 먼저 들어온 천주교회가 "토착인들이 애착을 가지고 있는 관례나 의식을 없애거나 제한하지 않은 것"은 잘못한 일이라고 말한 바 있다.[6]

언더우드는 불교를 두고서 "본래 사람들이 갖고 있는 정욕이나 욕망을 억제시키고 있기는 하나 이타적인 것보다 오히려 이기적인 것에 관심을 두고 있다"고 비판한다.[7] 따라서 불교는 개인주의적이고 인간 본위적이며, 생명도 죽음도 없는 곳을 추구하기 때문에 무가치한 종교라는 입장을 보인다. 그는 전체적으로 불교를 인격적 신에 대한 신앙이 결여된 철학이지 종교가 아니라고 비판하면서, 민간 신앙과 습합된 잡신 숭배나 우상 숭배라고 지적한다.[8]

6 Horace G. Underwood, "Romanism of the Mission Field," *Alliance of the Reformed Churches Holding the Presbyterian System*, 5th Meeting, Toronto, 1892, pp.409-441: 신광철, 「개항기 한국 그리스도교의 포교전략」, 『한국 기독교와 역사』 제9호(1998. 9), 108쪽 재인용.

7 Horace G. Underwood, *The Call of Korea: Political-Social-Religious*, New York: Fleming H. Revell Company, 1908: H. G. 언더우드, 『한국개신교수용사』, 이광린 옮김, 일조각, 1989, 77쪽.

8 유교에 대해서도 비슷한 비판을 한다. 가령 언더우드는 "한국에서 유교는 명목상으로는 다른 어떤

영국의 인류학자인 비숍은[9] 불교 승려를 '무식하고 미신적'이라 표현하기도 했다.[10] 한국 승려들은 "불교 역사나 교의, 불교 의식의 취지에 대해 전혀 무지한 채로 대다수 승려들이 그저 몇 마디 음절만 공덕을 쌓느라고 끊임없이 반복"하고 있으며, 예불할 때에는 그들 "스스로도 무슨 뜻인지 모르는 산스크리트어나 티베트어 몇 마디를 중얼거리거나 큰 소리로 뱉어내는 것일 뿐"이라고 비판한다. 그런 뒤 "극소수 승려를 제외하고는 대다수 승려가 신앙도 갖고 있지 않다"는 지극히 피상적인 혹평을 한다.[11]

물론 이때의 신앙이란 대단히 그리스도교 중심적인 것이다. 중국에 불교가 도입되던 초기에, 불교는 후사를 잇지 않는 등 인간의 기본적 행복을 저버릴 뿐만 아니라 예의와 법도를 모르는 불효의 가르침이라며 유교권에서 비판했던 것이나,[12] 당나라 중기 유학자인 한유(韓愈, 768~824)

종교보다 더 강력한 지위를 차지하는 신앙이다. 그러나 이 신앙은 사람의 욕구를 충분히 채워주지 못하고 있다. 왜냐하면 이것은 사람이 만든 신앙이고 당연히 갖추어야 할 종교적 본성을 아무것도 갖고 있지 못하기 때문이다"고 말한다. H. G. 언더우드, 위의 책, 64쪽. 그가 말하는 종교의 기준은 내세, 초월자에 대한 관심 유무에 달려 있다고 할 수 있다. 그래서 한국의 조상 제사에서는 종교적 요소의 흔적을 보기도 한다. H. G. 언더우드, 위의 책, 같은 쪽. 최초의 감리교 선교사인 아펜젤러도 유교를 인간의 의무 개념과 도덕 기준을 제시해주는 윤리 체계일 뿐, 더 높은 존재에 대한 인간의 의무를 말하지 않아 종교라고 볼 수 없다는 입장을 보였다. H. H. Appenzeller, *Bring to the Light and Liberty: H. G. Appenzeller's Diaries 1886~1902*; 헨리 G. 아펜젤러, 『자유와 빛을 주소서』, 노종해 옮김, 대한기독교서회, 1988, 243쪽. 그러면서 조상 숭배만 정복하면 조선 선교에서 승리할 수 있을 것이라는 강경한 태도를 드러내기도 했다. 언더우드에 비해 아펜젤러는 전반적으로 유교 비판의 강도가 깊었던 것으로 보인다.

9 비숍Isabella L. Bishop은 "한국에는 극도로 미신적이고 미숙한 형태이기는 하나 조상 숭배와 샤마니즘 형식을 통해서만 보이지 않는 저승에 대한 인식이 잔존해 있다"고 서술한다. 이사벨라 버드 비숍, 『한국과 그 이웃나라들』, 이인화 옮김, 살림출판사, 1994, 83쪽. 그리피스W. E. Griffis 역시 제사는 아시아 지역의 정신적이고 영적 발전에 가장 큰 장애 요인이며, 인간 타락, 사고의 질곡, 그리고 과거 지향적 태도의 원인으로 작용했다고 비판하면서 제사는 문명화의 장애라고 밝힌다. 이만열 엮음, 『아펜젤러: 한국에 온 첫 선교사』, 연세대학교출판부, 1985, 165쪽.

10 이사벨라 버드 비숍, 위의 책, 171-172쪽.

11 이사벨라 버드 비숍, 위의 책, 같은 쪽.

12 중국의 초기 불교 논서인 『모자이혹론牟子理惑論』에 따른 보고이다. 구보타 료온, 『중국 유불도 삼교의 만남』, 최준식 옮김, 민족사, 1990.

가 불교를 천박한 오랑캐들의 문화라고 비판했던 것과 마찬가지이다.[13] 당연히 불자의 눈으로 보면 수긍할 수 없는 비판이었다. 초기 그리스도교 선교사들의 불교에 대한 비판의 기준도 철저하게 그리스도교적 세계관에 따른 피상적 판단이었다.

그나마 조선의 생활문화 전반에 대해서는 긍정과 부정이 섞여 있는데 비해,[14] 종교적 측면과 관련해서는 부정 일색이다. 선교사들은 이와 같은 식으로 "조선에는 종교가 없다"는 공통된 입장을 보여준다. 조선에 "종교가 없다"면 무엇이 있는가? 미신이 있다! 달레가 유교와 불교를 부정적 의미에서 무신론의 두 가지 형태나 미신으로 보고, 한국은 종교적 열정은 풍부하지만 종교는 존재하지 않는 나라라고 한 것이 그 대표적인 사례이다.

4. 한국 그리스도인의 불교관

20세기 전반까지

한국인으로 그리스도 신자가 되었던 이들 역시 선교사들의 한국 종교문화관을 답습했다. 특히 한국 천주교회는 외국 선교사와 무관하게 자생하다시피 했는데도 1795년 한국인이 쓴 최초의 교리서라 할 수 있는 정약종의 『주교요지主教要旨』를 보면 유·불·선, 무속 등을 배척하고 천당과 지옥, 영혼 불멸, 천주의 유일성 등 그리스도교의 교리적 측면을 내세우려는 모습이 역력하다. 그래도 유교에 대해서는 어느 정도 보완적

13 윤영해, 「유교와 도교, 그리고 불교의 다원주의 가능성」, 『불교학연구』 5호, 2002. 12, 67쪽 참조.
14 H. G. 언더우드, 앞의 책, 78-79쪽.

입장을 천명하는 데 반해, 불교에 대해서는 배척하는 분위기가 더 강하다. 정하상의 『상재상서上宰相書』(1839)도 기본적으로 보유배불補儒排佛 자세를 견지한다.

이들이 주로 간략한 교리서를 통해 서학을 제한적으로 이해한 탓이기도 하겠으나, 문제는 이 시각이 20세기 중반에 들어서까지 변하지 않았다는 것이다. 대표적 예로 한국인이 쓴 선구적 천주교회사인 유홍렬의 『한국천주교회사』의 1949~1975년도 부분을 보면 여기에서도 천주교는 우월하고 한국의 종교문화는 저급하다는 전형적 시각을 보여준다.[15] 야마구치山口正之나 우라가와浦川和三郎 같은 일본인 신부의 한국 그리스도교 연구(『朝鮮西教史』, 『朝鮮殉教史』)는 한국 종교를 폄하하는 자세가 별로 없이 문화사적 시각을 견지하는 데 반해, 한국인의 연구에 오히려 그리스도교 중심적이고 전통 종교를 폄하하는 자세가 나타나는 것은 안타까운 일이다. 이러한 분위기 속에서 일제 강점기를 거치는 동안 가톨릭의 경우 신학 연구 작업 자체가 거의 없거나, 있더라도 단순한 교리적 · 호교론적 시각을 벗어나지 못한 채 20세기 전반기를 보내야 했다.

이에 비해 개신교는 짧은 선교 역사에도 불구하고 신학 연구 활동 자체는 비교적 활발한 편이었다. 그러나 열정적으로 사회에 참여하고 독립운동을 하기도 했던 개신교인 윤치호도 한국 전통 종교에 대해서만큼은 비판적이었을 정도로 전반적으로 보수주의적 · 문자주의적 · 근본주의적 시각의 전통 비판이 주류를 이루었다. 한국의 정치적 · 경제적 낙후를 종교적 낙후와 동일시하는 모습을 보였다. 이러한 경향은 후에 한국 그리스도인이 이른바 '미신' 타파 운동을 벌인다거나 전통 신앙에 배타적 태도를 갖는 결정적 근거로 작용했으며, 특히 서양 선교사들의 편향된 교

15 유홍렬, 『한국천주교회사』(증보판), 가톨릭출판사, 1975.

육의 결과 조상 숭배를 하지 않겠다는 다짐이 그리스도교 신앙의 첫째 조건과 동일시될 정도의 배타적 자세로 흐르게 되었다. 일제 강점기에는 정경옥과 같은 자유주의 신학자, 김재준과 같은 진보적 신학 사상가들도 타 종교를 포용할 수 있는 신학의 싹을 틔웠지만, 한국 전통 종교들에 대한 전반적인 신학적 태도는 분명하게 드러내지 않거나 부정적이었다.

그리스도교 중심적 불교 수용의 시작: 최병헌

물론 헐버트Homer B. Hulbert나 존스G. H. Jones 목사와 같이 조선의 종교와 문화를 비교적 포용하려 한 교육자나 선교사들이 없던 것은 아니었다. 하지만 이들은 외국인의 눈으로 나름의 사실 보고만 하는 데 머물렀을 뿐, 불교에 대한 한국인의 자세에 기여한 바는 그다지 없다고 하겠다. 이에 비해 최병헌(1858~1927)과 같은 목사는 일찍이 그리스도교 신학에 대한 학문적 반성을 할 만한 여유가 없었던 20세기 초반에 활동했으면서도 유 · 불 · 선 등 전통적 종교들을 받아들이고 포용하는 모습을 보여주었다. '유교의 상제와 그리스도교의 하느님은 하나'라거나,[16] '서양의 하늘은 곧 동양의 하늘'이라고 규정하는 등 보유론적補儒論的이고 토착적인 시각에서 그리스도교를 볼 줄 알았다. 그러나 그러면서도 결국에 가서는 내세관이 약하다는 이유로 유교는 온전한 종교가 되지 못한다거나, 불교에 대해서도 한편에서는 호의적이지만 다른 한편에서는 허虛와 공空을 강조하며 천륜과 인륜을 거스르는 무신론이라고 규정하는 등 그리스도교 중심의 호교론적 한계도 드러냈다.

16 崔炳憲, 『萬宗一臠』, 朝鮮耶蘇教書會, 1922, 13쪽. 『만종일련』은 소설 형식을 취한 일종의 종교변증론으로서, 그리스도교 입장에서 종합적이고 본격적으로 세계 제 종교와 한국 종교들을 논한 선교 신학 차원의 책이다.

불교는 무엇보다 윤리가 결여되어 있어서 온전한 종교가 못된다는 것이 그의 불교비판론의 핵심이다. 그는 이런 비유를 들었다.

> 소식채죽蔬食菜粥과 고량옥식膏粮玉食이 다 같이 음식이로되 귀천貴賤과 미악美惡이 있나니, 옥식을 만나지 못하여서는 초식을 먹으려니와 옥식을 보고도 의심하여 먹지 아니하면 실로 어리석은 사람의 지혜없는 일이다.[17]

즉 불교를 소식채죽에, 그리스도교를 고량옥식에 비유하면서, 그리스도교를 변증하는 선교 자세를 견지했다. 그럼에도 불구하고 최병헌의 시각은 접근 방법에서 선교사들의 몰이해에 따른 배타적 거부 자세와는 놀라울 정도로 달랐다. 먼저 한국 전통 종교에 대해 어느 정도 학문적이고 실존적인 이해를 도모한 다음 나름대로 내린 결론이라는 점에서 몰이해로 가득한 비판과는 차원이 달랐다. 그는 한국 종교들에 대한 깊은 이해와 애정을 담아낸 최초의 변증적 신학자라고 할 수 있다.

일제 강점기 이후 불교관의 역사

사실 최병헌은 20세기 초반의 사상가나 목회자 중 예외적인 경우에 속했다. 대다수 그리스도인은 일제 강점기를 지나도록 불교를 위시한 전통 종교를 극복할 대상으로 간주하거나 아무 관심도 보이지 않는 경우가 훨씬 많았다. 그렇지만 소수의 흐름이기는 해도 토착적 영성가인 이용도(1901~1933)가 경우에 따라 사람들에게 불경을 읽어보라고 권유하는 등 다른 종교를 포용하는 자세는 의식 있는 이들을 중심으로 꾸준히 유지되

17 최병헌, 『聖山明鏡』, 東洋書院, 1912, 27쪽.

어갔다. 그러다가 1960년대에 들어서면서 유동식, 윤성범 같은 이들을 중심으로 한국 전통 종교 사상과 한국인의 기존 세계관을 신학적으로 수용하려는, 이른바 토착화 신학이 등장했다. 다양성을 용납하는 한국적 정신의 가장 구체적인 표현들일 것이다.

채필근 목사(1884~1973)가 나름대로의 객관성을 유지하면서 비그리스도교 전통을 꾸준히 연구해 『비교종교론』(1960)을 출판했던 것도 이러한 흐름 안에 포함된다고 하겠다. 이 책은 현대적 의미의 비교종교학서라고까지 할 수는 없지만, 일부 개신교인이 여전히 읽는 이 분야의 고전이다. 학문방법론에서는 전근대성이 느껴지지만, 불교를 비롯한 세계 대종교 전통의 역사와 사상을 종교의 본질, 기원, 분류 등과 함께 나름대로 '객관적으로' 정리하면서, 이 부분에 대한 자신의 실존적 이해를 독자와 나누고자 한다. 채필근은 그리스도인으로서 자신의 학문적 한계도 다음과 같이 솔직하게 인정한다. "저자는 그리스도교 신자라는 것을 맨 먼저 말씀드려 둡니다. 그러므로 아무리 공평무사한 태도를 가지고 싶어도 모든 종교를 그리스도교적 견지에서 고찰하고 비평하게 될 것만은 분명한 일입니다."[18] 이러한 종교적 한계를 타 종교를 직접 비판하는 식으로 이어가지는 않았으나, 은근한 그리스도교 호교론적 자세는 저자 가슴 속에 늘 살아 있다. 그렇지만 의도적이고 노골적인 호교론과 다른 것만은 분명하다.

의식 있는 이들의 이러한 작업에서 우리는 20세기 중반 이전 불교에 대한 개신교권의 포용적 흐름의 한 축을 읽을 수 있게 된다. 가톨릭의 경우는 조선 선교 초기 기존 전통과의 마찰로 인해 박해와 순교의 역사가 엄청났던 탓에 주로 순교자 현양을 위한 초기 교회사 연구물들만 일부 발표되었을 뿐, 이 시기까지 한국 전통 문화에 대한 적극적인 평가가 거

18 채필근, 『비교종교론』, 대한기독교서회, 1960, 머리말.

의 보이지 않다가 제2차 바티칸공의회(1962~1965)를 기점으로 해서 타종교 포용적 시각으로 선회하기 시작했다.

5. 솔직한 대화, 정교한 비교

불교와 그리스도교는 '불가결의 보충': 변선환

1960년대에 토착화 신학자인 유동식, 윤성범을 중심으로 유 · 불 · 선에 대한 원칙적 포용 자세가 나타나기 시작했다면, 1970년대 이후에는 변선환 목사를 중심으로 불교를 포섭하는 신학이 등장하기 시작한다. 타종교, 특히 불교에 대한 단순한 입장 표명을 넘어 불교를 신학의 내용으로 삼고 그에 따라 신학의 패러다임 자체를 바꾸어보라고 요청하는 데까지 이른다.

예를 들면 그는 불교와 그리스도교의 관계를 실존철학자 야스퍼스Karl T. Jaspers의 말을 빌려 '불가결의 보충'으로 규정했다. 불교와 그리스도교는 이론적 틀에서는 물론이거니와 무엇보다 사랑을 실천하는 데서 서로를 풍요롭게 해준다는 것이다. 그가 보건대 불교와 그리스도교는 단순히 양자택일하는 가르침이 아니다. 도리어 상보적이다. 이에 대해 그는 다음과 같이 말한다.

> 불교냐 기독교냐는 물음, '이것이냐 저것이냐'는 서구적인 너무나도 서구적인 사고에서 나온 것이다. 진리를 찾아가는 겸손한 길손은 '이것이냐 저것이냐'가 아니라, '이것도 저것도'의 논리를 배우며 상호보완의 길을 택해야 할 것이다.[19]

그러면서 구체적인 예를 든다.

> 기독교 행동주의자들의 예언자적 정신은 불교의 명상 체험에서 신비 체험의 지혜를 배우며, 에고ego에서 벗어나는 초탈을 훈련할 필요가 있다. 기독교의 사랑행은 끝없이 에고를 부정하고 또 부정하는 무의 체험을 통해 세계를 향하는 대승불교 보살도주의에 나타난 대자비심에서 배우며 보완해야 할 것이다.[20]

불교는 그리스도교를 보충해주는 불가결한 상대라고 보는 자세가 잘 드러난다. 역으로 불자가 그리스도교를 불교에 대한 불가결의 보충으로 보아주기를 바라는 마음도 들어 있다고 하겠다. 서로에게서 자신에게 부족한 부분을 배우는 대화의 길을 가자는 제안인 것이다.

> 기독교와 불교는 앞으로 한국의 미래, 인류의 미래를 위하여 사랑의 휴머니즘의 영역에서 사이 없는 대화와 협동을 이룩할 수 있는 새로운 신학적인 노력을 계속하여야 할 것이다.[21]

그렇게 볼 수 있는 신학적 근거로 전통적인 교회 중심적 · 그리스도 중심적 사고방식에서 벗어나 '신 중심적 종교해방 신학'으로 나아갈 것을 제시했다. 더 나아가 그는 불자와 그리스도인이 함께 명상하고 참선하면서 동일한 종교 경험을 공유하는 단계로까지 가야 한다는 희망적인 생각까지 하고 있었다. 도그마적 원리보다는 인간의 실존적 구도심 자체를 중시하면서 거기에서 신학의 핵심을 보고자 했던 것이다.[22]

19 『변선환전집』 2, 한국신학연구소, 1997, 106–107쪽.
20 위의 책, 131쪽.
21 위의 책, 103쪽.

사실 이러한 신학적 제안은 일반 그리스도인의 신앙생활에서는 물론 신학계에서도 아직 자연스럽게 느껴지지 않을 정도로 선구적이다. 대다수 신학자가 이러한 학문을 하지는 않지만, 변선환이 불교와 대화하기 위한 신학적 기초를 충실히 닦았다고 할 수 있다.

만남과 비교의 차원이 정교해지다: 길희성

이와 함께 1980년대 이후 개신교적 배경 속에서 불교학을 하는 종교학자 길희성(1943~)의 불교-그리스도교 비교 연구 결과들은 그 접근 방식이나 치밀함에 있어서 대화의 수준을, 적어도 이론적 차원에서는 한 단계 더 끌어올렸다. 길희성은 "불교와 그리스도교가 사용하는 현격한 언어와 개념 차이에도 불구하고 양자가 궁극적 진리의 차원에서 만날 수 있다는 기대와 가정을 가지고" 연구에 임한다고 자신의 입장을 밝힌다.[23] 불교의 공空과 하느님의 사랑은 근원적 차원에서 상통하는 깊이를 지닌 동일한 실재라는 것이 그의 기본적 가정이다.[24] 다음은 길희성의 핵심적 입장이라고 할 수 있다.

> 나는 여기서 이러한 상호 이해와 변화의 가능성을 지향하는 불교와 그리스도교의 대화를 넘어서서, 그 전제이자 결론일지도 모를 두 종교의 만남, 그 궁극적 일치를 논하고자 한다. 심층적 일치란 보이지 않는 차원의 일치를 말한다. 두 종교는 가시적 차원에서는 명백하게 다른 종교이다. 교리와 사상, 언어와 개념이 다르고 제도와 체제가 달리 형성되었으며, 역사와 문

22 주재용 외 엮음, 『역사와 신학』, 한국신학연구소, 1985, 258-259쪽.
23 길희성, 『일본의 정토사상』, 민음사, 1999, 9쪽.
24 그의 책 『포스트모던 사회와 열린 종교』(민음사, 1994) 중 「예수, 보살, 자비의 하느님」을 비롯해 불교와 비교하는 논문 대부분이 이러한 시각에서 쓰여졌다.

화가 달리 전개되어왔다. 그러나 종교에는 가시적 차원만 있는 것이 아니라 불가시적 차원도 있으며, 이 후자야말로 실로 종교의 핵이라는 것이 모든 위대한 세계 종교들의 공통된 증언이다.[25]

이것은 물론 여전히 이론적 수준의 접근이지만, 이 이론들이 언젠가 어떤 형식으로든 일상의 삶 속에 스며드는 근거로 작용하리라는 점에서 희망적인 연구 결과들이다. 변선환이 신학의 세계와 언어 안에서 불교를 포섭하고자 했다면, 길희성은 다분히 보편적 인문주의자의 시각을 가지고서 불교와 그리스도교의 창조적 일치를 도모하고 있는 것이다.

6. 불교학과 신학을 조화시키는 그리스도인들

이와 함께 김경재(1940~)는 동학은 물론 불교와 그리스도교를 직접 비교하는 논문을 쓰기도 하지만, 무엇보다 자신이 평생 연구해온 신학의 정신을 '대승기독교'로 규정한다는 점에서 그 사상의 불교적 친화성을 엿볼 수 있다. 불교와의 비교가 그의 주된 표면적 작업은 아니겠으나, 그의 신학적 작업과 정신에는 이미 불교를 안으로부터 포용하려는 해석학적 자세가 충분히 반영되어 있다고 하겠다.

그리고 1990년대 이후 활동하다가 2000년대에 일본으로 옮겨간 김승철(1958~)은 불교철학을 직접 다루기도 하지만, 선禪에서 아이디어를 얻은 동양 신학,[26] 해체주의 신학 관련 연구물[27]을 출판하고, 불교 관련

25 길희성, 「불교와 그리스도교, 창조적 만남과 궁극적 일치를 향하여」, 『종교연구』 제21집, 2000 가을호, 28, 34쪽.
26 김승철, 『대지와 바람: 동양신학의 조형을 위한 해석학적 시도』, 다산글방, 1994.
27 김승철, 『해체적 글쓰기와 다원주의로 신학하기』, 시공사, 1998.

문화비평집[28]을 내기도 하는 등 전통 논문류의 접근 방식과는 다르게 불교를 소화하는 학자이다. 이찬수(1962~)도 1990년대 후반부터 일본의 현대불교철학파인 쿄토학파를 중심으로 연구하면서, 각 종교의 교리를 성립시키고 신자들에게 신앙적 의미를 부여해주는 종교적 '깊이'를 중시하는 가운데 불교와 그리스도교의 구조적 상통성을 밝히는 작업을 꾸준히 하고 있다.[29] 불교적 세계관을 신학과 접목시킨 종교철학 에세이 『생각나야 생각하지: 사유, 주체, 관계 그리고 종교』[30]도 불교적 세계관을 소화한 새로운 글쓰기 사례로 평가된다.

그 밖에 유동식, 김용복, 이정배, 배국원, 정희수, 장왕식, 김진 등 개신교권 학자들과 정양모, 이제민, 김승혜, 최현민, 방상복, 곽상훈 등 가톨릭권 학자나 수도자들, 성공회의 김은규 등이 저마다 전문 분야에 충실하면서도 불교에 대해 열린 마음으로 학문적 · 사회적 활동을 하고 있다. 특히 전술한 김경재를 포함하여 한국 신학계의 대표자라고 할 수 있는 유동식, 정양모, 김승혜, 이정배 등은 직접 불교 관련 저술을 하기도 하지만, 기본적으로는 불교학적 시각을 포용하는 광범위한 학문적 정신 속에 신학의 핵심이 있다는 사실을 자연스럽게 보여주고 있다.

이상과 같은 전문학자들과는 구분되지만, 종교사적 의미는 더욱 큰 이들이 있다. 바로 유영모를 시발로 하는 그리스도교권의 '수행적' 사상가들이다. 유영모(1890~1981)는 15세 이후 그리스도인이 되었다고 하지만, 기본적으로 유교와 불교 등을 온몸으로 체화한 그리스도인이다. 그에게 그리스도교, 불교, 유교 등은 사실상 하나의 진리에 대한, 그리고 하나의 진리를 향한 다른 길들이다. 그는 "예수교, 불교, 유교는 다 다른

28 김승철, 『전시회에 간 예수, 영화관에 간 부처』, 시공사, 2001.
29 이찬수, 『불교와 그리스도교 깊이에서 만나다: 쿄토학파와 그리스도교』, 다산글방, 2003.
30 이찬수, 『생각나야 생각하지: 사유, 주체, 관계 그리고 종교』, 다산글방, 2001.

지 모르나 진리는 하나밖에 없는 것을 얘기하니 이보다 더 좋은 낙이 어디 있겠는가?"고 말한다. 여기에서 말하는 진리란 기존 제도 종교로서 예수교, 불교, 유교를 말하는 것이라기보다는, 예수, 부처, 공자가 가르치고 실천한 일종의 본원적 진리를 말한다. 유영모에 의하면 본원적 차원에서 종교들은 만난다.

하루 한 끼 식사를 실천했던 유영모는 종교 연구가라기보다는 철저한 수도자였다. 그의 수도 자세는 때로 유교적이지만, 신을 '있음'이라는 말 속에 갇히지 않는 '없음,' 그런 의미의 "없이 계시는 이"라고 풀 때는 대단히 불교적이기도 하다. 유영모의 그리스도교 이해 방식 안에는 불교적 해석이 들어 있다. 그는 완전한 공空/무無로서의 절대신, 모든 존재자들을 있게 하는 '하나'를 추구했다. 그러면서 유교라고 할 수도 있고, 불교라고 할 수도 있는, 그런 독자적 그리스도교에 대한 이해를 이론으로 남겨두지 않고 온몸으로 살아낸, 20세기 한국 종교계의 큰 스승이다.

함석헌(1901~1989)도 종교 간 대화 – 좁히면 불교와의 대화 – 를 몸으로 실천한 인물이다. 유영모와 우치무라內村鑑三로부터 절대적인 영향을 받았으며, 1960년대 이후 퀘이커교에 몸담았던 그는 한계에 부딪힌 현대 서양 문명을 바로 이끌어줄 수 있는 가르침이 동양 고전에 있다고 확신했다. 김경재에 의하면, 함석헌에게는 "간디를 낳은 힌두교의 불살생不殺生 비폭력 저항 사상, 원효를 낳은 만법귀일萬法歸一의 대승불교 사상, 그리고 노장의 순수 본바탕을 찾아 지키려는 비판적 무위 사상과 유가의 인의仁義·천명天命 사상 및 한국의 하늘님 신앙 등이 기독교 사상 및 서구의 과학 정신과 혼연일체가 되어 융합되고 있다." 그러면서 그리스도교 신앙의 변혁적·저항적 성격이 그 안에 자리 잡고 있다. 그에게는 "동과 서가 만나고, 불교와 그리스도교가 만나고, 종교적 신비주의와 과학적 합리주의가 만난다." 함석헌 자신은 이렇게 말한다. "내게는 이제는 기독교가 유일의 참종교도 아니요, 성경만 완전한 진리도 아니다. 모든 종교는 따지고 들어가면 결국 하나다."

사실 유영모나 함석헌을 그리스도인으로 범주화하려는 시도 자체가 이들에 대한 왜곡을 낳을 수 있을 만큼 이들은 종교적으로 자유롭다. 그럼에도 불구하고 그리스도교적 언어로 자신의 신앙을 즐겨 표현했다는 점에서 일단 이들을 그리스도교권 사상가들에 포함시키는 것은 정당하다. 20세기 한국 그리스도교가 유영모나 함석헌과 같은 인물을 가졌다는 것은 '복된' 일이 아닐 수 없다.

유영모의 제자인 김흥호 목사(1919~)도 스승을 따라 실제로 일일일식一日一食하는 수행적 사상가이다. 그는 중용, 대학, 주역, 도덕경은 물론 법화경, 원각경, 벽암록, 전등록 등을 번역하고 강의하면서 종교 간 대화와 만남을 몸으로 실천한다. 동서양 고전을 아우르는 글쓰기와 강의를 하면서 면벽좌선하며 살기도 하는 이현주 목사(1944~)의 삶과 사상도 이러한 흐름 안에 있다. 다음은 그의 신앙 고백이다. "제 속에는 예수님과 여래님이 나란히 계시거니와, 이 두 분 사이가 저와 저 사이보다 더 가까우신 것은 분명합니다."[31] 가톨릭권에서는 농촌 운동, 생명 운동을 펼치는 정호경 신부(1940~)가 구도자의 자세로 『반야심경』을 번역하는 등 종교 간 대화를 실천하는 몇 안 되는 이들 중 하나이다.

그리고 이들과 분위기는 다소 다르지만, 사회적 실천 차원에서 종교 간 대화에 크게 기여한 이가 있다면 강원룡 목사(1917~2006)이다. 그는 1965년 '크리스찬아카데미'를 창립한 뒤 다양한 대화 활동을 벌이면서, 특히 종교 간 대화를 개인의 관심 내지 학문의 영역 너머 사회적 차원으로 확대시켰고, 한국 사회 안에 공론화시키는 근거와 기초를 제공했다.

31 이아무개, 『이아무개 목사의 금강경 읽기』, 호미, 2001, 7쪽. 이현주는 이아무개라는 필명을 사용하기도 한다.

종교 간 대화야말로 사회적 소명이라는 사실을 종단 안에까지 일깨워주었으며, 1986년에는 그의 영향력하에서 '한국종교인평화회의KCRP'라는 한국의 대표적인 종단 연합기구도 창설되었다. 강원룡의 활동으로 인해 불교와 그리스도교의 대화가 종단 차원에서도 진행될 수 있는 가능성의 문이 열린 것이다.

물론 앞서 말한 수행적 사상가들은 여전히 소수이고, 실천적 대화 운동의 흐름도 여전히 주류가 되지 못한다. 그럼에도 불구하고 이러한 사람들과 운동들이야말로 한국적 정신을 풍요롭게 해주고 활력을 불어넣는, 한국 정신의 에너지원이다. 이들의 노력으로 인해 불교를 대하는 그리스도교적 자세가 더욱 다양해져가고 있을 뿐 아니라, 한국 종교의 지평도 더 넓고 깊어져 간다. 앞으로 더욱 의미 있게 평가될 가치 있는 작업들이 아닐 수 없다.

7. 훼불 사건과 불교권의 대응

유감스러운 것은 정작 그리스도교 교회 현장이 이런 분위기와는 거리가 멀다는 사실이다. 그나마 가톨릭은 적어도 외형적으로는 개방과 포용의 분위기로 가야 한다는 의식을 갖기 시작했지만, 개신교는 일부 선구자적 사상가나 개별 교회 차원에서 이루어지는 타 종교 포용적 흐름에도 불구하고 전체적으로는 불교에 대해 배타적이다. 과거와 같은 독단은 조금 줄어든 듯해도 여전히 무지와 편견에 사로잡혀 있다. 때로는 거의 정반대의 현실이 곳곳에서 벌어지기도 한다. 대표적 사례로 근본주의 개신교인의 공격적 노상 선교 행위들("예수천당 불신지옥!")이나 극단적 훼불 사건들을 꼽을 수 있다. 한 광적인 개신교도가 750여 기에 달하는 나한상의 목을 자르고, 삼존불과 옥불, 백의관음 등을 심하게 파손시킨 제주 원명선원 사건(1998)을 포함한 훼불 사건은 일일이 거론할 수 없을 정도로 많다.[32] 원명선원 사건은 한때 한국에서 종교 전쟁이 나는 것 아니냐며, 세계 언론의 비상한 관심의 대상이 되기도 했던 부끄러운 역사이다.

물론 이러한 훼불은 유영모, 함석헌, 이현주 등과 같은 이의 세계관과는 정반대편에 있는 극소수의 행위에 지나지 않는다. 하지만 문제는 이러한 사건의 심각성을 여전히 느끼지 못하는 교회의 폐쇄적 분위기이다. 개방적이고 열린 자세가 확장되어가기는 하지만, 현재까지 타 종교에 대한 포용성은 아직 예외 현상에 속한다. 한편에서는 '부처님 오신날'을 축하하는 현수막이 교회 입구에 걸리거나 불교방송에서 크리스마스 캐럴을 방송하는 등 전에 없던 우호적이고 포용적인 일들이 생기는 반면, 다른 한편에서는 일부 개신교인들을 중심으로 불교에 대한 노골적 저해 행위까지 벌어지는 등 불교에 대한 자세가 극단적인 데로 흐르기도 하는 것이 여전한 현실이다.

물론 이러한 파괴적 행위는 신학적 · 신앙적 몰이해의 산물이다. 대다수 그리스도인은 여전히 "우상을 섬기지 말라"는 십계명을 지킨다면서도 문자에만 매이는 바람에 오히려 그 속뜻을 놓치는 경우가 허다하다. "어떤 사람 우상 앞에 복을 빌고 있으며 어떤 사람 자연 앞에 사랑 요구하도다. 먼저 믿는 사람들 예수 사랑 가지고 나타내지 않으면 저들 실망하겠네"(개신교 찬송가 373장 3절) 하는 노래도 있지만, 불상 앞에 절을 한다고 해서 우상을 숭배하는 것이랴. 도리어 이웃의 삶, 그 내면 세계를 받아들이지 못하고, 진리를 자기 안에 독점하는 행위가 우상 숭배에 가깝다. 불자들 마음속 깊은 곳에서 벌어지는 일, 부처님의 가르침이 무엇인

32 상세한 훼불 일지는 『불교와 문화』 제7호, 대한불교진흥원, 1998 가을호, 111-139쪽 참조.

지 생각해보기도 전에 공격적 마음으로 설교하는 교회 지도자들도 허다한 실정이니, 그것이 바로 오늘날 우상 숭배에 더 가깝다고 하겠다. 스미스의 다음과 같은 말, 그 의미를 새겨야 하리라.

> 19세기의 한 찬송가에는 "이방인들은 눈 어두워 나무와 돌에 절한다"라는 구절이 있다. 그러나 여기서 눈 어두운 사람은 이방인이 아니라 관찰자다. 아무리 낮게 잡아도 '우상숭배자'는 내가 보는 대로의 돌을 숭배하는 것이 아니라 그가 보는 대로의 돌을 숭배하는 것이다.[33]

이러한 그리스도교권의 공격적 자세에 대한 불자들의 염려는 적지 않다. 불교계 신문은 한동안 사태의 심각성을 폭로했고, 여전히 예의 주시 중이다. 불씨는 여전히 꺼지지 않고 있다. 이러한 사태를 겪으면서 불자들은 그리스도교를 다음과 같이 보게 되었다.

> 한국의 불자들은 내심으론 기독교에 잔뜩 긴장하고 있으면서도 겉으로는 무관심한 척하고 있다. 한마디로 한국에서 불교가 기독교를 바라보는 태도를 묘사하는 말은 냉전이라는 표현이 가장 적합하다. 한국 불교는 철저하게 냉담한 시선으로 기독교를 바라보고 있다. 한국 불교에게 기독교는 전혀 상대하고 싶은 생각이 나지 않는 상대다. 한국의 불자들은 기독교를 무조건 외면하고 기피한다.[34]

양식 있는 불자들의 심정을 적절히 반영해주는 발언이 아닐 수 없다. 이러한 사태의 일차적 원인 제공자인 그리스도교, 특히 개신교권의 진지

33 윌프레드 캔트웰 스미스, 『종교의 의미와 목적』, 길희성 옮김, 분도출판사, 1991, 192쪽.
34 윤영해, 「한국 불교의 기독교 바라보기」, 『불교평론』 통권 10호, 2002 봄호, 104-111쪽.

한 자기반성이 요청되는 상황이다. 하지만 불교와 그리스도교의 대화라는 우리의 주제와 연관시켜보건대, 특히 불교의 대화 자세와 관련해보건대 정작 문제는 불자들이 수구적 방어 태세를 취하는 데만 머물러 있다는 점이다. 20세기 후반 이후 불교권에서 그리스도교에 대해 보이고 있는 반응은, 무관심으로 포장된 경계와 우려 속에서 주시하면서 그리스도교의 훼불 사건에 대한 보고와 대응책을 내놓는 정도에 그친다. 개신교의 양적 성장과 가톨릭의 조직적 교회 운영에 '선망'의 눈길을 보내기도 하지만, 전체적으로는 특히 승단 차원에서는 그리스도교와 같이 '유치하고 황당한' 종교를 배우고 그와 대화한다는 것은 그 자체로 '유치한' 행동처럼 비쳐지는 분위기가 오늘날까지도 지배적이다. 물론 이때의 그리스도교란 주로 개신교에 해당하지만, 어찌 되었든 그리스도교에 부족한 것이 불교 안에 다 있다는 자기중심적이거나 포괄주의적 자세와, 한편에선 경계심도 늦추지 않는 복합적 감정이 뒤섞여 있다. 불교학자 김용표가 "현대 한국 불교도의 타 종교에 대한 태도를" "교단적으로는 배타주의적 입장에서 벗어나지 못하고 있으나, 교리적으로는 포괄주의적 해석을 하고 있으며, 종교 체험적으로는 다원주의적 입장을 보이고 있다"고 진단한 것이 그 보기이다.[35]

체험으로는 다원주의적이고, 교리로는 포괄주의적인 불교가 교단 차원에서는 왜 배타주의적일까? 김종명에 의하면, "근본주의적 사고를 바탕으로 불교의 성격을 잘못 이해하는" 보수적 개신교도들에 대한 방어기제 때문이다. 그래서 진정한 대화도 "개신교 측의 훼불사태(와 같은 공격적 자세)가 종식된 후라야 가능할 것"이라고 본다.[36]

35 김용표, 「종교다원주의에 대한 불교의 입장」, 『불교평론』 제2권, 2000 봄호, 218쪽.

36 김종명, 「개신교와의 대화: 불교적 전제와 대안」, 『종교와 문화』 제6호, 서울대학교 종교문제연구소, 2000, 22, 35-36쪽.

불자들의 심정을 잘 반영해준 말이 아닐 수 없다. 그러나 이러한 질문을 제기하고 행정적 차원의 대처 방안을 모색하는 수준에서 더 나아갈 필요가 있다. 그리스도교에 대한 적극적인 연구가 필요한 시점이라는 것이다. 경영학자이자 새시대불교포럼 대표인 박승원은 이렇게 자기비판한다.

상당수 불교인은 불교만이 제일이며, 남의 종교는 공부할 대상이 아니라고 생각한다. 이 때문에 우리의 경우 종립대학에서 타 종교에 대한 접근은 제도적으로 차단되어 있다…… 기독교 국가인 미국의 경우, 신학대학에서조차 교과과정 중에 불교과목이 상당히 많음을 주목할 필요가 있다. 타 종교 성직자 가운데 불경을 체계적으로 이해하고 참선을 생활화하는 경우는 있지만, 불교인의 타 종교에 대한 관심은 찾아보기 힘들다. 오히려 기독교를 매우 천박한 종교로 매도하기도 한다. 한마디로 지독히 자폐적인 시스템이다.[37]

윤영해는 다음과 같이 지적한다.

종교 간 긴장과 갈등이 필연적으로 노정될 수밖에 없는 한국의 다종교 사회에서 불교와 기독교의 상호 이해는 필수적이다. 한국 사회에서 기독교 측이 저지르는 불교 훼손을 궁극적으로 방지할 수 있는 길은 그들이 정확하게 불교를 이해하도록 도와주는 길밖에 없다. 그리고 그 책임은 틀림없이 불교학도들에게 있다. 한국 같은 다종교 사회에서 불교의 타 종교 연구가 절체절명의 과제라는 주장은 결코 과장이 아니다.[38]

37 박승원, 「정보지식사회의 도전에 직면한 불교」, 『불교평론』 제2권, 2000 봄호, 238-239쪽.
38 윤영해, 「비교종교와 불교연구의 상관관계」, 『불교평론』 제1권, 1999 겨울호, 208-209쪽.

8. 객관적 연구, 진솔한 만남

그리스도교를 다룬 최초의 불자: 이능화

누가 어떻게 그런 일을 할 수 있을까? 사실 한국에 불자로서 그리스도교, 도교, 무속 등 한국의 다양한 종교들을 연구했던 이능화(1869~1943) 같은 이가 없었던 것은 아니다. 주로 20세기 초반에 활동했던 이능화는 도교, 유교, 그리스도교, 이슬람교, 힌두교, 대종교, 천도교 등을 불교와 비교하며 논한 일종의 종교대론서 『백교회통百敎會通』(1912)을 쓰면서 저술 목적을 다음과 같이 밝힌 바 있다.

> 모든 종교의 강령을 열람하고 대조하여 서로 견주어 같은 것과 다른 것을 가리고, 필요에 따라 원문을 인용하여 증거를 하면서 회통케 하였다. 또 털끝만큼이라도 뜻이 바뀔까 조심하면서 성인들의 가르침을 높이 존중하여 옛 문장을 알기 쉽게 풀어 두루 보게 하였으니 각 종교의 이치와 행이 손바닥을 보듯이 훤히 드러날 것이다. 그러므로 유교를 믿는 사람이 보면 유도儒道라 할 것이요, 불교인이 보면 불도佛道라 할 것이며, 다른 종교인도 또한 마찬가지일 것이니, 마음을 말하고 성性을 말할 때 남의 것과 자기 것을 함께 잘 비교하여 옳은 결택을 내리길 바랄 뿐이다.[39]

성인들의 가르침을 가능한 그대로 전달하려는 연구 자세, 자신은 불자이지만 자신이 쓴 타 종교 소개가 다른 종교인에게도 부족함이 없는 가르침이 되도록 정리하려는 자세는 오늘날 다시 보아도 적잖은 귀감이 된

39 이능화, 『백교회통』, 강효종 옮김, 운주사, 1989, 머리말.

다. 무엇보다 그가 천주교 측 자료들에 조선의 관변 기록 등을 참조해서 쓴 『조선기독교급외교사朝鮮基督教及外交史』(1928)는 당시 호교론적 관점에 머물러 있던 대다수의 그리스도교 관련 저술들에 비하여, 한국인의 시각을 견지하고서 비교적 객관적으로 쓴 최초의 한국 그리스도교사라는 의의를 지닌다. 더욱이 불자로서 한국 그리스도교사를 정리했다는 사실은 후학 불자들의 그리스도교 연구를 더욱 독려하는 자극제가 되기에 충분하다. 그의 그리스도교 연구가 단순히 자료를 나열한 수준에 머문다는 비판이 없지 않지만,[40] 그것은 가능한 한 자신의 선입견을 배제하려는 학문적 방법론의 하나로 생각함이 좋을 듯싶다. 정작 문제는 이능화 사후 50년이 지나도록 그리스도교 및 타 종교를 본격적으로 연구한 불자가 등장하지 못하고 있다는 사실이다. 그런 상황에서 이기영과 같은 사상가를 배출한 것은 그나마 다행이라 하겠다.

서구 사상과 대화를 도모한 불자: 이기영

이기영(1922~1996) 역시 불자로서, 20세기 중후반 서구 사상과의 대화를 염두에 두고 한국 불교의 현대화에 대해 고민했다. 본래 천주교인이었다가 불자가 된 그는 그리스도교와 불교를 균형 있게 정리할 수 있었을 학자였지만 아쉽게도 이 분야의 본격적인 연구에까지 이르지 못한 채 작고하고 말았다. 그러나 석가의 자비와 예수의 사랑 양쪽을 오가며 쓴

40 김용섭, 「우리나라 근대 역사학의 성립」, 『한국의 역사인식』 下, 창작과비평사, 1983, 446-447쪽; 이원순, 「한국천주교사연구소사」, 『한국교회사논총』(최석우신부화갑기념), 한국교회사연구소, 1982, 682쪽. 그 외 이능화 그리스도교 연구의 의의에 대해서는 홍이섭, 「李能和先生의 '朝鮮基督教及外交史'」, 『한국사의 방법』, 탐구당, 1968, 447쪽; 홍이섭, 「한국기독교사연구개황」, 『신학논단』 제7집, 1962. 10, 8-9쪽; 민경배, 『한국기독교회사』(개정판), 대한기독교출판사, 1989, 21쪽; 그 밖에 신광철, 「이능화의 종교학적 관점」, 『종교연구』 제9집, 한국종교학회, 1993, 194쪽; 김수태, 「이능화의 한국기독교연구」, 『종교연구』 제9집, 한국종교연구회, 1993, 119, 126쪽을 볼 것.

에세이를 남기기도 했던 만큼,[41] 그는 종종 현대 서구 문명과의 관계, 좁게는 그리스도교와의 관계를 염두에 두고서 글을 쓰곤 했다. 그는 그리스도교와 불교의 관계에 대한 자신의 견해를 이렇게 밝힌다.

> 그리스도교에서 제시한 몇몇 문제와 불교가 제시한 진리는 내 안에서 하나로 겹치고 있지만, 그것을 모든 그리스도인, 모든 불교인에게 똑같이 알아달라고 강요할 수는 없으며, 그것은 제각기 알 사람만이 알면 족한 것이 틀림없기 때문이다.[42]

이제는 이기영이 느꼈던 그 '하나로 겹치는' 부분을 좀 더 많은 사람이 고민하고 공감할 수 있도록 이론과 실천의 면에서 구체화시키는 작업이 더욱 요청되는 때이다. 이미 그와 관련한 논문을 쓴 바 있는 윤영해나 한국종교연합U.R.I.을 이끄는 진월 등에게서 그런 작업을 기대해볼 만하다. 아울러 신학적 소양을 갖춘 뒤 한국 조계종단으로 출가한 현각(폴 뮌젠)도 어떤 형식으로든 그리스도교에 대한 오해를 줄이고 이해의 폭을 넓힐 수 있을 적절한 인물이라 생각된다.

이와 함께 불교학 연구방법론의 다양화 역시 병행해야 할 과제가 아닐 수 없다. 오늘날 '응용불교'라는 불교학 용어가 등장하고 있는 것은 그나마 다행한 일이다. 이와 관련해서는 불자를 자처하면서도 전형적인 불교 교의학적 시각과 다른 차원에서, 그리고 불교 제도권 밖에서 서구 불교학의 동향을 우리나라에 소개하는 이민용[43]이나 안양규, 또한 해외 불교

41 이기영, 「석가와 예수」, 『사색인의 염주』, 한국불교연구원, 1999. 1977년 간행되었다가 이기영 사후 재출판되었다.

42 이기영, 「불교의 현대적 의미」, 안병무 엮음, 『전환기의 신앙』, 태극출판사, 1974, 430쪽.

43 이민용, 「서구 불교학 연구의 문화배경에 대한 성찰」, 『종교연구』 제18집, 한국종교학회, 2000; 「미국 속의 불교와 불교의 미국화」, 『종교문화비평』, 한국종교문화연구소, 2002. 2 등 참조.

현황을 소개하는 진우기 등도 불교학의 연구 주제나 방법론의 지평을 넓히는 데 일조할 수 있을 것으로 보인다.[44] 탈종파적 · 비교의적 차원에서 그리스도교 문화권에 속한 지역의 불교학을 소개하는 일이 더 확대됨으로써, 결과적으로 그리스도교와 만날 수 있는 여지가 많아지고 상황이 개선될 수 있게 되는 것이다.

9. 21세기의 불교유신론

20세기 초반, 이능화가 비불교권 종교들에 대한 이론 연구에 매진할 때 만해 한용운과 용성 백상규, 권상로, 박한영 등은 포교와 교육, 제도 개혁과 사원 유지 등을 골자로 하는 '조선불교유신론'을 펼친 바 있다. 원불교의 개조인 박중빈의 '조선불교혁신론' 역시 눈여겨보아야 한다. 이러한 개혁은 여전히 긴요하기 때문이다. 하지만 이 글의 입장에서 보자면, 무엇보다 21세기 불교의 '유신'은 그리스도교라는 새로운 언어를 배우며 상생하는 가운데 이루어질 필요가 있다. 토인비Arnold J. Toynbee가 20세기 최대의 역사적 사건으로 불교와 그리스도교의 만남을 지목한 바 있듯이, 불교의 그리스도교 연구야말로 불교를 더욱 충실한 불교로 변모시켜줄 것으로 생각된다. 이웃 종교를 배우고 포섭하는 행위는 종단의 제도 개혁 이후에 취해야 할 느긋한 과제가 아니다. 새로운 언어를 배우는 행위 자체가 바로 오늘날의 불교 개혁인 것이다.

그러나 불행하게도 현상적으로는 불교와 그리스도교의 관계가 호전되는 것 같아 보이지는 않는다. 이 책의 시작 부분인 '들어가는 말'에서도

44 안양규, 「영국, 일본의 불교학 연구 동향」, 『불교평론』 제1권 제1호, 1999 겨울 창간호.

언급했듯이, 특히 2007년 여름 아프가니스탄에 갔던 한국인 선교사들의 대량 피랍 사태를 겪으면서 한국민 사이에 개신교 우월적 태도에 대한 반대 여론이 심화되었고, 2008년 여름에는 고위 공직자들의 개신교 중심의 종교 편향적 분위기 때문에 상처받아오던 불교계의 반감이 급기야 '범불교도대회'라는 반정부적 결집대회를 통해 폭발하는 유례없는 사태가 벌어졌다. 이렇게 외형적, 미시적으로는 분명히 불교와 그리스도교의 관계가 악화된 것으로 보인다. 하지만 거시적으로 볼 때 '범불교도대회'는 적어도 불교계 안에 그동안 무관심했거나 의도적으로 회피해왔던 그리스도교에 대한 관심의 폭을 확대시킬 것이고, 그에 따라 대화의 분위기도 진작될 것이다. 여기에다가 불교를 대하는 그리스도인의 시각에도 진정성이 더해지면서, 양 종교 간 대화와 상호 이해의 분위기도 확대되는 전환점으로 작용할 것으로 보인다.

특히 불교계에도 21세기에 어울리는 '유신'이 일어나야 할 시점에 와 있는 것이 분명하다. 한국의 대표적인 고승인 원효의 일심一心 사상과 여래장 사상, 의상의 화엄일승華嚴一乘 사상 등 최고 스승들의 뛰어난 사상들은 한결같이 일체의 차별적인 것들을 하나로 포섭해내려 한 시도였다는 사실에서도 오늘날 불교유신의 이유와 근거를 찾을 수 있다. 화쟁和諍을 자기 사유 방식의 큰 틀로 삼았던 원효가 21세기에 다시 태어난다면 아마도 그리스도교를 화쟁의 대상으로 삼았으리라. 의상이 오늘날 태어났다면 '일승'이라는 우주적 구원의 진리 안에 그리스도교를 자연스럽게 포섭했으리라. 불교적으로 보건대 외적 차별이라는 것은 무지(無明) 내지는 분별심에 의한 것이며, 따라서 극복의 대상이다. 그러므로 그리스도교를 차별의 대상으로 남겨두지 않고 적극 포섭하는 자세는 불교적 세계관에 따르더라도 필연적이고 자연스러운 일이라 아니할 수 없다. 불교를 억압하거나 배타하지 않고 있는 그대로 존중하면서도 그리스도교 안에 수용해내는 자세 역시 더 말할 필요가 없는 시대적 요청이다. 이러한 상호 이해와 포용적 자세가 21세기 한국 불교와 그리스도교 사이에 더욱 구체화되기를 기대해 마지않는다.

제8장 한국 그리스도교, 불교와의 조화는 어디까지 가능한가

앞 장의 말미에서 화쟁和諍을 자기 사유 방식의 큰 틀로 삼았던 원효가 21세기에 다시 태어난다면 아마도 그리스도교를 화쟁의 대상으로 삼았으리라고 말한 바 있다. 멀지 않은 시기에 그리스도교를 세계적 신학자 수준으로 온전히 포섭해낸 한국의 불교 사상가를 만나고 싶은 마음이 굴뚝같다.

그러나 아직까지 한국에서 그리스도교 신학을 온전히 소화한 불교권 사상가를 만나기 힘든 것이 현실이다. 그리스도교 신학을 소화한 불교도보다는 불교철학을 소화한 신학도가 더 많은 것도 사실이다. 대중적 교회 현장을 중심으로 한국 그리스도교의 주류는 여전히 자기중심적 배타성에서 벗어나지 못하고 있지만, 그 와중에도 불교를 위시한 동양 사상을 온전히 소화한 신학자들이 속속 등장하고 있다는 것은 다행스런 일이다. 게다가 불교와 그리스도교의 조화와 일치를 다루는 탁월한 연구 결과들도 점차 쌓여가고 있으니, 그리스도교와 불교 간 대화의 미래는 밝다고 할 수 있다.

8장에서는 이 분야를 선도해온 가장 대표적인 학자라 할 수 있는 길희성吉熙星(1943~)의 사상을 정리해보고자 한다. 철학 · 종교학 · 불교학적 전통을 깊게 그리고 두루 소화했을 뿐만 아니라, 불교와 그리스도교의 세계관에서 궁극적 일치의 가능성을 진지하게 탐구하는 종교학자 길희성의 신학을 정리해보려는 것이다. 이를 통해 그리스도교는 과연 불교와 궁극적으로 만날 수 있는 것인지, 종교 다원적 상황에 놓여 있는 한국에서 그리스도교 신학은 어떤 모습으로 자리 잡아야 하는 것인지 고민하고 성찰하는 시간으로 삼고자 한다.

1. 길희성 신학의 의의

길희성은 불교학자이자 신학자이며, 종교학자이자 철학자이다. 인문학적 시각에서 신학과 불교학을 창조적으로 소화하는 가운데 궁극적으로 이들 간 일치의 가능성을 구체화시키는 한국의 대표적인 종교학자라고 할 수 있다. 그의 학문적 활동 영역은 광범위하다. 다양한 분야를 차별없이 넘나들며 학문적 깊이와 엄밀성을 충실히 담보해낸다. 그러면서도 어느 분야를 통해서든 그의 사상 전체를 읽어낼 수 있을 만큼, 그가 추구하는 분야들마다 유기적 일관성과 사상사적 깊이가 있다.

그 일관성과 깊이는 연구의 내용 못지않게 어디서든 묻어나는 학문적 혹은 종교적 진리에 대한 진지한 실존적 자세에서도 드러난다. 불교와 그리스도교, 철학과 신학에 통하는 보편 원리를 추구하되, 신학을 통한 불교적 이해와 불교학을 통한 신학적 이해의 지평이 교차한다. 그 교차점 가운데 이 장에서는 그가 불교적 세계관을 충분히 연구하고 소화한 뒤 내리는 신학적 측면을 중심으로 살펴보고자 한다.

외견상으로는 신학자로서보다 불교학자 혹은 종교학자로서 시간을 더 오래 보내온 것이 사실이지만, 길희성의 종교학 내지 불교학은 그가 태생적으로 지녔던 신학적 관심사의 반영이기도 하다는 점에서 그의 학문적 영역들은 사실상 신학적 정신과 뗄 수 없는 관계에 있다. 무엇보다 인생의 후반기로 갈수록 그리스도교적 신론과 성서적 정의正義의 문제에 관심을 기울이면서 그리스도교적 신앙을 고백하고 나누고 실천하는 쪽에 무게중심을 두어왔다는 점에서 그의 학문적 근간은 사실상 신학에서 발견된다. 특히 불교학을 중심으로 인문학의 근본정신을 충실히 소화한 신학이야말로 그의 학문적 내면을 가장 잘 반영해주는 분야라고 할 수 있다. 그의 신학이 크든 작든 한국 내에서 종교 간 갈등의 원인을 제공하고 있는 그리스도교의 정신과 자세를 학문적으로 다잡아줄 적절한 사례가 되기도 한다는 지적은 어쩌면 사족이 될지도 모른다. 불교철학을 충실히 소화해낸 길희성의 신학은 이미 그 자체로 한국 신학계에서 연구되고 정리되어야 할 시점을 벌써 지나고 있는지도 모르기 때문이다.

물론 불교를 소화한 신학이라고 해서 그가 신학을 불교적으로 '변용'시켰다거나 새롭게 창작해낸 것은 아니다. 그보다는 전통적 신학의 '깊이'를 종교적 다원 사회의 지평으로 끌어올려, 종교 간 만남과 일치는 새삼스러운 것이 아니라 그리스도교의 근본정신에 속한 것임을 현대 지성인에게 보여준다고 하는 편이 적절하다. 그런 식으로 불교와 만나는 신학적 깊이를 제시한다는 데에 그의 학문적 창조성이 있다.

이러한 그의 학문적 창조성은 새로운 언어를 개발하고 시류에 어울리는 학문적 진술을 한다는 데 있다기보다는, 오랜 인류 지성사의 깊이와 넓이를 현대적 지성에 어울리게 끌어올려 동서고금을 관통하는 사상사적 보편성을 보여준다는 데 있다. 그런 점에서 길희성은 다분히 전통주의자에 가까우며, "진술할 뿐 창작하지 않는다述而不作"면서도 "옛 것을 바탕으로 새 것을 알아가는溫故而知新", 공자孔子의 전통 지향적이면서 창조주의적인 자세와 상통한다.[1]

2. 길희성 사상의 구조

전통의 깊이를 뒤집어내다

길희성의 학문은 그리스도교가 도입되면서 경험되기 시작한 한국의 종교적 비합리성의 실상에서 출발했다고 할 수 있다. 그가 대학에서의 첫 전공을 철학으로 정한 것도 신앙적 고민과 해결의 일환이었다. 그 이후도 "정신적 좌표를 찾아 철학, 신학, 종교학, 그리고 동서양의 정신세계를 왔다 갔다 하면서 방황했다"는 그의 고백이 이를 잘 말해준다.[2] 좀 더 구체적으로 말하면, 합리적이지도 못하고 한국 문화와 조화하지도 못하면서 세력을 확장해가는 한국 그리스도교의 시대착오적 현장이 그로 하여금 다양한 사상들과 통하는 신학과 종교학, 그리고 철학의 길로 이끌어간 셈이다.

그 후 길희성은 내내 동서양의 고전과 정통 사상들의 내면으로 들어가 그 정수를 소화하고 종합한 뒤, 다시 속으로부터 뒤집어내어 현대인에게 적용되는 인문학적 보편성의 확립을 추구해왔다. 물론 그 인문학에는 기본적으로 그리스도교적 세계관에 근거한 종교적 관심이 놓여 있었다. 자

1 길희성, 「철학과 철학사: 해석학적 동양철학의 길」, 한국철학회 엮음, 『철학사와 철학』, 철학과현실사, 1999, 34쪽 참조.
2 길희성, 『포스트모던 사회와 열린 종교』, 민음사, 1994, 6쪽.

연스럽게 그의 신학도 인문학적 시각과 분리되지 않았다. "전통과의 지평융합Horizontverschmelzung을 통해 전통이 끊임없이 새롭게 이해되고 전수되는 과정"[3]을 걸어오되, 궁극적으로는 다양한 종교 사상들이 만나는 지점에 지속적으로 관심을 기울여온 것이다.

다원주의적 인식론과 인문학적 은총론

그러면서도 인간이 역사 속의 존재인 한 역사적 현실 안에서의 인식론적 다원성 내지 상대성을 고백하지 않을 수 없다는, 진리 앞에서의 겸손함도 내내 견지한다. 그렇더라도 그의 인식론적 상대성은 단순히 종교적 인식의 파편성 내지 단편성을 지적하는 데 그치는 것이 아니다. 그는 인간 인식, 특히 종교적 인식의 궁극적 통일성을 중시하고 지향한다. 다양한 종교들은 구원론적인 차원에서 결국 '같은 이야기'를 하는 것 아니겠느냐는, 일원론적 다원주의 신학의 기본 틀을 견지한다.

물론 이것은 신학적 정신을 옹호하기 위한 그리스도교 중심의 호교적 선포가 아니다. 인문학적 시각에서 동서양 철학, 특히 불교적 세계관을 엄밀하고 충실하게 이해하고 소화한 데서 오는 학문적 양심의 종합적 결론이다. 그런 방식으로 길희성은 대립적인 듯 느껴지는 동서양 사상의 엄밀한 비교를 통해 종교 사상의 상통성과 보편성을 확립하되, 역사 속 인식론적 제한성도 의식하면서 종교들의 궁극적 일치를 미래적 희망의 영역으로 남겨두는, 신학적 보편주의자의 길을 걸어온 것이다.

길희성 신학 사상의 또 다른 특징이 있다면 이른바 구원의 '타력적' 측면에 대한 강조이다. 불교와 그리스도교의 통합과 조화를 도모하는 가운

3 길희성, 앞의 글, 45쪽.

데 구원의 '타력적' 측면을 재해석해내는 부분은 돋보인다. 전통적인 신학적 은총론의 현대적 '인문학화'라고 할까. '나'를 일방적으로 내세우는 것이 아니라, '나'는 '너'에 의해 자기부정적으로 무화됨으로써 비로소 '나'가 된다는 불교적 입장을 그리스도교 신학 안에 충분히 가져온다. 내가 너에 의해 이루어진다는 점에서, 이른바 '타력적' 구조를 중시하고 있는 것이다. 불교학과 신학 양쪽에 대한 안목이 조금이라도 있는 이라면 불교학에서는 신학적 구조를, 신학에서는 불교학적 시각을 읽어낼 수 있는 장치가 길희성의 저술 안에 충분히 마련되어 있음을 알 수 있다.

길희성이 종교적 진리의 체험을 '타력적' 혹은 '은총적' 구조 속에서 이해하고 있는 부분은 적어도 한국이라는 구체적 토양에서 태어나 그 토양을 태생적 선물로 받고 살아가는 한국인, 특히 그리스도인이 한국의 역사와 문화를 어떻게 보아야 할지 이론적 토대로 삼기에 적절해 보인다. 그의 학문 방법론 및 목적을 적절히 구체화시키면 한국 사회에 어울리는 종교 간 조화와 통합의 근거가 자연스럽게 도출될 수 있을 것이다. 특히 한국에서 문화적 뿌리가 얕은 그리스도교가 한국 종교들과 맺어야 하는 관계성의 구체적인 모습은 어떤 것이어야 하는지도 그려볼 수 있게 될 것이다.

3. 학문적 여정과 지향점

종교 다양성과 구원론

전술한 바와 같이, 길희성이 종교학과 불교학을 연구하면서 끊임없이 제기했던 질문은 그리스도교적인 것이기도 했다. 그가 그리스도교 신앙을 놓지 않고 그 신앙의 의미를 끝없이 물은 이유는 한국의 종교적 상황과 관계가 있기도 하다. 한국의 종교적 다원성 및 그 다원성과 어울리지 못하는 그리스도교적 비합리성을 의식하면서, 그는 한국의 종교 다원적 상황에 대해 다음과 같이 진단한다.

> 우리나라가 본격적인 다종교 사회임에도 불구하고 심각한 종교 갈등이 없는 이유는 우선, 신앙의 자유와 가치의 다원성을 인정하는 자유민주주의 체제를 갖고 있기 때문입니다. 그리고 유교라는 공통분모를 갖고 있기 때문입니다. 사실 한국인의 행동을 지배하는 것은 효심, 충성심, 예의 같은 유교적 심성과 관습입니다. 게다가 우리는 비교적 단일 언어, 단일 민족, 단일 역사를 공유해왔습니다. 특정한 종교에 속하는 정체성보다는 한국인으로서의 정체성이 더 강하다고 할 수 있습니다. 그런데 그리스도교 신자들만은 대체로 타 종교에 대한 배타성이 강합니다. 배타적 신앙관을 갖는 그리스도인들은 한 가지 난처한 질문을 피할 수 없습니다. 오직 그리스도교 신앙만으로 구원받을 수 있다면 우리 조상들은 과연 어떻게 되었을까 하는 물음이지요. 또 내 사랑하는 식구나 친구 중 그리스도교 신앙을 갖지 않은 이들의 운명은 어떻게 될 것인가 하는 물음입니다.[4]

그리스도교를 몰랐던 우리 조상들은 종교적으로 어떤 운명에 놓이게 된 것일까 하는 이러한 물음은, 단순한 듯하지만 궁극적 구원을 독점하려는 종교적 배타성의 현실 안에서 신앙과 지성을 조화시키려는 이들에게는 학문의 추동력이 되는 물음이기도 하다. 넓은 의미에서 길희성도 이러한 물음에 대한 답을 종교학, 불교학, 철학, 신학이라는 학문을 하면

4 길희성, 『보살예수』, 현암사, 2004, 25-26쪽.

서 추구했다고 할 수 있다. 한국의 종교적 현실과 문화 자체보다는, 한국적 상황이라는 창문 너머 인류가 참으로 나아가야 할 종교적인 길을 제시해보고자 했던 셈이다. 그는 21세기의 종교 상황을 이렇게 진단하고 전망한 바 있다.

> 탈근대 시기에서 종교의 자유는 단순히 근대적인 신앙 선택의 자유를 넘어서서 종교 간의 경계선을 자유로이 넘나드는 창조적 신앙으로 나타날 것이다. 21세기의 종교는 열린 종교가 될 것이며, 우리들의 신앙도 지금까지와는 달리 단 하나만의 전통에 의해 형성되고 유지되는 것이 아니라, 다전통적 신앙으로 나아가는 종교사의 유례없는 변화가 예고되고 있다.[5]

불교와 그리스도교, 그리고 종교다원주의

이러한 문제의식을 가지고 길희성은 '종교 간의 경계선을 자유로이 넘나드는 창조적 신앙'의 근거를 특히 불교와 그리스도교의 구원론이 지닌 구조적 유사성에 대한 연구를 통해 확보해나갔다. 그에 의하면, "불교와 그리스도교는 교리와 사상의 현저한 차이에도 불구하고 근본적으로 코드가 맞는 종교이자 심층적 문법이 맞는 종교이다."[6] 그리고 "그리스도교와 불교는 그 세계관과 인간관의 현격한 차이에도 불구하고 둘 다 구원의 소식을 전하고 구원의 길을 제시한 구원의 종교라는 점에서 근본적인 '형식적 일치'를 보이고 있다."[7] 이때 그가 두 종교에서 '형식적' 일치에 먼저 주목한 것은 '내용적' 일치라는 표현이 주는 오해를 최소화하되, 궁

5 길희성, 『포스트모던 사회와 열린 종교』, 7쪽.
6 길희성, 『보살예수』, 40쪽.
7 길희성, 『포스트모던 사회와 열린 종교』, 157쪽.

극적으로는 내용적 일치의 '가능성'을 확보하기 위해서이다. 이러한 가능성의 모색은 2000년 이후 그가 대학을 은퇴할 무렵 쓴 논문[8]과 『보살 예수』(2004)라는 단행본에서 구체화된다. 위에서 언급한 논문의 한 구절을 인용해본다.

> 나는 여기서 이러한 상호 이해와 변화의 가능성을 지향하는 불교와 그리스도교의 대화를 넘어서서, 그 전제이자 결론일지도 모를 두 종교의 만남, 그 궁극적 일치를 논하고자 한다. 심층적 일치란 보이지 않는 차원의 일치를 말한다. 두 종교는 가시적 차원에서는 명백하게 다른 종교이다. 교리와 사상, 언어와 개념이 다르고 제도와 체제가 달리 형성되었으며, 역사와 문화가 달리 전개되어왔다. 그러나 종교에는 가시적 차원만 있는 것이 아니라 불가시적 차원도 있으며, 이 후자야말로 실로 종교의 핵이라는 것이 모든 위대한 세계 종교들의 공통적 증언이다.[9]

종교다원주의적 시각에서 그는 "불교와 그리스도교는 동일한 실재를 달리 이야기하고 있다"[10]거나, 불교의 공空과 하느님의 사랑은 근원적인 차원에서 상통하는 깊이를 지닌, 동일한 실재라고 본다.[11] 그러면서 목적론적 혹은 종말론적 시각을 견지하며, 이들 간 일치는 인식론적 상대성이 극복되는 궁극적 초월의 세계에서 완성될 것이라고 본다. 물론 이때의 목적론이나 종말론, 궁극성과 같은 표현은 단순히 그리스도교적 교리

8 길희성, 「불교와 그리스도교, 창조적 만남과 궁극적 일치를 향하여」, 『종교연구』 제21권, 한국종교학회, 2000.

9 길희성, 위의 글, 28, 34쪽.

10 길희성, 『보살예수』, 176쪽.

11 그의 책 『포스트모던 사회와 열린 종교』 중 「예수, 보살, 자비의 하느님」을 비롯해 불교와 비교하는 논문은 대부분 이러한 시각에서 쓰여졌다.

나 세계관의 반영이 아니라, 인간의 인식적 한계와 상대성, 실존적 유한성에 대한 그의 진솔한 고백의 표현이다. 아무리 종교들이 일치한다고 해도 그러한 일치에 대한 인식과 주장에는 한계가 있을 수밖에 없기 때문에 진리 자체의 초월성을 놓을 수 없다는 것이다. 이렇게 인생의 궁극적 완성을 현실보다는 '종말'에서 찾는다는 점에서 그에게는 신학자적 자의식이 분명하게 드러난다.

물론 이러한 신학자적 자의식이라는 것 역시 다양한 종교들을 포섭한 '이후의' 의식이다. 종교적 다양성을 있는 그대로 존중하고 소화한 결과인 것이지, 그 출발점이나 전제가 아니다. 결국 그는 스스로를 종교다원주의자로 천명하기에 이른다.

> 저는 종교다원주의자입니다…… 제가 종교다원주의자가 된 것은, 외람된 말이지만, 하느님 자신이 '종교다원주의자'라고 생각하기 때문입니다. 제가 믿는 하느님은 모든 종교를 초월하는 분이므로, 그런 하느님을 믿는 저는 종교다원주의자가 될 수밖에 없지요. 하느님은 다양한 방법으로 인간과 관계 맺는 존재이며, 다양한 방식으로 인간을 사랑하고 구원하는 존재라는 의미에서 그분을 '종교다원주의자'라 부르는 것입니다.[12]

그에게 종교다원주의는 하나의 방법론이 아니다. 불교를 통합하는 신학적 · 종교학적 논리이자, 그의 실존적 고백이다. 불교학자이자 종교학자이지만, 자신이 속한 그리스도교적 종교 전통을 존중하며 자신의 언어로 내린 자신의 결론인 것이다. 그에게 하느님은 초월자이며, 초월자가 스스로를 드러내는 방식이나 사람이 초월자를 인식하는 방식은 다양할

12 길희성, 『보살예수』, 14쪽.

수밖에 없다는 점에서 그는 스스로를 종교다원주의자로 규정할 수밖에 없다는 것이다.

4. 불교를 포섭하는 신학적 요지

지눌, 신란, 엑카르트를 관통하는

길희성은 한국의 지눌(知訥, 1158~1210), 일본의 신란(親鸞, 1173~1263), 독일의 엑카르트(Meister Eckhart, 1260~1327) 등 비슷한 시대를 살았던 중세 동서양 사상가들의 논리를 철저하게 연구했는데,[13] 이들에게서 한결같이 드러나 있고 또 이들이 드러내고자 했던 부분들은 그가 추구했던 학문과 종교적 일치의 가능성의 중심 내용을 이루고 있다. 앞에서도 언급했듯이 지눌의 선禪사상을 연구하면서는 불교와 그리스도교가 "둘 다 구원의 소식을 전하고 구원의 길을 제시한 구원의 종교라는 점에서 근본적인 '형식적 일치'를 보이고 있다"고 정리하면서,[14] 두 종교적 관심사의 '구조적' 동일성에 초점을 두다가, 일본 정토진종의 개조인 신란의 사상을 연구하면서는 양 종교의 상통성 내지 일치성에 대한 확신을 더욱 강하게 다진다.

신란의 정토사상을 대하는 나의 태도는 단순한 불교학적 혹은 종교학적

13 길희성, 『지눌의 선사상』, 소나무, 2001. Keel, Hee Sung, *Chinul: The Founder of the Korean Son Tradition*(Berkeley Buddhist Studies Series vol. 6, 1984)의 한글판 수정보완문이다; 길희성, 『일본의 정토사상』, 민음사, 1999; 길희성, 『마이스터 엑카르트의 영성 사상』, 분도출판사, 2003.

14 길희성, 『포스트모던 사회와 열린 종교』, 157쪽.

관심 이상이다. 특히 신란과 같이 철저한 타력신앙을 내세움으로써 여러 면에서 놀라우리만큼 그리스도교 신앙에 근접하고 있는 경우, 단순한 학문적인 비교 연구의 차원을 넘어서서 '진리'의 문제가 피할 수 없이 제기된다.[15]

그리스도교가 불교와 진리의 차원에서 만날 수 있다는 가능성을 신란에게서 보았다는 뜻이다. 이것은 다음의 고백에서도 좀 더 일반화된 표현으로 드러난다.

> 평생 종교를 공부하다보니 종교 간에 비슷한 점이 아주 많다는 것을 발견합니다. 결국 같은 것을 달리 이야기했으리라는 잠정적 결론을 내리는 거지요.[16]

길희성은 종교들에게 '비슷한 점'이 있다는 사실을 중시한다. 그러면서 종교들은 결국 '같은 것을 달리 이야기하고 있다'는 가정을 내린다. 물론 이 가정은 그저 가정으로만 끝나지 않는다. 종교들이 같은 이야기를 하고 있다는 것은 그에게는 단순한 가정이 아니라 사실상 학문적 결론이기도 하다. 그럼에도 불구하고 인식적 다원성과 상대성도 존중하는 학자적 양심에 비추어 일단 가정의 차원으로 내세우고 있는 것이다. 이 글에서는 이러한 가정을 타당하게 만들어주는 신학적 근거를 중심으로 그의 종교다원주의 신학의 요지를 정리해보고자 한다.

15 길희성, 『일본의 정토사상』, 민음사, 1999, 9-10쪽.
16 길희성, 『보살예수』, 34쪽.

성령, 힘으로서의 신

길희성은 불교와 그리스도교가 비슷한 이야기를 하고 있다는 신학적 근거를 무엇보다 아래와 같은 신론으로 설명한다. 이하의 신론은 그의 사상을 풀어가는 열쇠이자 결론이며, 그의 학문적 추동력의 근거이다. 마치 신앙고백하듯 일필휘지로 써내려간 듯한 이 글은 그가 평생 추구했던 학문의 이유이자 종합처럼 느껴진다.

> 하나님은 세계와 인간에 작용하고 있는 어떤 거대한 힘, 무한한 에너지 혹은 생명의 영Spirit으로서, 동양의 기氣 개념에 더 가까운 실재라고 나는 믿는다. 이 에너지 혹은 생명의 영은 신의 속성이나 소유가 아니라, 신 자체이다. 신은 영을 소유한 주체나 실체라기보다는 영 그 자체가 신이라는 말이다. 물질계와 생명계와 정신계는 이 무한한 에너지의 다층적 변현transformative manifestation으로서, 신은 모든 유한한 사물과 생명체들의 존재와 생명의 근원이다. 신에게는 또한 지혜의 성격도 있어서 우주의 질서와 아름다움으로 표출된다. 다시 말해서 신은 만물의 기뿐 아니라, 이理이기도 하다. 신은 이가 내재된 기 혹은 이를 내포하고 있는 기라고 할 수 있다.[17]

이후로도 계속되는 그의 선언적 신론은 처음부터 이 이야기를 하고 싶어했던 것은 아닐까 하는 생각이 들 만큼 고백적이기도 하다. 이러한 그의 신론은 불교를 위시한 여러 종교 사상을 포섭하는 신학적 근거이며, 동시에 여러 종교를 소화했기에 내릴 수 있었던 결론이기도 하다.

17 길희성, 「하나님을 놓아주자」, 『새길이야기』, 도서출판 새길, 2005 겨울호, 122-123쪽.

> 이 무한한 힘은 우주만물을 산출하는 궁극적 원천으로서, 만물 위에 군림하는 초월적 하나님이 아니라, 만물을 품고 있는 우주의 모태(womb, matrix) 같은 어머니 신이며, 만물은 신의 자식과도 같다. 힌두교에서는 그것을 브라흐만Brahman이라 부르며, 도가사상에서 도道 혹은 무無와도 같은 실재이다. 신은 우주만물의 알파와 오메가이다. "만물이 그에게서 나오고 그로 말미암아 있고 그를 위하여 있다"(로마서 11, 36).[18]

위 인용문에서뿐만 아니라 길희성이 신을 설명할 때 가장 많이 사용하는 수식어는 '힘'이라는 표현이다. 그는 때로는 의식하고서 때로는 무의식중에 "신은 힘"이라는 표현을 자주 사용한다. '힘'은 신이라는 주어에 대한 가장 빈도수가 높은 보어이다. "신은 세계와 인간에 작용하고 있는 어떤 거대한 힘"이라는 위 인용문의 표현을 비롯하여, "만물에 질서와 조화를 부여하는 원리 혹은 정보가 이 근원적 힘에 내장되어 있다"거나, "존재와 생명의 무한한 힘인 신", "우주와 역사의 전개 과정을 일정한 방향으로 추동하는 내재적 힘", "우주만물의 궁극적 힘", "다양한 사물에 질서와 조화를 부여하며 사물들이 차이에도 불구하고 유기적 통일체를 형성하게끔 하는 통일적 힘", "물질, 생명, 정신을 관통하는 일원적monistic 힘", "어느 하나만으로 규정될 수 없는 포괄적 힘", "정신적 존재인 인간을 산출한 우주의 진화 과정을 추동하는 궁극적 힘" 등의 표현을 곳곳에서 유감없이 사용한다.

이것은 다른 글에서도 마찬가지인데 그가 '힘'이라는 수식어를 자주 다는 이유는, 그 자신이 명시하고 있지는 않지만 분명해 보인다. 즉 신을 인간적 체험의 영역 '안'에 두기 위해서이고, 신의 '인격성' ― 비인격성에

18 길희성, 위의 글, 123쪽.

대립하는 상대적인 인격성이 아니라 상대성을 넘어서는 절대적 인격성 — 을 살리기 위해서이며, 생동하는 세계와의 '관계'를 설명하기 위해서이다. 힘이라는 표현 자체가 신학적이거나 신앙적이기보다는 객관적이고 인간적이라는 것도 이유일 것이다.

동시에 '힘'은 그리스도교 삼위일체론에서 성령의 속성과 같다는 점에서, 길희성은 신을 성령 중심적으로 이해하면서 신론을 적극 개진해나간다. 실제로 길희성의 신관은 "삼위일체 신관과 달리 생명의 영으로 재해석된 성령 하나만으로 신과 세계를 파악하는 일종의 일원론적 형이상학"으로서, 그는 스스로 이것을 "성령 중심의 새로운 유니테리언Unitarian 신관이라고도 부를 수 있다"고 말한다. 그러면서 "하나님과 예수 그리스도의 특별한 관계도, 그리고 그리스도인들의 영적 삶도 성령 하나로 충분히 설득력 있게 설명된다고 믿는다"[19]며 자신의 입장을 정리한다.

인식의 상대성과 궁극적 구원

이미 '힘으로서의 신' 속에 충분히 드러난 것이기도 하지만, 길희성이 보건대 "신과 세계는 별개의 실재가 아니다. 신은 존재하는 모든 것에서 항시 만날 수 있으며, 모든 것은 신적 생명에 참여하는 신의 자식 혹은 무한한 힘의 유한한 형태 내지 양태들이다." 세계는 "궁극적으로 신의 성격 자체를 반영"하며, "따라서 모든 존재는 성스럽다."[20] 이런 맥락에서 세계의 다양한 종교들이 하느님의 매개체가 되는 것은 당연하다.

세계의 다양한 종교들은 모두 시간과 영원, 상대와 절대, 유한과 무한, 인

19 길희성, 위의 글, 127쪽.
20 길희성, 위의 글, 127, 124쪽.

간과 하느님을 매개해주는 미디어, 즉 매개체입니다. 예수 그리스도를 비롯한 세계의 성인과 성자는 모두 인간으로 하여금 하느님께로 나아가도록 인도해주는 안내자, 매개자, 혹은 그리스도교 용어로 중보자입니다…… 저는 세계의 성인 · 성자뿐만 아니라 모든 인간이 하느님의 계시자라고 봅니다. 모든 인간은 하느님의 형상으로 지음 받은 존재이기에, 그 안에 신성을 갖고 있다고 저는 믿습니다.[21]

위 문장 중 세계의 다양한 종교들이 인간과 하느님을 매개해주는 매개체라는 말은, 종교들의 상통성 내지 그 자체의 성성聖性을 의미하면서 동시에 하느님에 대한 인식의 다양성 내지 상대성을 함축하는 말이기도 하다. 특히 후자는 어느 특정한 인식의 절대성에 대한 부정을 뜻한다. 그가 보건대 "신 혹은 실재 그 자체를 접하는 순수한 경험은 지상의 인간에게는 결코 주어지지 않으며, 인간은 언제나 특정한 문화적 틀을 통해서 실재를 접하기 마련"이다. 당연히 "모든 종교는 역사적 상대성을 띨 수밖에 없다." 상대성을 띤다지만, 그 상대적 경험은 모두 궁극적 실재로서의 신을 향한 것이며, 그 신적 힘의 반영이기도 하다.

이 (궁극적) 실재가 무엇인지는 어느 종교도 독점적으로 말할 수 없습니다. 다만 불교와 그리스도교가 있고, 각기 자기 방식으로 궁극적 실재를 경험하고 이해해왔다는 거지요.[22]

이것은 종교철학자 존 힉John Hick의 종교다원주의적 입장이기도 하

21 길희성, 『보살예수』, 14-15쪽.
22 길희성, 위의 책, 176쪽; 길희성, 「무언의 지혜」, 『오늘에 풀어보는 동양사상』, 철학과현실사, 1999, 59-66쪽 참조.

다.[23] 길희성은 기본적으로 힉에 동의하면서 불교와 그리스도교가 동일한 실재를 달리 이야기하고 있으며, 그만큼 현실에서 사물을 인식하는 시각에도 다양성이 있을 수밖에 없다고 본다. 그럼에도 불구하고 그 다양한 인식이 지향하는 바는 '궁극적으로' 일치할 수밖에 없다는 것이다. 이때의 궁극적 일치란 종교의 현실적 통합과 같은 것을 의미하지 않는다. 신은 상대적 선을 넘어서는 절대선, 개체생명을 넘어서는 절대생명의 세계이기에, 그 세계에서는 결국 모든 유한한 것들이 이 절대적 실재와 하나가 될 것이며, 당연히 현상적 종교 간의 차이도 무의미해지리라는 그리스도교적 구원론 내지 종말론적 입장을 반영해주는 표현이다.[24]

불교와 그리스도교의 차이와 일치

물론 현상적으로 보면, 불교와 그리스도교 사이에는 차이가 있다. 이에 대해 길희성은 다음과 같이 정리한다.

> 불교는 유이면서 무이며 무이면서 유인 사물의 연기적 진리에 초점을 맞추는 데 비하여, 그리스도교는 사물이 무임에도 불구하고 무이게끔 하는 존재의 궁극적 기반을 묻습니다. 하나는 사물의 수평적 관계의 파악으로 만족하는 반면, 다른 하나는 존재의 수직적 혹은 심층적 관계를 물어야 한다고 생각합니다. 불교적 관점에서는 절대유에 대한 관심이 유에 대한 또 하나의 변형된 집착이며 유와 무를 아직도 대립적 관계로 파악하는 데서 기인한다

23 길희성, 「종교다원주의: 역사적 배경, 이론, 실천」, 한국철학회 엮음, 『다원주의, 축복인가 재앙인가』, 철학과현실사, 2003, 231쪽; 길희성, 「존 힉의 철학적 종교다원주의론」, 『전통 · 근대 · 탈근대의 철학적 조명』, 철학과현실사, 1999, 313-357쪽.

24 길희성, 「종교다원주의: 역사적 배경, 이론, 실천」, 215, 234-35쪽; 길희성, 「하나님을 놓아주자」, 132쪽.

고 볼 것입니다. 그리스도교 관점에서는, 불교의 연기론적 공관이 사물의 존재의 신비에 대한 불충분한 해명이라고 볼 것입니다.[25]

어쩌면 이러한 차이는 인식적 상대성과 제한성에 처한 인간적 현실 안에서 당연한 것일지도 모른다. 그럼에도 불구하고 두 종교가 궁극적으로 지향하는 세계에서마저 차이가 있다고 보기는 힘들다는 것이 길희성의 입장이다.

하지만 둘 다 절대적 실재를 유도 아니고 무도 아닌, 그래서 유이면서 무이고 무이면서 유로 보는 데서는 일치합니다. 둘 다 덧없는 사물에 대해 부정과 긍정을 아우르는 초월적 시각과 자유를 준다는 데서도 일치합니다.

이것은 신을 '힘'으로 파악하고 성령 중심적으로 이해한 그의 입장을 잘 나타내준다. 적어도 불교와 그리스도교는, 세속 그 이상을 볼 줄 아는 안목과 자유를 제공하고 그 초월과 자유의 실현을 목표로 한다는 구원론의 차원에서 일치한다는 것이다.

그럼에도 불구하고 이러한 주장 역시 그가 그리스도교적 언어를 통해서 불교를 실존적으로 이해한 결과이다. 현실의 모든 이에게 동일하게 요구하기는 힘든 일이다. 앞에서 말한 대로 인식에는 어느 정도 다양성 내지 상대성이 있기 때문이다. 그렇기 때문에 전술한 바와 같이 그는 이러한 궁극적 일치란 일종의 '가설hypothesis'일 수밖에 없음도 인정한다. 그러한 가설이 요청되는 이유는 그래야만 세계 종교 전통들의 수천 년간의 가르침이 긍정될 수 있기 때문이다.

25 길희성, 『보살예수』, 183-84쪽.

> 특히 인류의 위대한 종교 전통들이 지닌 대등한 도덕적 · 영적 힘은 그러한 가설 없이 설명할 길이 없다는 것이다. 뿐만 아니라, 위대한 종교 전통들은 모두 궁극적 실재를 '하나'로 간주한다. 모든 종교들이 일원론 내지 유일신론적인 입장을 취한다는 사실을 감안할 때, 종교들이 비록 하나의 실재에 대하여 상이한 이름(道, 브라흐만, 太極, 하느님, 法身)과 관념들을 가지고 있다 하여도 결국 그 모든 이름들의 차이가 유한한 인간들이 동일한 실재를 달리 보는 데서 기인한다는 가설은 그 반대의 가설, 즉 그것들이 여타 다른 실재들을 가리키고 있으리라는 가설보다 더 설득력이 있다.[26]

특히 길희성으로 하여금 동서양 사상의 궁극적 일치를 말하게 해주는 적극적인 사례는 중세 독일의 그리스도교 신비사상가 엑카르트이다. 길희성은 앞에서 보았던 중세 한국, 일본, 독일의 사상가, 즉 지눌, 신란, 그리고 엑카르트에 관한 단행본을 각각 내면서, 엑카르트의 사상과 관련한 소감을 이렇게 이야기한다.

> 동서양 사상의 대화, 그 가운데서도 불교와 그리스도교라는 두 위대한 종교 전통의 창조적 만남에 특별한 관심을 가지고 있던 나에게, 엑카르트와의 만남은 실로 하느님의 "계시"라고 느껴질 정도로 감격적 경험이었다. 엑카르트의 그리스도교 영성에서 나는 참된 인간성의 실현을 근본으로 삼고 있는 동양 사상과의 완벽한 일치를 발견했기 때문이다.[27]

평생 동서양 사상들의 관계를 일치의 차원에서 모색해오던 그에게 엑카르트의 그리스도교 영성은 동양 사상과 완벽하게 일치하는 것이었다.

26 길희성, 「종교다원주의: 역사적 배경, 이론, 실천」, 234-235쪽.
27 길희성, 『마이스터 엑카르트의 영성 사상』, 분도출판사, 2003, 6쪽.

비록 엑카르트의 사상이 그리스도교 사상사에서 '주류'는 아니었지만, 충분히 '정수'는 될 수 있다는 것이 그의 입장이었다. 그런 점에서 길희성에게 이러한 발견은 일종의 계시의 경험이었다는 고백이 나오게 되는 것이다.

그럼에도 불구하고 스스로를 종교다원주의자로 규정한 그는 세상의 어떤 종교 안에도 독점되지 않는 진리의 궁극성 혹은 초월성을 늘 의식하면서, 당연히 자신의 신론 내지 신학이 최종적인 입장이 되리라고 생각하지는 않는다며 학문적 겸손함과 솔직함, 그리고 개방성을 견지한다. 어떤 주장의 논리적 완결성을 꿈꾸면서도, 그보다는 현실에서의 인식론적 한계를 더 잘 알고 있었던 것이다.

진리 체험의 구조

이와 같이 길희성은 비교적 종교 현상 자체에 초점을 두고서, 불교와 그리스도교의 궁극적 일치의 가능성, 더 나아가 인간학적 보편성과 같은 것을 두고두고 탐색했다. 그가 이렇게 하는 근거 가운데 중요한 것은 불교든 그리스도교든 궁극적 진리가 인간 안에 구체화되는 그 논리적 측면이다. 신神 체험이든 공空 체험이든 인간의 진리 체험이 정말 신 체험 혹은 공 체험이려면 그것은 바로 신 혹은 공으로부터 와야 한다는 사실을 늘 눈여겨보았다. 인간적 의지조차도 진리 자체로부터 오는 것일 수밖에 없다. '온다'는 표현을 썼지만 그것은 공간적인 의미라기보다는 논리적인 문제이다.

이러한 문제의식은 사실 불교철학은 물론 그리스도교 신학의 근본에 해당하는 것이기도 하다. 나의 실천적 선택이 어떻게 해서 깨달음으로 연결되며, 어떻게 해서 신을 만나는 계기가 되는가. 길희성 신학의 근간이 되기도 하는 이 물음은, 한마디로 그것이 가능하려면 나의 선택마저 그렇게 되도록 되어 있는 존재론적 바탕 위에서 이루어지는 것이라는 입장을 보여준다.

> '나'라는 존재를 분석하고 해체하는 자는 누구이고, 나라는 것이 단지 오온의 다발뿐이라고 자각하는 자는 또 누구입니까?…… '나'라는 과정적 존재를 거리를 두고 지켜보면서 그것이 결코 나가 아니라고 거부하고 초월하려는 자는 도대체 누구란 말입니까?…… 무상하고 괴로운 오온의 흐름을 정화하려 애쓰는 자는 누구이며, 도대체 왜 우리에게는 그런 마음이 생기는 것일까요?…… 저는 그것이 오온과는 다른 인간 존재의 또 하나의 측면이라고 믿습니다. 인간 안에 있는 어떤 신적divine 요소라고 생각하는 거지요…… 대승불교, 선불교에서는 그것을 여래장, 불성, 즉 우리 중생의 마음 속 깊이 있는 여래 혹은 부처님의 마음, 부처님의 심성이며 모든 중생이 갖추고 있는 본래적 깨달음의 참다운 성품本覺眞性이라고 부릅니다.[28]

어떻게 나의 의지적 실천이 그 실천의 대상에 대한 자각을 이루어주는가. 그것이 가능하려면 그렇게 하려는 실천의 주체 역시 그 대상으로부터 이미 와 있고 또 오는 것이라고 볼 수밖에 없다. 나의 개별적 자아(아트만)가 우주적 진리(브라흐만) 자체이기에, '범아일여梵我一如'라는 진리가 내 안에서 비로소 확증될 수 있다는 것이다. '은총의 하느님에 대한 자각과 신뢰'도 은총이며, '생사와 열반, 번뇌와 보리, 부처와 중생이 둘이 아님을 아는 지혜' 역시 열반과 보리와 부처의 행위인 것이다. 그렇기 때문에 인간적 행위인 것처럼 보이는 그 '자각과 신뢰', '아는 지혜'야말로 절대 세계로부터 와서 절대 세계와 통일시켜주는 절대적 매개인 것이

28 길희성, 『보살예수』, 130–31쪽.

다.[29] 이런 식의 이해는 불교와 그리스도교의 핵심을 이해하게 해줄 뿐만 아니라, 이들을 창조적으로 만나게 해주는 근거가 된다.

보살예수

길희성의 신학이 잘 담겨 있는 『보살예수』 역시 이러한 이해를 바탕으로 저술된 책이라고 할 수 있다. 앞에서 살펴본 매개는 특정 개인이나 전통 안에서만이 아니라, 전통과 전통 사이에서도 적용된다. 한 전통의 언어나 개념은 그 전통을 보여줄 뿐만 아니라, 사실상 그 전통을 넘어 우주를 보여주고자 한다는 점에서 그렇다. 그리스도교의 언어는 사실상 그리스도교 언어이기 이전에 인간의 언어이자 우주의 언어이다. 이것은 불교 언어도 마찬가지이다. 그 사례로 길희성은 특별히 '보살'의 개념에 주목한다. 보살의 이념이 예수에게서 구체적으로 드러났으며, 그런 점에서 '보살'은 예수를 아시아적으로 토착시켜주는 아시아적 매개이고, 예수는 보살을 유대-그리스도교적으로 이해하게 해주는 유대적 매개가 된다는 것이다.

> 저는 예수님이 불교 문화권에서 탄생했다면 틀림없이 자비로운 보살의 모습으로 나타나셨으리라 상상해봅니다. 그래서 사람들은 그에게서 중생의 고통에 참여하는 보살의 전형적인 모습을 보았을 것이고, 그를 통해서 보살상은 더 심화되었을 것이라고 생각합니다. 반대로 만약 보살이 2,000년 전 척박한 유대 땅에 출현했다면, 필경 예수님의 모습으로 출현했을 것이며,

29 여기에서의 절대적 매개라는 표현은 이찬수, 「길희성과 타나베 하지메가 불교와 그리스도교를 포섭하는 논리의 비교 연구」(고려대학교 한국학연구소, 『한국학연구』 제28집, 2008)에서 정리한 타나베 하지메田邊元 철학의 근간이 되는 용어이다. 맥락상 길희성의 입장과 다르지 않기에 차용해보았다.

그를 통해서 이스라엘이 고대하던 메시아상이 도전받고 심화되었을 것이라 믿습니다.[30]

즉 불교 문화권에서의 보살이 예수를 가장 예수답게 이해하게 해주는 불교적 매개가 되며, 그리스도교 문화권에서의 예수는 보살을 가장 보살답게 이해하게 해주는 그리스도교적 매개가 될 수 있다는 것이다. 이때의 보살은 특정 역사적 인물이나 형상보다는 대승불교의 이상적 '이념'을 주로 가리킨다. 대승불교에서 이상으로 생각하는 보살의 '이념'이 그리스도교에서는 예수라는 인물로 육화한 것으로 볼 수 있다.[31] 따라서 그리스도교에서는 예수라는 매개를 통해서, 불교에서는 보살이라는 매개를 통해서 양 종교의 궁극적 일치의 가능성을 볼 수 있다는 것이 그의 입장이다. 이 매개는 그리스도교 안에서 불교를 충실히 보고, 불교 안에서 그리스도교를 제대로 보게 해준다는 점에서 상즉적相卽的이다. 타나베 하지메田邊元가 절대적 매개라고 한 것과 사실상 구조적으로 다르지 않다.[32] 타나베에게 절대무, 즉 공空이 스스로를 한정해 현상 세계로 드러나도록 해주는 것이 절대매개라고 한다면, 길희성의 보살예수론은 이 매개론의 논리에 구체적으로 부합하는 아시아적 실증인 것이다.

공, 사랑, 그리고 타력의 구조

이렇게 길희성에게 인간 안에서 이미 그 인간을 완성시켜주는, 혹은 그 인간을 성립시켜주는 신성 내지 공성空性이 적어도 논리적인 차원에서는

30 길희성, 『보살예수』, 196쪽.
31 김승혜 외, 『선불교와 그리스도교』, 바오로딸, 1996, 236쪽.
32 이찬수, 앞의 글, 132-134쪽 참조.

인간적인 체험에 선행하는 것일 수밖에 없다. 그런 의미에서 인간의 체험은 '내'가 만드는 것이라기보다는 '너'에 의해 주어지는 것이다.

> 우리가 진리 앞에 겸손할 때 종교에서 '자력'이란 없다고 저는 생각합니다. 우리는 어디까지나 진리의 힘에 의해 구원받는 것이지, 나 자신의 힘에 의해 구원받는 것이 아니기 때문입니다.[33]

> 자아로써 무아를 얻으려는 것 자체가 모순이지요. 깨달음이란 아무리 노력한다 해도 결국은 '주어지는' 것이지 나의 성취는 아니지요…… 그리스도교의 용어로 말하면, 일종의 선물이고 '은총'이지요.[34]

길희성은 이렇게 '타력'에 대해 말하고자 한다. 물론 이때의 타력은 자력의 단순한 상대相對 개념이 아니다. 그것은 자력이라고 할 때 그 '자'의 본성, 즉 무성無性 안에서 나오는 것이기에 자타의 이분법을 넘어서는 그런 의미의 절대絶對의 체험이다. 내 안에서 이루어진 것이되 나의 창작이 아니라, 나에게 '주어진' 것이라는 점에서 '타력적'이다.

그리고 그 타력의 구조는 전형적으로 '사랑의 논리'와 같다. 길희성은 가톨릭 신학자 발터 카스퍼Walter Kasper의 말을 빌려, 예수에게 나타난 사랑의 원리("밀알 하나가 땅에 떨어져 죽지 않으면 한 알 그대로 남아 있고, 죽으면 많은 열매를 맺는다", 요한 12, 24)를 '사랑의 존재론적 의의' 내지 '존재의 사랑적 구조와 원리' 차원에서 이렇게 해설한다.

> 사랑은 단순히 인간의 감정이나 도덕적 성품이 아니라, 모든 존재의 근본

33 길희성, 『보살예수』, 101쪽.
34 길희성, 위의 책, 247쪽.

적 존재 원리라는 것입니다. 어떤 개체이든 자기 폐쇄적으로 존재할 수 있는 것은 하나도 없으며, 항시 타자와의 관계성과 개방성에서만 존재할 수 있기 때문입니다. 'A'라는 개체가 존재하기 위해서는 B, C, D 등의 타자를 필요로 하며, B, C, D 등도 'A' 없이는 존재하지 못합니다…… 공의 세계에서는 'A'라는 개체는 A가 아님으로써 비로소 A입니다色卽是空 空卽是色. 다시 말해 모든 존재자는 자기 부정과 자기 소외를 통해 긍정된다는 것입니다. 부정을 통한 긍정, 자기 상실을 통한 자기 확보, 이것이 공이 뜻하는 모든 존재의 실상이지요. 그리고 이것은 곧 만물에 내재하는 사랑의 원리입니다. 화엄철학에서는 이러한 공의 세계를 사물과 사물 사이에 막힘이 없다는 사사무애事事無碍의 진리로 표현합니다. 카스퍼가 말하는 사랑의 존재론적 구조 혹은 존재의 사랑적 원리이지요. 공은 사랑이며 사랑이 공입니다. 이 둘은 사물의 실상이며 존재의 원리인 것입니다…… 하느님의 사랑이란 인격적 개념이지만, 동시에 만물의 보편적인 존재원리입니다. 공은 사랑의 존재론적 개념이며, 사랑은 공의 인격적 언어입니다.[35]

길희성이 공을 '사랑의 존재론적 개념'으로, 사랑을 '공의 인격적 언어'로 해석한 것은 탁월한 분석이자 정리이다. 공이라는 비인격적 '바탕'과 사랑이라는 인격적 '힘'을 상호 융통시키고 있기 때문이다. 이것은 타나베가 신을 '사랑의 무아적 주체' 또는 '무가 곧 사랑'이라고 규정한 것과 상통하면서, 더 명쾌하다. 하느님의 '사랑'은 길희성의 신학 전체를 관통하는 '키워드'인 셈이다.

제가 오랜 종교 생활과 종교 연구를 통해 지금까지 얻은 결론은, 인간을

35 길희성, 위의 책, 208-210쪽.

구원하는 것은 그 사람의 신학이나 사상이 아니라, 사랑이라는 것입니다.[36]

공을 '사랑의 존재론적 개념'으로, 사랑을 '공의 인격적 언어'로 푸는 길희성의 신학에서 불교와 그리스도교는 창조적으로 만난다. 불교와 그리스도교의 '사이'에는 '차이'도 있지만, 그 차이가 장벽이 아니라 서로를 온전히 보여주는 절대적 매개가 되는 것이다.

5. 한국 종교문화론에의 적용

지금까지 살펴본 바와 같이 길희성의 사상은 불교와 그리스도교는 물론 종교들의 구원론 전반이 상통하는 논리 위에 있다는 보편적 사실에 대한 적절한 실례가 된다. 무엇보다 그의 사상은 한국 종교문화론의 입장에서, 특히 한국 내 문화적 뿌리가 약한 그리스도교가 어떻게 한국 종교일 수 있는지 보여주는 이론적 근거가 된다. 근거의 핵심인즉, 한국의 전통적 종교문화 내지 사상이야말로 그리스도교적 뿌리일 뿐만 아니라, 그리스도교를 한국에서 한국의 종교로 살아가게 해주는 존재론적 바탕이 된다는 것이다. 신학적 언어로 구사하자면, 다양한 한국 종교 안에 이미 하느님이 스스로를 모자람 없이 계시해오셨기 때문에, 한국 종교는 그리스도교의 근본정신을 제대로 보여주는 절대매개가 될 수 있으며, 그리스도교 역시 한국 종교의 정신을 고스란히 보여줄 수 있는 매개가 되어야 한다는 것이다. 타나베의 시각을 반영해 좀 더 실천적인 언어로 표현하면, 한국의 그리스도인은 자신의 내면에서 한국의 종교들을 그리스

36 길희성, 위의 책, 13쪽.

도교에게 생명을 주는 '절대매개'로 선포하고 수용할 수 있어야 한다. 한국인은 그리스도인이기 이전에 다양한 종교 사상들을 녹여내고 있는 한국 안에서 한국인으로 살아왔고, 여전히 한국인이기 때문이다. 길희성은 "(한국인은) 특정한 종교에 속하는 정체성보다는 한국인으로서의 정체성이 더 강하다고 할 수 있습니다"라고 말한다.[37] 사실상 한국의 그리스도인은 한국의 다양한 종교 사상들을 매개로 해서 그리스도교를 이해하고 수용할 수 있었기 때문이다.

그런 점에서 한국인 안에 녹아들어가 있는 한국의 종교가 한국의 그리스도교를 그리스도교 되게 해준다는 것은 너무도 당연하다. 한국 종교가 이미 온전히 담지해왔던 그리스도교성이 그리스도교 안에서 자기부정적으로 고스란히 살아나는 것이기 때문이다. 한국의 종교는 그저 그리스도교를 토착시켜주는 단순한 매체나 연결 고리가 아니라, 그리스도교가 말하려고 했던 것을 이미 충분히 말해주고 있는 한국적 매개가 된다. 물론 그리스도교 역시 한국 종교가 말하려고 했던 것을 이미 충분히 말해주고 있는 또 다른 매개가 되어야 한다는 사실도 자명하다. 그렇다면 이들 간의 '차이'는 도리어 서로에게 생명력을 부여해주는 '절대적 매개'로 작용한다고 보기에 충분한 것이다.

필자가 언젠가 쓴 한국 종교문화론과 관련한 글도 근본적으로 이와 동일한 시각에서 작성된 것이었는데, 그 일부를 인용하며 이 글을 마치고자 한다.

> 불교, 유교, 그리스도교 등은 한국 문화라는 전체집합에 대한 부분집합의 관계가 아니기에, 불교문화, 유교문화, 그리스도교문화, 무교문화를 양적으

37 길희성, 위의 책, 26쪽.

로 합한다고 해서 한국 종교문화가 되는 것이 아니다. 이들은 도리어 '상즉적相卽的'이다. 저마다 부분이면서 동시에 한국적 '문'(한국 문화의 근저이자 지향점)의 전체를 대변할 수 있을 깊이를 지닌다고도 말할 수 있다. 스스로 전체적이면서 스스로 부분이 되고, 그 부분 속에 그 부분의 모습으로 한국 종교문화의 전체를 담는 것이다. 그만큼 한국의 종교문화는 중층적 단일성을 이룬다. 부분과 전체의, 종교와 문화의 상즉적 관계 속에서 한국 종교문화가 이루어져 간다는 것이다.[38]

38 이찬수, 『생각나야 생각하지: 사유, 주체, 관계 그리고 종교』(개정판), 다산글방, 2002, 245쪽.

참고문헌

강돈구, 『한국 근대종교와 민족주의』, 집문당, 1992.

강돈구 외, 『근대성의 형성과 종교지형의 변동 1』, 한국학중앙연구원 종교문화연구소, 2005.

강만길, 『한국민족운동사론』, 한길사, 1985.

강만길 외, 『민족주의와 기독교』, 민중사, 1981.

강영심 외, 『한국민족운동사연구』, 나남출판, 2003.

강인철, 『한국기독교회와 국가 · 시민사회 1945~1960』, 한국기독교역사연구소, 1996.

강재언, 『조선의 西學史』, 민음사, 1990.

게일, J. S., 『전환기의 조선』, 신복룡 옮김, 집문당, 1999.

高大民族文化研究所, 『韓國文化史大系』 제VI권, 高大民族文化研究所, 1970.

구보타 료온, 『중국 유불도 삼교의 만남』, 최준식 옮김, 민족사, 1990.

그레이슨, 제임스 헌틀리, 『한국종교사』, 강돈구 옮김, 민족사, 1995.

그리스도교역사문화연구소 엮음, 『한국의 그리스도교』, 도서출판 겹보기, 2001.

그리스도교와겨레문화연구회 엮음, 『한글성서와 겨레문화』, 기독교문사, 1985.

______, 『그리스도교와 겨레문화』(1 · 2), 기독교문사, 1987 · 1991.

그리피스, W. E., 『은자의 나라 한국』, 신복룡 역주, 집문당, 1999.

기독교사상편집부 엮음, 『한국역사와 기독교』, 대한기독교서회, 1983.

______, 『한국의 문화와 신학』, 대한기독교서회, 1992.

기포드, 다니엘, 『조선의 풍속과 선교』, 심현녀 옮김, 한국기독교역사연구소,

1995.
길현모, 「민족주의 사학의 문제」, 『한국사 시민강좌』 제1집, 일조각, 1987.
길희성, 『포스트모던 사회와 열린 종교』, 민음사, 1994.
______, 『일본의 정토사상』, 민음사, 1999.
______, 「불교와 그리스도교, 창조적 만남과 궁극적 일치를 향하여」, 『종교연구』 제21집, 한국종교학회, 2000.
______, 「한국 불교 정체성의 탐구」, 서강대학교종교연구소, 『한국종교연구』 제2집, 2000.
______, 『지눌의 선사상』, 소나무, 2001
______, 『마이스터 엑카르트의 영성 사상』, 분도출판사, 2003.
______, 『보살예수』, 현암사, 2004.
______, 「두 가지 복음」, 『새길이야기』, 도서출판 새길, 2004 겨울호.
______, 「하나님을 놓아주자」, 『새길이야기』, 도서출판 새길, 2005 겨울호.
______, 『오늘에 풀어보는 동양 사상』, 철학과현실사, 1999.
______, 『전통 · 근대 · 탈근대의 철학적 조명』, 철학과현실사, 1999.
김경재, 『해석학과 종교신학: 복음과 한국종교와의 만남』, 한국신학연구소, 1994.
______, 『이름없는 하느님』, 삼인출판사, 2002.
______, 『아레오바고 법정에서 들려오는 저 소리』, 삼인출판사, 2005.
김광수, 『한국기독교재건사』, 기독교문사, 1981.
______, 『북한기독교탐구사』, 기독교문사, 1994.
김광식, 「한국토착화신학의 형성사」, 『기독교사상』 390, 1991. 6.
김남식 외, 『한국 장로교 신학 사상사』, 베다니, 1997.
김득황, 『한국종교사』, 1963, 해문사(에펠출판사 1970 재판).
김성례 외, 『한국 종교문화 연구 100년』, 청년사, 1999.
김성준, 『한국기독교사』, 기독교문화사, 1993.
김수태, 「이능화의 한국기독교연구」, 『종교연구』 제9집, 한국종교연구회, 1993.
김승철, 『대지와 바람: 동양신학의 조형을 위한 해석학적 시도』, 다산글방, 1994.
______, 『해체적 글쓰기와 다원주의로 신학하기』, 시공사, 1998.
______, 『전시회에 간 예수, 영화관에 간 부처』, 시공사, 2001.

김승혜, 「한국가톨릭과 개신교 200년과 1백년의 시점에 서서」, 『신학사상』 44, 1984 봄호.
______, 「한국교회 토착화의 오늘과 내일」, 『철학과 신학의 만남』(정의채화갑기념논문집), 성바오로출판사, 1985.
______ 외, 『선불교와 그리스도교』, 바오로딸, 1996.
김양선, 『한국기독교해방십년사』, 대한예수교장로회총회교육부, 1956.
______, 『한국기독교회사연구』, 기독교문사, 1971.
김영일, 「한국초기천주교 사상사고」, 『우보심일섭박사화갑기념논문집』, 국학자료원, 1994.
______, 「西學의 수용과 그 意識構造」, 『韓國史論 I』, 서울대학교출판부, 1973.
______, 『제주도 신축년 교난사』, 천주교제주교구, 1980.
______, 『한국천주교여성사』(I · II), 한국여자수도회장상연합회, 1983.
______, 『순교자들의 전기』, 계성출판사, 1986.
김용섭, 「우리나라 근대 역사학의 성립」, 『한국의 역사인식』 下, 창작과비평사, 1983.
김용표, 「종교다원주의에 대한 불교의 입장」, 『불교평론』 제2권 제1호, 2000.
김종명, 「개신교와의 대화: 불교적 전제와 대안」, 서울대학교종교문제연구소, 『종교와 문화』 제6호, 2000.
김종서, 「한말 · 일제하 한국종교연구의 전개」, 『한국사상사대계』 제6권, 한국정신문화연구원, 1993.
______, 『서양인의 한국 종교 연구』, 서울대학교출판부, 2006.
김춘배, 『한국기독교수난사화』, 성문학사, 1969.
김해연, 『한국문화와 기독교』, 성지출판사, 2000.
김흥수, 「기독교는 한국 종교인가」, 『종교와 문화』 제3호, 서울대학교종교문제연구소, 1997.
나가오 다케시, 『일본사상이야기 40』, 박규태 옮김, 예문서원, 2002.
노길명, 『가톨릭과 조선후기 사회변동』, 고려대학교 민족문화연구소, 1988.
노치준, 『일제하 한국기독교 민족운동 연구』, 한국기독교역사연구소, 1993.
달레, 샤를르, 『한국천주교회사』, 최석우 외 옮김, 한국교회사연구소, 1979.

류대영, 『개화기 조선과 미국 선교사』, 한국기독교역사연구소, 2004.
르낭, 에르네스트, 『민족이란 무엇인가』, 신행선 옮김, 책세상, 2002.
마루야마 마사오 외, 『번역과 일본의 근대』, 임성모 옮김, 이산, 2000.
문규현, 『민족과 함께 쓰는 한국천주교회사』(I · II), 빛두레, 1994.
민경배,「선교사냐 민족교회사냐」, 『기독교사상』 1969 9월호.
_____, 「민족사로서의 한국천주교회사: 한 역사적 분석」, 『사목』 제34호, 1974. 7.
_____, 『한국민족교회형성사론』, 연세대학교출판부, 1980.
_____, 『교회와 민족』, 대한기독교출판사, 1981.
_____, 『한국기독교회사』, 대한기독교출판사, 1982.
_____, 『대한예수교장로회100년사』, 대한예수교장로회총회교육부, 1984.
_____, 『일제하의 한국 기독교 민족 · 신앙운동사』, 대한기독교서회, 1991.
_____, 『한국기독교회사』(신개정판), 연세대학교출판부, 1993.
_____, 「백낙준의 역사 이해」, 『기독교와 한국 역사』, 연세대학교출판부, 1997.
박노자 외, 『우리 역사 최전선』, 푸른역사, 2007.
박도식, 『순교자들의 신앙』, 성바오로출판사, 1978.
박승원, 「정보지식사회의 도전에 직면한 불교」, 『불교평론』 제2권 제2호, 2000.
박정신, 『근대 한국과 기독교』, 민영사, 1997.
백낙준, 「한국기독교사 연구 개황」, 『신학논단』 제7집, 1962.
_____, 『한국개신교사』, 연세대학교출판부, 1973.
_____, 「나의 삶을 되돌아보며」, 『진리와 자유의 기수들』, 연세대학교출판부, 1982.
_____, 『백낙준전집 6: 역사와 문화』, 연세대학교출판부, 1995.
변선환, 『종교간 대화와 아시아 신학』(변선환전집 1), 한국신학연구소, 1996.
_____, 『불교와 그리스도교의 만남』(변선환전집 2), 한국신학연구소, 1997.
_____, 『한국적 신학의 모색』(변선환전집 3), 한국신학연구소, 1997.
_____, 『요한 웨슬레 신학과 선교』(변선환전집 4), 한국신학연구소, 1998.
_____, 『그리스도론과 신론』(변선환전집 5), 한국신학연구소, 1998.
_____, 『현대신학과 문학』(변선환전집 6), 한국신학연구소, 1999.

______, 『현대 문명과 기독교 신앙』(변선환전집 7), 한국신학연구소, 1999.
변선환아키브 엮음, 『변선환 종교 신학』, 한국신학연구소, 1996.
______, 『변선환 신학 새로 보기』, 대한기독교서회, 2005.
비숍, 이사벨라 버드, 『한국과 그 이웃 나라들』, 이인화 옮김, 살림출판사, 1994.
사이드, 에드워드 W., 『오리엔탈리즘』, 박홍규 옮김, 교보문고, 1998.
서울대종교문제연구소 엮음, 『한국종교 연구사 및 연구 방법』(한국인의 종교관 I), 1994.
______, 『한국인의 종교적 관념 연구』(한국인의 종교관 II), 1995.
______, 『한국인의 종교관에 대한 구조적 연구』(한국인의 종교관 III), 1996.
서울대학교종교학과종교문화연구실 엮음, 『전환기의 한국종교』, 집문당, 1986.
서중석, 『한국 근현대의 민족 문제 연구』, 지식산업사, 1989.
성백걸, 「한국 기독교 사학의 현 단계와 새로운 과제」, 『역사 · 선교 · 신학: 박대인교수은퇴기념논문집』, 도서출판 감신, 1997.
______, 「한의 영성과 한민족의 정체성 형성: 한 신학의 정초와 성찰」, 『한국종교문화와 문화신학』, 한들, 1998.
송길섭, 「한국 사회 초기 선교의 민족사적 의의」, 『신학과 세계』 제8호, 1982.
______, 「스크랜튼 일가의 한국 선교」, 『기독교세계』, 제690호, 1985. 6.
소천규치 외 엮음, 『한일 그리스도교 관계사자료』, 한국신학연구소, 1990.
송길섭, 『한국신학사상사』, 대한기독교출판사, 1987.
숭전대학교 부설 한국기독교문화연구소 엮음, 『한국기독교의 존재이유』, 숭전대학교출판부, 1985.
스미스, 윌프레드 캔트웰, 『종교의 의미와 목적』, 길희성 옮김, 분도출판사, 1991.
신광철, 「이능화의 종교학적 관점」, 『종교연구』 제9집, 한국종교학회, 1993.
______, 「한국개신교사 연구사」, 『종교와 문화』 제2호, 서울대학교종교문제연구소, 1996.
______, 『천주교와 개신교: 만남과 갈등의 역사』, 한국기독교역사연구소, 1998.
______, 「개항기 한국 그리스도교의 포교전략」, 『한국 기독교와 역사』 제9호, 1998. 9.
신용하, 『한국민족의 형성과 민족사회학』(신용하저작집 1), 지식산업사, 2001.

______, 『한국 원민족 형성과 역사적 전통』, 나남출판, 2005.
______, 「민족의 사회학적 설명과 '상상의 공동체론' 비판」, 『한국사회학』 제40집 1호, 한국사회학회, 2006.
심일섭, 「한국신학형성사 서설: 한국기독교의 토착화 문제와 복음선교의 전망」 (상 · 중 · 하), 『기독교사상』 174 · 175 · 180호, 1972. 11 · 12, 1973. 5.
______, 『韓國民族運動과 基督教受容史考』, 아세아문화사, 1982.
______, 『한국 토착화 신학 형성사 논고』, 국학자료원, 1995.
아펜젤러, 헨리 G., 『자유와 빛을 주소서』, 노종해 옮김, 대한기독교서회, 1988.
안병무, 「기독교화와 서구화」, 『기독교사상』, 1971. 12.
안양규, 「영국, 일본의 불교학 연구 동향」, 『불교평론』 제1권 제1호, 1999.
안응렬, 『한국순교복자전』, 가톨릭출판사, 1974.
안철구, 『이야기로 엮은 한국천주교200년』, 세문사, 1983.
알렌, H. N., 『조선견문기』, 신복룡 옮김, 평민사, 1986.
______, 『알렌의 일기』, 김원모 옮김, 단국대학교출판부, 1991.
앤더슨, 베네딕트, 『상상의 공동체: 민족주의의 기원과 전파에 대한 성찰』, 윤형숙 옮김, 나남출판, 2002.
야기 세이이치 외, 『불교와 그리스도교를 잇다』, 이찬수 옮김, 분도출판사, 1996.
양천수, 「인권의 보편성에 대한 철학적 논증 가능성」, 영남대학교인권교육연구센터, 『인권 이론과 실천』 제1호, 2007. 4.
양한모, 『한국천주교회 200주년을 생각한다』, 성바오로출판사, 1984.
언더우드, H. G., 『한국개신교수용사』, 이광린 옮김, 일조각, 1989.
여진철 신부 엮음, 『황사영백서논문선집』, 기쁜소식, 1994.
역사문제연구소 엮음, 『전통과 서구의 충돌』, 역사비평사, 2001.
오세완, 『한국가톨릭단행본논저해제』, 한국교회사연구소, 1992.
오윤태, 『한일기독교교류사』, 혜선문화사, 1980.
와카바야시 미키오, 『지도의 상상력』, 정선태 옮김, 산처럼, 2006.
웰스, 케네스 M., 『새 하나님, 새 민족』, 김인수 옮김, 한국장로교출판사, 2000.
유동식, 「도와 로고스: 복음의 동양적 이해를 위한 소고」, 『기독교사상』 1959. 3.
______, 『한국종교와 기독교』, 대한기독교서회, 1965.

______,「한국종교 연구의 경향: 외국에서의 박사논문을 중심으로」,『기독교사상』 174호, 1972. 11.

______,『한국무교의 역사와 구조』, 연세대학교출판부, 1975.

______,『한국신학의 광맥』, 전망사, 1982.

______,「해방후 50년 한국신학」,『신학사상』 91호, 1995 겨울호.

유동식 외,『한국종교사상사 IV』, 연세대학교출판부, 1986.

유홍렬,『한국천주교회사』(증보판), 가톨릭출판사, 1975.

______,『한국의 천주교』(교양국사총서편찬위원회 엮음), 세종대왕기념사업회, 1976.

______,『간추린 한국천주교회 역사』, 성요셉출판사, 1983.

윤경로,「신구교 관계의 역사적 고찰: 그 갈등과 유대를 중심으로」,『기독교사상』 308호, 1984. 2.

______,「초기 한국 신구교 관계의 史的 고찰」,『한글성서와 겨레문화』, 기독교문사, 1985.

______,『한국근대사의 기독교사적 이해』, 역민사, 1992.

윤성범,「환인, 환웅, 환검은 곧 '하나님'이다」,『사상계』, 1963. 6.

______,『기독교와 한국사상』, 대한기독교서회, 1964.

윤영해,「비교종교와 불교연구의 상관관계」,『불교평론』 제1권 제1호, 1999.

______,「유교와 도교, 그리고 불교의 다원주의 가능성」, 불교학연구회,『불교학연구』 5호, 2002.

______,「한국 불교의 기독교 바라보기」,『불교평론』 제4권 제1호, 2002.

윤이흠,「천주교회는 한국 종교가 되어야 한다」,『사목』 100, 1985. 7.

______,『한국인의 종교관』, 서울대학교출판부, 2001.

李光麟,「개화파의 개신교관」,『한국개화사상연구』 일조각, 1979.

李基慶 엮음,『闢衛編』(한국교회사연구자료집 제9집), 한국교회사연구소, 1978.

이기영,「불교의 현대적 의미」, 안병무 엮음,『전환기의 신앙』, 태극출판사, 1974.

______,『사색인의 염주』, 한국불교연구원, 1999.

李能和,『朝鮮基督教及外交史』, 朝鮮基督教彰文社, 1928.

______,『백교회통』, 강효종 옮김, 운주사, 1989.

이덕주, 『한국그리스도인들의 개종이야기』, 전망사, 1990.

______, 「한국교회사 연구 흐름과 최근 경향」, 『감신대학보』 제145호, 1993. 10.

______, 「초기 한국 기독교인들의 신앙양태 연구: 토착화신학에 대한 역사신학적 접근」, 『우보심일섭박사화갑기념논문집』, 국학자료원, 1994.

______, 『한국 토착교회 형성사 연구』, 한국기독교역사연구소, 2000.

이만열, 『한국기독교와 역사의식』, 지식산업사, 1981.

______, 『한국기독교 문화운동사』, 대한기독교출판사, 1987.

______, 『한국기독교와 민족의식』, 지식산업사, 1991.

______, 『한국기독교수용사연구』, 두레시대, 1998.

______ 엮음, 『아펜젤러: 한국에 온 첫 선교사』, 연세대학교출판부, 1985.

이민용, 「서구 불교학 연구의 문화배경에 대한 성찰」, 한국종교학회, 『종교연구』 제18집, 2000.

______, 「미국 속의 불교와 불교의 미국화」, 한국종교문화연구소, 『종교문화비평』, 2002.

이상규, 「한국기독교회사 연구의 현황과 과제: 1874년에서 1945년까지」, 『고신대학논문집』 제10집, 1982.

이샤이, 미셸린, 『세계인권사상사』, 조효제 옮김, 도서출판 길, 2005.

이성배, 『유교와 그리스도교: 이벽의 한국적 신학원리』, 분도출판사, 1979.

이순성, 「초기 그리스도교회의 토착화 양상」, 『신학전망』 58, 1982 가을호.

이원규, 『한국교회의 사회학적 이해』, 성서연구사, 1992.

이원순, 『한국천주교회사』, 탐구당, 1970.

______, 「천주교」, 『한국학연구입문』, 지식산업사, 1981.

______, 「천주교와 개신교 신앙 도입전개」, 『사목』 91, 1984. 1.

______, 「초기 한국 그리스도교史의 比較史的 一考」, 그리스도교와겨레문화연구회 엮음, 『한글성서와 겨레문화』, 기독교문사, 1985.

______, 『韓國西學史研究』, 일지사, 1986.

______, 『한국천주교회사 연구』, 한국교회사연구소, 1986.

이영헌, 『한국기독교사』, 컨콜디아사, 1978.

이은봉, 「한국 다원주의 신학의 역사적 성찰」, 『한국사회와 종교』 (제4회 서강인문강좌발표문), 서강대학교인문과학연구원, 1998.
이장식, 「한국 신학사상의 사적 고찰」, 『신학사상』 47, 1984 겨울호.
______, 『한국교회백년』, 한국기독교문화진흥원, 1987.
이정배, 『한국 개신교 전위 토착신학 연구』, 대한기독교서회, 2003.
______, 『토착화와 세계화』, 한들출판사, 2007.
이진구, 「근대 한국 개신교의 타종교 이해」, 『한국기독교와 역사』 제4호, 한국기독교역사연구소, 1995.
______, 「근대 한국 개신교와 불교의 상호인식」, 한신인문학연구소, 『종교문화연구』 제2호, 2000.
이진우, 『한국 인문학의 서양 콤플렉스』, 민음사, 1999.
이찬수, 「타종교의 신학: 변선환의 종교다원주의신학을 다시 본다」, 『신학사상』, 93, 1996 여름호.
______, 『인간은 신의 암호』, 분도출판사, 1999.
______, 『생각나야 생각하지: 사유, 주체, 관계 그리고 종교』(개정판), 다산글방, 2002.
______, 『불교와 그리스도교 깊이에서 만나다: 쿄토학파와 그리스도교』, 다산글방, 2003.
______, 「길희성과 타나베 하지메가 불교와 그리스도교를 포섭하는 논리의 비교연구: 한국적 종교문화론의 형성을 위하여」, 『한국학연구』 제28집, 고려대학교 한국학연구소, 2008 상반기.
일상문화연구회 엮음, 『한국인의 일상문화』, 한울, 1996.
임지현, 『민족주의는 반역이다』, 소나무, 2005.
장규식, 『일제하 한국 기독교 민족주의 연구』, 혜안, 2001.
전택부, 『한국에큐메니칼운동사』, 한국기독교교회협의회, 1979.
______, 『한국교회발전사』, 대한기독교출판사, 1987.
정은해, 『자유교육의 철학』, 원미사, 2000.
정재서, 『동양적인 것의 슬픔』, 살림출판사, 1996.
정진홍, 「한국종교문화의 서술을 위한 제언」, 『한국사회와 종교』(제4회 서강인문강좌발표문), 서강대학교인문과학연구원, 1998.

조 광, 『조선후기 천주교사 연구』, 고려대학교민족문화연구소, 1988.
______, 『한국천주교 200년』, 햇빛출판사, 1989.
조동일, 『세계 문학사의 허실』, 지식산업사, 1996.
조현범, 『문명과 야만: 타자의 시선으로 본 19세기 조선』, 책세상, 2002.
조한혜정, 『탈식민지 시대 지식인의 글읽기와 삶읽기 1』, 또하나의문화, 1992.
주재용, 『한국가톨릭사의 옹위』, 한국천주교중앙협의회, 1970.
______, 「한국교회 100년과 그 과제」, 『기독교사상』, 1981. 2.
______, 「한국 민중과 개신교사」, 『역사와 신학적 증언』, 대한기독교서회, 1985.
______, 『한국 그리스도교 신학사』, 대한기독교서회, 1998.
______ 외 엮음, 『역사와 신학』, 한국신학연구소, 1985.
차기벽, 『민족주의 원론』, 한길사, 1990.
차병직, 『인권』, 살림출판사, 2006,
차성환, 『한국종교사상의 사회학적 이해』, 문학과지성사, 1992.
차옥숭 엮음, 『기독교사자료집: 타종교 및 전통문화의 이해를 중심으로』(권1-4), 한국종교사회연구소, 1993.
채필근, 『비교종교론』, 대한기독교서회, 1960.
천주교정의구현전국사제단 엮음, 『한국천주교회의 위상』, 분도출판사, 1985.
최병헌, 『만종일련』, 박혜선 옮김, 성광문화사, 1985.
______, 『聖山明鏡』, 東洋書院, 1912.
최봉영, 『조선 시대 유교 문화』, 사계절, 1997.
최석우, 「달레가 인용한 정약용의 한국복음전래사」, 『李海南博士華甲記念論文集』, 일조각, 1970.
______, 「한국교회사는 어떻게 서술되어 왔는가」, 『사목』 제34호, 1979.
______, 「달레著 '한국천주교회사'의 형성 과정」, 『교회사연구』 제3집, 한국교회사연구소, 1981.
______, 「한국 근대국가 형성과 기독교」, 『기독교사상』, 1981. 8.
______, 「한국천주교와 개신교의 대화」, 『신학사상』 39, 1982 겨울호.
______, 『한국천주교회의 역사』, 한국교회사연구소, 1982.
______, 『한국교회사의 탐구』, 한국교회사연구소, 1982.

최석우신부화갑기념논문집간행위원회, 『한국교회사논총』(최석우신부화갑기념), 한국교회사연구소, 1982.
최원식 외 엮음, 『동아시아인의 '동양' 인식: 19~20세기』, 문학과지성사, 1997.
최준식, 『한국인에게 문화는 있는가』, 사계절, 1997.
_____, 『한국미, 그 자유분방함의 미학』, 효형출판, 2000.
코모리 요우이치 외 엮음, 『내셔널 히스토리를 넘어서』, 이규수 옮김, 삼인, 2001
콩도르세, 마르퀴 드, 『인간 정신의 진보에 관한 역사적 개요』, 장세룡 옮김, 책세상, 2002.
탁석산, 『한국의 정체성』, 책세상, 2000.
파니카, R., 『종교간의 대화』, 김승철 옮김, 서광사, 1992.
펜윅, 말콤, 『대한기독교회사』, 허긴 옮김, 침례신학대학교출판부, 1989.
프리먼, 마이클, 『인권: 이론과 실천』, 김철효 옮김, 아르케, 2005.
하태수, 『일치를 이루시는 하느님』, 바오로딸, 1999.
한국기독교교회협의회인권위원회 엮음, 『한국교회 인권운동 30년사』, 한국기독교교회협의회, 2005.
한국기독교장로회역사편찬위원회 엮음, 『한국기독교 100년사』, 한국기독교장로회역사편찬위원회, 1992.
한국기독교역사연구소, 『한국 기독교의 역사』(I · II · III) 기독교문사, 1989 · 1990 · 2009.
한국사목연구소 엮음, 『전례 · 영성의 토착화』, 한국천주교중앙협의회, 1992.
_____, 『교리교육 · 복음선교의 토착화』, 한국천주교중앙협의회, 1995.
_____, 『신관의 토착화』, 한국천주교중앙협의회, 1995.
_____, 『인간관의 토착화』, 한국천주교중앙협의회, 1995.
한국종교사회연구소 엮음, 『1945년 이후 한국종교의 성찰과 전망』, 민족문화사, 1989.
한국종교연구회 엮음, 『한국 종교문화사 강의』, 청년사, 1998.
한국종교학회 엮음, 『해방후 50년 한국종교연구사』, 도서출판 창, 1997.
한국철학회 엮음, 『철학사와 철학』, 철학과현실사, 1999.
_____, 『다원주의, 축복인가 재앙인가』, 철학과현실사, 2003.

한규무, 『일제하 한국기독교 농촌운동 1925~1937』, 한국기독교역사연구소, 1997.

한숭홍, 『한국신학사상의 흐름』(전2권), 장로회신학대학교출판부, 1996.

함세웅, 「한국천주교에서 한국과 가톨릭의 의미」, 『신학전망』 107호, 1994 겨울호.

헌팅턴, 새뮤얼, 『문명의 충돌』, 이희재 옮김, 김영사, 1997.

헐버트, H. B., 『대한제국멸망사』, 신복룡 옮김, 집문당, 1999.

홍이섭, 「한국기독교사연구개황」, 『신학논단』 제7집, 1962. 10.

______, 『한국사의 방법』, 탐구당, 1968.

황사영, 『황사영백서』, 윤재영 옮김, 정음사, 1981.

황종렬, 『한국 토착화 신학의 구조』, 국태원, 1996.

황준헌, 『조선책략』, 조일문 역주, 건국대학교출판부, 1977.

山口正之, 『朝鮮西教史』, 大阪: 全國書房, 1967.

______, 『黃嗣永帛書の硏究』, 大阪: 全國書房, 1946.

______, 「朝鮮に於ける天主教の傳來に就て」, 『靑丘學叢』 6號, 1931.

石井壽夫, 「黃嗣永の帛書に就いて(下)」, 『歷史學硏究』 第10卷 3號, 1940.

朝鮮總督府, 『朝鮮の統治と基督教』, 1920.

澤正彦, 『南北朝鮮キリスト教史論』, 東京: 日本基督教團出版局, 1982.

浦川和三郎, 『朝鮮殉教史』, 大阪: 全國書房, 1944.

丸山眞男, 『現代政治の思想と行動』, 東京: 未來社, 1960.

Gouvea, A., 山口正之 譯註, 「朝鮮王國における天主教の確立」, 『靑丘學叢』, 第十二號, 1933. 5.

______, 田中秀夫 譯, 「朝鮮に於けるキリスト教傳來報告書」, 『朝鮮學報』 10輯, 1956.

Brown, A . J., *The Mastery of Far East*, Charles Scribner's Sons, 1919.

Clark, Allen D., *A History of the Church in Korea*, Seoul: rev. The Christian Literature Society of Korea, 1971.

Clark, Donard N., *Christianity in Modern Korea*, Lanham, Maryland &

London: Univ. Press of America, 1986.

Choi, Myung-Keun, *Changes in Korean Society between 1884~1910 as a Result of the Introduction of Christianity*, Peter Lang Publishing, 1997.

Huntley, Martha, *Caring, Growing, Changing: A History of the Protestant Mission in Korea*, New York: Friendship Press, 1984.

Lee, J. H. *Samuel Austin Moffett: His Life and Work in the Development of the Presbyterian Church of Korea 1890~1936*, Dissertation to Union Theological Seminary, Richmond, 1983.

Korean Conference on Religion and Peace, ed., *Religion in Korea*, Seoul: Ministry of Culture and Tourism, 2003.

Lindbeck, George A., *The Nature of Doctrine: Religion and Theology in a Postliberal Age*, Philadelphia: The Westminster Press, 1984.

Moffet, Samuel H., *The Christians of Korea*, New York: Friendship Press, 1962.

Palmer, Spencer J., *Korea and Christianity*, Seoul: Hollym Corporation, 1967.

Rhodes, Harry A., *History of the Korea Mission, Presbyterian Church USA: 1884~1934*, vol. 1, Seoul: Yonsei Univ. Press, 1970.

Underwood, Horace Horton, *Modern Education in Korea*, New York : International Press, 1926.

Underwood, Horace. G., "Romanism of the Mission Field", *Alliance of the Reformed Churches Holding the Presbyterian System*, 5th Meeting, Toronto, 1892.

Wasson, Alfred W., *Church Growth in Korea*, New York: International Missionary Council, 1934.

찾아보기

[ㅇ]

한국 그리스도교 비평

: 그리스도교, 한국적이기 위하여 :

펴낸날 | 1판 1쇄 2009년 10월 23일
지은이 | 이찬수
펴낸이 | 최민숙
펴낸곳 | 이화여자대학교출판부
주소 | 서울시 서대문구 대현동 11-1(우120-750)
등록 | 1954년 7월 6일 제9-61호
전화 | 02-3277-2965, 2966(편집기획)
02-3277-3164, 362-6076(경영지원)
팩스 | 02-312-4312
전자우편 | press@ewha.ac.kr
인터넷서점 | www.ewhapress.com
책임편집 | 김미정
디자인 | 신성기획
찍은곳 | 네오프린텍

ISBN 978-89-7300-852-0 93230
값 19,000원